SILKE HEMBES

Der Weg zum guten — Reiten

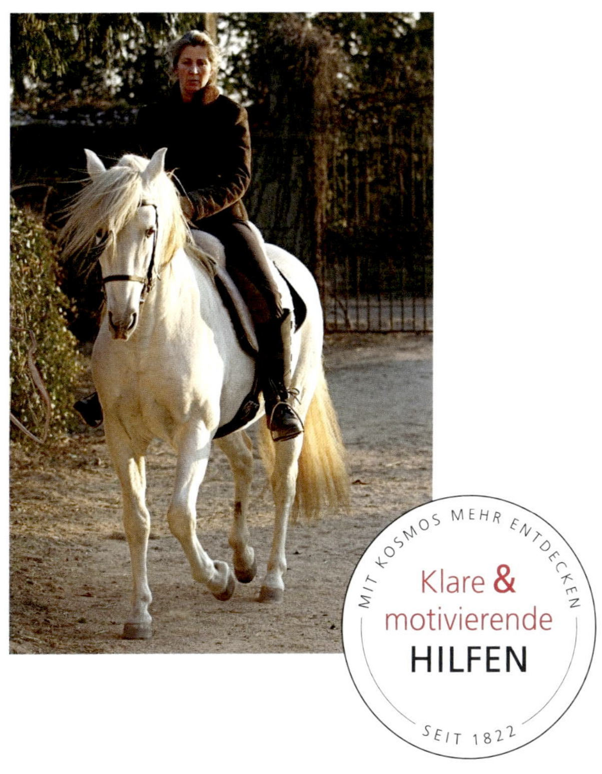

KOSMOS

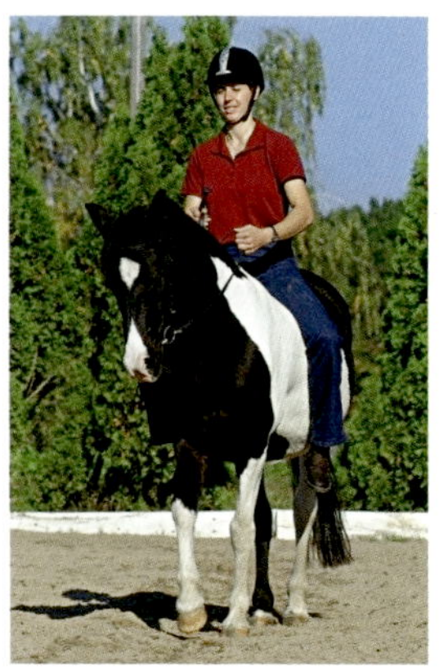

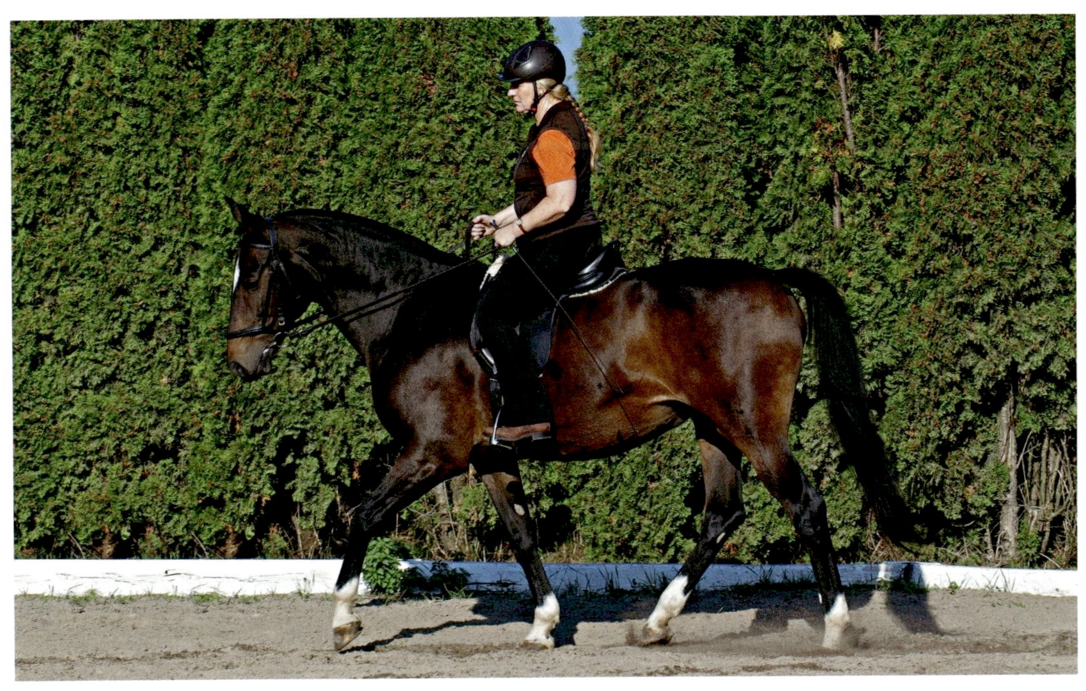

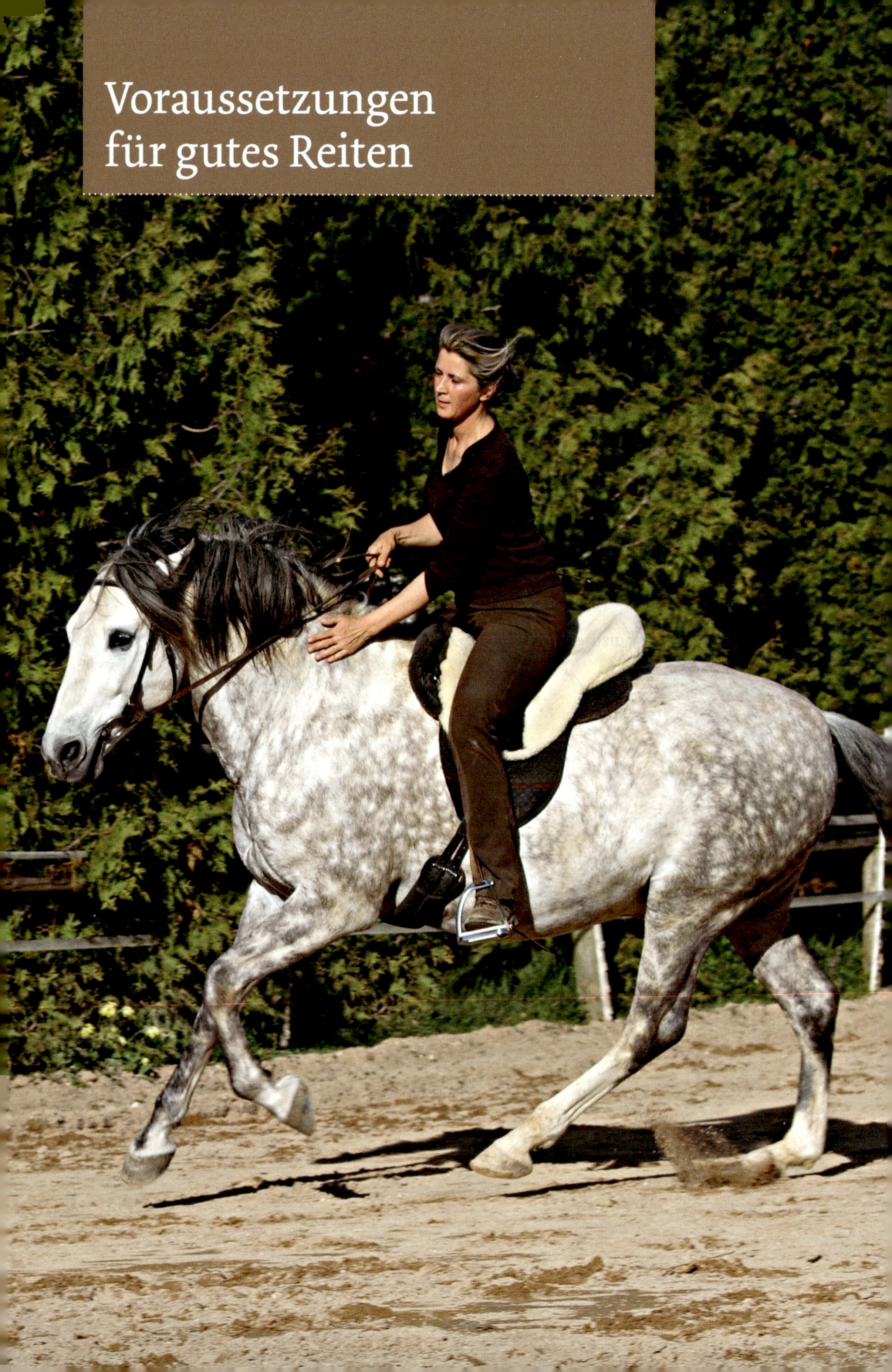

Voraussetzungen für gutes Reiten

Einfühlsamer Reiter und motiviertes Reitpferd

Um ein Pferd zu einem guten Reitpferd ausbilden zu können, ist es erst einmal notwendig, dass der Mensch, der dies anstrebt, sich in Theorie und Praxis – also in Wissen und Können – die nötigen Grundlagen aneignet.

Was macht einen Reiter aus?

Reiten lernen trägt viel mehr in sich, als nur ein Tier dazu zu bringen sich unter mir so zu bewegen, wie ich es wünsche. Wenn ich all die schönen und großen Aussagen zu Pferden und der Reiterei wörtlich nehme, die die Herren Binding, Seunig, Oliveira und Podhajsky gemacht haben, dann bedeutet Reiten lernen viel mehr. Reiten lernen heißt vor allem Reflexion. Hat man sich einmal klar gemacht, dass all das, was das Pferd beim Reiten zeigt, tatsächlich 1:1 die Spiegelung all unserer Taten an ihm ist, zuzüglich dessen, was sein Reiter ihm gerade vermittelt, dann macht das sehr bescheiden ... Wirklich Reiten lernen zu wollen, zwingt den Menschen genau hinzusehen – auf und in sich selbst. Und all seine eigenen körperlichen und mentalen Schwächen und Unzulänglichkeiten zu erkennen und zu analysieren. Das ist nicht immer lustig – ein Lebewesen ohne Schmerzlaut unter Druck zu setzen ist einfacher ...

Interessanter- und tragischerweise werden aber beim Reiten lernen gerade Anfänger trotzdem nicht dazu angehalten, sich mehr mit den Grundlagen und den logischen Abläufen der Reiterei in der Theorie zu beschäftigen. Stattdessen wird vorwiegend gelehrt und entsprechend nachgemacht, wie man den Zossen dazu bekommt sich endlich unterzuordnen, sich nicht zu widersetzen und einfach das zu tun, was man von ihm erwartet! Auch wenn es sich um einen nicht sonderlich geschickten Reiter handelt und das Pferd ja grundsätzlich erstmal keine Ahnung davon hat, was man von ihm erwartet, muss es trotzdem tun, was Mensch will ... Und tatsächlich ist es möglich, Pferde mit sehr viel Druck, Wiederholungen und Strafen bei unerwünschtem Ergebnis und Nichtstrafen bei erwünschtem Ergebnis – bei netteren Reitern noch verstärkt durch Lob – so auszubilden, dass sie irgendwann dem entsprechen, was die offiziellen Verbände von einem Reit- oder gar Sportpferd erwarten.

Das System funktioniert also. Und im Wettbewerb, vom ländlichen Turnier bis hin zu olympischen Prüfungen, egal ob im Viereck, im Parcours, auf der Ovalbahn oder dem Sliding Track sieht man dann das Ergebnis dessen, was auf diesem Weg zu erreichen ist – funktionierende Sportpferde. Wieviel diese noch mit dem Wesen, den Verhaltensweisen und auch der natürlichen Schönheit

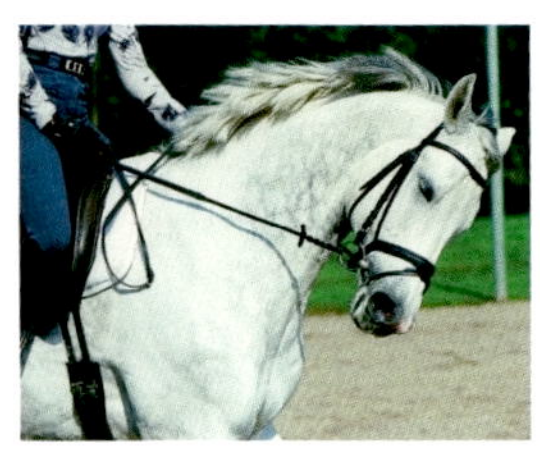

Das Pferd versucht, sich der zu harten Reiterhand zu entziehen.

eines Pferdes, so wie es seiner eigentlichen Natur entspräche, zu tun haben, ist eine andere Frage. Der Wettbewerb ist der Feind der Kunst...

Ich möchte mich jetzt und hier nicht weiter über das auslassen, was vor allem im Sport, zum Teil aber auch in der Freizeitreiterei aus blindem Ehrgeiz, teilweise aus Gedankenlosigkeit, aus Dummheit oder auch aus einem grausamen Wesenszug heraus, täglich mit Pferden passiert.

Empfehlenswerte Lektüre

Falls Sie es noch nicht getan haben, lesen Sie die Bücher von Monsieur Philippe Karl, „Irrwege der modernen Dressur" und von Herrn Dr. Gerd Heuschmann, „Finger in der Wunde". Obwohl diese beiden ihre Meinungsverschiedenheiten haben und ebenso menschlich sind, wie jeder von uns, so haben sie doch zwei wertvolle Bücher geschrieben, aus denen glasklar und für jedermann verständlich hervorgeht, warum es falsch sein MUSS, was in der Reiterei heute weit verbreitet praktiziert und leider auch gelehrt wird!

Ich empfehle viele Bücher, wie „Reiten aus der Körpermitte" von Sally Swift, die beiden oben genannten Bücher „Finger in der Wunde" und „Irrwege", aber auch das Bilderbuch „S-Dressur – Wie man ein gutes Pferd unreitbar macht" von Daniela Piolini. Dieses Buch gehört, meiner Meinung nach, in jedem Reiterstübchen am Stammtisch festgekettet! Ich persönlich mag die Aufgabenkombinationen in den Oliveira-Schriften sehr und das Schönste, was ich bisher über die Reiterei gelesen habe und was ich absolut wörtlich nehme, ist die „Reitvorschrift für eine Geliebte" von Rudolf G. Binding. Die Bücher von Eckard Meyners bezüglich Sitz und Körpergefühl sind hervorragend! „Die Freizeitreiter-Akademie" von Claus Penquitt und die „Akademische Reitkunst" von Bent Branderup halte ich nach wie vor für sehr gute Bücher, um einen Einblick in den logischen Aufbau einer pferdefreundlichen Ausbildung von Pferd und Reiter zu bekommen. Was Bodenarbeit und Arbeit an der Hand angeht, gefällt mir die Idee des Herrn Klaus Ferdinand Hempfling sehr gut. „Mit Pferden tanzen" ist keine Arbeitsanleitung – aber es vermittelt eine Idee und den Hauch eines Gefühls, das so nicht jeder erreichen, aber eventuell erahnen kann. Und – er war mit diesem Buch zu seiner Zeit ein Revolutionär. Er hat eine Welle der Neugier auf andere Wege in der Pferdewelt und der Reiterei ausgelöst und damit viel für die Pferde erreicht! Pat Parelli bietet ein System an, nach dem jeder lernen kann, sich seinem Pferd vom Boden aus klar verständlich zu machen. Hier gilt es dann, die Grenzen dessen, was nötig und sinnvoll ist, zu erkennen und nicht willkürlich das Pferd immer mehr zu dominieren, nur weil man es kann ... Richard Hinrichs gibt in „Pferde schulen an der Hand" einen sehr gut verständlichen Einstieg und Hilfestellung zur gymnastizierenden, klassischen Handarbeit. Betreffend Gesunderhaltung durch artgerechte Haltung und Fütterung können Sie alles Wichtige detailliert nachlesen in den Büchern des passionierten Pferdekenners und Biologen Ingolf Bender.

Wer liest, lernt, analysiert, probiert und daraus wieder lernt, kann sich immer weiter entwickeln und verbessern! Glaubt der Mensch allerdings etwas – und hier ist es absolut egal, in welche Richtung der Reiterei – definitiv zu beherrschen, wird er nicht mehr nachfragen und das ist der Anfang vom Ende einer lebendigen, positiven, offenen Beziehung zu seinem Pferd!

Dies sind nur ein paar der Bücher für den ambitionierten Freizeitreiter, die ich für sehr lesenswert halte und wärmstens empfehle. Dazu kommen viele, viele, die ich nicht unbedingt komplett als Richtschnur zur Pferdeausbildung erachte, die aber viele interessante Denkansätze vermitteln und in denen mir persönlich manchmal nur einzelne Sätze – diese aber umso eindrücklicher – weiterhelfen mit einer neuen Erkenntnis oder auch nur einer Idee auf meinem reiterlichen Weg. Die „Klassiker" sind hier noch gar nicht aufgeführt. Ich glaube auch, dass sie uns erst dann wirklich helfen können, tiefere Zusammenhänge, auch in schweren Lektionen zu verstehen, wenn wir uns reiterlich in Theorie und Praxis eine gewisse Grundlage geschaffen haben, die es uns erlaubt, zu erfühlen, was die richtige Richtung in der eigenen reiterlichen Entwicklung sein könnte ...

Wozu so viel Zeit in Lesen investieren, statt sie zum Beispiel auf dem Pferd zu verbringen? Lernt man Reiten nicht nur durch Reiten, wie es das alte Sprichwort sagt? Ja, wenn man genug Zeit UND genügend Pferde zur Verfügung hat, um wirklich viele Stunden auf dem Pferd zu verbringen. Und – damit leben kann, dass immer wieder das Pferd die Zeche bezahlt für die Fehler, die der Reiter macht.

Immer weiterfragen!

„Wer glaubt, etwas zu sein, hat aufgehört, etwas zu werden!"

(Sokrates)

Zweifelhafter Wettbewerb

Da Pferde über keinen Schmerzlaut verfügen und die Natur es ihnen mitgegeben hat, sich innerhalb einer Gruppe zu fügen, ist ein Pferd wunderbar geeignet, „fügsam" gemacht zu werden. Es gibt Pferde, die sehr fügsam sind und hervorragend funktionieren und hohe Leistung bringen, und trotzdem hat der Betrachter das Gefühl, dieses Pferd irgendwie nicht wirklich zu „sehen". In dem Sinne, dass dieses Pferd nicht aus sich herausgeht und nichts zeigt von sich selbst und seiner Persönlichkeit. Die meisten Pferde im Wettbewerb, die sehr gut funktionieren, zeigen lediglich Anstrengung und eine Bemühung nichts falsch zu machen; sie funktionieren, aber sie zeigen Stress – und manchmal Anzeichen von Schmerz. Immer wieder staune ich darüber, dass Pferden, die mir absolut gestresst erscheinen, von anderen Menschen, zum Beispiel Sportkommentatoren, einfach nur „Ausdruck“ attestiert wird. Allerdings lassen diese Herren sich nie darüber aus, um was für eine Art von „Ausdruck“ es sich handelt. Schauen Sie sich selbst die Bilder in „Finger in der Wunde an“. Übrigens ist Herr Dr. Heuschmann keineswegs der erste, der die Missstände im Sport aufzeigt. Bereits 1971 beschrieb Horst Stern in seinen „Bemerkungen über Pferde“ solche, die mit tief gezwungenem Kopf gegen Sprünge geritten wurden...

Dann wiederum gibt es Pferde, die absolut extrovertiert deutlich zeigen, was und wie sie sind. Diese Pferde sind oft sehr beeindruckend und schön, machen es ihren Reitern aber häufig ziemlich schwer oder gar unmöglich, sie zu reiten. Gehen wir davon aus, dass die Temperamentsbekundungen solcher Pferde nicht von Stress oder Schmerzen erzeugt wurden – was sehr oft der Fall ist, aber nicht erkannt wird – sondern tatsächlich von einem großen Selbst-

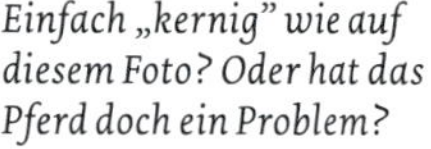

Einfach „kernig" wie auf diesem Foto? Oder hat das Pferd doch ein Problem?

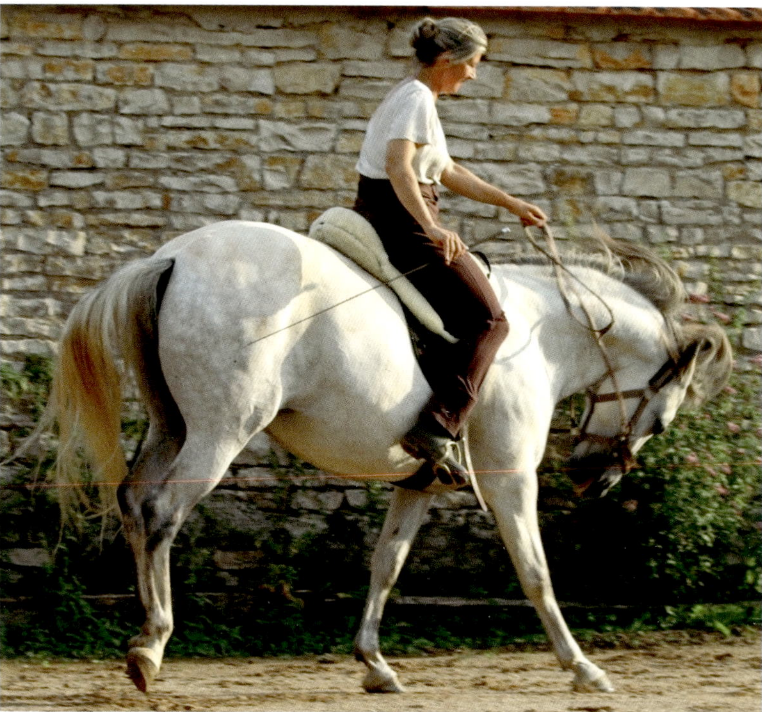

bewusstsein und überschäumendem Temperament künden. Dann haben wir es mit einem Pferd zu tun, das bis zu diesem Zeitpunkt nicht gebrochen wurde – aber leider auch keine Veranlassung sieht, sich diesem Zweibeiner, der sich erdreistet auf seinen Rücken zu klettern, unterzuordnen.

Das Pferd braucht Führung – aber wie?

Der übliche Ansatz ist nun „Dominanz", der korrekte wäre schlicht „reiten lernen". Mit ein wenig Glück gerät man an einen erfahrenen, fairen Ausbilder, der helfen kann. Er wird von Anfang an klar mitteilen, dass es vor allem Zeit braucht, ein solches Pferd zu Kommunikation und Mitarbeit zu motivieren, zu korrigieren und auszubilden – und den unbedingten Willen des Besitzers zu lernen und mitzuarbeiten.

Da dies aber nicht so schnell geht, dass das schöne Tier dann in kurzer Zeit auch für seinen nicht sehr routinierten Besitzer nutzbar wäre, wird häufig die Druckvariante gewählt: über reines Kleinmachen und Strafen wird dem Pferd vermittelt, dass es gefälligst zu funktionieren hat, egal wie schlecht es geritten wird. Das ist die Alternative, die dieses Pferd garantiert ruiniert. Trotzdem ist es die übliche Vorgehensweise. An einem solchen Pferd darf sich irgendwann jeder versuchen, der behauptet, „den in den Griff kriegen zu können" und irgendwann stellt jemand fest, dass es sich eben doch um ein „Mistvieh" handelt. Der Besitzer, der ja „alles versucht hat" und „hat versuchen lassen", erhält hiermit die Absolution. Solche Pferde wechseln normalerweise mehrmals den Besitzer, um dann irgendwann doch als unreitbar oder gar als „Verbrecher" in der Wurst zu landen.

Es hat IMMER einen Grund, wenn ein Pferd sich schwierig zeigt. Als erstes müssen alle gesundheitlichen und haltungbedingten Probleme, die zu „Schwierigkeiten" führen können, ausgeschlossen sein. Es muss sicher gestellt sein, dass das Pferd absolut gesund ist und seine artspezifischen Grundbedürfnisse nach Bewegung und Gesellschaft befriedigt sind. Sind all diese Eventualitäten berücksichtigt, passt auch der Sattel und geht der Reiter geduldig und reflektiert vor, besteht eine gute Chance, dass beide noch zusammen finden, falls der Reiter wirklich LERNEN möchte und nicht nur einfach KÖNNEN will …

Und deshalb versuchen wir einen Weg zu finden, der es uns erlaubt, ein Pferd zu reiten und zu führen, ohne ihm körperlich oder emotional Schmerz zuzufügen oder es gar zu brechen; ein Pferd so zu führen, dass es gerne bereit ist, das zu tun, worum wir es bitten und es so zu reiten, dass der Wunsch des Reiters zum Wunsch des Pferdes wird …

Der Weg zum guten Reiter

Der Weg, ein guter Reiter werden zu wollen, bietet so viel – auf diesem Weg muss man wachsen, oder man scheitert. Man muss lernen, oder sich damit begnügen ein Sportler zu sein, der sein Sportgerät mehr oder weniger gut beherrscht. Ich bin davon überzeugt, dass das „Reiten lernen" uns in allen Bereichen unseres Lebens weiterbringt, wenn wir wirklich von den Pferden lernen! Auf jeden Fall Reflexion und zum Wahrnehmen anderer Perspektiven – Empathie. Pferde sind darauf angewiesen, dass WIR versuchen SIE zu verstehen …

Beim Versuch ein guter Reiter zu werden, muss ich meinen Geist öffnen und viele Zusammenhänge begreifen, die zu einem besseren Verständnis dafür führen, wie ich es einem Pferd möglich machen kann, mit oder trotz mir als Last wieder zu Fluss und Balance in der Bewegung zu finden. Doch bevor ich mich erdreiste, meinem Pferd mit körperlichen Zwangsmaßnahmen bestimmte Bewegungsabläufe abzupressen, muss ich mich doch erst einmal fragen, ob ich selbst diesen Ablauf überhaupt begriffen habe, oder? Und wie steht es eigentlich mit meiner höchstpersönlichen Körperbeherrschung? Ist vielleicht wieder einmal der Geist willig, aber das Fleisch schwach? Oder umgekehrt? Dieses Hinterfragen ist im Reitstallalltag keineswegs üblich. Oft bekam ich keine eindeutige Antwort, wenn ich einen strafenden Reiter fragte, was genau denn nicht geklappt hat – und warum …

Begriffe klären und verstehen

Bin ich mir der Hilfengebung tatsächlich bewusst, die nötig ist, um die eine oder andere Lektion klar anzufragen? Und – ist mein Körper in der Lage das, was mein Geist will, auch an das Pferd weiterzugeben? Bin ich selbst in Fluss und Balance, in dem Moment, wo ich dies vom Pferd möchte? Und – stelle ich mir diese Frage überhaupt? Habe ich denn überhaupt selbst ein Gefühl für Takt? Ist es nicht so, dass ich häufig ziemlich verspannt auf dem Pferd klemme, während ich mir von diesem Losgelassenheit wünsche? Dass ich Schwung fordere, um diesen selbst gleich wieder abzuwürgen, weil ich mit meinem festgehaltenen Körper sofort nicht mehr sitzen kann, wenn mein Pferd tatsächlich zu schwingen beginnt, und es dadurch einfach nur jage? Wird das Geraderichten nicht oft einfach unter den Teppich gekehrt, solange das Pferd das ausführt, was ich will – wie viele Pferde sind gerade im Parcours absolut schief? Und die Versammlung? Haben Sie schon einmal echte Versammlung in relativer Aufrichtung gesehen? Von einem Pferd, das in freier Selbsthaltung, in ruhiger

Balance, im feinsten Kontakt des Zügelgewichts sich selbst trägt? Von einem durchschnittlichen Richter würde dies sofort mit „mangelnder“ oder gar „fehlender Anlehnung“ beurteilt …

Was bedeuten „halbe Paraden“? Was heißt „mit dem Kreuz treiben“ – und geht das überhaupt? Was ist tatsächlich gemeint mit dem „Führen am äußeren Zügel“ und was bedeutet es, einen Übergang oder überhaupt „von hinten nach vorne“ zu reiten? Dies sind Dinge, die ich brauche, um tatsächlich in Fluss und Balance mit dem Pferd eine Einheit bilden zu können. Erst wenn ich sie wirklich verstanden habe und meinen Körper soweit fühle um wahrzunehmen, ob ich mich dem Pferd überhaupt klar mitteilen kann, bin ich an dem Punkt, an dem ich anfangen kann, die REAKTION des Pferdes auf MEINE Hilfen zu analysieren, um MEINE Hilfengebung darauf hin zu korrigieren! Und um dann wieder zu probieren, zu analysieren, zu korrigieren und so weiter.

Die aufgerichtete Gerte kann dem Reiter helfen, aufrechter zu sitzen. Sie geht zurück auf das Reiten mit blanker Waffe, der Zügel wird dabei einhändig geführt.

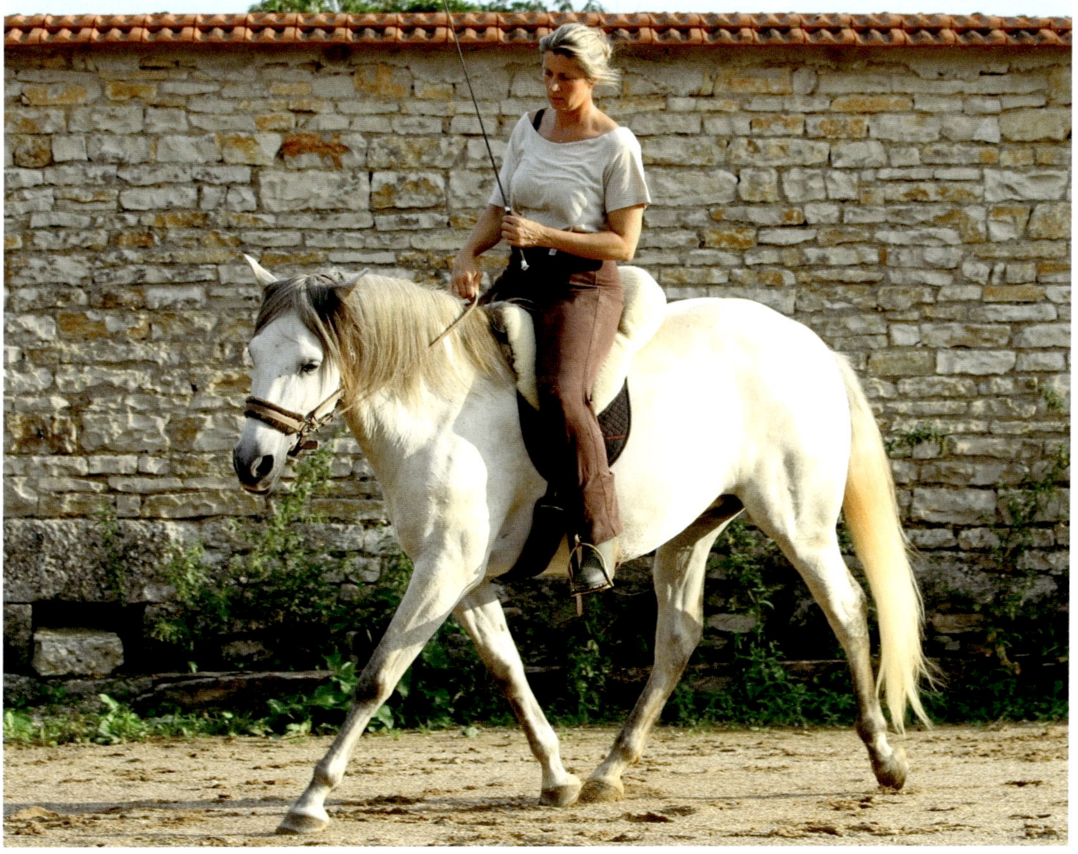

Damit Kommunikation entsteht

Das ist die Idee des vor Ihnen liegenden Buches. Ich werde versuchen, Ihnen diese Idee von Abläufen aus Erfühlen, Analysieren, Korrigieren, Üben, Bestätigen und Belohnen zu vermitteln. Dies kann Ihnen helfen, die Reaktionen Ihres Pferdes besser zu verstehen. Damit hat Ihr Pferd eine Chance, Sie zu verstehen.

Es ist tatsächlich möglich so zu reiten, dass es immer zu wirklichem Dialog mit dem Pferd kommt. Und zwar von Anfang an – nicht erst in den höheren Weihen, sondern in jeder einzelnen Reiteinheit als Basis von allem. Wenn wir dem Pferd zuhören – offen, fühlend und in echter Konzentration.

Im Dialog mit dem Pferd

Irgendwann sind wir vielleicht soweit, dass der Dialog ganz einfach und klar werden kann: „Mein Pferd, ich möchte dies" und das Pferd antwortet: „Ja gerne, hab' ich verstanden!" Reiter: „Gut! Danke!"

Bei einem Reitanfänger sieht Kommunikation mit seinem Pferd aber erst einmal wie folgt aus – der Reiter glaubt, seinem Pferd folgendes mitzuteilen: „Pferd, wende mal nach links ab und biege dich dabei."

Pferd antwortet: „Solange du am linken Zügel ziehst und mit dem linken Bein in meine Rippen drückst, werde ich gerne weiterhin am Widerrist abknicken, den Hals nach links kippen und deinem quetschenden, linken Bein nach außen ausweichen. Und da auch dein äußerer Zügel nicht da ist, tue ich das, indem ich über die äußere Schulter laufe. Einverstanden?"

„Nee – blöder Gaul", antwortet der Reiter und verstärkt seine falschen Hilfen, indem er noch mehr am linken Zügel zieht.

Pferd: „Du kannst mich mal – solange du nicht weißt, was du willst, lauf' ich in dieser Manier besser mal weiter der Abteilung hinterher – oder gleich bis zum Ausgang und bleib' dort stehen!"

Und tut dies dann auch. Woraufhin der Durchschnittsreitlehrer genervt brüllt: „Jetzt hau' ihm halt mal auf den Arsch, der darf doch nicht immer einfach zum Ausgang rennen…"

Leider ist auch DAS Kommunikation! Und nach dem üblichen Schema würde dem Pferd jetzt beigebracht, trotz falscher Hilfen das Gewünschte zu tun. Natürlich wird man versuchen, dem Reiter sehr deutliche Fehler abzugewöhnen. Aber auch in der Zwischenzeit soll das Pferd funktionieren. Der Reiter „packt mehr an", mit ein wenig Glück nach und nach ein wenig geschickter und das Pferd lernt, nicht jedes kleine Wackeln und alle scheinbaren „Hilfen"

Die Idee dahinter

Fühlen und Fragen, Fühlen und Fördern, Fühlen und Freuen, damit Kommunikation entsteht!

gleich so wörtlich zu nehmen und sich auf die wesentlichen Botschaften zu konzentrieren – im Klartext: es stumpft ein wenig, oder auch ein wenig mehr, ab. Wenn nicht, gibt's Ärger!

Ein System, das Pferde produziert, die mit relativ großem Kraftaufwand zu reiten sind, aber wirklich gut funktionieren, und Reiter, die das Gewünschte durch Zulassen fördern und Ungehorsam oder unerwünschtes Verhalten durch Strafe im Keim ersticken. Im Endeffekt führt dies sogar zum gewünschten Ergebnis, da das Pferd sehr bemüht ist, die Strafe zu vermeiden … Auch so ist lernen möglich – es macht nicht viel Spaß – jedenfalls dem Pferd nicht – aber es geht. Man fragt sich nur, WAS an diesem Weg dem Reiter Freude bereitet …

Klar ist nun, es geht um Kommunikation zwischen Reiter und Pferd. Klar ist auch, dass die Antwort des Pferdes „gehört" werden muss, damit Kommunikation entstehen kann. Pferde lügen nicht. Sie reagieren nur mehr oder weniger deutlich und laut oder leise auf unsere Anfrage. Menschen haben die deutlich größere Hirnkapazität (hoffentlich), also wäre es sinnvoll, der Mensch lernte, sich dem Pferd verständlich mitzuteilen, statt vom Pferd zu erwarten, dass es errät, was man von ihm will und es zu bestrafen, wenn es falsch rät, oder?

Wichtig!
Kommunikation heißt nicht Befehl und Befehlsempfang, sondern Frage und Antwort.

Lernen um der Pferde willen

Wer also Reiten lernen möchte, um mit seinem Pferd ein Team zu bilden und beiderseitige Freude zu erreichen, wird nicht umhinkommen ein paar Dinge verstehen zu lernen. Vor allem die Antworten seines Pferdes zu ergründen und zur eigenen Korrektur zu nutzen.

Pferde haben in einer solch unklaren Situation zwei Möglichkeiten zu reagieren: entweder mit Widersetzlichkeit, die ja den verwirrenden Informationen, die es erhalten hat, entsprechen würde; oder aber mit Nervosität und Angst, die sich steigert, je häufiger auf unerwünschte Reaktionen Strafe erfolgte.

Pferde mit sehr guten Nerven, die es schaffen, ruhig zu bleiben, stumpfen nach und nach ab. Sie lernen, dass lange nicht alles, was bei ihnen ankommt, auch tatsächlich eine Information für sie darstellt. Sie fangen an, unkontrollierte Zappeleien auf ihrem Rücken zu ignorieren und trotz scheinbarer Gewichtshilfen weiter die Bande entlang zu laufen oder einfach dem vorderen Pferd in der Abteilung oder dem Weg, auf dem sie sich gerade befinden, zu folgen. Meist ist das eine gute Entscheidung, denn nun ist der Reiter relativ zufrieden. Das Pferd bleibt ruhig, schwankt nicht mehr ständig und stabilisiert sich auf der ganzen Bahn. Da der Reiter nun ebenfalls aufhört rumzuzappeln, lernt das Pferd, dass DIES wohl das von ihm gewünschte Verhalten sein muss. Genau dieses Pferd wird aber früher oder später den Ruf haben zäh und eventuell auch stur zu sein. Es reagiert irgendwie einfach nicht besonders fein ... Warum nur? Diese Dulder bekommt der Reiter aber relativ leicht in Gang. Mit Peitsche und Sporen und Gerte werden ihm Beine gemacht. Man sieht häufig solche Pferde in der Reitbahn. Sie ziehen ihre Runden, bekommen alle paar Meter einen Schlag auf den Hintern, auf den das Pferd mehr oder weniger nicht reagiert. Taktmäßig stechen die Sporen in den Bauch, und wenn der Reiter einmal mit dem einen oder anderen nachlässt, bleibt das Pferd fast stehen. Und das Pferd bleibt brav und wehrt sich nicht ...

Die Alternative ist ein sensibleres, evtl. hochblütigeres Pferd. Dieser Typ Pferd ist nicht gerade für seine Geduld und Gelassenheit bekannt. Dafür aber für seine schnellen Reaktionen. Dieser Typ Pferd schafft es nicht, Hilfen, die verwirrend sind, einfach auszublenden. Es zeigt klare Reaktionen auf die verwirrenden Einwirkungen, die auf es eindringen. Kommt der Zeitpunkt, an dem das Pferd dieses ständige Zupfen und Knuffen und Ziehen und Drücken einfach nicht mehr erträgt, wird es sich wehren.

Erst einmal mit der für Pferde typischen Art sich zu entziehen: Flucht. Es wird anfangen zu laufen und versuchen, aus der Situation zu entkommen.

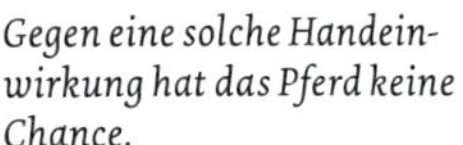

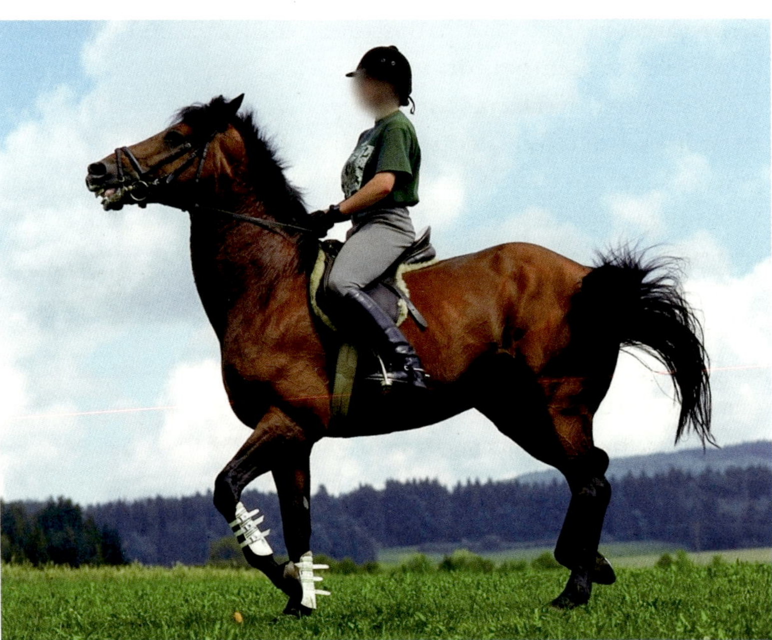

Gegen eine solche Handeinwirkung hat das Pferd keine Chance.

Da der Reiter dies nicht wünscht, wird er anfangen zu ziehen. Das Pferd wird gegen die Hand gehen. Der Reiter wird nun angewiesen, entweder „gegenzuhalten, bis der nachgibt" oder den Widerstand per „links-rechts-Paraden" (Riegeln) zu brechen. Hilft dies alles nicht, wird der Trainer den entsprechenden Hilfszügel empfehlen. Dieser wird das Vorwärtsrennen und „Gegen-die-Hand-gehen" beenden. Leider auch das gewünschte Vorwärts. Dies wird dann wieder durch verstärktes Treiben ausgeglichen ...

Auf diese Art geritten, wird das Pferd sich mit der Zeit sehr verspannen und der Zeitpunkt wird kommen, an dem das Pferd es nicht mehr aushält und sich trotz Verschnürung zur Wehr setzt, buckelt oder steigt oder doch wieder rennt. In diesem Fall kommt dann sehr häufig die „Rollkur" zur Anwendung. Dr. Heuschmann nennt das Ergebnis „Learned Helplessness", erlernte Hilflosigkeit. Ist ein Pferd so tief und eng eingestellt, hat es keine Chance mehr sich zu wehren oder sich zu entziehen. Es wird aufgeben und sich entsprechend der reiterlichen Vorstellung ziehen, formen und schieben lassen. Auch solche Pferde sieht man sehr oft in den Reitbahnen.

Mit ihren angeblich faulen, zähen Kollegen haben sie eines gemeinsam: den erloschenen, resignierten Blick.

Ich weiß, dass diese Menschen glauben, das zu tun, was nötig ist, um ihr Pferd „gut" zu reiten. Aber es fühlt sich doch nicht gut an, oder? Es sieht doch auch nicht gut aus, oder? Und das Unglück dieser Pferde beim Gerittenwerden ist doch nicht zu übersehen!! Oder?

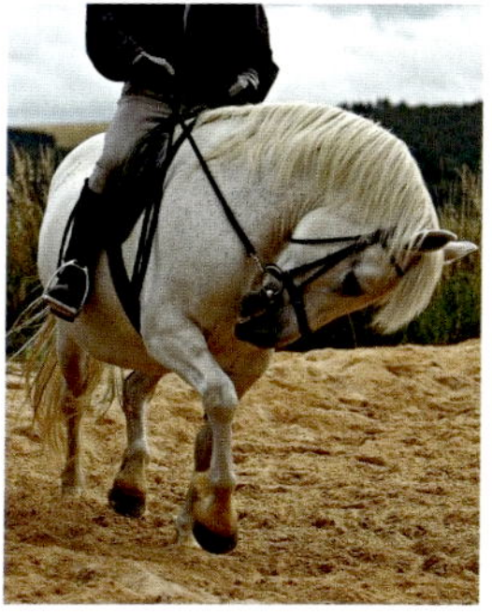

Es kann doch nicht wahr sein, dass Menschen, die anfingen zu reiten, weil sie Pferde liebten, DAS hinnehmen!

Lassen Sie sich nichts erzählen, von wegen „da muss der durch" oder „den musst du knacken". Pferde sind so feinfühlig. Jedes noch so schwere Kaltblutpferd zuckt, wenn eine Fliege sich auf seinem Fell niederlässt und kann ein Steinchen aus einem Kilo Hafer aussortieren. Und ein solch feinfühliges Wesen soll beim Reiten plötzlich zäh und gefühllos sein?

Ist es tatsächlich sinnvoll, ein Pferd, das beim Reiten flüchtet, mit Krafteinwirkung – nichts anderes ist ein Hilfszügel, als ein Kraftverstärker zur Steigerung der Zugkraft auf das Pferdemaul – zur Raison zu bringen? Wäre es nicht sinnvoller, den Grund für den Trieb zur Flucht zu finden und zu beseitigen und den Fluchtgedanken damit unnötig werden zu lassen?

Ist Reiten tatsächlich zuerst ein Kampf mit dem Pferd, den man gewinnen muss? Und wann kommt denn dann die „Leichtigkeit", die so ersehnt wird? Viele Reiter, vor allem erwachsene Späteinsteiger, geben das Reiten wieder auf, wenn sie sich diese Fragen stellen und vom Reitlehrer keine befriedigende Antwort erhalten. Kinder sitzen weinend auf ihrem Lieblingspferd, weil sie vom

Reitlehrer genötigt werden es zu schlagen und werden gelobt, wenn sie richtig anpacken … Diese Beschreibung ist kein Ausnahme-Horrorszenario, sondern der ganz normale Alltag in Reitställen in aller Welt!

Reiten ohne Gewalt

Wie aber kann man sich dem entgegen stellen? Was tun, wenn man erkennt, dass sich die oben beschriebenen Muster einzustellen drohen? Und wenn ich nicht bereit bin, mein Pferd so zu behandeln, wie es sehr häufig gefordert wird.

Entziehen Sie sich diesem destruktiven, gewalttätigen Ansatz! Lassen Sie sich nicht dazu bringen auf eine Art und Weise mit einem Tier umzugehen, die Ihnen barbarisch erscheint. Lassen Sie sich nicht mit dem Totschläger-argument „da muss der durch, das tut dem gut" abspeisen. Verlangen Sie logische und nachvollziehbare Erklärungen. Vielleicht nicht gerade während des Unterrichts – da fehlt vielleicht die Zeit – aber spätestens danach muss Ihr Reitlehrer in der Lage sein zu begründen, was er aufträgt! Wenn nicht – wechseln Sie den Reitlehrer.

Achten Sie auf Haltung und Fütterung von Pferden. Achten Sie auf all die Dinge, die wir hier unter dem Obertitel „Voraussetzungen" ansprechen. Menschen, die ihre Pferde achten und respektieren, werden darauf achten, dass diese nicht nur ordentlich geritten werden, sondern auch Gesellschaft und Auslauf haben. Aber dazu später mehr …

Die Pferde sind unsere Lehrer! Und dies betrifft nicht nur weit ausgebildete Pferde – diese sind natürlich die Professoren unter den Rössern. Nein, jedes ganz normale Durchschnitts-Pferd wird mir zeigen, ob es von mir verständliche „Hilfe(n)" erhält oder ob ich es ihm unmöglich mache, sich mit mir fließend und in Balance zu bewegen. Hören Sie hin, was Ihnen ein vierbeiniger Lehrer zu sagen versucht und lernen Sie von ihm, statt ihn mundtot zu machen und ihn zu unterjochen. Und das ist keine Metapher: mundtot macht man ein Pferd, indem man ihm das Maul zuschnürt und man unterjocht es, indem man ihm den Kopf – wie auch immer – nach unten zieht, riegelt oder schnürt.

Unterjocht und zugeschnürt

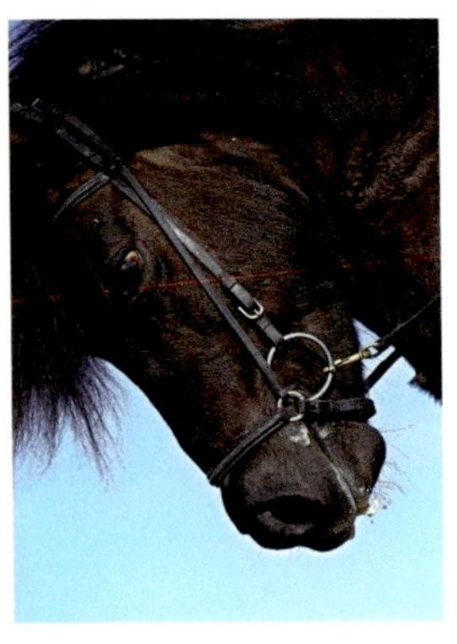

Es macht auch keinen Unterschied, ob dies mit Schlaufzügeln oder einem scharfen, Schmerz verursachenden Gebiss oder gar einer Kandare passiert. Jede rückwärts wirkende mechanische Einwirkung (Flaschenzug, Hebelwirkung, Krafteinsatz) auf das Pferdemaul wirkt schmerzhaft und ist daher konsequent abzulehnen. Ebenso wie die Krafteinwirkung auf Nasenrücken und Unterkieferäste bei manchen gebisslosen Zäumungen mit Hebelwirkung, wie zum Beispiel der großen Hebelhackamore.

Benutzen Sie Ihren Verstand und analysieren Sie. Lesen Sie und sortieren Sie aus. Alles muss einen logischen Aufbau ergeben. Alles, was Ihr Reitlehrer Ihnen erzählt, muss immer nachvollziehbar und logisch sein und zu einer Verbesserung der Kommunikation zwischen Ihnen und Ihrem Pferd führen – nicht nur zum Erreichen einer Form, in die ein Pferd gepresst wird.

Leitgedanke

Erkennen Sie, dass Ihr Pferd Ihr Lehrer ist!

Haben Sie etwas verstanden, probieren Sie. Fragen Sie Ihr Pferd. Sie dürfen Fehler machen. Ihr Pferd wird Ihnen mitteilen, wenn etwas nicht verständlich ist. Solange Sie höflich fragen, wird es Sie für einen Fehler auch nicht in den Dreck schmeißen.

Ihr Reitlehrer muss Ihnen erklären, wie Sie feststellen und erfühlen können, ob die Ansätze der Aufgabe, die Sie reiten, fließend und harmonisch sind. Er muss Ihnen vermitteln, wie es sich anfühlt, wenn „das Pferd die Hand nimmt" und es Ihnen anfangs sagen, wenn dieser Moment da ist, damit Sie zukünftig wissen, wonach Sie suchen. Er muss Ihnen nicht sagen, dass Sie „MEHR" treiben sollen, sondern „WIE" und „WANN"! Er darf Ihnen nicht sagen „GEGENHALTEN", bis das Pferd „nachgibt" und die Nase einzieht, sondern muss Ihnen erklären, wie Sie Ihre Hand so verführerisch werden lassen, dass kein Pferd ihr widerstehen kann und von selbst diese feine Hand sucht ... Und Ihr Pferd wird es sein, das Ihnen sagt: „Ja, SO kann ich arbeiten!"

Wenn das Pferd spürt, dass es tatsächlich gefragt wird, DANN wird es auch antworten. Bei Pferden, denen jahrelang „Halt's Maul" vermittelt wurde – durch Sperrriemen, Hilfszügel und Strafe bei jedem Mucks – wird es eine Zeitlang dauern, bis sie wieder zu Ihnen sprechen. Und eventuell werden solche Pferde auch anfangs die verringerten oder scheinbar zögernden Hilfen ausnutzen und versuchen, sich ganz zu entziehen oder sich deutlich widersetzen.

Nun ist es an Ihnen: JETZT heißt es „reiten lernen". Machen Sie Ihrem Pferd das Gerittenwerden schmackhaft. Fordern Sie WENIG und loben Sie VIEL! Reiten Sie fein, logisch und fair. Reiten Sie mit Gefühl und Intelligenz, und das Pferd wird keinen Anlass haben sich zu widersetzen.

Haben Sie Geduld! Das ist die Köngisdisziplin, in der Sie sich üben müssen, um ein wirklich guter Reiter zu werden. Geduld mit Ihrem Pferd und Geduld mit sich selbst – auch ein Reiter, der sich über sich selbst ärgert, ist dem Pferd kein angenehmer Passagier – die Stimmung ist schlecht – egal, was der Grund für die Verstimmung ist – das Pferd bezieht sie auf sich!

Beobachten Sie sich, reiten Sie vor dem Spiegel – aber vor allem beobachten Sie die Reaktionen Ihres Pferdes. Gehen Sie kritisch, analytisch, geduldig und reflektiert vor und Sie haben eine echte Chance, ein guter Reiter zu werden.

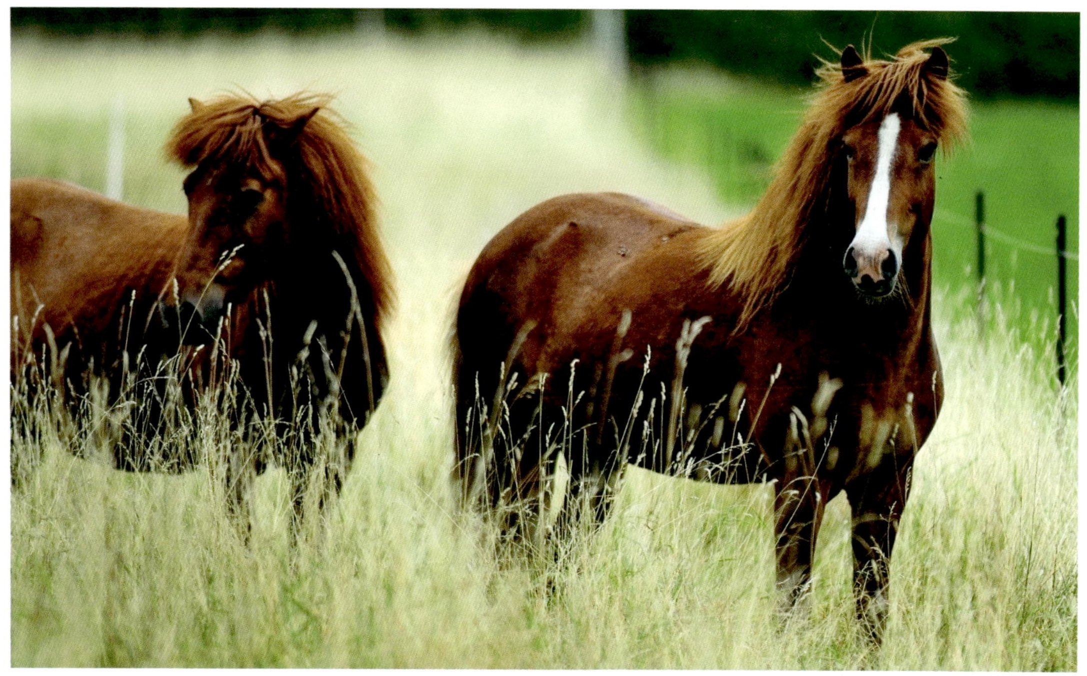

Wenigstens stundenweisen Koppelgang sollte man seinem Pferd ermöglichen.

Voraussetzungen, damit ein Pferd ein gutes Reitpferd werden kann

Haltung

Die Haltung eines Pferdes bestimmt 24 Stunden am Tag sein Leben. Sie ist deshalb so wichtig, dass sie als erstes genannt werden muss.

Sozialkontakte

Ein Pferd muss täglich wenigstens mehrere Stunden die Gelegenheit haben, zusammen mit Artgenossen auf einem ausreichend großen Bereich seinen Bewegungsdrang befriedigen, spielen und auch bei Bedarf ausweichen zu können.

Ob es diese Möglichkeit nutzt oder einfach nur dösend in der Sonne steht, sich mal zum Heu und mal zum Wasser bewegt oder sich ausgiebig wälzt, ist völlig unerheblich. Die Möglichkeit zählt und viele kleine ruhige Wege summieren sich auch. Stehen in der Box bleibt immer stehen in der Box. Die einzige Bewegungsmöglichkeit hier besteht aus Kreiseln oder Weben. Bewegungen, die einem Pferd nicht nutzen, sondern – wenn es sie gestresst und hektisch auf engem Raum ausführt – sogar schaden. Einige, vor allem rangniedere oder alte

Pferde, die mehr Zeit zum Fressen brauchen, genießen den geschützten Bereich in ihrer eigenen Box sehr – vorausgesetzt sie haben die meiste Zeit des Tages Gelegenheit, sich mit anderen Pferden zu bewegen. Hat ein Pferd genug Gelegenheit, sich frei zu bewegen, wird es in der Box auch gerne ruhen, fressen oder mit dem Nachbarn schnuffeln und Fellpflege betreiben – was natürlich voraussetzt, dass es nicht hinter Gittern steht. Je mehr Gelegenheit zur Bewegung es hat, umso besser.

Genug Platz

Das Platzangebot muss so groß sein, dass rangniedrige Pferde die Möglichkeit haben, sich ausreichend weit von den ranghöheren Pferden zu entfernen, so dass diese sie nach dem Spiel auch in Ruhe dösen lassen oder nach einer Rangelei genug Ausweichfläche zur Verfügung steht.

Ob dies auf einem Auslauf oder einer Weide stattfindet, ist zweitrangig. Aber auch körperlich wirkt sich diese Art der Haltung förderlich auf Stoffwechsel, Verdauung und Grundmuskulatur aus. Es gibt im Allgemeinen keinen großen Trainingseffekt, es sei denn, die Stallanlage verfügt über einen Aufbau, der das Pferd zwingt, zwischen Raufutter, Wasser und Ruhebereich weite Wege zurückzulegen, was viel Platz beansprucht. Heute gibt es gute Konzepte, die auch auf kleinerem Raum über ein Wegesystem, Trennbalken für mehr Bewegung und zusätzlichen Schutz für rangniedere Pferde sorgen. Die Grundbewegung eines Pferdes in Auslauf- und Gruppenhaltung ist in jedem Fall deutlich höher als bei einem ausschließlich in der Box stehenden Pferd, aber ohne zusätzliches Training auf keinen Fall ausreichend.

Sozialkontakt und freie Bewegungsmöglichkeit sind vor allem für die Psyche eines Pferdes unabdingbar!

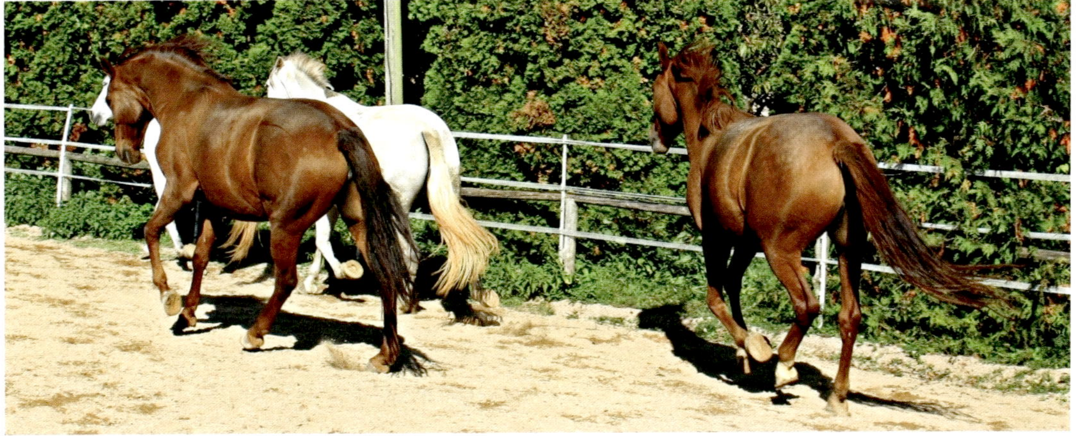

Ist Gruppenhaltung immer das Optimum?

Nicht jedes Pferd ist für einen Offen-, Gruppen- oder Laufstall geeignet. Manch schüchternes Pferd steht ziemlich unter Druck in einer Gruppe und kommt nicht zum Entspannen. Solchen Pferden tut man einen großen Gefallen, wenn sie nach dem Auslauf mit Pferden einer homogenen Gruppe in einem eigenen Bereich entspannen und fressen, aber auch schlafen können ohne aufpassen zu müssen, dass sie schnell genug den Weg für ein ranghöheres Pferd frei machen. Nicht wenige Pferde leiden unter solchen Haltungsbedingungen und der Besitzer steht vor einem Rätsel, warum sein Pferd seit dem Umzug in die Gruppenhaltung plötzlich Symptome wie Mattigkeit, mangelnde Gehlust oder plötzlichen Gewichtsverlust zeigt, obwohl doch Heu satt zur Verfügung steht und alles optimal sein sollte. Nicht selten gibt es Pferde, die in einer Gruppenhaltung nicht genug Schlaf, ausreichend Liegephasen und nicht zuletzt zu wenig Futter bekommen, weil sie durch ihren niedrigen Status ständig zum Aufpassen und Ausweichen gezwungen sind. Hier heißt es: ganz genau beobachten und eingreifen. Auch wenn der Laufstall noch so schön ist, kann ein Pferd sich in der Gruppe nicht behaupten, muss man ihm immer wieder persönliche Freiräume schaffen – und das kann durchaus auch über Nacht eine Box und abends und morgens eine extra Portion Heu sein. Das Argument „in der Natur müsste es sich auch arrangieren" zieht nicht – in der Natur würde ein solches Pferd am Rande einer Gruppe leben und sich niemals freiwillig in die enge Mitte einer Herde begeben, schon gar nicht in eng begrenztem Bereich – in der Natur kann das Pferd so weit ausweichen, dass es sich jeder Bedrohung durch andere Pferde entziehen kann. So groß ist kein Offenstall.

Ernährungsgrundlage Gras

Natürlich ist ein Leben auf großen Weiden in der Herde herrlich – aber nicht zwingend notwendig. Manche Pferde vertragen auch die fetten Hochleistungsgräser unserer Zivilisation nicht unbegrenzt. Hier muss der Mensch schützend und regulierend eingreifen. Reiche Weiden sind zur Ernährung des Pferdes nicht nötig – im Gegenteil – karge, aber ausreichend große Weideflächen sind pferdegerecht.

Auf fetten Weiden nimmt das Pferd viel mehr Futter bei minimaler Bewegung zu sich als es benötigt und wird deshalb dick.

Wird einem leichtfuttrigen Pferd nicht genügend Bewegung geboten, drohen Stoffwechselerkrankungen wie Rehe oder EMS (Equines Metabolisches Syndrom).

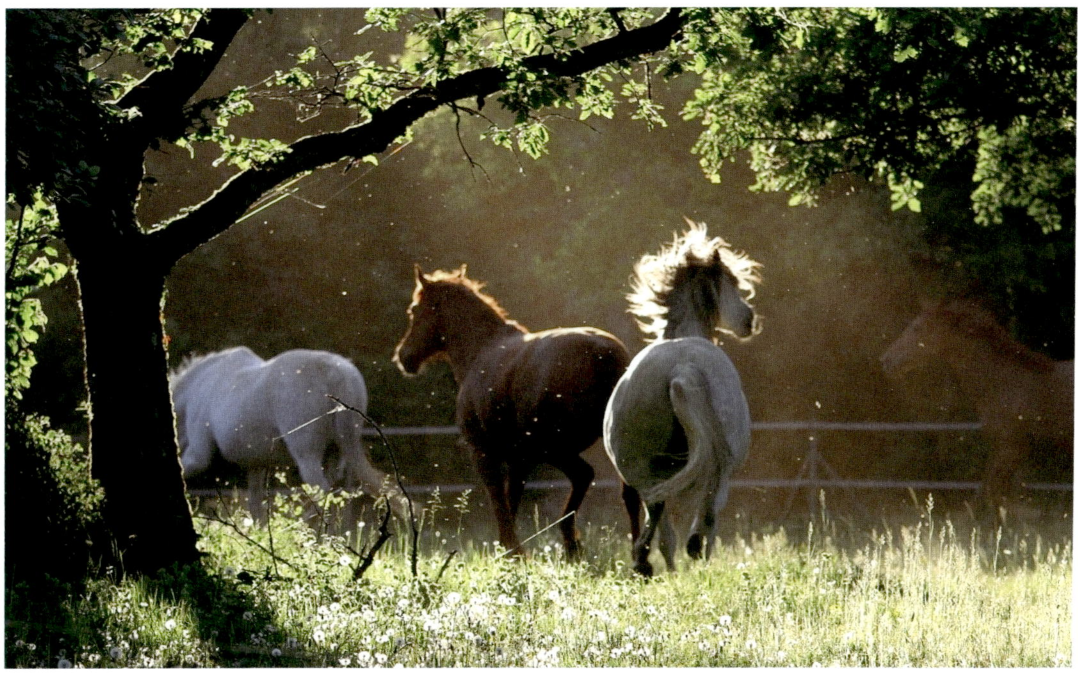

Hier muss sich das Pferd sein Futter erlaufen. Ernährung und Bewegung entsprechen einander.

Futtergrundlage Heu

Zur eigenen Erhaltung braucht ein Pferd vor allem ausreichend qualitätsvolles Heu: mindestens 1,5 kg pro 100 kg Körpergewicht. Dies muss so gut wie möglich auf 24 Stunden verteilt werden, damit das Pferd keine Karenzzeiten hat.

Im „Praxishandbuch Pferdefütterung" erklärt der Biologe und Pferdefachmann Ingolf Bender sehr genau und detailliert, wie Pferde bei ausreichender Versorgung mit Rohfaser gesund erhalten werden können, mit allem was sie brauchen, ohne die Gefahr des Überfütterns.

Freie Bewegung

Je weniger freien Sozialkontakt mit Auslauf in der Gruppe ein Pferd bekommt, umso abhängiger ist es vom täglichen Training und umso einseitiger ist es für ein Pferd, die immer gleichen Bewegungen auf Aufforderung auszuführen. Ohne Spiel in Gemeinschaft oder wenigstens Auslauf auf einem ausreichend großen Bereich, so dass es auch einmal flott galoppieren und sich freibuckeln und dehnen kann, hat ein Pferd keinerlei Möglichkeit, sich einmal wirklich zu strecken und freizustrampeln, so wie es selbst das möchte. Weder beim Reiten noch in der Box hat es diese Möglichkeiten.

1

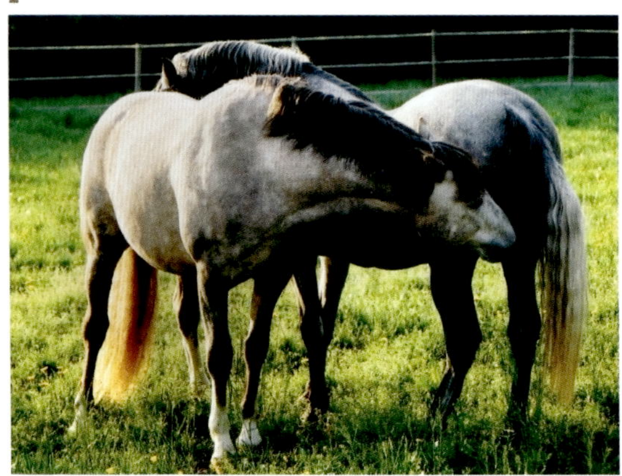

2

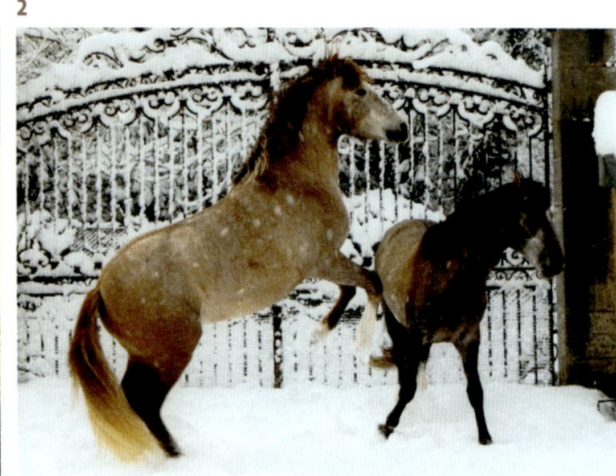

1 Auch Hengste sind umgänglich, wenn man ihnen ein artgemäßes Leben ermöglicht.

2 Winterpaddocks müssen so angelegt sein, dass Pferde auch bei nassem Wetter nicht gezwungen sind, bis über die Fesseln im Dreck zu stehen.

Dies gilt nicht nur bei schönem Wetter UND für jedes Pferd – auch für Hengste. Zu asozialen oder schwierigen Pferden werden Hengste nur dann, wenn man ihnen KEIN Sozialleben gewährt. Natürlich bedarf es einiger Voraussetzungen Hengsten den Sozialkontakt und die freie Bewegung zu ermöglichen, die sie brauchen. Kann ich einem Hengst dies nicht bieten, darf ich keinen halten!

Wahrscheinlich haben sich Menschen, die ein Pferd, egal welchen Geschlechts, heute noch in reiner Boxenhaft halten, darüber noch nie wirklich Gedanken gemacht ... Anders als mit Gedankenlosigkeit sind solche „Haftbedingungen" nicht zu erklären. Oder geht es vielleicht um Folgendes?

Energie sparen für den Einsatz beim Reiten?

Gerade Pferde, die nur in der Box stehen, haben natürlich viel Gehlust, die sich bei fundierter Grundausbildung fein kanalisieren lässt. Gut erzogene Pferde sind brav – das liegt in ihrer Natur – und wenn sie ausreichend und vor allem geschickt geritten werden, auch noch dankbar für das Training. In vielen Fällen die einzige Möglichkeit für das Lauftier Pferd, seinen Drang nach Bewegung zu befriedigen. Es ist Tierquälerei, ein Lauftier so eingesperrt zu halten und das Grundbedürfnis eines Pferdes nach Auslauf zu ignorieren, um dann seine Energie ausschließlich persönlichem Streben unterzuordnen. Wer so handelt, missbraucht sein Pferd als Sportgerät.

Regelmäßiges Training

Der sportlich ehrgeizige Reiter wird eher bereit sein, die leistungsorientierte Art der Boxenhaltung zu akzeptieren, da diese das Pferd für ihn besser nutzbar und damit erfolgreicher macht. Zum Glück für diese Pferde wird mittlerweise die Boxenhaltung mit vorgelagertem kleinen Paddock immer üblicher, so dass auch sie wenigstens die Möglichkeit haben, nicht nur Wände und Gitter anzuglotzen und Wind und Sonne fühlen können. Es gibt Pferde, die mit gutem, sinnvollem Training, wenigstens gelegentlichem, stundenweisem Auslauf auf Paddock oder Weide, zum Teil in Gesellschaft oder Nachbarschaft anderer Pferde, ein recht gutes Leben führen ... Nicht jeder Reiter, der sich im Wettbewerb misst, ist ein ehrgeizzerfressener Pferdeschinder. Auf jeden Fall gibt der wirklich gute, sportlich ambitionierte Pferdefreund seinem Tier etwas, woran es vielen Freizeitpferden in zum Teil sehr guter Haltung oft mangelt: einen Job, in dem es Leistung bringen kann und darf, an dem es körperlich und mental wachsen kann und der es gesund hält!

Das sollte man bedenken

Chronische Unterbeschäftigung macht krank und frustriert!

Habe ich ein Pferd und kann oder möchte nicht reiten oder es sonstwie bewegen – und dies kann aus vielen nachvollziehbaren Gründen der Fall sein – dann muss ich mich entweder von diesem Tier trennen oder dafür sorgen, dass mein Pferd von jemand anderem bewegt wird oder in Pferdegesellschaft soviel Platz und Bewegung hat, dass es unter meinem Problem nicht leidet.

Je länger die Situation des gesunden, aber unterbeschäftigten Pferdes anhält, durch Zeitmangel, durch gefrorene Plätze, zu viel Staub, zu nasse Plätze, zu viele Fliegen, matte Pferde von der Hitze, zu dickes Fell bei Kälte, so dass die Pferde zu schnell schwitzen und man nicht weiß, wie man sie trocken bekommen soll, Bandensteher, die dem Reiter unangenehm sind, unpassende Sättel, etc. – es gibt 1000 Gründe, die Menschen anführen, warum sie NICHT zum Reiten kommen ...

... umso mehr sinkt die Motivation, heute doch noch zu reiten.

Außer bei schwerer Krankheit des Pferdes gibt es für jedes Problem einen Lösungsansatz – wenn man es schafft sich zu motivieren ...

Reitmotivationsmangel – ein Thema, das überraschend viele Pferdehalter betrifft

Deshalb finde ich es wichtig, dies anzusprechen. Der Grund ist nämlich meist nicht Faulheit – sondern Unsicherheit ... man weiß zwar ziemlich genau wie man NICHT reiten möchte ... aber wie geht man es anders an, wenn es problematisch wird?

Passt dann mal alles, vom Zeitfaktor über das Wetter bis hin zum vorher abgeäppelten Offenstallgelände, ist der Reiter voller Erwartung und Elan. Und obwohl er sich in der Theorie ständig mit der Kunst des Reitens befasst – beim Abäppeln hat man viel Zeit zum Nachdenken – ist die Enttäuschung dann oft groß. Mangels Routine ist sein Sitz nicht losgelassen, kommen die Hilfen steif und mechanisch, geht das Pferd gegen die Hilfen, da es entweder mehr vorwärts möchte als der Reiter oder aber überhaupt keine Veranlassung sieht sich anzustrengen, weil es doch mit seinem Kumpel schon den ganzen Tag gespielt hat – oder einfach schon zu dick ist und keine Kondition hat?

Versucht der Reiter jetzt das, was er nicht erfühlen kann, zu erjagen, geht es garantiert in die Hose. Ein völlig untrainiertes Pferd wird sich nicht mit kleinen Tricks in ein in Balance schwebendes Dressurpferd verwandeln lassen. Und auch der eigentlich sehr gelassene Hafi möchte gerne mal wieder draußen richtig vorwärts gehen. Nachdem er seine Tage schön gemütlich mit seinen Kumpels auf dem netten, aber doch nicht sehr großen Paddock verbacht hat, ist er nämlich plötzlich gar nicht mehr gemütlich, sondern ziemlich kernig. Und das Gangpferd, das gekauft wurde, weil es so angenehm zu sitzen ist, wirft zwar nicht im sehr schwungvollen Trab, wie der ebenfalls nicht ausgelastete Warmblüter, dafür lässt er den Rücken durchhängen und geht – zwar erschütterungsfrei, dadurch aber auch nicht wünschenswerter – ab wie die Feuerwehr.

Klar – auch die reine Beschäftigung mit dem Pferd ist für uns bereichernd. Wenn die Lust am Reiten dauerhaft fehlt, sollte man sich nach den Gründen fragen.

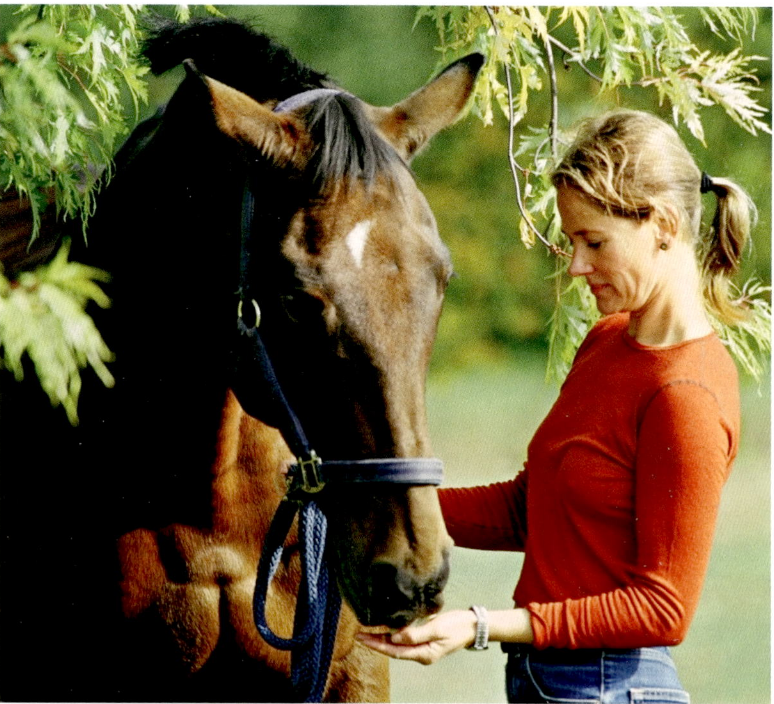

Wieder nicht geklappt – was nun?

Richtig wäre es jetzt, in kleinen Reprisen auf dem Platz wieder eine gemeinsame Sprache zu finden: indem man Übergänge reitet, viele Handwechsel, gerade und gebogene Linien, immer wieder die Hand anbietet und die Zügel wieder aus der Hand kauen lässt, viel Schrittarbeit macht und wenn die Durchlässigkeit im Schritt da ist, dann auch in kurzen Trabreprisen übt und den Galopp unter dem Sattel erst mal ganz außen vor lässt … Und das Ganze anfangs vielleicht nur für 15 oder 20 Minuten – dafür aber regelmäßig! Bei einem sehr wenig gerittenen Pferd anfangs jeden zweiten Tag und irgendwann wieder täglich, um dann auch wieder Spazierritte anzugehen!

Stattdessen versucht der wenig routinierte Reiter im ungünstisten Fall, sein überhaupt nicht routiniertes Pferd „richtig zu arbeiten". Er fordert zuviel und das auch noch mit nicht korrekten Hilfen – mit dem Ergebnis, dass das Pferd sein Missfallen deutlich zeigt und dem Reiter bald auch der Spaß vergeht, und er erstmal wieder lieber abäppelt …

Kurz gesagt

Es geht darum, mit dem Pferd wieder in einen echten Dialog von Anfrage und Reaktion zu treten.

Warum, wo und wann gehen Fluss und Balance verloren?

Da wir alle nach bestem Wissen und Gewissen reiten, müssen wir unser Wissen immer weiter ausbauen, um weiterhin mit bestem Gewissen reiten zu können. Ich gehe im Aufbau dieser Übersicht zum Aufspüren der Ursachen reiterlicher Probleme, bei allen Herausforderungen und Schwierigkeiten, denen wir begegnen, davon aus, dass das betreffende Pferd gesund ist, artgerecht – d. h. in Pferdegesellschaft und mit täglichem Auslauf – gehalten wird, vernünftig gefüttert und mit passendem Sattel und Zaumzeug ausgestattet ist. Sind all diese Voraussetzungen erfüllt und ist das Pferd lediglich nicht gut trainiert bzw. weiß der Reiter nicht, wie er ansetzen soll, dann kann ihm dieses Buch vielleicht eine Hilfestellung sein.

Ohne Betrachtung dieser Voraussetzungen braucht man, meiner Meinung nach, überhaupt nicht damit zu beginnen, Verhaltensweisen des Pferdes während des Reitens zu analysieren. Ein Pferd, dessen natürlichste Grundbedürfnisse nicht erfüllt sind, wird nicht in einer guten körperlichen und mentalen Verfassung die Reitbahn betreten. Auch ein solches Pferd kann durch Zwangsmaßnahmen durchaus zu einem zuverlässig funktionierenden Reitpferd werden. Nun gut, wem dies reicht … Ich kann und will nicht glauben, dass es einem Reiter, der feinfühlig genug ist zu spüren, wann und in welchem Maß sein Pferd beim Gerittenwerden körperlich und mental loslässt, egal ist, wie sein Pferd sich in den 23 Stunden fühlt, in denen es nicht geritten wird …

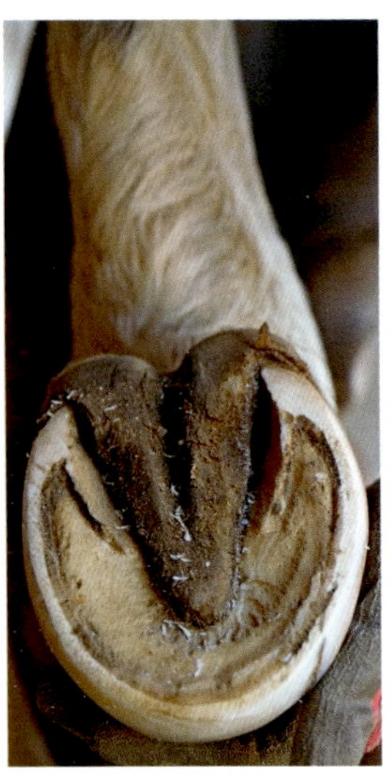

Ein gesunder Huf

Hufpflege

Ein gesundes Pferd steht IMMER auf gesunden Hufen. Bitte nehmen Sie sich Zeit und beschäftigen Sie sich ausführlich mit diesem Thema. Versuchen Sie, so viel wie möglich über die Biomechanik der Hufe zu lernen. Befragen Sie Hufschmiede und Hufpfleger verschiedenster Richtungen – und bilden Sie sich dann eine Meinung. Der Huf lebt und die entsprechende Hufbearbeitung ist ein extrem komplexes und wichtiges Thema! Ich persönlich beschäftige mich seit einigen Jahren intensiver mit diesem Thema und kann nur raten, nicht blind jedem zu vertrauen, nur weil er so ein netter Kerl ist! Je mehr Sie wissen, umso eher sind Sie in der Lage, die Arbeit von Fachleuten zu verstehen und auch zu beurteilen – die der Guten genauso wie die der schlechten. So wichtig wie die Auswahl des Ausbilders für Sie und Ihr Pferd, so wichtig ist auch die des Hufbearbeiters. Die Hufbearbeitung hat enorme Auswirkungen auf die Bewegungsabläufe Ihres Pferdes!

Sattel

Nur ein passendes und allen Sicherheitsaspekten entsprechendes Equipment befähigt das Pferd, seinen Job gut zu machen und den Reiter aus einem guten Sitz heraus verständliche Hilfen zu geben. Es ist also keine Frage der Mode, sondern der Verantwortung, passendes Sattel- und Zaumzeug zu suchen und zu finden. Hier lohnt es sich, ein wenig Ausdauer zu beweisen. Ich gehe auf das Thema Sättel sehr ausführlich ein, obwohl ich bei den grundsätzlichen Dingen bleibe und auf den Fachmann Sattler verweise. Allerdings verbringe ich regelmäßig viel Zeit eines neuen Kurses damit, Sättel, die den Pferden einfach nicht zuzumuten sind, auszusortieren – und daher nutze ich hier die Gelegenheit, die wichtigsten Grundsätze über die Passform von Sätteln anzureißen: Ein Pferd, das Rückenschmerzen durch einen nicht passenden Sattel hat, kann nicht locker schwingen und wird vor dem Schmerz entweder irgendwann flüchten, oder es wird klemmen und nicht mehr vorwärts gehen. Hat das Pferd Glück, erkennt der Reiter, dass der nicht mehr passende Sattel Ursache des Problems ist. Hat das Pferd Pech, wird es für den scheinbaren Ungehorsam gestraft …

Grundsätzlich auf Maß?

Ich glaube nicht, dass ein Sattel unbedingt und immer auf Maß gebaut sein muss – Pferde verändern sich durch wechselnde Futter- und Trainingsumstände ständig, und je genauer zum Zeitpunkt des Anmessens auf Maß gebaut wurde, umso schneller wird das teure Maßmodell nicht mehr exakt passen und muss geändert werden. Ein bisschen „Luft" für Zuwachs, die vorerst durch Unterpolsterung mit einer dickeren Satteldecke (zum Beispiel einer Lammfell-Satteldecke) aufgefüllt wird, ist beim Kauf besser als das momentane Optimum. Sitzt der neue Sattel nämlich wirklich so hervorragend, wie der Verkäufer anpreist, dann wird das Pferd recht schnell Muskulatur aufbauen und dann ist der eben noch optimale Sattel ganz schnell zu eng. Baut das Pferd, wie gewünscht, mit diesem passenden Sattel Rückenmuskulatur auf, dann wird die dicke Lammfelldecke durch eine normale Baumwolldecke ersetzt und ich habe eine Zeitlang einen passenden Sattel. Bis zur längeren Zwangspause und dem damit verbundenen Muskelabbau – dann kann wieder die dickere Decke zum Einsatz kommen.

Es gibt Pferde, deren Rücken von Natur aus oder durch einen Unfall bzw. langfristige Blockaden so außergewöhnlich geformt ist, dass tatsächlich nur ein Sattel mit Baum und Polsterung auf Maß infrage kommen. Einige Grundsätze bezüglich der Passform müssen aber in jedem Fall berücksichtigt werden:

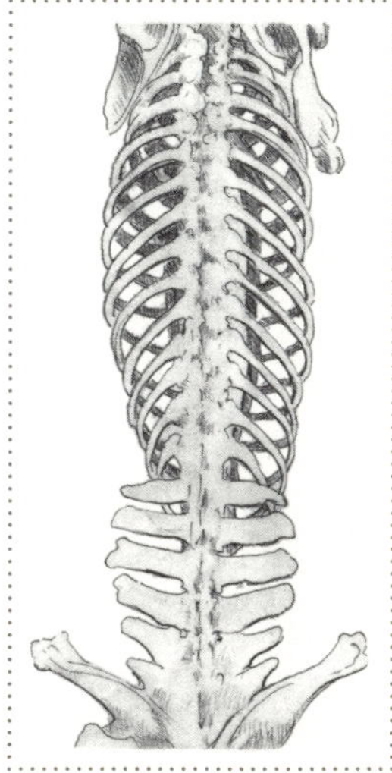

Deutlich zu erkennen ist der Punkt, wo die seitlichen Querfortsätze der Lendenwirbelsäule beginnen. Hier darf kein Sattel mehr ablasten.

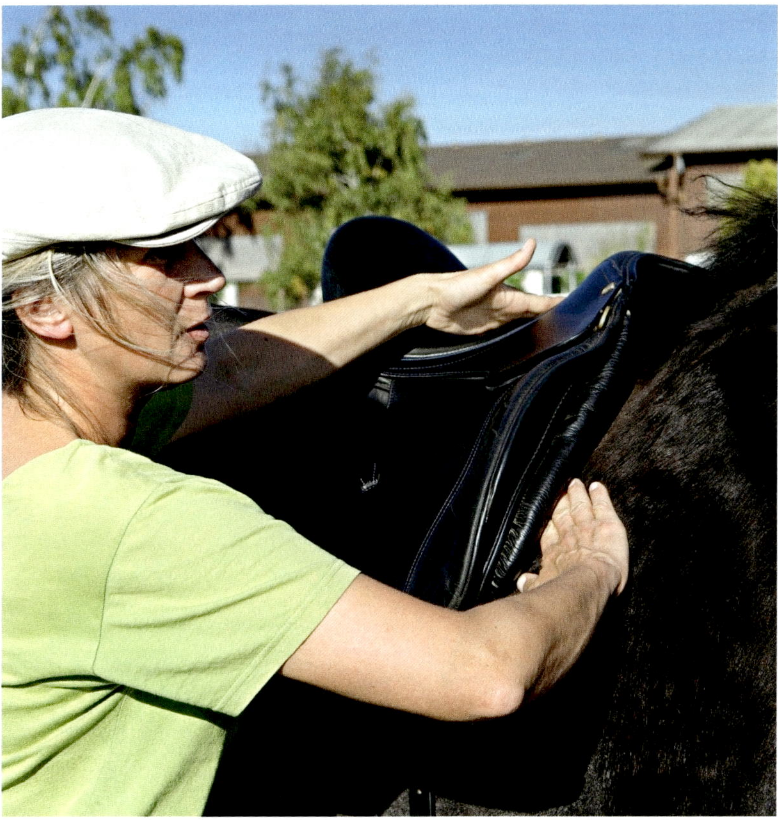

Der Sattel muss sich über seine komplette Vorderkante gleichmäßig weich von hinten an das Schulterblatt anschmiegen.

1

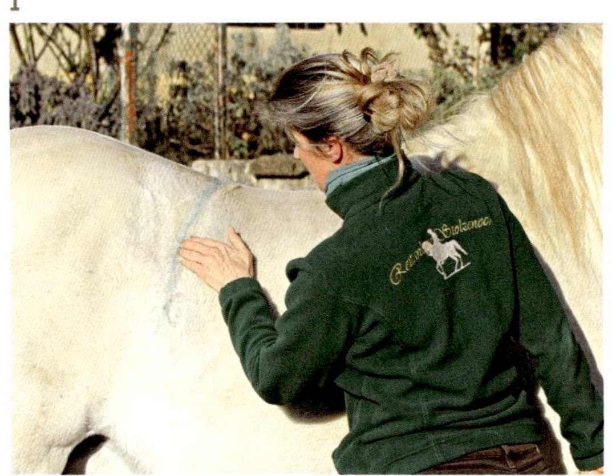

2

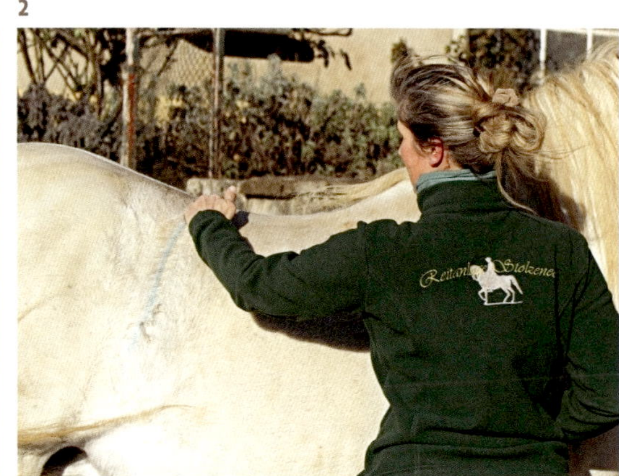

1 *Suchen Sie mit den Fingerspitzen den letzten Rippenbogen.*

2 *Folgen Sie ihm nach oben zum letzten Brustwirbel. Über diesen Punkt hinaus darf kein Sattel ablasten.*

Länge des Baums

Jeder Sattel muss über einen Baum verfügen, der in Länge und Schwung der Brustwirbelsäule (BWS) des Pferdes entspricht. Er darf nicht länger sein als die BWS. Der Übergang der BWS zur Lendenwirbelsäule (LWS) ist leicht zu ertasten. Wenn Ihr Pferd nicht allzu speckig ist, sollten Sie den Bogen, den die letzte Rippe beschreibt, leicht ertasten und eigentlich auch sehen können. Folgen Sie diesem Bogen bis zur Wirbelsäule nach oben, erreichen Sie den Übergang vom 18. Brustwirbel zum 1. Lendenwirbel. Über den letzten Brustwirbel hinaus darf kein Sattel liegen.

Im Lendenwirbelbereich ragen die Querfortsätze seitlich heraus und die Kissen eines zu langen Sattels üben hier direkten Druck aus. Dies führt schnell zu starken Schmerzen und dadurch Widersetzlichkeiten oder einem Pferd, das

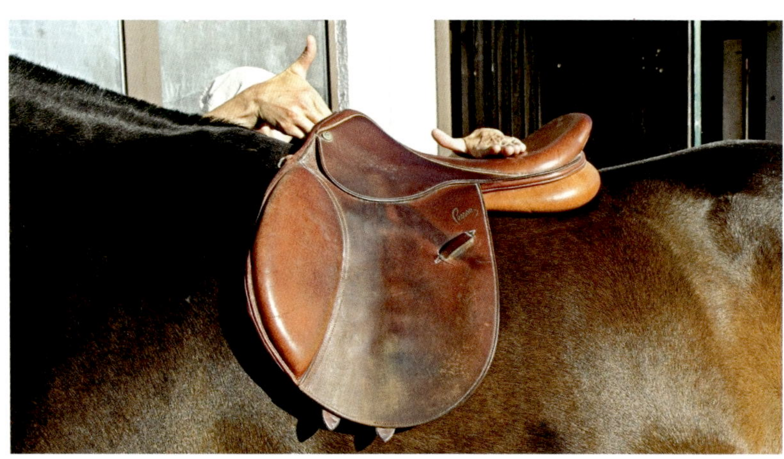

Ein bisschen zu eng, Schwerpunkt etwas zu weit hinten, Länge gerade über den letzten Brustwirbel hinaus reichend = zu lang, Brückenbildung! Es muss nicht immer katastrophal aussehen, um unpassend zu sein! Ein solcher Sattel „nagt" am Rücken.

1

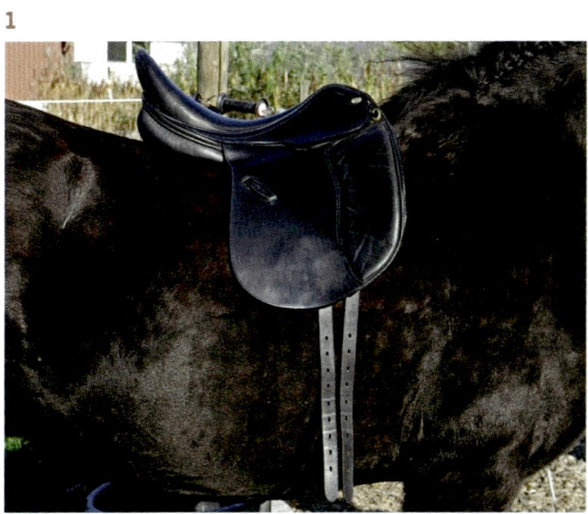

2

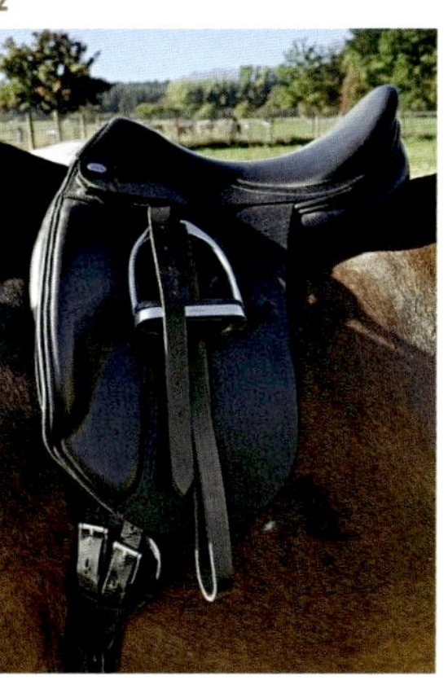

1 Tiefer Sitz

2 Flacher Sitz

sein Heil in der Flucht sucht. Häufig kann man sehen, dass Pferde mit zu langen Sätteln eine auffällig aufgewölbte Fehlmuskulatur im Bereich der LWS bilden.

Tiefster Punkt

Der tiefste Punkt des Sitzes muss bei einem normalen englischen Sattel mittig liegen. Die Form des Baums muss dies gewährleisten. Einfach die Kissen dicker zu füllen, um den hinteren Teil des Sattels nach oben zu bekommen, verursacht nur mehr Druck im hinteren Bereich des Sattels. Der tiefe Sitz auf dem vorderen Foto hat seinen Ursprung in einem stark geschwungenen Baum, der der Brustwirbelsäule des Pferdes entspricht und sorgt so für einen perfekt mittigen Schwerpunkt. Ein zu langer und zu gerader Baum verursacht auf dem Pferderücken eine Brückenbildung.

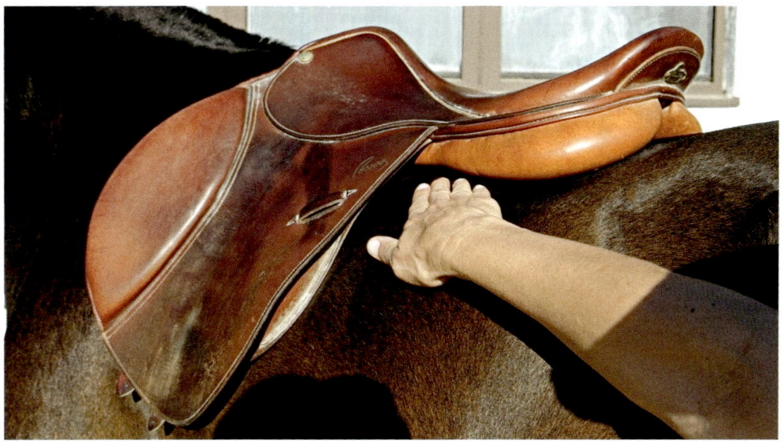

Im Bereich der Fingerspitzen liegt der Sattel nicht auf dem Pferderücken auf. Er bildet eine Brücke.

Breite vorne: Das Kopfeisen

Das Kopfeisen eines englischen Sattels wird auf jeden Fall HINTER dem Schulterblatt positioniert. Das Kopfeisen muss etwas breiter sein als der Übergang Widerrist/Schulter, damit es in der Bewegung nicht drückt. Wird also der blanke Sattel ohne Decke aufgelegt, so sollte es, bei mittig tiefstem Sitzpunkt, zwischen Sattel und Pferdeschulter auf jeder Seite problemlos möglich sein, mit der Hand zwischen Pferd und Sattel hindurchzustreichen. Erstens, um die Rotation der Oberkante des Schulterblatts nach hinten – Richtung Sattel – in der Vorwärtsbewegung nicht zu behindern und zweitens, um der hoffentlich bald wachsenden Muskulatur Luft zu lassen sich zu entwickeln, bevor der Sattel den neuen, kräftigeren Formen des Pferdes wieder angepasst werden muss. Wurde auf Zuwachs gekauft, reicht es vorerst, eine dünnere Sattelunterlage zu verwenden. Zeigen sich nach dem Reiten im Bereich des Kopfeisens trockene Stellen beim ansonsten geschwitzten Pferd, dann ist der Sattel in diesem Bereich zu eng.

Ein zu enges Kopfeisen drückt seitlich am Widerrist, vor allem dann, wenn das Pferd sich biegen soll. Außerdem verschiebt sich der tiefste Punkt eines zu engen Sattels nach hinten. Der Reiter wird zu weit hinten im Sattel platziert, was dazu führt, dass die Last vom Pferd nicht im tragfähigsten Bereich der Brustwirbelsäule aufgenommen wird, sondern die hinteren Kanten der Kissen in die Lendenmuskulatur oder sogar auf die seitlichen Querfortsätze der Lendenwirbel drücken. Der Reiter wird mit nach hinten abgekipptem Becken in den Stuhlsitz geraten und dadurch hinter die Bewegung des Pferdes. Das Pferd hat zwei Möglichkeiten hierauf zu reagieren: Entweder indem es, entsprechend dem hinter der Bewegung sitzenden Reiter, bremst und immer weniger vorwärts gehen möchte oder aber, wenn ihm der Sattel zu weit hinten Schmerzen durch zu viel Druck verursacht, indem es den Rücken wegdrückt, davonläuft und immer hektischer und schneller wird.

Das zu enge Kopfeisen klemmt vorne am Widerrist, so dass der Sattel nicht zum Liegen kommt. Er bildet eine Brücke und drückt im hinteren Teil die Kissen in die Lendenmuskulatur. Würde das Pferd mit diesem Sattel geritten, würden die Muskeln im Bereich des hinteren Kissenrandes auf Dauer atrophieren.

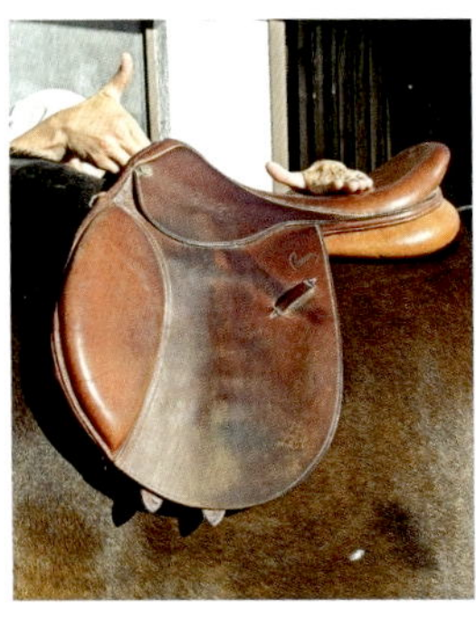

Ist das Kopfeisen allerdings viel zu weit, führt dies ebenfalls zu trockenen Stellen hinter den Schultern – aber weiter unten. Der Sattel kippt dann im Schwerpunkt nach vorn – die Last verschiebt sich nach vorne und dadurch entsteht ein großer Druck auf die Ortspitzen. Der Sattel kippt nach vorne, der Reiter ebenfalls, so dass er entweder dem Pferd im Spaltsitz auf den Schultern klemmt wie eine Klammer, oder durch ein Hohlkreuz versucht dies auszugleichen und Gefahr läuft, sich am Vorderzwiesel aufzureiten. In beiden Fällen ist der Reiter sehr verspannt, er ist nicht dazu in der Lage, losgelassen die Pferdebewegung aufzunehmen und kann dem Pferd keine korrekten Hilfen geben.

Ist das Kopfeisen viel zu breit, kann der Vorderzwiesel so tief kommen, dass das Pferd einen schweren Satteldruck, im schlimmsten Fall mit offenen Stellen am Widerrist bekommt.

Selbst für eine kurze Reiteinheit ist ein solcher Sattel auf keinen Fall akzeptabel. Ich kenne Fälle, in denen eine einzige halbstündige Reiteinheit durch das Aufliegen des Sattels am Vorderzwiesel auf den Spitzen der Dornfortsätze des Widerrists zu einer schweren Knochenhautentzündung und dem Zurückbleiben eines knöchernen, hühnereigroßen Überbeins führte. Wohlbemerkt: nach EINER Reiteinheit! Abgesehen davon, dass das Pferd große Schmerzen litt, mussten von diesem Tag an auch sämtliche Sättel dick unterpolstert und alle Satteldecken an der entsprechenden Stelle ausgeschnitten werden – das Überbein ging nie mehr weg.

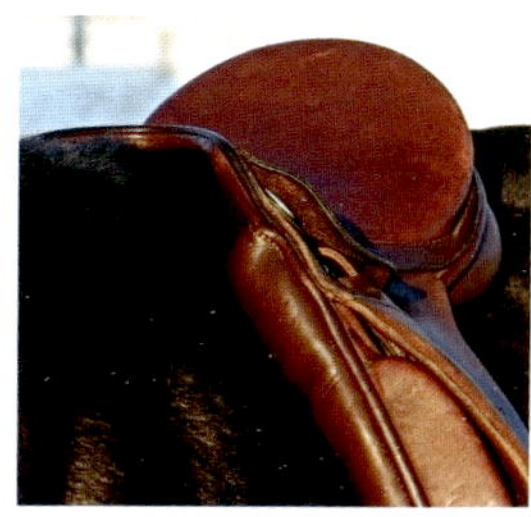

Dieser Sattel besitzt ein für dieses Pferd zu breites und viel zu tief liegendes Kopfeisen.

Das Schweißbild

Ein sehr guter Grund, ein Pferd tatsächlich einmal so zu reiten, dass es so stark schwitzt, dass die ganze Sattellage zuverlässig gleichmäßig nass ist, ist tatsächlich um festzustellen, wie der Sattel liegt – dies sieht man auf dem geschwitzten Pferd am besten. Ich empfehle dazu einen knackigen Geländeritt; es schadet keinem Pferd, einmal wirklich durchzuschnaufen – in der Bahn würde ich ein Pferd nicht so reiten wollen, dass der Schweiss fließt – es sei denn, die Außentemperaturen sind entsprechend hoch.

Weist also Ihr Pferd punktuelle, trockenere Stellen bei ansonsten gleichmäßig verschwitzter Sattellage auf, muss der Sattler die Passform des Sattels überprüfen.

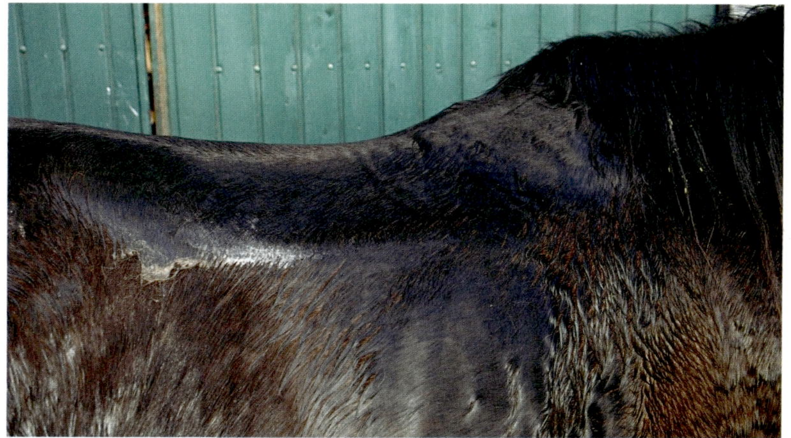

Dieses Pferd trug lange Zeit einen zu engen Sattel, deshalb die schwache Rückenmuskulatur. Selbst in diesem Fall wurde ein passendes Modell gefunden, was das gleichmäßige Schweißbild und die trockene Wirbelsäule zeigen.

Der Kissenkanal

Der Sattel muss sich über eine hochwertige, stabile, aber weiche Polsterung ohne Knubbel oder Löcher an die Sattellage des Pferdes anschmiegen. Der Kissenkanal muss zudem ausreichend breit sein, so dass die Dornfortsätze seitlich keinem direkten Druck ausgesetzt sind oder gar im Kissenkanal eingeklemmt werden. In den letzten Jahren trifft man auch ab und an auf Sättel, deren Kissenkanal definitiv zu breit ist. Seit bekannt wurde, dass sich ein zu enger Kissenkanal durch seitlichen Druck auf die Dornfortsätze sehr unangenehm für das Pferd auswirkt, machte dies den breiten Kissenkanal zum Verkaufsargument. Und wie üblich, wurde dann auch hier übertrieben. Mancher Sattel mit extrem breitem Kissenkanal, der im Sommer auf kräftigen Pferden mit wenig Arbeit (zu gut Deutsch: sehr dick!) gut zu liegen schien, liegt bei regelmäßigem Training und abspeckendem Pferd plötzlich oben auf den Dornfortsätzen auf.

Der Kissenkanal sollte bei einem schlanken Pferd mit durchschnittlicher Rückenmuskulatur nicht unter 3 Fingern Breite haben. Bei runden Pferden kann er durchaus 4 Finger breit sein. Reiten Sie Ihr Pferd ein wenig ins Schwitzen und schauen Sie nach, ab wo der Sattel aufliegt. Sind die Kissen zu steil – d. h. der Sattel zu eng – dann werden die Innenkanten der Kissen nicht aufliegen, aber die Außenkanten links und rechts der Wirbelsäule drücken und reichen nicht weit genug nach außen, um den Druck zu verteilen.

Bei einem zu breiten Kissenkanal besteht die Gefahr, dass der Baum auf den Spitzen der Dornfortsätze aufliegt. Außerdem können bei einem breiten Baum die Kissen erst weit seitlich auf dem langen Rückenmuskel zum Liegen kommen und daher auch wieder einen Grat bilden, der Druck verursacht …

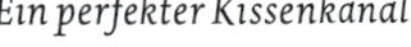

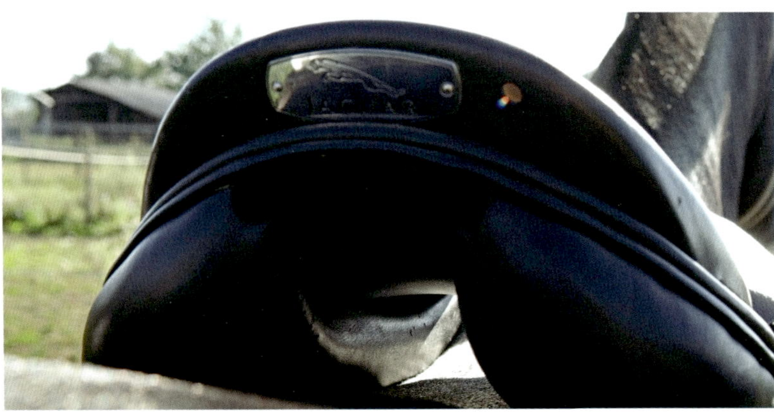

Ein perfekter Kissenkanal

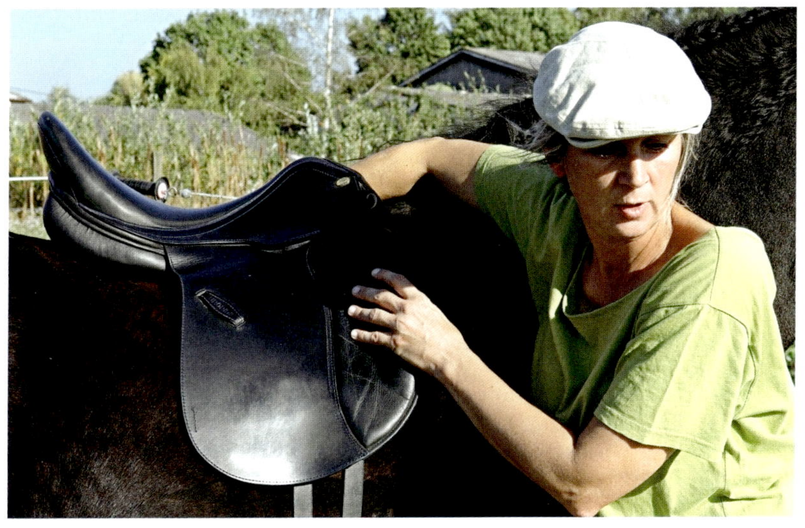

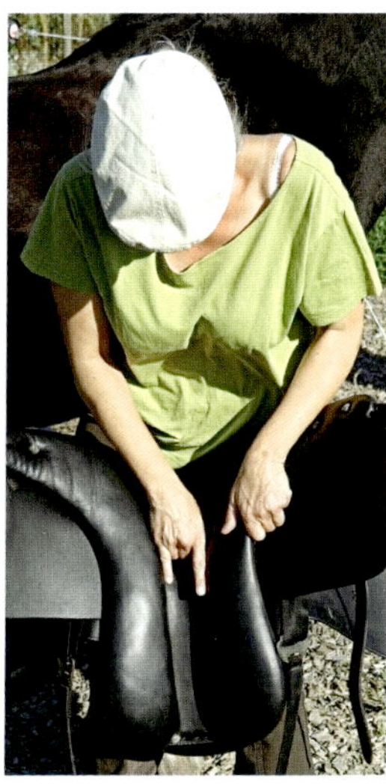

So erfühlen Sie die Breite des Kissenkanals und machen sich ein Bild davon.

Den Kissenkanal muss man ohne Decke komplett sehen und im Zweifelsfall, bei einem Pferd mit sehr weichem Rücken, fühlen können. Hierzu gehen Sie vor, wie auf den Fotos beschrieben: Gleiten Sie mit dem kleinen Finger und dem Daumen an der Innenseite der Kissen entlang und sichern Sie dabei, dass die Kissen nicht seitlich an den Dornfortsätzen drücken.

Gerade bei Pferden, die sich figürlich deutlich verändern – sei es, weil sie an Fett ab- oder zunehmen oder muskulär auf- oder abbauen –, muss der Reiter die Lage des Sattels ständig überprüfen und im Zweifel den Sattler bestellen!

Sitzgröße

Auch dem Reiter muss der Sattel passen. Ein zu großer Sattel ist für einen routinierten Reiter kein Problem, wenn er den Schwerpunkt an der richtigen Stelle hat. Ein Anfänger hingegen rutscht in einem zu großen Sattel schnell ein wenig hilflos herum.

Ein zu kleiner Sitz macht schon mehr Probleme. Vor allem dann, wenn der Sitz tief ist – also vorne und hinten deutlich ansteigt. Ein zu kleiner Sattel mit mittigem Schwerpunkt bekommt durch einen Reiter, dessen Gesäß für den Sitz zu groß ist, zu viel Druck auf den hinteren Teil der Kissen. Es nutzt also nichts, mit einem zu kleinen Sattel zu reiten, um den Druck auf die LWS zu vermeiden. Vielleicht schafft man es damit – rein optisch – nicht zu weit nach hinten zu geraten, der Druck auf den hinteren Rand der nicht ausreichenden Auflagefläche ist hingegen enorm.

Kissenformen und Modelle

Eventuell kann ein anderes Sattelmodell dann helfen. Bei einem kurzen Pferd sollte man zum Beispiel auf keinen Fall Keilkissen verwenden. Französische Kissen, die früh vom Pferd weglaufen, wären hier günstiger. Bei manch großrahmigem Pferd mit langen Linien liegen Sättel mit Keilkissen dagegen sehr gut. Man kann sich wirklich nicht grundsätzlich für oder gegen einen bestimmten Kissen- oder auch Satteltyp aussprechen. In guter Qualität kann ein Sattel, der für ein Pferd überhaupt nicht geeignet ist, DIE Lösung für die Probleme bei einem anderen sein. Hier gilt es, sich sehr gut zu informieren, sich von erfahrenen Sattlern beraten zu lassen, möglichst viele verschiedene, qualitativ hochwertige Sättel zu reiten und dann zu hoffen, dass man die richtige Entscheidung trifft.

In meinem direkten Umfeld gibt es viele kurze Pferde, und hier haben sich französische oder Bananen-Kissen sehr bewährt. Sie sind an Vorder- und Hinterzwiesel befestigt und über die Länge des Baums nicht fixiert, so dass sie sich mit der Rückenmuskulatur des Pferdes bewegen. Außerdem haben sie für ihre Kürze, da sie fliehend geschnitten sind, eine relativ große Auflagefläche.

Frei bewegliche Französische Kissen

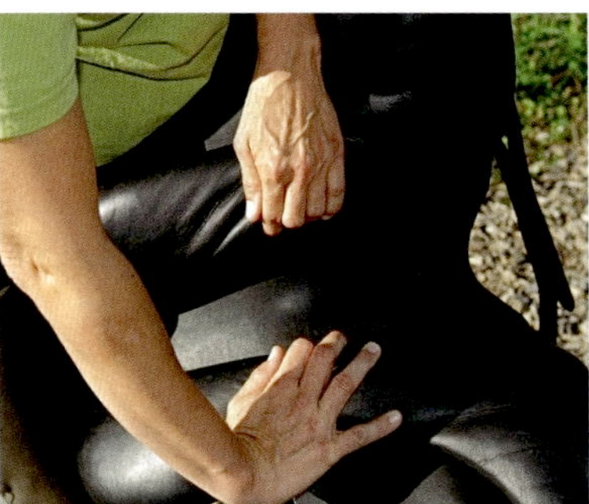

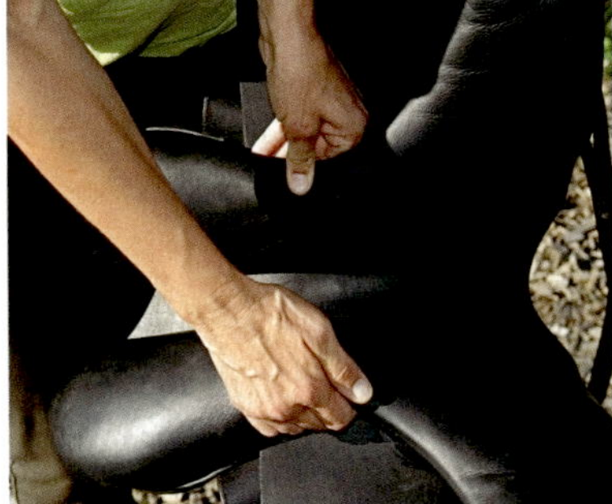

Pauschen

Vorsicht! Die heute übliche Form der Pauschen, vor allem in Kombination mit einem tiefen Sitz, verhindert mit fast 100 prozentiger Sicherheit einen losgelassenen Sitz des Reiters. Man fragt sich zurecht, wie das sein kann und warum dem so ist, und es gibt zwei einfache Erklärungen: Ein langes Bein scheint in jedem Fall erstrebenswert und Indikator für einen guten Reiter zu sein – daher wird es um fast jeden Preis angestrebt. Eine dicke, langgezogene Pausche an der vorderen Kante des Sattelblatts fixiert das Knie, verhindert eine deutliche Beugung desselben und „macht" damit ein langes Bein. Leider führt das hinter

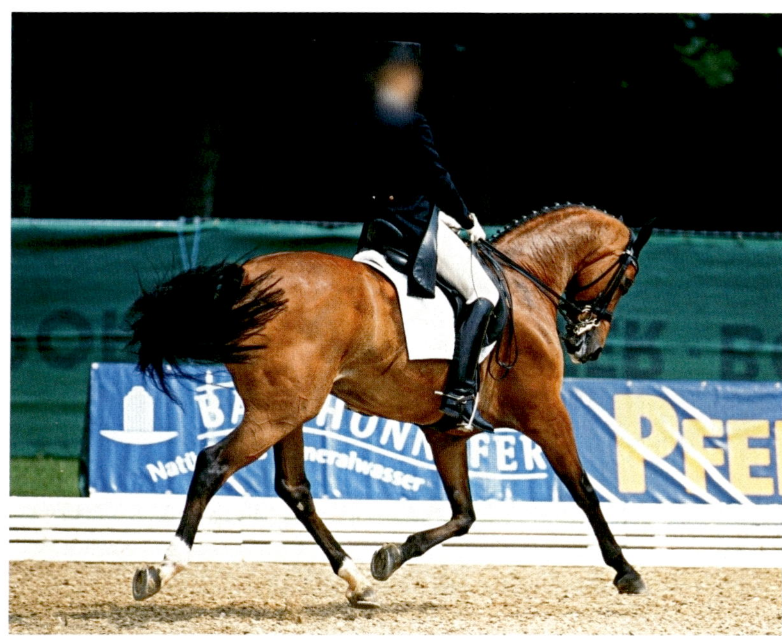

Schiebender Sitz, klemmendes Knie – der Sattel fixiert die Reiterin hinten und vorne.

der Pausche klemmende Knie auch dazu, dass der Reiter in den Spaltsitz gerät und nicht nur im Knie, sondern auch in der Hüfte blockiert, so dass er der Bewegung des Pferdes nicht mehr folgen kann. Um nicht nach vorne zu fallen, setzt sich der Reiter aktiv nach hinten. Nun hilft ihm der tiefe Sitz, nicht über den Hinterzwiesel nach oben zu rutschen, und der ganze Oberschenkel des Reiters ist sozusagen eingeklemmt zwischen dem an der Pausche klebenden Knie und dem vom Hinterzwiesel begrenzten Steißbein.

Ein eingeklemmter Sitz simuliert Sicherheit. Aus einem solcherart verklemmten Sitz kann der Reiter aber auch das tun, was landläufig als „mit Kreuz reiten" bezeichnet wird. Meiner Meinung nach sitzt der Reiter hinter der Bewegung und versucht dies auszugleichen, indem er mit dem Becken nach vorne schiebt. Wie gut dies gelingt, kann man am Rötegrad der Köpfe vieler Sportreiter ablesen …

Ich rate in jedem Fall von sehr üppigen Pauschen ab. Wenn jemand aus Sicherheitsgründen Pauschen möchte, so muss er darauf achten, dass diese so geformt sind, dass Hüfte, Knie und Sprunggelenk so gewinkelt bleiben, dass es dem Reiter möglich ist, sich vom Pferd in wechselseitige Bewegungen mitnehmen zu lassen. Die Sitzgröße muss groß genug sein, dass der Reiter mit dem Becken abkippen kann, ohne dass der Hinterzwiesel im Weg ist, und er muss

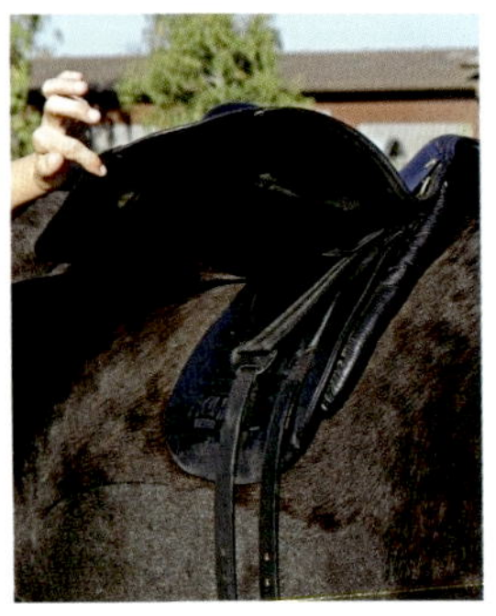

Hier hat der Sattler die Pausche entfernt. Oben am Blatt sieht man noch den Abdruck des früheren Polsters.

entlastend sitzen können, ohne dass das Vorderzwiesel ihn behindert. Reitet ein Reiter sich wund, ohne dass dies in kurzer Zeit über die normale Sitzschulung ausbleibt, dann ist die Sattelform für ihn nicht passend und häufig sind zu dicke Pauschen der Auslöser!

Für Sättel mit dicken Pauschen, die dem Pferd ansonsten aber gut passen, gibt es eine sehr einfache Lösung. Ich persönlich benutze ein Teppichmesser, um die Pauschen herauszuschneiden. Ein Sattler macht das etwas eleganter. So kann aus einer Sitzprothese ganz schnell ein wirklich brauchbarer Sattel werden.

... und wenn er NICHT passt?

Habe ich keinen gut passenden Sattel, so arbeite ich lieber ohne als mit einem Modell, das drückt. Ein Sattel, der auf dem Widerrist oder den Dornfortsätzen aufliegt, darf AUF KEINEN FALL – auch nicht nur mal kurz – auf das Pferd aufgelegt werden!

Hat das Pferd noch etwas zu viel Raum für Zuwachs in seinem Sattel, so kann man diesen zeitweise mit einer dickeren Unterlage unterpolstern – am besten in Absprache mit dem Sattler. Vorne, hinten oder komplett dickere Satteluntertagen dienen aber lediglich überbrückungsweise dem Ausgleichen eines zu weiten Kopfeisens oder eines insgesamt zu breiten Sattels. Ein exakt passender Sattel kann ohne oder nur mit einer dünnen Satteldecke zum Schutz des Leders geritten werden.

Unterpolsterung von Gebrauchssätteln/Arbeitssätteln

Dies gilt nicht für Arbeitssättel! Arbeitssättel, wie zum Beispiel Westernsättel, haben keine fixe Polsterung zwischen Baum und Pferd. Hier ist immer ein dickes Pad unterzulegen. Das, was beim englischen Sattel die Polsterung in den Kissen bewirkt, übernimmt hier das Pad. Es verhindert, dass die statische Festigkeit des Baums in der Bewegung Druckstellen beim Pferd erzeugt. Niemals sollte ein Westernsattel ohne entsprechendes Pad geritten werden – man sieht es aber immer wieder, dass jemand lediglich eine dünne Navajodecke oder eine Schabracke unterlegt, weil das Pferd z. B. gerade zugenommen hat. Es ist nicht akzeptabel, ein Pferd mit Westernsattel ohne polsternde Unterlage zu reiten. Ist es zu dick, dann muss das Pferd eben erst über Longieren oder als Handpferd mitgenommen abnehmen, oder ohne Sattel oder mit einem Ausweichmodell geritten werden. Ein zu enger Sattel ist zu eng und dies kann eventuell nur ein Sattler ändern.

Schwerpunkt beim Arbeitssattel

Bei manchen Arbeitssätteln liegt der Schwerpunkt etwas weiter hinten, was häufig über die Größe und Art der Auflage des Sattels kompensiert wird. Für das Reiten im Gelände ist dies auch kein Problem, für dressurmäßiges Reiten kann es hinderlich sein, da diese Sättel den Reiter häufig in einer im Becken abgekippten Position platzieren.

Solche Spezialsättel müssen von kompetenten Sattlern, die sich mit dieser Art von Sattel tatsächlich gut auskennen und sie nicht nur ins Angebot genommen haben, weil sie gerade „in" sind, für das jeweilige Pferd ausgesucht und angepasst werden. Normalerweise entstanden diese speziellen Sättel für einen ganz bestimmten Typ Pferd mit einer ganz speziellen Aufgabe.

Einen Camarguesattel, den ich persönlich zum dressurmäßigen Reiten nicht ausstehen kann, weil er mich beengt und Richtung Stuhlsitz platziert, hat seine absolute Daseinsberechtigung, die man sehr schnell erkennt, wenn man einmal damit in der Camargue hinter Rindern durch Tümpel, Gräben und tiefen Schlamm geritten ist. Und zwar auf direktem Weg hinterher – nicht da lang, wo der Pfad gut aussieht. Die Pferde müssen gewaltige Kräfte aufwenden, um durch den tiefen, saugenden Schlamm zu kommen. Diese Kräfte kommen auch oben beim Reiter an und ich war sehr froh um die hintere Galerie am Camarguesattel, an der ich mich dann, nachdem ich es dem Guardian abgeschaut hatte, festhielt. Meinen ersten Ritt dort hatte ich mit einem baumlosen Sattel gemacht und mich beim Durchspringen der Gräben hinten an der Satteldecke

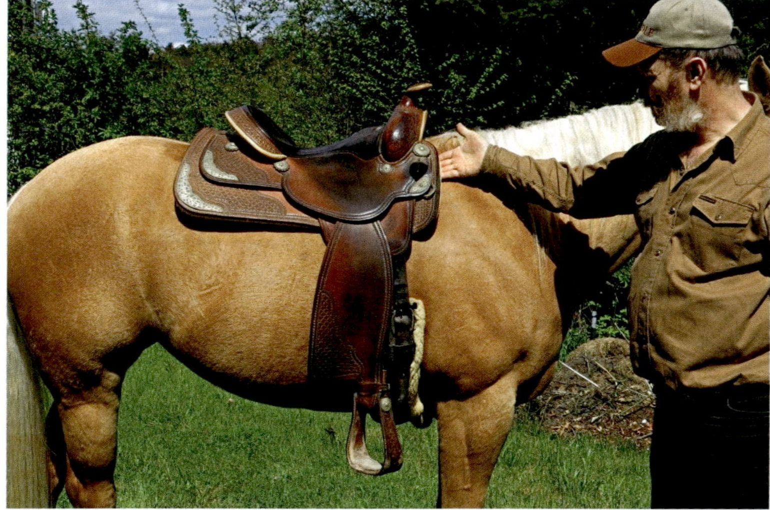

Nur ein Fachmann für Gebrauchssättel kann diese richtig gut anpassen.

festgehalten, weil ich wirklich Bedenken hatte, sonst den angekletteten Hinterzwiesel plötzlich in der Hand zu haben. Nochmal würde ich zu einem Arbeitseinsatz in der Camargue nicht ohne Camarguesattel aufbrechen …

Dort, in der Camargue, liegen diese Sättel auf den Pferden meist relativ gut, da die Arbeitspferde bei annähernd gleichen Futterbedingungen ganzjährig draußen gehalten und nur bei Bedarf mit Heu zugefüttert werden. Kraftfutter gibt es, wenn gearbeitet wird – und regelmäßiges Training ist selbstverständlich. Das heißt: diese Pferde sind normalerweise relativ konstant schlank! Genau wie Pferde, die in Spanien in der Doma Vaquera gearbeitet werden. Die Vegetation dort gibt es gar nicht her, dass Pferde so dick werden wie auf den fetten Weiden bei uns in Deutschland. Und Heu ist sehr teuer. Also mehr Arbeit + weniger Futter. Die gleichen Sättel können unseren Pferden hier fast nicht passen! Ich wüsste kein Pferd in Deutschland, das so intensiv gearbeitet würde wie ein Guardian- oder ein Vaqueropferd in seiner Heimat. Entsprechend habe ich in Deutschland auch bis auf zwei oder drei Ausnahmen keine Pferde mit passendem französischen oder spanischen Arbeitssattel gesehen.

Baumlos?

Ich gebe einem baumlosen oder gar keinem Sattel den Vorzug gegenüber einem zu engen oder zu langen Sattel mit Baum. Lange Reiteinheiten, wie zum Beispiel bei Wanderritten, dürfen ohne oder mit baumlosem Sattel selbstverständlich nicht geritten werden – allerdings auch nicht mit einem unpassenden Sattel mit Baum.

Der punktuelle Druck ohne Sattel durch die Sitzbeinhöcker des Reiters ausschliesslich auf einem Sitzkissen ist einem Pferd auf Dauer nicht zuzumuten. Wenn Sie nachvollziehen wollen, wie sich das anfühlt, dann bitten Sie einen Freund oder eine Freundin, sich mal auf Ihren Schoß zu setzen, dort ein paar Minuten sitzen zu bleiben und die Sitzbeinhöcker auf Ihren Oberschenkelmuskeln wechselseitig zu belasten … Für kurze Sequenzen aber ist eine solche Polsterung akzeptabel und wiederum besser als ein unpassender Sattel.

Genau diesen Druck fängt der baumlose Sattel ab, verteilt ihn aber nicht so gut wie ein passender Baum. So weit, so gut. Leider ist es aber sehr schwierig, bei einem baumlosen Sattel dafür zu sorgen, dass der Kissenkanal erhalten bleibt. Wird der Gurt so angezogen, dass er den Sattel fixiert, wird oben am Fixpunkt der Strupfen der Sattel auf jeden Fall nach unten auf die Dornfortsätze gezogen. Zusätzlich befinden sich die Aufhängungen für die Steigbügel bei einem Sattel mit Baum aus Gründen der Balance exakt oberhalb der Gurtung.

Wichtig

Ein gut passender Sattel, der vor allem nicht zu lang sein darf, gehört zur Grundausstattung.

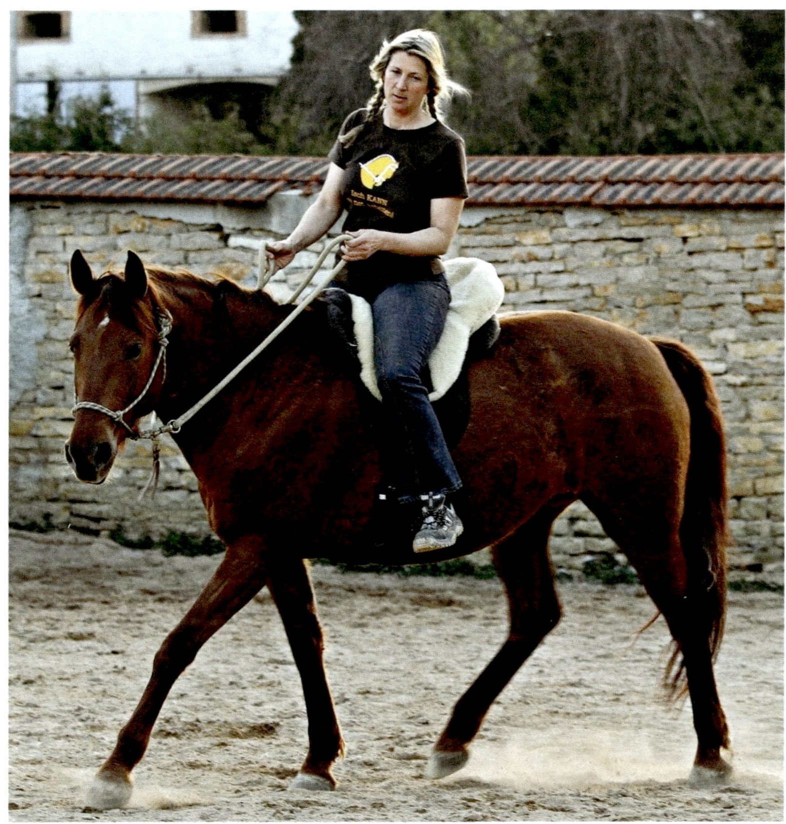

Dieses Pferd geht offensichtlich sehr zufrieden unter einem Sitzpolster.

Wäre dies beim baulosen Sattel auch so, kämen noch einmal zusätzliche Last und Druck an der gleichen Stelle auf die Dornfortsätze. Um dies zu vermeiden, haben manche Hersteller die Bügel vor oder hinter der Gurtung befestigt. Dies führt dann bei Bügelaufhängung vor der Gurtung zum Stuhl- und dahinter zum Spaltsitz. Es ist für den Reiter relativ schwierig, in einem solchen Sattel korrekt, mittig und ausbalanciert zu sitzen. Außerdem sind diese Sättel recht breit, da sie ja nicht oberhalb des Pferderückens über die Taillierung des Baums verfügen. Aber – ich habe auch schon Reiterinnen in solchen Sätteln wirklich gut reiten sehen – bei nicht zu fester Gurtung und gut sitzendem Reiter, profitiert das Pferd dann durchaus von diesem Sattel. Leider schaffen das nicht viele Reiter.

Mittlerweile gibt es Sattler, die das Problem des Angurtens auf die Dornfortsätze bei baumlosen Sätteln und die ungünstige Steigbügelaufhängung erkannt und gute Lösungsansätze haben. Durch klettbare, qualitativ recht

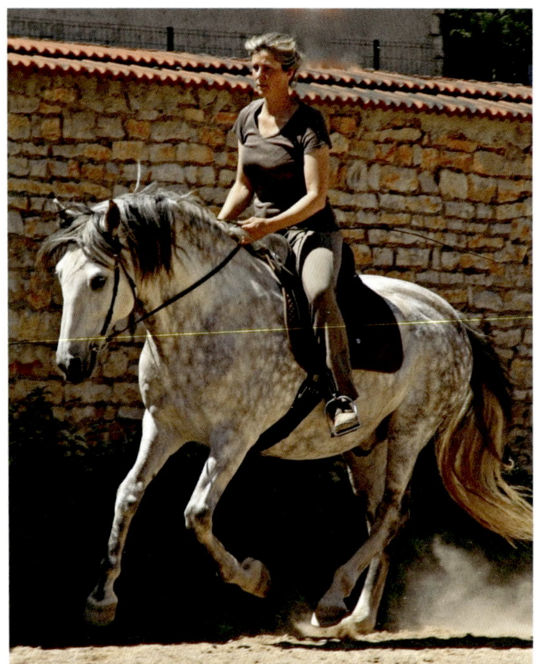

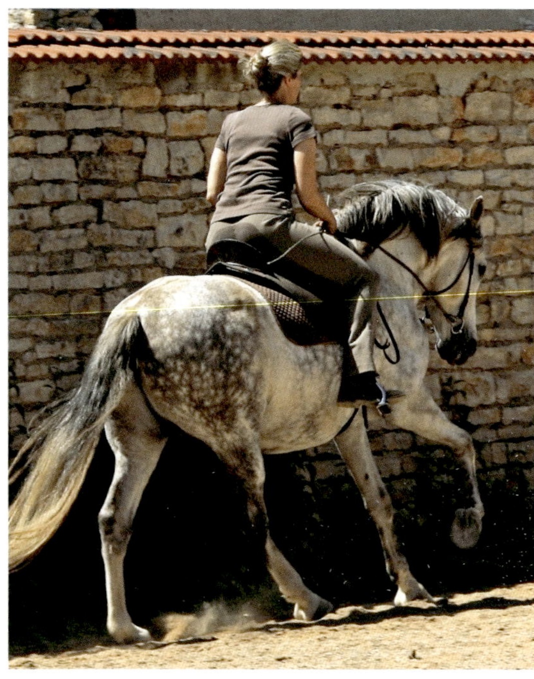

Baumloser Sattel mit Formkissen und Kissenkanal. Auf jeden Fall besser als ein Sattel mit unpassendem Baum.

stabile Formkissen aus festem Schaumstoff mit Lederüberzug, schaffen sie einen echten Kissenkanal, der auch stabil bleibt, obwohl sich die Sturzfedern für die Steigbügelaufhängungen exakt oberhalb der Gurtung befinden. Durch eine einfache Polsterung AUF der Sitzfläche entsteht eine Art Taillierung, die es auch über 20jährigen ermöglicht, ohne Hüftschaden zu reiten. Hier scheint der Sattler auf einem wirklich guten Weg zu sein. Die Grundform dieser Sättel ähnelt barocken oder portugiesischen Sätteln. Durch die breite Auflage und die fliehenden Kissen können sie auch kürzer gebaut werden als manch anderer Sattel.

Ein lockeres Lederriemchen zwischen den Gebissringen verhindert ein versehentliches Durchziehen des Gebisses.

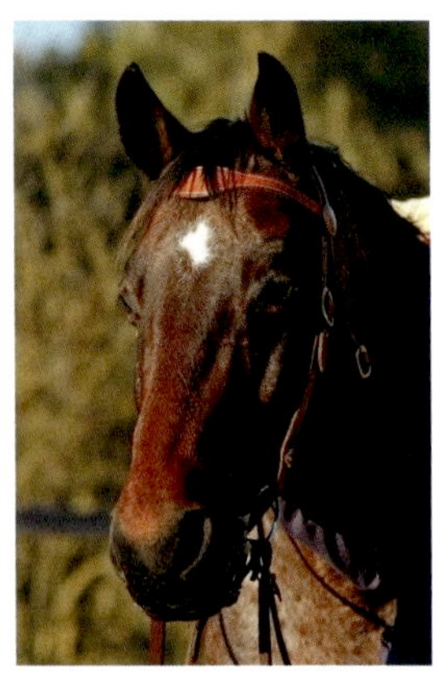

Zäumung

Ein Zaumzeug braucht ein Genickstück, das das Mundstück oder den Nasenriemen bei einer gebisslosen Zäumung hält. Ein Stirnband und/oder ein Kehlriemen und ein ausreichend langes Kinnriemchen (etwas breiter als das Gebiss verschnallt) hinten im Gebiss sorgen für mehr Halt am Pferdekopf. Der Kehlriemen hängt, korrekt verschnallt, scheinbar ohne Zweck lose herum. Er war im Krieg tatsächlich nötig: um zu verhindern, dass das Genickstück über die Ohren rutscht, wenn Kavalleristen ihre völlig erschöpften Pferde hinter sich her ziehen mussten. Zu diesem Zweck braucht heute zum Glück kein Mensch mehr einen Kehlriemen. Ohne Kehlriemen kann die Trense allerdings, vor allem bei Pferden mit viel Mähne und wenn man ohne zusätzliches Reithalfter reitet, beim Kopfschütteln schon mal über die Ohren nach vorne rutschen und man steht plötzlich ohne Zaumzeug da. Dies passiert selten – aber es kommt vor. Ein Reithalfter ist unnötig – zusätzlich zur Trense dient es dem Verschließen des Pferdemauls und wer das nicht will, benötigt kein Reithalfter. Bei jungen Pferden, bei denen der Kontakt zum Gebiss noch nicht immer zuverlässig gleichmäßig ist, hilft die Knebel- oder Schenkeltrense, das Gebiss ruhiger am Platz zu halten. Dem gleichen Sicherheitsaspekt dient das Kinnriemchen bei einer Wassertrense oder dem Olivenkopfgebiss. Es verbindet die beiden Gebissringe lose in der Kinngrube und verhindert damit ein seitliches Herausziehen des Gebisses, falls das Pferd einen Satz machen sollte und der Reiter mit der Hand hängen bleibt. Entsteht aus Versehen starker einseitiger Zug, so sorgt das Kinnriemchen dafür, dass der Gebissring sich außen, seitlich am Unterkiefer anlegt und das Gebiss an seinem Platz bleibt. Der außen anliegende Gebissring unterstützt auch die Stellung durch den inneren Zügel. Bei manchen iberischen Zäumungen läuft ein Nasenriemen durch die Schlaufen, die das Gebiss an den Backenstücken halten. Lose verschnallt hält er ebenfalls das Gebiss am Platz ohne das Pferd zu stören.

Fest verschnallt behindert er allerdings sowohl die Atmung des Pferdes als auch das Sperren bei zu harter Hand. Häufig wird bei iberischen Zäumungen auch eine Serreta aus zum Teil recht scharfkantigem Metall in den Nasenriemen eingeschraubt, die sehr schmerzhaft wirkt, wenn das Pferd versucht das Maul zu öffnen.

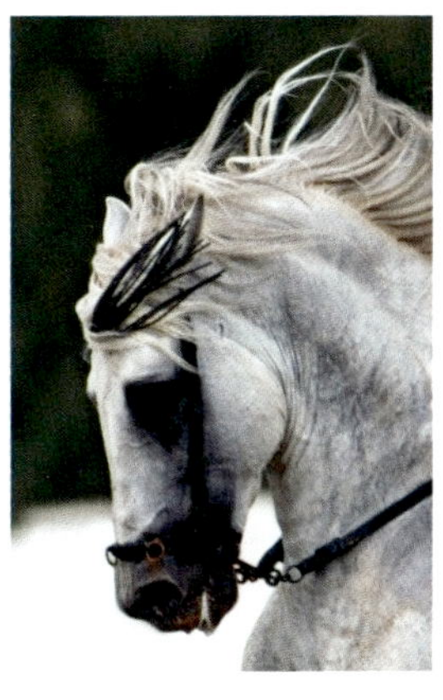

Das Maul ist mit einem scharfen Kappzaum verschlossen.

Das Gebiss im Maul

Ein Gebiss sollte nicht so dick sein, dass es die Mundwinkel spreizt – aber auch nicht so dünn, dass es einschneidend wirkt. Sieht man das metallene Gebiss SO auf der Zunge und den Laden liegen, wird klar, warum eine leicht gebogene Form der beiden Hälften des Mundstückes und vor allem eine sanfte Verdickung nach außen hin selbstverständlich sein sollten. Je dünner ein Gebiss ist, umso schärfer und punktuell einschneidender quetscht es bei Zug die Lefzen, die schützend auf den Laden liegen. Werden Zunge und Lefzen zwischen Laden und Gebiss gequetscht, ist dies sehr schmerzhaft und bringt das Pferd dazu die Lefzen weg und die Zunge nach oben, unter dem Gebiss heraus zu ziehen – und DANN tut es erst richtig, richtig weh! Man erkennt gut, warum gerade diese einfach gebrochene Knebeltrense besonders mild im Maul liegt – sofern man respektvoll damit umgeht. Die Lippizzanerstute öffnet ihr Maul für uns netterweise auf „Klicker“ und linst schon nach einer Belohnung – und bietet uns daher die seltene Gelegenheit in ein locker geöffnetes und entspanntes Maul mit Mundstück zu blicken!

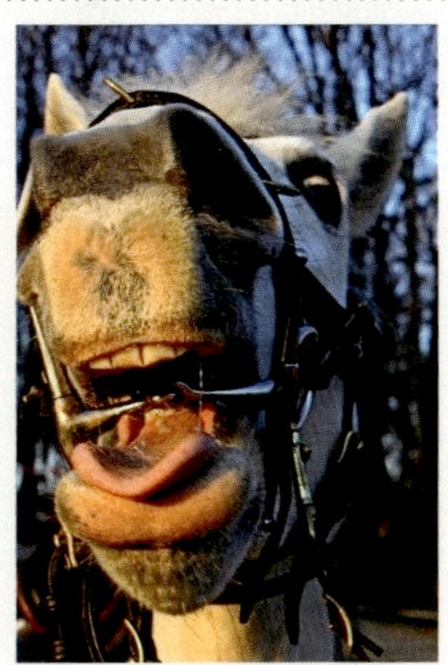

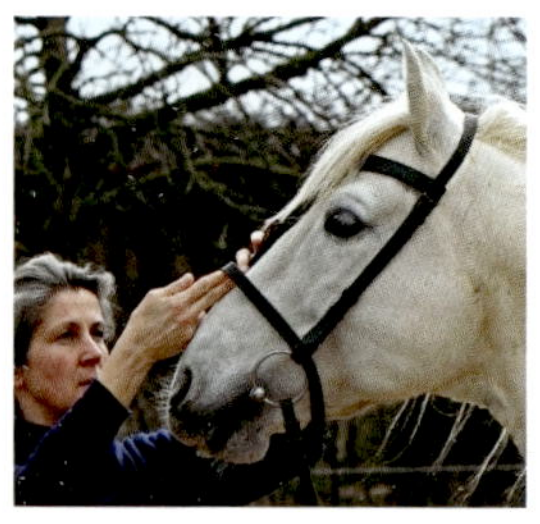

Zwei Finger aufrecht

Reithalfter

Ein locker verschnalltes englisches Reithalfter (mindestens aufrechte 2-fingerbreit Luft vom Nasenrücken aus) schadet nicht. Hannoversche Reithalfter oder Sperrriemen behindern die Atmung des Pferdes, da sie die Nasentrompete kreuzen, die sich bei Belastung bis fast in die Hälfte des Nasenrückens aufbläht. Ich weiß nicht, was es nützen soll, einem Pferd das Maul mechanisch zuzuschnüren, ist es doch mein Ziel, dass es an das Gebiss herantritt, locker kaut und den Unterkiefer loslässt. Sperrt ein Pferd das Maul aktiv stark auf, hat es entweder ein Problem im Maul oder – und das ist meist der Fall – der Reiter eine zu harte Hand. Eine gute Gelegenheit zu lernen, die Zügel fein und vorsichtig zu führen, denn dann hat das Pferd keinen Grund zum Sperren.

Gebisslos?

Es gibt Phasen, in denen manche Pferde besser mit einer gebisslosen Zäumung zurechtkommen. Zum Beispiel, wenn bei ca 5-jährigen männlichen Pferden (und auch bei manchen Stuten) die Hakenzähne durchstoßen. Zu dieser Zeit, und auch wenn die Pferdezähne wieder eine zahnärztliche Behandlung nötig haben (was einmal jährlich überprüft werden sollte), kann das Pferd sehr empfindlich auf Metall an den Zähnen reagieren. Dann ist es nicht sinnvoll, einfach Gehorsam zu erzwingen. Das Pferd verliert dabei das Vertrauen in die Hand. Es lernt sich durch Einrollen der Hand zu entziehen oder geht kopflos gegen

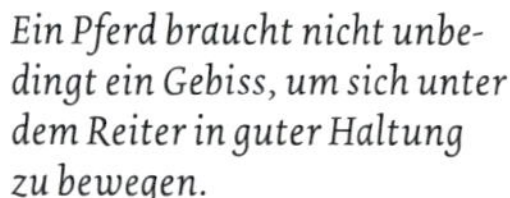

Ein Pferd braucht nicht unbedingt ein Gebiss, um sich unter dem Reiter in guter Haltung zu bewegen.

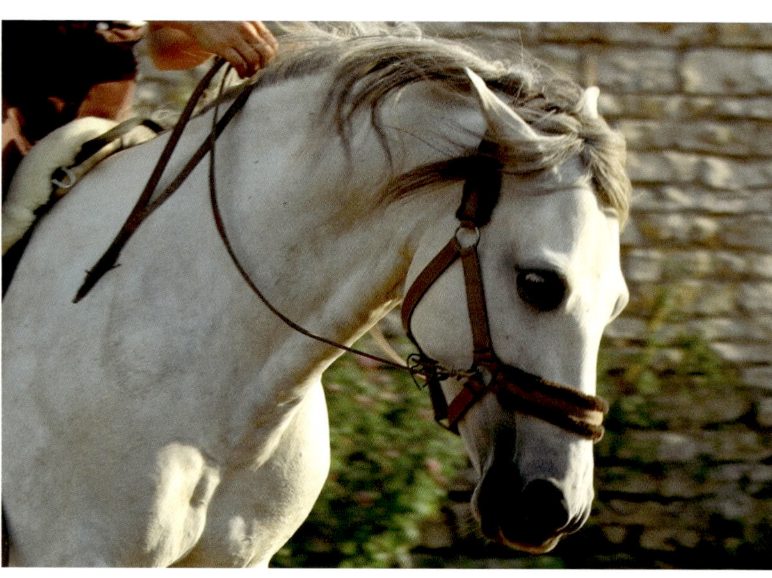

die Hand. Sinnvoller ist es, so lange wie nötig auf ein metallenes Mundstück zu verzichten, indem ich solange ein Gummigebiss oder eben eine gebisslose Zäumung benutze. Vorsicht: manche Reitpferde-Haftpflichtversicherungen schließen gebissloses Reiten aus! Klären Sie das! Viele Pferde lassen sich gut mit einem Sidepull reiten, bei anderen reicht ein gut sitzendes Halfter. Probieren Sie dies immer in einem fest eingezäunten Bereich. Die mechanische Hackamore muss einhändig geführt werden. Ein Bosal muss perfekt passen. Ein Laie ist nicht in der Lage, diese Zäumung selbst anzupassen.

Wirkung des Gebisses

Je dünner ein Gebiss, umso schärfer ist die Wirkung auf Zunge, Laden und Mundwinkel.

Das Mundstück – dick oder dünn?

Ich selbst bevorzuge eine hohle, leichte, überall gut abgerundete, nicht zu dicke, nicht zu dünne einfach gebrochene Wassertrense mit leicht gerundeter, anatomisch passender Form. DAS Standardgebiss, das nicht umsonst zum Standardgebiss wurde. Es ist unmodern, weil nichts Besonderes daran ist. Momentan ist es auch noch „in", möglichst dünne Gebisse zu verwenden. Mit dem Argument, das Pferd hätte so ein kleines Maul, da wäre kein Platz für ein dickeres Gebiss. (Interessant, dass viele Pferde, für die heute eine milde Wassertrense zu dick ist, morgen plötzlich Platz im Maul haben für eine Kandare mit Unterlegtrense.) Tatsache ist, dass dünne Gebisse schärfer sind als dicke und dadurch eben überzeugend in ihrer Wirkung. Pferde, die gegen dicke Gebisse gehen, ziehen bei dünneren häufig die Nase ein, was der Reiter dann erstmal für ein gutes Zeichen hält. Reagiert es so, entzieht sich das Pferd nun den Zügelhilfen nicht mehr, indem es gegen die Hilfen geht, sondern indem es sich vor ihnen versteckt und sich einrollt.

Natürlich darf ein Gebiss nicht so dick sein, dass das Pferd die Lefzen seitlich nicht mehr schließen kann. Aber probieren Sie doch einfach ein ganz normales, hohles Standardgebiss mit einer Dicke von ca. 14 mm aus. Das hier beschriebene 08/15-Standart-Mundstück kostet im Handel ca. 12 Euro. Ein überschaubarer finanzieller Aufwand. Wenn Ihr Pferd es nicht gerne annimmt, greifen Sie wieder auf Ihr gewohntes, bewährtes Gebiss zurück. Dem Pferd zuliebe sollte das mildeste Gebiss gewählt werden, mit dem Pferd und Reiter gut zurecht kommen. Das Pferd sollte aufgrund seiner Durchlässigkeit kooperieren und nicht, um Schmerz zu vermeiden.

Letzlich ist es zweitrangig, was für ein Gebiss Sie wählen. Es kommt darauf an, wie die Hand es führt. Eine feine Hand kann die dünnste Stange führen – sie wird dem Pferd keinen Schmerz zufügen. Und das dickste Gebiss kann die Laden verletzen, wenn der Reiter rücksichtslos und grob daran herumzerrt.

Hilfszügel

Zum Reiten: Nein!

Zum Longieren: Nein!

Es gibt keinen vertretbaren Grund, ein Pferd mittels Verschnürung in eine Körperhaltung zu zwingen, es in dieser zu fixieren und dann Bewegung zu fordern. Das Argument, das Pferd ginge dann an der Longe nicht über den Rücken, zieht nicht: dann müssen SIE eben lernen, mit einem guten Kappzaum zu longieren. Nicht jeder, der in der Mitte steht und eine Longe in der Hand hält, kann deshalb gleich longieren. Dies muss genauso erlernt werden wie jede andere Fertigkeit auch! Mit Hilfszügeln wird auch hier wieder einmal das eigene Unvermögen auf Kosten des Pferdes kompensiert, damit es auf den ersten Blick so aussieht, als liefe das Pferd „gut" – sprich mit dem Kopf unten und rundem Hals – so wie der nicht nachdenkende Durchschnittsreiter das einfach sehen will.

Entspricht eine solche Haltung auch Ihrem Wunsch, dann haben Sie sich noch nicht ausreichend mit der Biomechanik gesunder Bewegungsabläufe bei Pferden beschäftigt. Ich verweise auch hier wieder auf die „Irrwege" von Monsieur Karl und den „Finger in der Wunde" von Herrn Heuschmann!

Obwohl es für ein Pferd völlig widersinnig ist vorwärts zu laufen, wenn es mit Kopf und Hals eng gemacht und festgehalten wird, wird bei der Nutzung von Hilfszügeln der treibende Druck solange gesteigert, bis das Pferd gegen die bremsende Begrenzung anläuft. Hat man das Pferd soweit gebracht, hat es lediglich gelernt, dass es nichts versteht.

Dieses Pferd wird in Krisensituationen nicht vertrauensvoll, sondern unsicher sein. Abgesehen davon, dass ein Pferd sich in einer solchen Haltung verspannen MUSS, wird es sicherlich nicht allzu glücklich sein, nicht nach vorne schauen zu können, wo es hinläuft. Jeder Erklärungsversuch irgendwelcher Sportreiter, es wäre gut, wenn ein Pferd mit dem Kinn an der Brust läuft, wird völlig uninteressant, wenn man einem so gequälten Tier in die Augen schaut. Da braucht es auch keine Studien. Abgesehen davon, dass jedem halbwegs vernunftbegabten Menschen klar sein muss, dass eine solche Haltung ungesund sein muss und mit Balance absolut nichts zu tun hat. Jeder Laie, der auch nur den Hauch einer Vorstellung von Ästhetik hat, wird auf den ersten Blick feststellen, dass bei dieser Art des Pferdetrainings etwas faul ist – nur gefährlich halbgebildete und unkritische Reiter nehmen diese Bilder kritiklos hin oder versuchen einfach, sie nicht wahrzunehmen. Allerdings sind dies erstaunlich viele …

Korrekt verschnallter Kappzaum

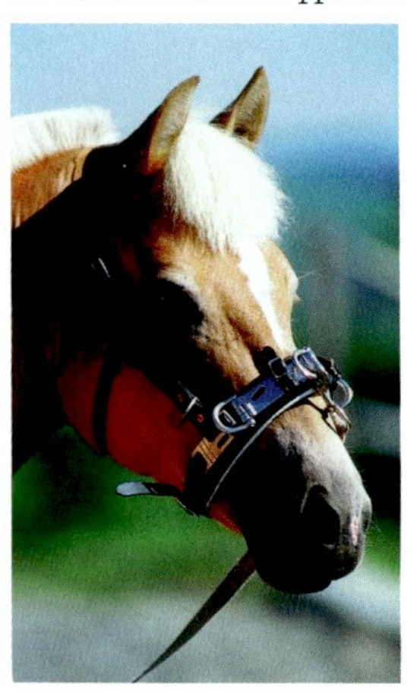

Wenn Sie nicht sicher sind, ob die Haltung eines eingerollten Pferdes ein Problem ist oder nicht, machen Sie den Selbstversuch: Nehmen Sie Ihr Kinn so weit wie möglich nach hinten-unten, so dass es Ihren Hals berührt. Dabei entsteht ein Doppelkinn und unangenehmer Druck auf die Luftröhe – merken sie es? Ja, genau! Wenn Sie dies geschafft haben, bleiben Sie 5 Minuten in dieser Haltung. Sie müssen dabei noch nicht mal laufen – nur so bleiben – für 5 Minuten. Wenn Sie das denn schaffen ... Abgesehen von eingeschränkter Atmung und überdehntem Genick geraten Sie nämlich noch ins Hohlkreuz. Und dann stellen Sie sich vor, Sie sollten SO Leistung bringen ...

ES IST ETHISCH NICHT VERTRETBAR, PFERDE IN EINER SOLCHEN HALTUNG ZU FÜHREN ODER ZU REITEN. Es ist schmerzhaft und entwürdigend und jedes andere Tier würde diesen Gefühlen auch lautstark Ausdruck geben. Pferde können dies nicht, da sie nicht über einen Schmerzlaut verfügen. Leider! Sie leiden still – und das, obwohl es bei über 90 % der Reiter um NICHTS geht als eine Freizeitbeschäftigung. Soviel Pferdeleid für nichts ...

Auch wenn Anfänger reiten, haben Hilfszügel keinerlei Berechtigung. Das Argument, ein Anfänger könne die Zügel noch nicht ruhig genug führen und das Pferd müsse deshalb per Hilfszügel in eine Haltung gebracht werden, in der es den Rücken nicht wegdrücken kann, ist nicht akzeptabel! Dann braucht der Reitanfänger mehr guten Longenunterricht, Sitzschulung und Schrittarbeit. Dann muss er in sicher eingezäuntem Bereich gebisslos lernen, die Zügel zu führen. Dann muss er mehr Übergänge und kürzere Trabreprisen reiten und das Traben und Galoppieren an der Longe ohne Zügel üben. Reiten lernen ist ein weiter und langer Weg und Abkürzungen gibt es nicht. Man kommt nicht

1 Der Fantasie sind keine Grenzen gesetzt: Aufziehtrense an einem extrem dünnen Nackenstück, geführt über schwere Schlaufzügel – da braucht es nicht mehr viel Zug.

2 Gut longiert ohne Hilfszügel – fein gestellt, gebogen, aufgewölbt, zufrieden.

1

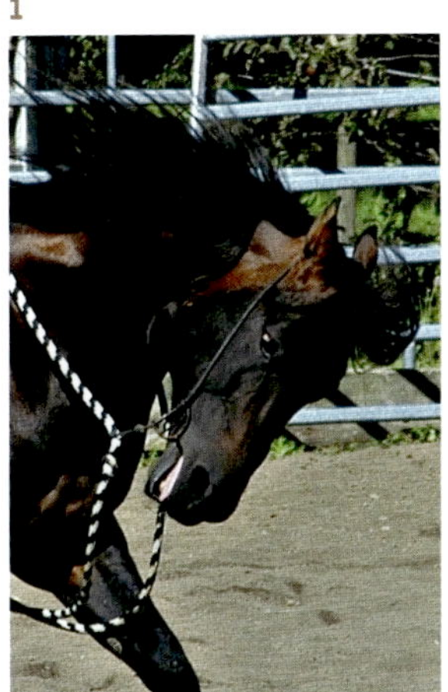

2

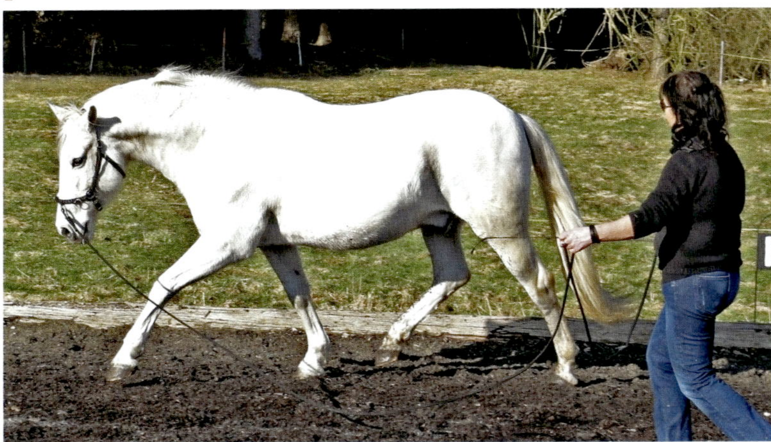

Zum Wohle des Pferdes!
Die wichtigste Voraussetzung für jeden Reiter: ein Mindestmaß an Anstand und Intelligenz.

drum herum zu lernen und zu üben. Das macht auch nichts, denn der Weg ist das Ziel und Reiten durch Reiten zu lernen heißt, viel Zeit auf dem Pferd zu verbringen und dies entspricht ja meinem Wunsch. Wenn ich mich NICHT durch die Schablonen des Wettbewerbs pressen lasse, die mich und mein Pferd an allen Enden einengen und einer eigenen Entwicklung keinen Raum lassen. Diese Schablonen sind es, die Menschen dazu bringen, ein Wesen, das sie angeblich lieben, mit Riemen und Flaschenzügen in eine bestimmte Haltung zu zwingen, dort zu fixieren und es dann gegen jede Vernunft so gefesselt vorwärts zu schicken ... Lassen Sie sich das mal auf der Zunge zergehen. DAS ist REALITÄT – nirgends sonst gibt es das – nur in der Pferdeausbildung ...

Wenn Pferde doch nur schreien könnten ...

Es ist völlig unerheblich in welcher Reitweise man schlecht reitet ...

Kurz zusammengefasst

Macht man sich all diese Dinge bewusst, die Voraussetzung sind für ein unbeschwertes Reiten für Reiter UND Pferd, so kann man schon ins Grübeln kommen. Manch einer denkt vielleicht: Dann kann man es ja gleich lassen. Und da stimme ich zu. Pferde sind nicht als Reittiere und zum Tragen von Lasten geboren. Es obliegt unserer Verantwortung als Reiter, dafür zu sorgen, dass ein Tier, das sich nur sehr begrenzt gegen seine Nutzung und Lebensumstände wehren kann, wenn wir es schon einfach nutzen, so gehalten und geritten wird, dass es dabei weder seelisch noch körperlich Schaden nimmt. Bin ich dazu nicht bereit, dann sollte ich das mit dem Reiten tatsächlich lassen!

Norbert Zalis, Tierarzt, Leiter des Gestüts Klabdrub und Autor des Buchs „Reiten für Gebildete" (Verlag Olms) schreibt dort:

„Die Beziehung zwischen Mensch und Tier in der Geschichte ist durch eine unendliche Folge von Qualen gekennzeichnet, die der Mensch dem Tier zufügt. Dabei sind die unbeabsichtigt hervorgerufenen Qualen sogar häufiger und schlimmer als die absichtlich verursachten.

Es ist schwer, die Tyrannei eines dummen Menschen über ein kluges Tier aufzudecken. Schuld daran ist die menschliche Gleichgültigkeit, Gefühllosigkeit, Oberflächlichkeit oder Selbstgefälligkeit. Sie lassen nicht zu, dass etwas anders gemacht wird, als es üblicherweise geschieht, oder anders ist, als es beim ersten Hinsehen scheint.

In unseren Lebensverhältnissen ist das Reiten eine gesellschaftlich akzeptable und auch akzeptierte Form der Tierquälerei. Nur wenn das Reiten in seiner vollendeten Form zur Kunst wird, verliert sich dieser bedrückende Aspekt. Die

Kunst befreit Reiter und Pferd zugleich. Aber deswegen ist nicht alles, was ein durchschnittlicher Fachmann für Kunst hält, schon als Kunst einzustufen."

Nehmen wir diese Zeilen mit auf den Weg mit dem Ziel, uns der Kunst so weit zu nähern, wie es uns möglich ist. Und auf dem Weg mit unserem Fühlen, unseren Augen und Ohren unser Pferd wahrzunehmen, zu erleben und zu genießen ... Dann ist jeder Schritt ein Erlebnis – vergessen wir das nie! Und wenn Sie möchten, begleite ich Sie gerne ein Stück dieses faszinierenden Weges, der immer vor uns liegt ...

Drei auf einer Frequenz ...

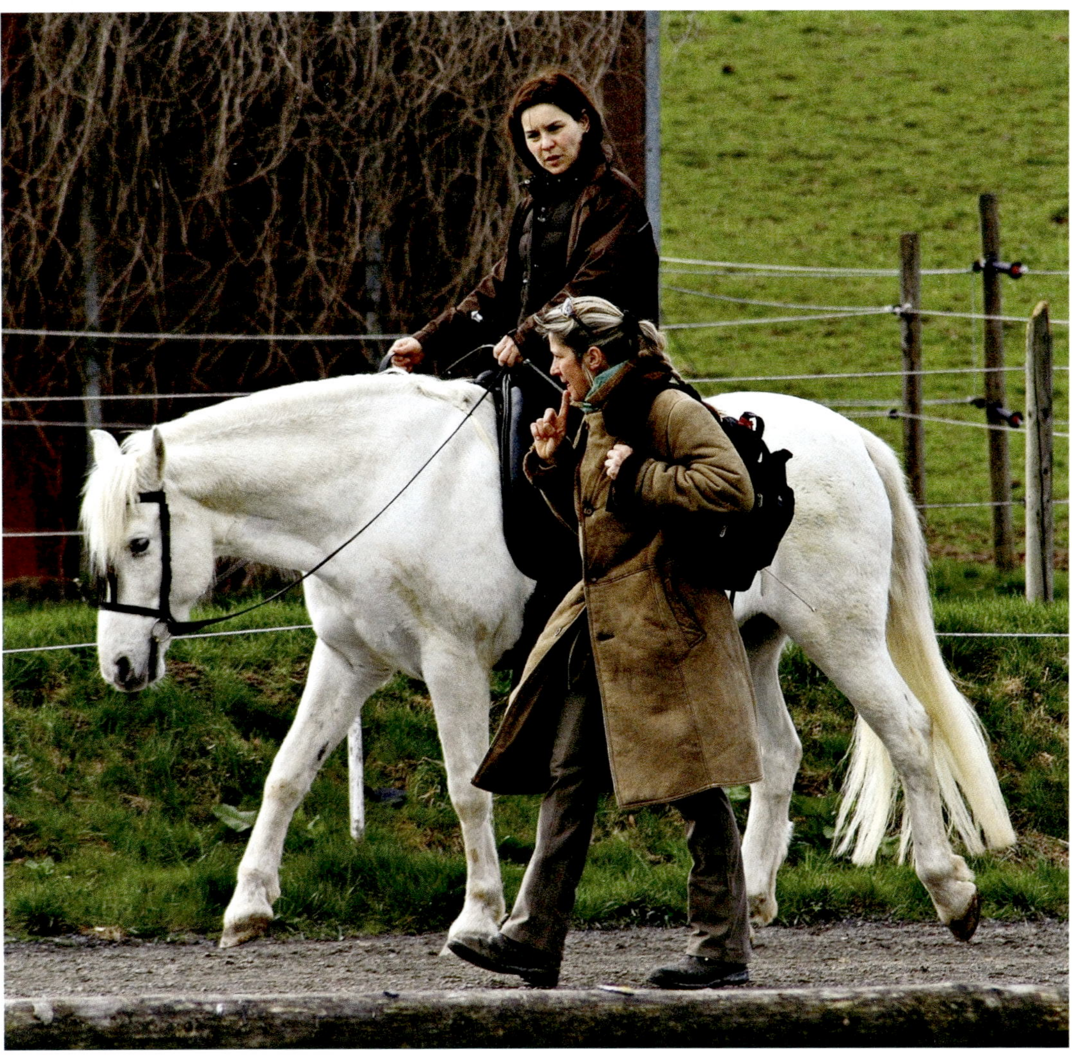

Der Sitz, die Hilfen – Sinnvoll, klar und logisch

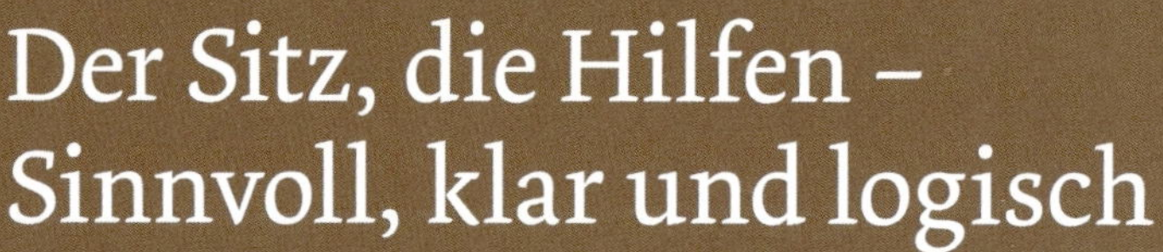

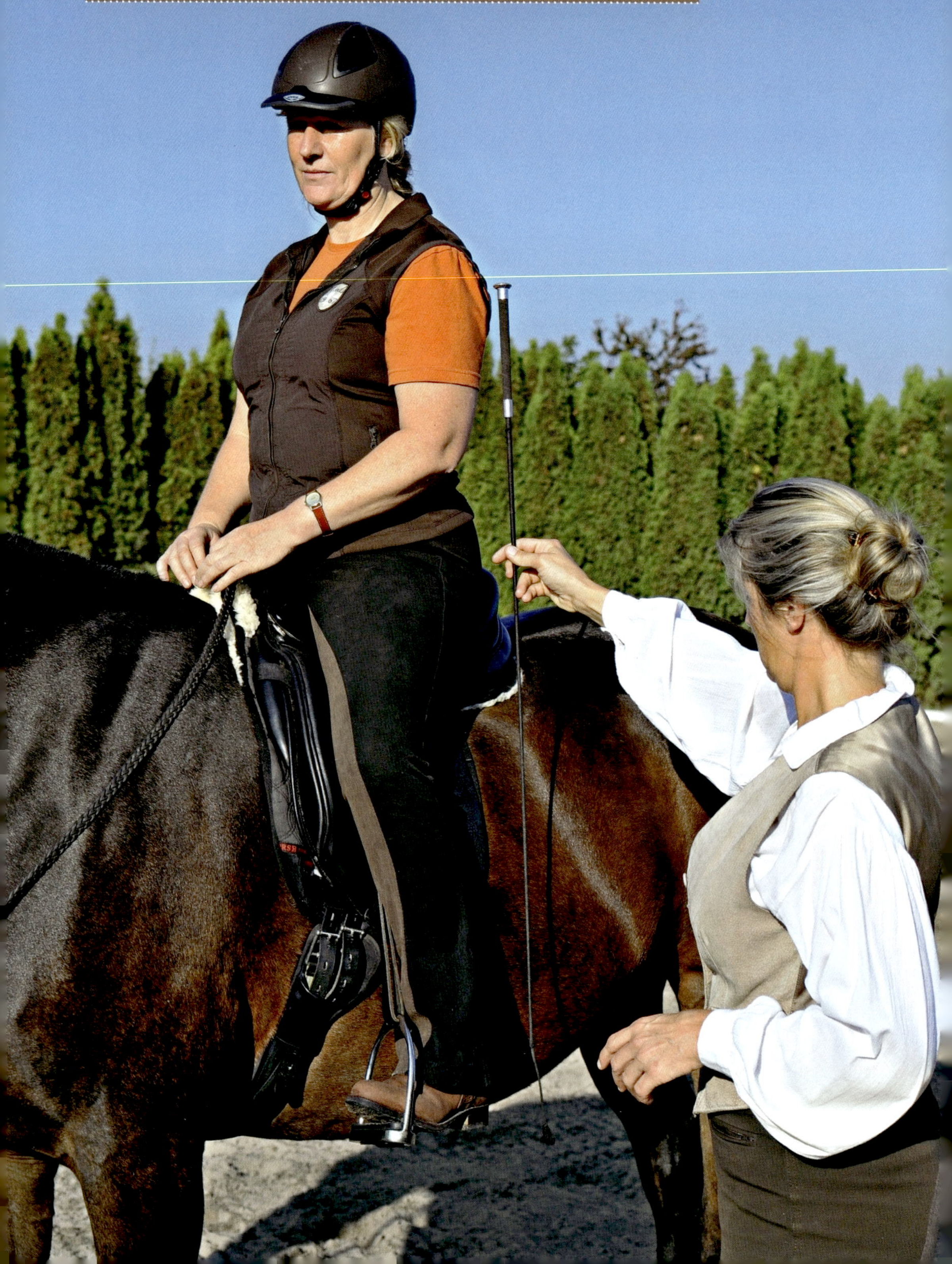

Bewegung in Fluss und Balance

Ich vergleiche gerne das Reiten mit dem Laufen. Auch im Gehen müssen wir uns in Fluss und Balance bewegen, damit wir nicht Gefahr laufen das Gleichgewicht zu verlieren. Etwas scheinbar Einfaches, wie das Gehen, setzt sich aus so vielen Impulsen, Bewegungsabläufen und dem Zusammenspiel sämtlicher Körperteile zusammen, dass sich Störungen in einem Bereich des Körpers deutlich auf das gesamte Bewegungsbild auswirken. Und das, ohne dass wir es wahrnehmen, solange der Körper in der Lage ist, kleine Unstimmigkeiten instinktiv oder reflexartig auszugleichen.

Ohne Reflexion von außen oder Selbstanalyse per Spiegel oder Video nehmen wir eine Ungleichheit oder Fehlfunktion eines Körperteils erst dann wirklich wahr, wenn es deutlich in seiner Nutzbarkeit eingeschränkt ist oder wirklich schmerzt. Manchmal liegt die Ursache der Einschränkung gar nicht in dem betroffenen Körperteil selbst, sondern entstammt z. B. der Wirbelsäule. Häufig kompensiert der Körper Einschränkungen und Schiefen so gut, dass wir sie nicht wahrnehmen und davon überzeugt sind, mittig und gerade zu sein.

Stellen wir uns also vor, ein Pferd bewegt sich für sein eigenes Gefühl völlig normal, wie die Natur es ihm mitgegeben hat, nämlich in seiner individuellen, nicht krankhaften natürlichen Schiefe, so fällt dies uns Reitern als fehlerhaft auf – dem Pferd dagegen nicht.

Der Versuch, reiterlich direkt dagegen vorzugehen, ist für das Pferd absolut unverständlich. Es ist sich „keiner Schuld bewusst" und es ist für das Pferd nicht zu verstehen, warum Reiter versuchen, ihm irgendwelche Körperteile in irgendwelche Richtungen zu verbiegen, die ihm nicht nur unangenehm und schmerzhaft, sondern zum Teil auch unmöglich zu sein scheinen. Genau das passiert aber überall täglich – Pferde werden verbogen und durch Schablonen gepresst, statt ihrem Körper im Training mit durchdachten Übungen und Kombinationen die Gelegenheit zu geben, gerade zu werden.

Interessant ist auch die Tatsache, dass Reiter immer wieder die unmöglichsten Techniken anwenden, um das „Geraderichten" zu erreichen, ohne überhaupt begriffen zu haben, dass dies nur bedingt mit geradeaus reiten zu tun hat ... Es ist keine Schande etwas nicht zu wissen, aber man muss Fragen stellen, um dies zu ändern. Erschreckend ist allerdings, dass viele Reitlehrer es scheinbar nicht für ihre Pflicht halten, solche grundlegenden Dinge ihren Reitschülern zu erklären.

Gefühle trügen

Schief fühlt sich leider nicht immer auch schief an.

Die natürliche Schiefe des Pferdes

Grundsätzlich ist die Schiefe eines Pferdes, wie der Name es schon sagt, natürlich. Das heißt die Ungleichheit in der Geschmeidigkeit ist nicht krankhaft, sondern entstammt der „Händigkeit". Genau wie Menschen Rechts- oder Linkshänder sind, bevorzugen auch Pferde den Links- oder Rechtsgalopp und eine Richtung um zu wenden.

Schiefen können sich aber auch verstärken oder komplett aus einer körperlichen Beeinträchtigung entstehen. Ein solches Pferd ist mit einem Menschen zu vergleichen, der mit einseitig hängender Schulter, einer vorgeschobenen Hüfte oder mit schief gehaltenem Kopf vor sich hin läuft. Für diesen Menschen ist es völlig normal so zu gehen. Ein Mensch, der einen Beckenschiefstand hat, kann ein Leben lang einseitig kürzer treten, ohne dass ihm dies jemals bewusst wird, solange ihn niemand darauf hinweist. Er wird es erst dann bemerken, wenn die ungleiche Abnutzung der Gelenke zu Arthrosen führt – und selbst dann wird er dies evtl. nicht als Folge seines schiefen Gangs erkennen. Wäre dem so, würden wir uns alle selbst korrigieren und aufrecht und geschmeidig schreiten wie gut trainierte Sportler und Tänzer.

Bemerkenswert!
Nur aus einem zentrierten Sitz können klare Hilfen kommen!

1

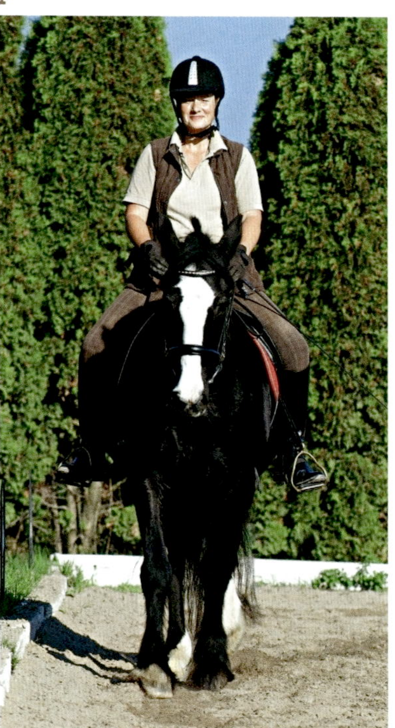

2

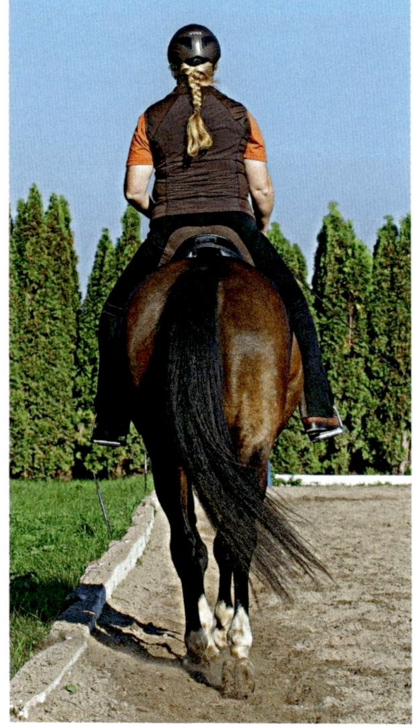

1 *Zentrierter Sitz von vorne …*

2 *… und von hinten.*

Den Pferden geht es genauso. Nicht jedes Lebewesen ist von Natur aus ein Bewegungsgenie und völlig gleichmäßig und symmetrisch in seinen Bewegungen. Und dies wäre für das Pferd an sich auch kein Problem, kämen nicht mehr oder weniger begabte Reiter daher, die ihm sein Gleichgewicht nehmen, indem sie sich erst einmal auf seinen Rücken schwingen und dann glauben, mit genug Druck würden sich Schiefen ausgleichen lassen.

Klare Kommunikation

Um uns nun dem Pferd sinnvoll mitteilen zu können, muss uns klar sein, dass WIR als Reiter symmetrisch und gleichmäßig auf ihm sitzen müssen und in der Hilfengebung die Ungleichheit des Pferdes berücksichtigen und teilweise ausgleichen müssen. Wir können ein Pferd nicht „mal eben" geraderichten. Wir können immer wieder bestrebt sein, die Vorhand vor der Hinterhand zu halten – aber das wirkliche Geraderichten eines schiefen Körpers entspricht dem Umformen eines ganzen Organismus, was sich langsam im Laufe des Trainings entwickelt – wenn das Training gut ist! Sehr anspruchsvoll …

Macht man sich dies bewusst, dann wird klar, warum sauberes dressurmäßiges Reiten so anspruchsvoll ist: weder Pferd noch Reiter sind tatsächlich gerade. Und ebenfalls nur mehr oder weniger geschmeidig. Doch unter Berücksichtigung dieser Umstände, der Kenntnis und korrekten Anwendung sämtlicher Hilfen bei regelmäßigem Training besteht auf lange Sicht die Chance auf Besserung.

Auf dem pferdefreundlichen und dadurch erst einmal relativ langsamen Weg der Ausbildung des Reiters müssen wir lernen, unseren eigenen Körper mit seinen Stärken und Schwächen wahrzunehmen, um an unserem eigenen Gleichgewicht zu arbeiten. Nur DANN sind wir in der Lage, uns dem PFERD klar verständlich über die Hilfengebung mitteilen zu können.

Wie gesagt, der Weg ist weit – aber wenn ich mich und mein Pferd nicht im Wettbewerb unter Druck setze, dann ist tatsächlich der Weg das Ziel. Dann ist es ein Genuss zu erleben, wie ein Pferd in Vertrauen und Freude auf diesem langen und immer mal wieder überraschend kurvigen Weg in seine Rolle als Reitpferd hineinwächst und erblüht. Das Pferd bestimmt den Weg und das Tempo der Ausbildung – und die Zeit, die ich, gemessen in Übungseinheiten, mit dem Pferd verbringe. Es muss das erlernt und geübt werden, was gerade ansteht – und nicht das, was von einer Leistungsprüfungsordnung vorgegeben wird. Auf unserem Weg – dem meines Pferdes und meinem – bleibt viel Zeit, auch einmal zu verweilen, den Moment zu genießen und sich wieder bewusst zu machen, dass es ein Geschenk ist, hier und jetzt mit meinem Pferd zu sein.

Wichtig!
Den eigenen Körper beherrschen, bevor man ein Pferd formen möchte!

Der Sitz

Schauen wir uns nun einmal den Sitz im Detail an – ich beginne hierzu ganz oben und behalte diese Reihenfolge auch bei, damit Sie als Leser die Möglichkeit haben, sich alles leichter zu merken und dann auch in der Eigenkorrektur anzuwenden.

Fokus

Die Blickrichtung und die damit verbundene Drehung des Kopfes leiten eine Bewegung ein – genauso, wie ich es mache, wenn ich auf ein Ziel zugehe.

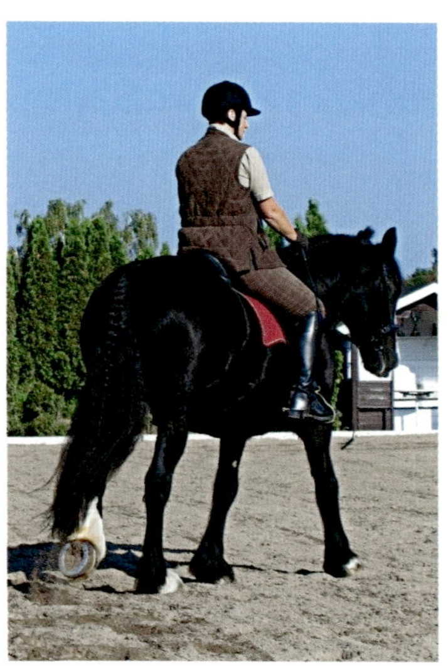

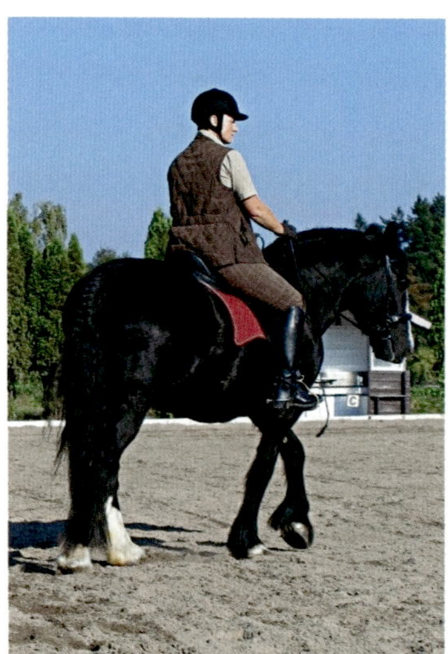

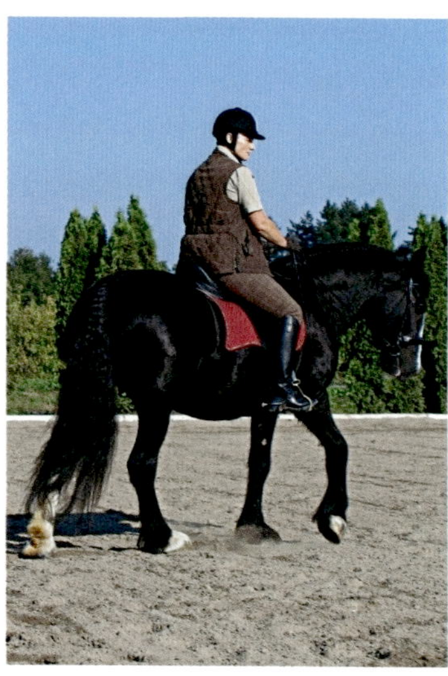

Beachten Sie die feine Reaktion des Pferdes, eingeleitet durch Blickrichtung und Kopfdrehung der Reiterin.

Kopfhaltung

Der Kopf muss mittig auf dem Hals ruhen. So hat die Natur es vorgesehen und dann ist er ausbalanciert. Wir brauchen keinen zusätzlichen Kraftaufwand um ihn aufrecht zu halten und es kommt nicht zu Verspannungen in der Halsmuskulatur, die eine freie Beweglichkeit des Kopfes und Halses verhindern würden. Was so selbstverständlich klingt, ist es leider nicht. Schmerzen im Nacken entstehen dadurch, dass der Kopf eben nicht mittig ruht.

Spüren Sie hin zu Ihrem Hals und versuchen Sie wahrzunehmen, ob der Kopf ohne Kraftaufwand mittig ruht. Heben und senken Sie das Kinn abwechselnd, dehnen Sie Ihren Nacken und vergleichen Sie, wie locker oder angespannt Ihre Halsmuskulatur dabei ist.

Schulter

Schweift der Blick in die geplante Bewegungsrichtung und wir drehen den Kopf, den Hals und damit auch die Schulterpartie mit in diese Richtung, so drehen wir aus der Taille und nehmen hierbei die Vorhand des Pferdes zwischen den Zügeln mit in die Wendung.

Unsere innere Schulter bewegt sich nach hinten – der innere Zügel entfernt sich etwas vom Hals – die äußere Schulter dreht entsprechend nach vorne – der äußere Zügel legt sich an den Hals an – und wenn wir aufrecht sitzen und das Pferd ans Gebiss herangetreten ist und wir dabei nicht in der Taille einknicken, wird das Pferd zwischen den Zügeln mit uns abwenden.

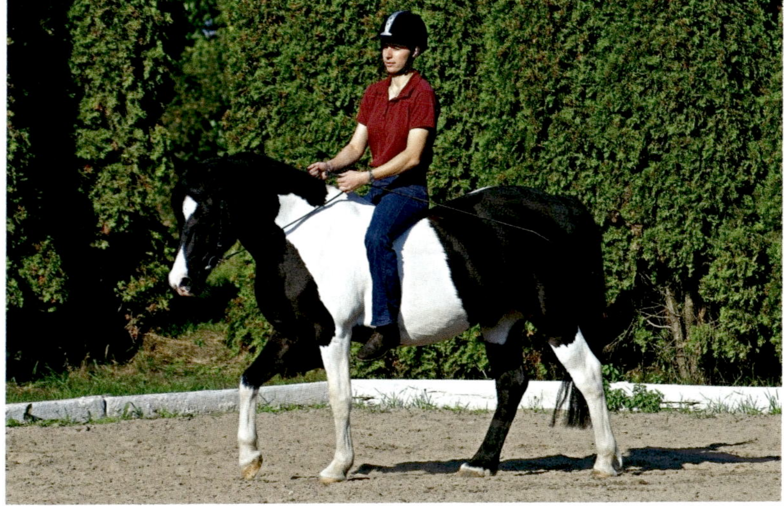

Die Schultern steuern die Vorhand des Pferdes und befinden sich im Lot direkt oberhalb des Beckens des Reiters.

Haltung der Arme

Die Arme sind locker gewinkelt in dem Maß, dass ein Kontakt zum Pferdemaul gehalten wird, ohne dass dabei aktiver Zug aus dem Arm entsteht. Der Oberarm hängt locker aus der Schulter nach unten. Der Ellbogen ist entspannt gewinkelt. Der Unterarm hängt locker aus dem Ellbogen. Die Zügelführung in Kontakt zum Pferdemaul macht den Unterarm zur Verlängerung des Zügels. Tritt das Pferd ans Gebiss heran, verläuft zwischen Ellbogen und Pferdemaul eine ungebrochene gerade Linie. Daher ist einleuchtend, dass auch die Hand locker aus dem Handgelenk hängt als Verbindungskupplung zwischen Arm und Zügel. Achten Sie stets darauf, Ihre Schultern, Ellbogen und Handgelenke locker entspannt zu halten.

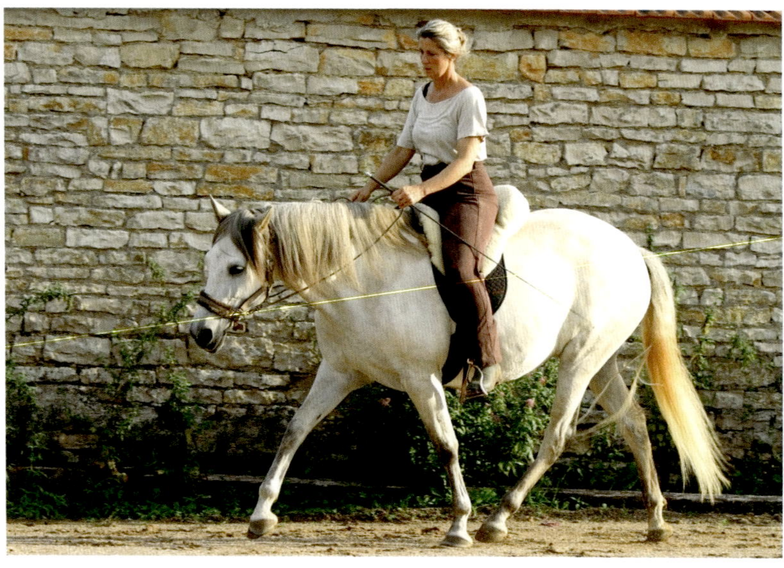

Die Hände: Sensoren zwischen Arm und Zügel.

Hände

Der Daumen oben auf dem Zügel als locker gewinkeltes Dach ist der höchste Punkt der Hand. Nur so bleibt das Handgelenk locker. Dreht man die Hand so, dass der Handrücken nach oben weist, so ist das Handgelenk fest und die Bewegung aus dem Pferdemaul läuft nicht mehr ungehindert durch den ganzen Arm des Reiters.

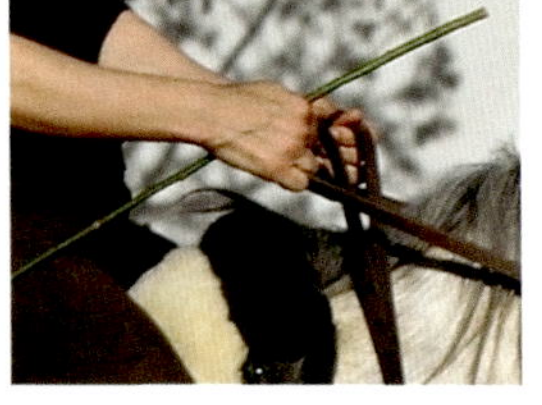

Der Zügel fließt aus der Hand.

Die Höhe, auf der die Hände getragen werden, ist variabel. Je nachdem, wie hoch das Pferd – warum auch immer – seinen Kopf nimmt, werden die Hände, solange sie nicht aktiv einwirken, immer die Verbindung zwischen Ellbogen und Pferdemaul sein – dadurch ergibt sich die jeweilige Höhe. Die Hand einfach stur eine Handbreit über dem Widerrist zu tragen ist nicht sinnvoll. Hebt das Pferd den Kopf, drückt die trotzdem starr nieder gehaltene Hand mit dem Gebiss auf die Zunge, kommt das Pferd zu tief, taucht es einfach unter der Hand weg. Tritt ein Pferd an das Gebiss heran, wird es die Hand immer mitnehmen. DAS ist das Ziel!

Taille

Die Taille ist gestreckt und das Brustbein weist nach vorn. Wir schöpfen unsere Größe aus und achten dabei darauf, nicht ins Hohlkreuz zu geraten. Die Taille, oder auch „Mittelpositur“, verbindet für den Reiter Schulter und Beckenpartie – also die Steuerung und Kontrolle der Vorhand und der Hinterhand und beherbergt die Energie und positive Spannung, die wir zu gutem Reiten benötigen.

Es ist sehr wichtig für den Reiter darauf zu achten, dass er niemals in der Taille einknickt und immer mit dem Solarplexus „nach vorne möchte“. Beim Reiten niemals den Bauch einziehen, sondern soviel Platz wie möglich einnehmen wollen! So, als wollten Sie die ganze Welt vor sich begrüßen!

Der Leib zur Hand – nicht die Hand zum Leib!

Dieser Merksatz vermittelt gleich zwei der wichtigsten Grundsätze der dressurmäßig sinnvollen Reiterei: erstens, mit der Mittelpositur nach vorne zu wollen und zweitens, mit den Händen nicht rückwärts zu wirken.

Dies bedeutet:

1. mit dem Scheitel nach oben gestreckt und mit der Bewegung zu sitzen. Brust nach vorne würde hingegen zum Hohlkreuz und Becken nach vorne zu einem nach hinten hängenden Oberkörper führen.
   „Leib zur Hand“, also Mittelpositur nach vorn, macht einen gestreckten, aufrechten, geraden Körper und Rücken, der in keine Richtung hängt – weder nach hinten noch nach vorn.
2. „nicht die Hand zum Leib“ – nicht rückwärts wirken – NICHT am Zügel ZIEHEN – NIE!

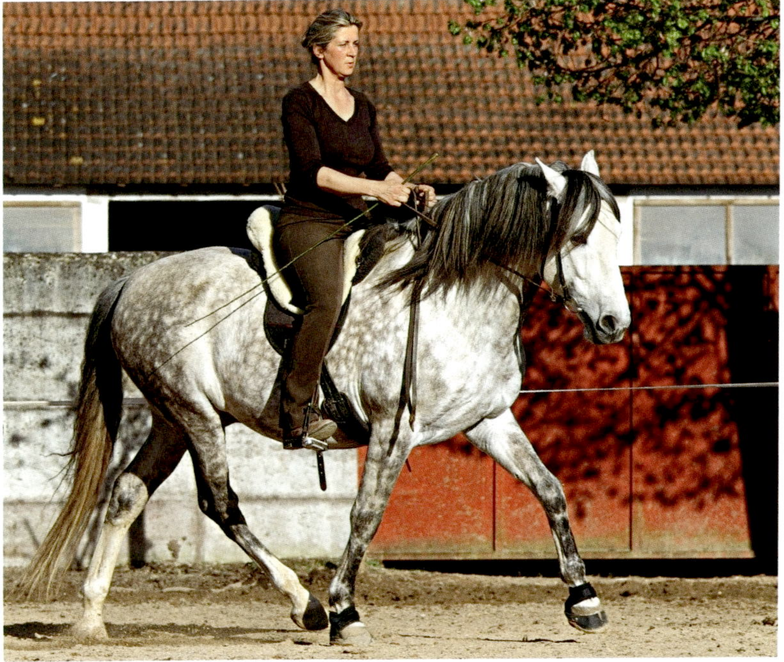

Kontakt: vom Ellbogen zum Pferdemaul.

Beckenstellung

Zum Reiten ist das Becken aufgerichtet und gerade – dies besorgt die Bauch- und Rückenmuskulatur in der Streckung. Die Gesäßmuskulatur ist völlig entspannt. Wäre sie es nicht, würden wir im Sattel auf- und niederhüpfen wie ein Vollgummiflummi. Manchmal sieht es aufgrund einer Verspannung der Gesäßmuskulatur leider auch exakt so aus.

Wir kontrollieren die Vorhand des Pferdes zwischen den Zügeln über unsere Schulterpartie. Die Hinterhand kontrollieren wir zwischen den Schenkeln am Sitz. Das heißt durch die Stellung unseres Beckens.

Machen Sie die Probe aufs Exempel: Stehen Sie jetzt von Ihrem Stuhl auf und laufen Sie eine Linksvolte mit ca. 2 m Durchmesser.

Beobachten Sie sich dabei:

- Sie schauen erst in die Wendung,
- drehen dann den Kopf, den Hals und
- die Schulterpartie mit in die Wendung und nun
- spüren Sie, dass sie erstens im Abwenden Ihren inneren Fuß deutlich mehr belasten und
- zweitens, die linke Hüfte nach vorne schieben.

Genau so reiten wir die Wendung auch:

- Die Schulterdrehung vermittelt dem Pferd, in welche Richtung es seine Vorhand bewegen soll.
- Das Vorschieben des inneren Beckenkamms veranlasst das Pferd zu der gleichen Bewegung und hält so die Hinterhand in Biegung, was auch dem ganz normalen Bewegungsablauf beim Gehen entspricht.
- Das Pferd läuft dadurch seiner Nase nach.
- Der innere Schenkel bildet dabei das Zentrum der Biegung.
- Er gibt dem Pferd das Maß der Biegung vor und verhindert, dass es auf die innere Schulter fällt.

Oberschenkel: losgelassen!

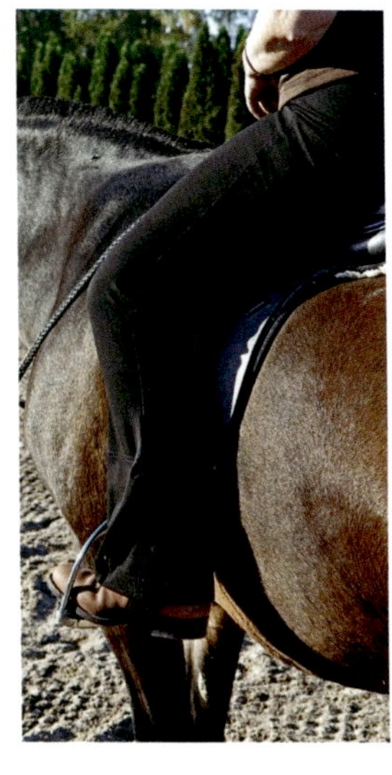

In der Horizontalen bestimmt das Becken also die Richtung, in der die Hinterhand fußt und in der Vertikalen die entsprechende Beugung der Hanken.

Oberschenkel

Erstmal loslassen, entspannen und vergessen!

Knie

Gut gewinkelte Gelenke lassen ein Aufnehmen und Abfedern der Bewegung zu, die das Pferd auf den Reiter überträgt. Ähnlich wie Stoßdämpfer in einem Auto Fahrwerk und Karosserie verbinden und Stöße abfedern. Ist das Becken aufrecht, ist das Hüftgelenk automatisch in gewinkelter Stellung. Ein passend verschnallter – vor allem nicht zu langer – Bügel, sorgt dafür, dass das Knie locker gewinkelt ist und sich Ober- und Unterschenkel des Reiters an das Pferd anschmiegen können, ohne Anstrengung und Verspannung. Es ist also unter anderem eine Frage des Sattelmodels, wie lang die Bügel verschnallt werden können.

Auf keinen Fall dürfen die Knie blockiert sein:

- nicht durch eine Überstreckung des Beins bei zu langem Bügel, der eine Winkelung des Knies nicht mehr zulässt und es dadurch fixiert;
- nicht durch zu große Pauschen, die den Reiter festklemmen, aber keine Bewegung mehr zulassen
- und nicht durch nach innen verdrehte Fußspitzen.

Die Knie müssen frei beweglich sein, um die Bewegung des Pferdes mit durch den Reiter hindurchzulassen.

Ein ständig angepresstes Knie ist die Voraussetzung für den Spaltsitz und einen fehlerhaft nach hinten rutschenden Unterschenkel.

Waden

Der Unterschenkel des Reiters sollte immer mit dem Pferd in Verbindung bleiben. Aber nicht, indem wir ihn mit Kraft anpressen, sondern indem wir ihn am Pferd atmen lassen. Es gibt verschiedene Möglichkeiten, mit der Wade am Pferd in Kontakt zu bleiben, aber nur eine, die es dem ganzen Reiterbein erlaubt dabei locker zu bleiben und die Bewegungen des Pferdes in Hüfte, Knie und Sprunggelenk zu absorbieren: ein Anschmiegen der Wade, indem die Fußspitzen sich seitlich etwas vom Pferd wegbegeben!

Bitte versuchen Sie NIE WIEDER, die Fußspitzen nach innen zu verdrehen. Auch wenn es noch heute teilweise von Reitlehrern, die nicht auf dem neuesten Stand sind, so gefordert wird. Es ist unmöglich, mit der Wade weich am Pferd zu sein, wenn die Fußspitzen nach innen verdreht sind. Egal wie sehr Sie Ihr Fußgelenk verdrehen.

Handelt es sich um ein Pferd mit wenig Gurttiefe und/oder einen Reiter mit sehr langen Beinen, so kann es sein, dass die Wade aktiv zum Pferd gehoben

Schmusewade: von hinten nach vorne Richtung Gurt.

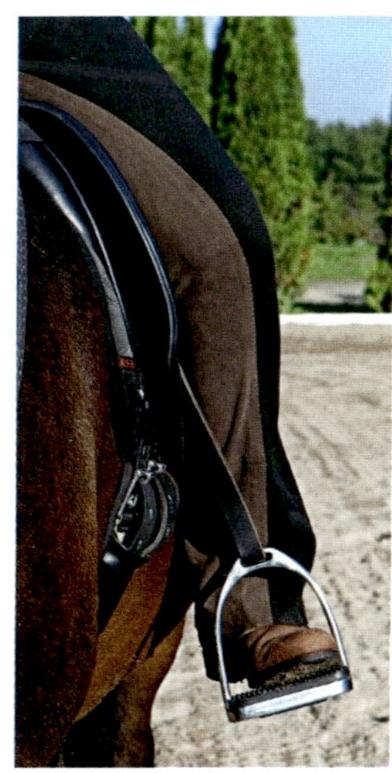

werden muss um es einzurahmen bzw. ans Bein zu nehmen. Als erstes sind hier nicht zu lange Bügel wichtig und ein Sattel, der dem Reiter nach vorne genug Platz für die Oberschenkel und Knie lässt und ihm den Oberschenkel und die Hüfte nicht überstreckt. Die Wade selbst wird an das Pferd gehoben, indem sich das Knie öffnet und die Muskulatur an der Rückseite des Oberschenkels sie zum Pferd hin anhebt.

Sprunggelenk

Das Sprunggelenk bleibt im Aussitzen locker, so dass die Energie der Bewegung, die am Sitz in den Körper des Reiters eintritt, bei jedem Tritt oder Sprung über ein Absinken der Ferse den Körper des Reiters wieder verlassen kann.

Die Bewegungsenergie, die das Pferd erzeugt, durchfließt den Körper, indem sie im Aufschwingen des Pferderückens, über die aufgerichtete Wirbelsäule bei geradem Rücken, nach oben geleitet wird und beim Absinken des Pferderückens bei tiefem Einsitzen, über die lockeren Hüft-, Knie- und Sprunggelenke – und damit über die Ferse – nach unten entlassen wird.

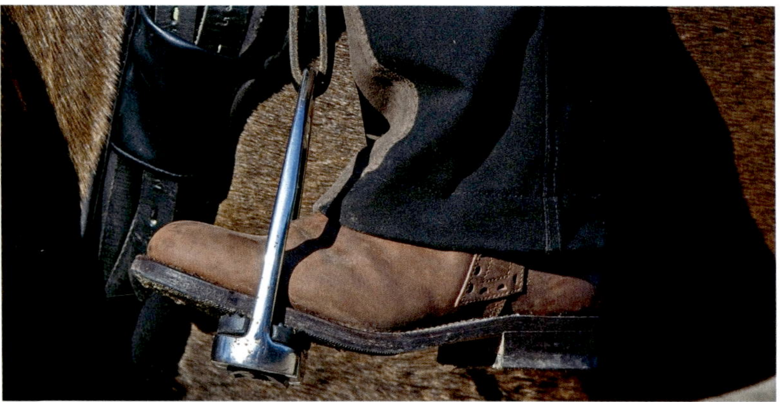

Der Fuß ruht mit den Ballen im Bügel, die Ferse sinkt ab, das losgelassene Sprunggelenk lässt dies zu.

Ferse

Eine tiefe Ferse darf daher nicht forciert werden, wenn der Reitlehrer „Hacken tief" brüllt und der Reitschüler die Fersen krampfhaft nach unten drückt, was optisch dann noch durch den hinten herunterrutschenden Stiefel verstärkt wird. Eine tiefe Ferse ergibt sich von selbst, wenn der Reiter rhythmisch losgelassen in der Bewegung des Pferdes sitzt. Bei korrekt verschnalltem Bügel wird dabei in Schritt und Trab eine wechselseitige, federnde Bewegung entstehen, die dafür sorgt, dass die Ferse sich beim Vorschwingen des gleichseitigen Hinterbeins des Pferdes vermehrt senkt und bei der Gegenbewegung wieder etwa auf die Waagerechte hebt.

Dieses Absinken der Ferse entsteht allerdings nur dann, wenn der Fuß tatsächlich im Bügel „ruht". Das heißt, dass er völlig entspannt und locker mit ebenfalls entspannten Zehen mit dem Ballen auf dem Steg ruht, ohne dass sich der Reiter dafür anstrengen müsste. Mit zu langen Bügeln ist dies unmöglich. Dann muss der Fußballen ständig nach unten gedrückt werden, um den Bügel nicht zu verlieren, was zu einer hochgezogenen Ferse führt.

Ist der Bügel zu kurz, ruht der Fuß ebenfalls nicht mehr entspannt auf dem Steg, sondern hat auf der Achillessehne den ganzen Zug auszuhalten, den die zu starke Winkelung des Beins verursacht. Ist die Ferse völlig nach unten durchgedrückt bzw. durchgefallen, geht ebenfalls keine Bewegung mehr durch den Reiter hindurch. Am Kontaktpunkt Sitz ist ein Reiter mit einer blockierten Hüfte dem Pferd sehr unangenehm und bewirkt, dass es sich im Rücken fest macht.

Die Bügellänge ist also durchaus nicht nur eine Frage des persönlichen Geschmacks, sondern ein wichtiger Punkt, der mich in einem losgelassenen, ausbalancierten Sitz behindert oder unterstützt.

Je länger die Bügel, umso punktueller ist die Einwirkung direkt aus dem Kontaktpunkt Sitz heraus. Je kürzer die Bügel und entsprechend stärker die Gelenke gewinkelt sind, umso mehr „Federung" übernehmen sie und helfen dem Reiter, kontrolliert und geschmeidig zu sitzen. Ein Dressurreiter, der mit seinem Pferd auf hohem Niveau reitet, kann es sich leisten, mit sehr langen Bügeln zu reiten. Erstens, weil er die Balance besitzt, und zweitens, weil sein Pferd mittlerweile die Federung in den Gelenken seiner Hinterhand übernommen hat! Es wirft den Reiter nicht mehr – es hebt ihn hoch – aus der Hankenbeugung heraus. Der Reiter sitzt sehr still und im Pferd. Die beiden sind eine Einheit. Ein sehr gut piaffierendes Pferd wiegt seinen Reiter ganz weich. Wenn Sie ein Paar sehen, bei dem der Reiter sich in „versammelten" Lektionen fast mehr zu bewegen scheint als sein Pferd – nun, dann stimmt etwas nicht.

Aufgepasst!
Spaltsitz entsteht durch zu lange Steigbügel!

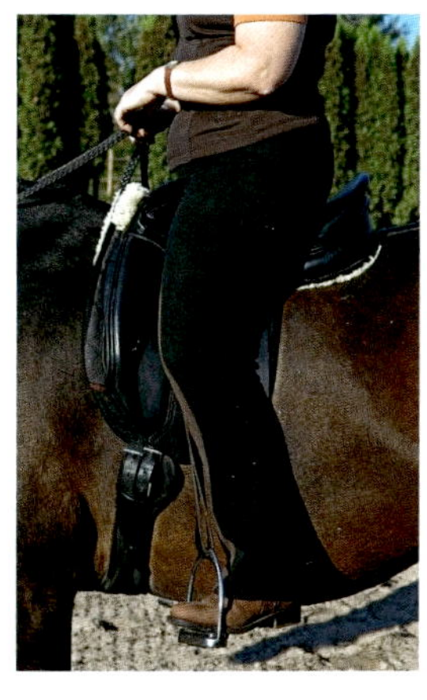

Klemmender Spaltsitz

Fußspitzen

Die Haltung der Fußspitzen ergibt sich durch die Lage des Beins. Es ist völlig falsch, die Fußspitzen nach innen zu drehen. Generationen von Reitern haben sich mit dieser völlig nutzlosen und unmöglichen Korrektur gequält. Richtig ist natürlich, dass die Fußspitzen sich nicht krampfhaft nach außen drehen sollen, während der Reiter sich mit hochgezogenen Knien und quetschenden Waden am Pferd festklemmt!

Genauso falsch ist es allerdings, die Fußspitzen nach innen zu verdrehen, dadurch am Knie zu klemmen und in den Spaltsitz zu geraten. Es gibt Reiter, die es tatsächlich geschafft haben, Ihr Sprunggelenk derart zu verdrehen, dass die Wade am Pferd ist und die Fußspitze trotzdem nach innen weist. Das Geheimnis liegt darin, nur den kleinen Zeh auf der Trittfläche des Bügels abzustellen und dann das Sprunggelenk locker zu lassen. Mit ein wenig Übung geht das. Man kann diesen kleinen „Trick" daran sehen, dass der Fuß eben nicht im Bügel ruht, sondern nur die Außenkante des Ballens tatsächlich Kontakt mit dem Steg hat. Dann ist es auch möglich mit der Wade dranzubleiben, ohne dass die Fußspitze vom Pferd wegweist. Allerdings schmerzen bei dieser Methode einem Mensch ohne Bänderschwäche nach einer gewissen Zeit die Knöchel, da die Außenbänder dabei unter Zug geraten. Das Fließen der Bewegung des Pferdes durch den Knöchel ist dann natürlich nicht mehr gewährleistet.

Wichtig!

Durchlässigkeit beschränkt sich nicht auf das Pferd. Ein Reiter, der die Bewegungen seines Pferdes nicht durch seinen Körper fließen lassen kann, blockiert sein Pferd!

Die Zehen

Die Zehen des Reiters müssen entspannt sein. Sind sie gespreizt oder greifend gekrümmt, ist der Fuß fest bis ins Sprunggelenk – probieren Sie es JETZT aus – spreizen sie die Zehen oder greifen sie damit. Sie fühlen: so kann der Fuß die Bewegung des Pferdes nicht durchlassen.

Sitzt man gerade und gelöst auf dem Pferd, bei aufgerichtetem Oberkörper und losgelassener Gesäßmuskulatur, dann werden die Fußspitzen in etwa 30 Grad Abstellung zur Längsachse des Pferdes von diesem wegweisen. Und das ist auch gut so. Ein Nach-innen-verdrehen der Fußspitzen ist unnütz und schadet dem Sitz – mittlerweile weiß man es zum Glück besser. Nach innen verdrehte Fußspitzen und Knie blockieren die Hüfte, bringen den Reiter in den Spaltsitz und lassen ihn klemmen. So kann kein Mensch in der Bewegung eines Pferdes mitgehen und ruhig und ausbalanciert sitzen. Reitlehrer, die heute noch „Fußspitzen nach innen", „Knie zu" und „Hacken tief" brüllen, sollten sich dringend weiterbilden lassen oder einen anderen Job suchen.

Der Sitz-Check

Ist es möglich, all das mal eben zu überprüfen?

Natürlich nicht in dieser Ausführlichkeit. Aber hat man sich einmal wirklich den Einsatz und den Sinn der Haltung jedes Körperteils klar gemacht und versinnbildlicht, DANN reicht ein Schlagwort für den Check! Und da jeder Körper gleichermaßen mit dem Kopf beginnt und bei den Füßen endet, haben wir die Reihenfolge des Checks sozusagen „im Gefühl":

Checkliste Sitz

☐ Blick	• Fokus	☐ Becken	• einleitend
☐ Kopf	• Drehung, Steuerung der Vorhand	☐ Oberschenkel	• locker mit Kontakt zum Pferd
☐ Schultern	• Wendung	☐ Knie	• gebeugt • in der Bewegung
☐ Arme	• gewinkelt	☐ Waden	• schmusend
☐ Hände	• getragen, richtet die Mittelpositur auf	☐ Knöchel	• locker, weich einrahmend
☐ Taille	• gestreckt • Solarplexus vorn	☐ Zehen	• entspannt • federnd

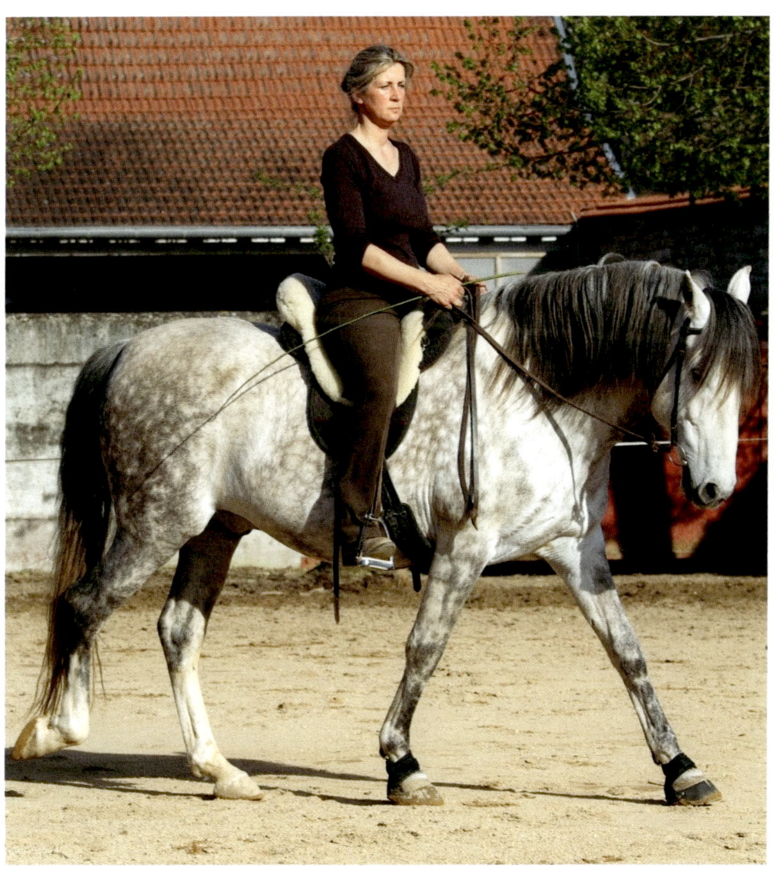

In der Checkliste sind 12 einzelne Punkte aufgeführt. Zu viele um sie sich auf einmal einzuprägen? Sollten Ihnen diese 12 Punkte anfangs zuviel erscheinen, um sie auf dem Pferd zu verarbeiten und zu nutzen, dann gehen Sie zuerst noch etwas weniger ins Detail:

Kopf – Brust – Sitz – Beine

Suchen Sie in diesen Bereichen nach den Ursachen Ihres Sitzproblems und Sie werden automatisch auf die Unterteilungen der Liste kommen. Es lohnt sich also, diese einfach auswendig zu lernen – es erspart viel unnötige Sucherei und dadurch kommt unsere Analyse und Korrektur unserem Pferd schneller zugute.

Das Bild vom guten Sitz

Wenn Sie die Checkliste im Kopf haben und dazu ein Bild – ein tatsächliches Foto – entweder von Ihnen selbst, auf dem Ihnen Ihr Sitz ausnehmend gut gefällt, oder von einem anderen Reiter, dem sie gerne nacheifern würden, dann haben Sie eine echte Perspektive, Ihren Sitz in den Griff zu kriegen!

Haben Sie kein eigenes Bild, nehmen Sie dieses hier im Buch bei der Checkliste. Schauen Sie sich IHR Bild immer wieder genau an und prägen Sie es sich ein – sehen Sie es vor Ihrem inneren Auge, während Ihr Fokus in die Bewegungsrichtung gerichtet ist. Merken Sie sich die für Sie wichtigsten Schlagworte dazu und nun übertragen Sie dies alles auf sich selbst!

Lassen Sie sich die Zeit, im Stand, im Schritt und im Trab zu überprüfen, was genau Ihr Körper tut. Lassen Sie sich von einem Freund longieren und lassen Sie sich spiegeln. Fragen Sie den Menschen, der Sie longiert, was er sieht. Fragen Sie ganz gezielt nach Händen, Knien und Bauch. Es ist in diesem Fall nicht die Aufgabe des Longierenden, Sie zu korrigieren. Er führt lediglich Ihr Pferd und sagt Ihnen auf Aufforderung, was er sieht – erst einmal völlig ohne Korrektur. Es geht hier nicht um Reitunterricht, sondern darum, dass Sie damit beginnen, sich selbst auf dem Pferd wahrzunehmen.

Natürlich können Sie das auch gemeinsam mit Ihrem Reitlehrer machen – wenn er sich darauf einlässt, Ihnen die Chance zu geben, selbst zu erfühlen was passiert und tatsächlich neutral zu spiegeln, statt sofort zu korrigieren.

Die Korrektur führen Sie selbst nach Gefühl aus und nun schauen Sie sich im Spiegel, auf Video und durch die Augen Ihres Freundes an! Und dann erspüren Sie, wie sich das, was Sie sehen und hören, anfühlt. Und dann korrigieren Sie wieder. Und dann fühlen Sie, wie es sich in der korrigierten Form anfühlt.

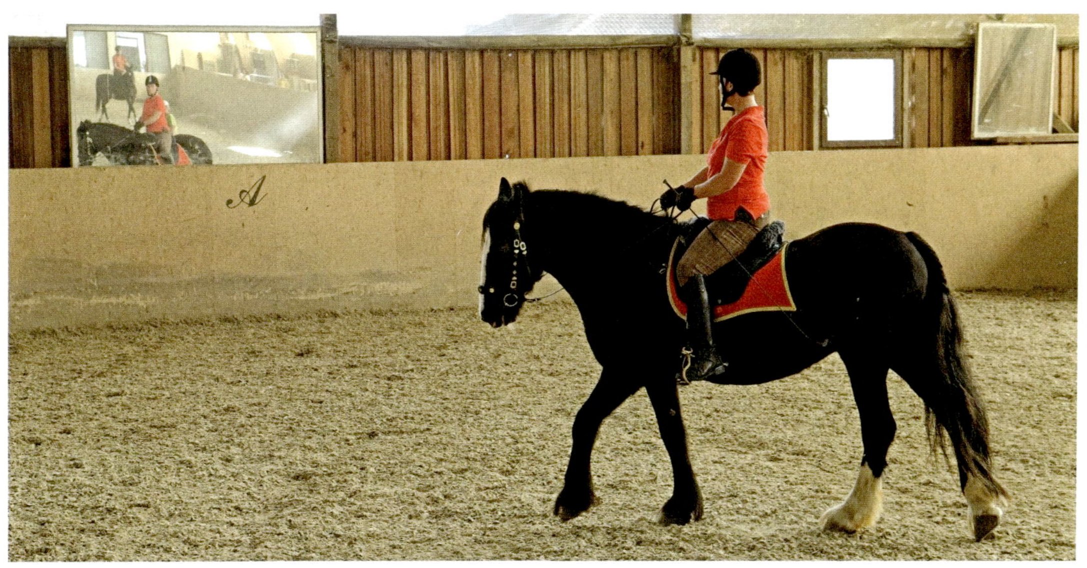

Selbsterkenntnis!

Die korrekte Haltung wird sich anfangs eventuell unbequem anfühlen. Weil sie anders ist, als Sie es gewohnt sind. Weil Sie vielleicht Bereiche dehnen müssen, die verkürzt sind. Weil Ihr Körper sich Schonhaltungen angewöhnt hat, die Ihnen gar nicht bewusst sind. Weil Sie schwören könnten, Sie drehten sich nach links, um dann im Spiegel festzustellen, dass die gefühlte Drehung tatsächlich minimal oder fast nicht wahrnehmbar ist ... Gewöhnen Sie sich an dieses neue Körpergefühl und versuchen Sie es anzunehmen – auch wenn es noch fremd ist.

Wechseln Sie zwischen korrekter Haltung und Entspanungsphase. Sonst kommt es zum Luftanhalten und Verspannungen, die es Ihnen schwer machen, die korrigierte Haltung positiv in Ihr Körpergefühl zu integrieren.

Und vergessen Sie nicht Ihr Pferd. Es erhält während Ihres Probierens die ganze Zeit über Informationen, die es mehr oder weniger ignorieren soll, da Sie ja im Augenblick ausschließlich auf Ihren Sitz konzentriert sind. Lassen Sie sich eben deshalb longieren oder führen, so dass Ihr Pferd vom Longenführer die Führung bekommt, die es braucht. Nehmen Sie sich immer wieder ein wenig Zeit für diese Selbstkorrektur – und DANN lassen Sie sich im Reitunterricht wieder korrigieren – Sie werden freudig überrascht sein, wie effektiv sich nach einer solchen Selbst-Sitzanalyse eine Sitzkorrektur vom Reitlehrer auswirken wird! Vielleicht gibt es ja eine Person, die auch Lust hat, auf diese Art den eigenen Sitz wirklich wahrzunehmen und zu korrigieren, so dass Sie sich gegenseitig helfen können.

Der bunte Strauß der Hilfen und seine Ziele

Dieser Begriff mag ein wenig altbacken klingen, aber er steht für ein Bild, das für mich eine harmonische Gesamtheit aus vielen Einzelteilen bildet. Ich verstehe die Hilfen als viele, kleine, freundliche und höfliche Hinweise, die zusammen dem Pferd konstruktiv vermitteln sollen, was der Reiter anstrebt. Ziel ist es, die Hilfen immer mehr zu minimieren. Dies bedeutet aber nicht, dass sie nicht mehr da sind ... sie werden feiner und mit der Zeit werden immer weniger Hilfen benötigt. Der Körper des Reiters leitet durch die Hilfen so den Körper des Pferdes, dass er es nicht stört, sondern ihm einen leichten, angenehmen Rahmen bietet, in dem das Pferd samt Reiter sein optimales Gleichgewicht in der Bewegung finden kann. Je besser beide Individuen miteinander harmonieren und je klarer sie im Gleichklang sind – also eine Einheit bilden – umso weniger aktive, korrigierende Hilfen sind nötig. Das Ziel heißt „mein Kopf – deine Beine" wie mein verehrter Reitlehrer Herr Dr. Hans-Walter Dörr zu sagen pflegt.

Körperhaltung als Hilfe
Je besser es mir als Reiter gelingt dem Pferd mitzuteilen, was und wie ich etwas von ihm wünsche, umso weniger aktiv müssen meine Hilfen sein. Die Haltung selbst ist jetzt die Hilfe.

Die Blickrichtung, die Haltung des Kopfes, die Losgelassenheit und die notwendige Muskelspannung des Oberkörpers, die Atmung, das Zügelmaß, die Stellung des Beckens beim Sitzen im Sattel, die Losgelassenheit der Oberschenkel und die Position der Waden senden jederzeit Hilfen vom Reiter zum Pferd.

Behindert der Reiter sein Pferd dann in dieser ruhigen, fast passiven Haltung nicht durch Steifheit oder Starre, dann kann das gemeinsame Gleichgewicht in der Bewegung entstehen – so wie beim Paartanz. Haben Pferd und Reiter dieses gemeinsame Gleichgewicht gefunden, so wird es in jeder Lektion das Ziel sein, zum „Aussetzen" der Hilfen zu kommen. Jede weitere aktive Einwirkung würde in diesem Moment stören. Einen Wimpernschlag später kann es jedoch nötig sein, dem Pferd eine leise, ausbalancierende Information über Sitz, Zügel, Bein oder Bügeltritt zu übermitteln.

Reiten lernen heißt zu lernen, so wenige Hilfen wie möglich, so viele wie nötig zu geben und die Reife zu erkennen, wann etwas nötig ist und wann nicht. Wie immer in der Kunst ist es die wahre Könnerschaft zu erkennen, was weggelassen werden kann. Erst in minimalistischer Klarheit kann sich die ganze Schönheit des Moments entfalten. Ein „arbeitender" Reiter – einer also, der mit Kraftaufwand auf dem Pferd agiert, kann dem Pferd mit Sicherheit nicht den ruhenden Rahmen bieten, in dem es sich optimal entfalten kann ... auch wenn dieser durchaus in der Lage ist, sein Pferd zu sportlichen Höchstleistungen anzuspornen. Doch handelt es sich hier um zwei völlig unterschiedliche Wege, deren einzige Gemeinsamkeit ist, dass sie mit dem Pferd beschritten werden ...

Die Hilfen: Vom Anheben des Kinns bis hin zum Sinkenlassen der Ferse

Bei der Beschreibung des Sitzes hatte ich die Reihenfolge vom Scheitel bis zur Sohle gewählt und nutze diese nun auch hier, um die verschiedenen Einwirkungsmöglichkeiten aus dem Sitz heraus zu erläutern.

Der Kopf

Wie wirkt sich die Kopfhaltung des Reiters auf das Pferd aus?

Durch die Position des Reiterkopfes hoch über dem Boden wirkt sich ein Mangel an Balance hier sehr deutlich und sehr negativ auf das Gleichgewicht des Pferdes aus.

Ein aufrecht getragener Kopf, der in natürlicher Balance auf der Wirbelsäule ruht, wirkt sich überhaupt nicht auf das Pferd aus. Genau dies sollte die Ausgangsposition der Kopfhaltung sein.

Drehe ich, auf dem Pferd sitzend, den Kopf mit der Blickrichtung, in die ich mich bewegen möchte, so vermittelt sich diese Drehung über meine Wirbelsäule in den Sitz hinein meinem Pferd, das nun erahnen kann, wohin die Reise gehen wird. Damit ich nicht Gefahr laufe, statt den Kopf zu drehen nur mit den Augen in die Bewegungsrichtung zu schielen oder meinen Kopf in der Drehung schräg zu halten, rate ich dazu, mit dem Kinn in die Bewegungsrichtung zu weisen. (Hüfte, Hand, Kinn)

1

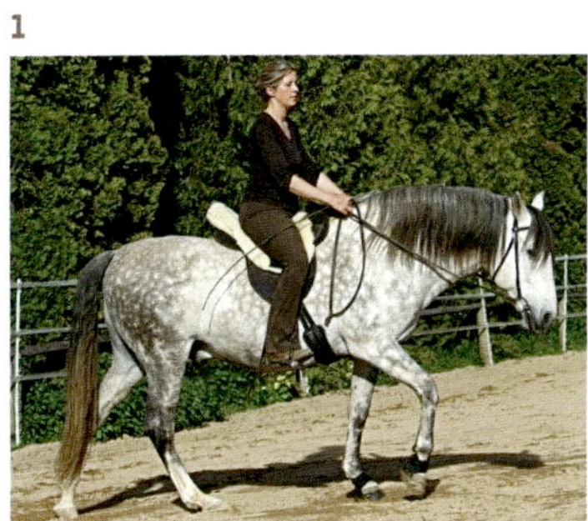

2

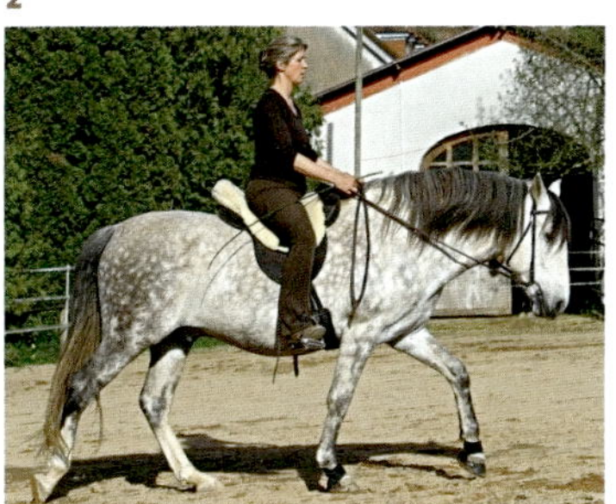

3

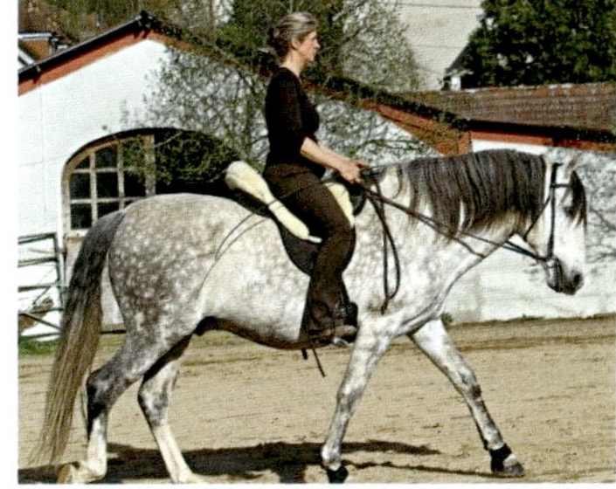

Die Kopfdrehung leitet die Bewegungsrichtung ein:

1 *nach rechts*

2 *nach vorn*

3 *nach links*

Die Blickrichtung im Vorwärts – auf der Geraden

Mehr Fleiß gefällig? Den Blick nach vorne gerichtet, weit über den Zaun des Reitplatzes hinaus oder auch durch die Wand der Halle hindurch, vermittle ich meinem Pferd die Idee von einem freien Vorwärts. Keine Begrenzung stört meinen Geist und damit die Energie, mit der ich nach vorne möchte! Sehen

Sie die Weite der Landschaft durch die Wand vor Ihnen hindurch, vor Ihrem inneren Auge!

Schaue ich früh und fließend in die Wendung, so wird mein Pferd die Ecke abrunden und auf einem sanften Oval der Reitbahn folgen. Es muss sich nicht sonderlich aufnehmen, um die Kurve zu kriegen, und der Takt bleibt daher relativ unbehelligt. Auch wenn es noch nicht weit ausgebildet ist, ist es auf diese Weise leicht für mein Pferd, fleißig vorwärts zu gehen und im Fluss zu bleiben.

Oder lieber etwas ruhiger? Möchte ich mein Pferd mehr bei mir behalten, in einem ruhigeren Tempo, und ihm eine Idee davon vermitteln, sich aufzunehmen, dann schaue ich nur einige Meter vor ihm auf den Hufschlag. Je mehr es sich aufnehmen soll, umso weniger weit nach vorne schaue ich. Probieren Sie, wie viele Meter Raum Ihr Pferd dazu veranlassen sich aufzunehmen. Achten Sie dabei darauf, weiterhin VOR das Pferd zu schauen und den Kopf aufrecht zu halten.

Nähert sich die Ecke, so schaue ich in die Ecke hinein, so dass ich dem Pferd nicht die Idee des Abkürzens, also dem Abwenden VOR der Ecke vermittle. Läuft das Pferd nun so gerade in die Ecke hinein, bleibt ihm keine andere Wahl als sich aufzunehmen – da es nicht doof ist, wird es nicht gegen die Wand laufen wollen. Ich reite das Pferd also gerade in die Ecke hinein und schaue DANN in die Wendung. Das Pferd wird die Ecke verlassen wollen und dies lasse ich zu. Ich biete ihm dabei aber meine innere Wade als Zentrum der Biegung an und jetzt schweift auch mein Blick in die Wendung.

Die Blickrichtung im Vorwärts – auf der gebogenen Linie

Aus der reinen Vorwärtsbewegung auf die gebogene Linie leitet die Kopfdrehung eine Drehung der Reiterschultern in die gleiche Richtung ein, so dass wir als Reiter die Vorhand des Pferdes in die gewünschte Richtung leiten. Zum Beispiel auf einen Zirkel oder eine Volte.

Ein schwankendes Pferd wird sich durch den in die entsprechende Richtung ausgerichteten Kopf des Reiters mit einem klaren Ziel im Blick in der Vorwärtsbewegung stabilisieren. Reiten wir ohne Plan, Ziel und Fokus, schwankt das Pferd oder es läuft auf der Vorhand in den Boden.

Die meisten Reiter glauben, sie würden nach vorne sehen. Analysiert man aber einmal selbst die eigene Blickrichtung, fällt auf, dass man – je mehr man sich auf sein Pferd konzentriert – dazu neigt, nach unten zu schauen.

Ändert man dies und achtet darauf, nach vorne zu schauen, hat man anfangs das Gefühl, die Kontrolle über das Pferd aufzugeben. Und genau dies ist das

Ziel! Es geht nicht darum, das Pferd zu kontrollieren und ihm meinen Willen aufzuzwingen. Es geht darum so zu reiten, dass die Reaktionen meines Pferdes die Spiegelung dessen sind, was ich als Reiter tue. Dazu muss ich nicht kontrollieren – dazu muss ich führen!

Beruht meine Einwirkung ausschließlich auf der Beobachtung des Pferdes, so reagiere ich nur und das Pferd gibt vor, was ich tue.

Reite ich mit Plan und Fokus und schaue entsprechend nach vorne, reagiert das Pferd auf mich – ich agiere und führe. Natürlich beobachte ich weiterhin, wie mein Pferd sich bewegt und wirke entsprechend korrigierend ein – aber immer mit dem Blick nach vorne – auch in der Korrektur – und nicht nur sinngemäß, sondern auch ganz real: wie der Blick müssen auch Korrekturen immer nach vorne ausgerichtet sein. Eine Wirkung nach hinten oder unten ist immer destruktiv und sagt NEIN! – eine Korrektur nach vorne ist konstruktiv und positiv und sagt SO! und JA!

Jede Korrektur nach vorne gibt dem Pferd einen neuen Rahmen und klarere Anweisung für die gewünschten nächsten Schritte, statt rückwirkendes Genörgel oder gar Bestrafung einer misslungenen Lektion. Was falsch lief, lief falsch – aber es ist vorbei – erkennen Sie Ihren Fehler, korrigieren Sie ihn, aber belasten Sie sich nicht mehr damit, sondern machen Sie es JETZT besser!

Von Anfang an richtig machen

Von hinten nach vorne – immer!
Auch und gerade jetzt – von Anfang an!

Die Blickrichtung im Seitwärts

Wünschen wir eine Bewegung ins Seitwärts, dann kann die Blickrichtung der Schulterdrehung scheinbar widersprechen, wie zum Beispiel beim Schulterherein. Diese Tatsache hilft uns dem Pferd mitzuteilen, dass auch wenn die Reiterschultern sagen: „nimm die Vorhand nach innen“, die Blickrichtung mitteilen kann: „aber bewege dich dorthin, wo ich hinsehe“.

Es gibt hier verschiedene Ansichten in der Reiterei. Üblicherweise wird gelehrt dort hinzuschauen, wohin man das Pferd stellt. Beim Zirkelerweitern zum Beispiel kann es aber sehr hilfreich sein, bei gleichmäßiger Drehung der Schultern in die Richtung der Biegung, statt in der Stellung des Pferdes, über sein äußeres Ohr hinweg in die gewünschte Bewegungsrichtung zu schauen – kombiniert mit dem entsprechenden Bügeltritt außen – der an entsprechender Stelle noch genau betrachtet wird. Es ist erstaunlich, wie viele Pferde auf diese Blickrichtung des Reiters mit einem regelrechten „Ach sooooo!“ reagieren. Für viele Paare ist der Augenblick, in dem der Fokus tatsächlich auf das Ziel gerichtet wird, der Moment, in dem sich so manches Problem einfach aufzulösen scheint. Plötzlich ist alles klar, das Pferd schwankt nicht mehr und die

Bewegungsrichtung im Fokus: hier beim schulterhereinartigen Reiten

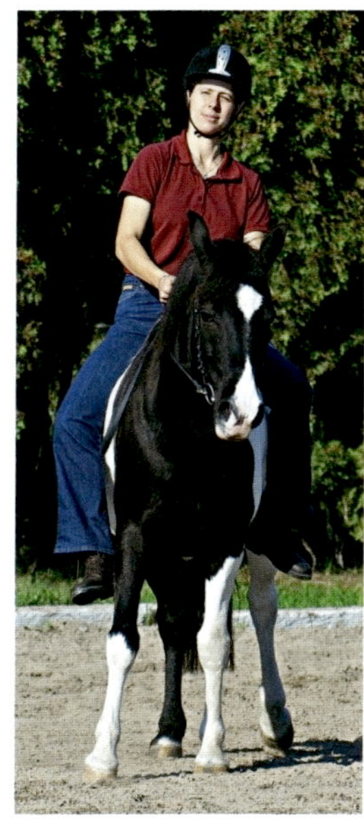

Richtung, in die das Pferd sich in Schulterherein oder Travers bewegen soll, ist völlig eindeutig und klar.

Sobald ich dem Pferd über meine Blickrichtung und Kopfdrehung vermittle, WOHIN die Reise geht, kann ich sämtliche anderen Hilfen deutlich verringern. Ein Reiter, der allein mit dem inneren Schenkel den Zirkel erweitern möchte, braucht eine deutlich verstärkte Schenkelhilfe, um das Pferd nach außen zu treiben und zusätzlich gesteigerte, verwahrende Hilfen außen, damit das Pferd nicht durch das zu stark wirkende innere Bein am Widerrist „abknickt" und über die äußere Schulter läuft.

Mit der aktiven Nutzung des Fokus reicht nach entsprechender Übung der Blick über das äußere Ohr des Pferdes in Kombination mit einem sanft dosierten Bügeltritt außen, um das Pferd zum Vergrößern zu animieren. Die Biegung bleibt erhalten, da die Schulterhaltung des Reiters sich nicht verändert. Die Stellung des Beckens korrespondiert mit Fokus und Bügeltritt und weist in die gewünschte Bewegungsrichtung, nach vorne-außen.

Auf den Kopf achten

Achten Sie bitte ab sofort ganz besonders darauf, Ihren Kopf ausbalanciert auf der Wirbelsäule zu tragen und jede Bewegung wirklich mit dem Blick einzuleiten und mit dem Kinn fortzuführen! Ihr Pferd wird es dankbar zur Kenntnis nehmen und entsprechend reagieren.

Der Blick nach vorne – entweder sanft gleitend in die gewünschte Bewegungsrichtung oder scharf fokussiert auf ein Ziel oder Hindernis – vermittelt dem Pferd klar und deutlich „wohin des Weges", in mehr als einer Hinsicht.

Ein dauerhaft hängender Kopf zeigt an, dass der Reiter, der nicht ständig darum bemüht ist dies zu korrigieren, die Idee des „Vorwärts" im Sinne von „von hinten nach vorne" noch nicht völlig verstanden hat.

Viele Pferde reagieren so deutlich auf eine Korrektur der Blickrichtung, dass völlig klar zu sehen ist, dass sie genau darauf warteten – eine klare, in die Bewegungsrichtung weisende Anweisung zu erhalten.

Das Heben des Kopfes

Das Heben des Reiterkopfes, entstehend durch das Anheben von Kinn und Scheitel bei gleichzeitigem Zurücknehmen des Hinterkopfes, hat auf den Reiter eine aufrichtende und dadurch auf das fein gerittene Pferd eine versammelnde Wirkung. Allein durch das Anheben des Kinns, verlagert sich das Gewicht des Reiters deutlich spürbar nach hinten und ein gut und fein gerittenes Pferd wird sich daraufhin aufnehmen.

Probieren Sie es aus: Setzen Sie sich gerade hin, der Kopf ruht ausbalanciert auf dem Hals, und nun heben Sie den Kopf, ohne dabei ins Hohlkreuz zu gehen – dies verhindern Sie durch das gleichzeitige Zurücknehmen des Hinterkopfes – was übrigens vom Gefühl her in etwa dem Aufwölben des Nackens, also dem Widerrist des Pferdes, entspricht. Fühlen Sie, wie sich

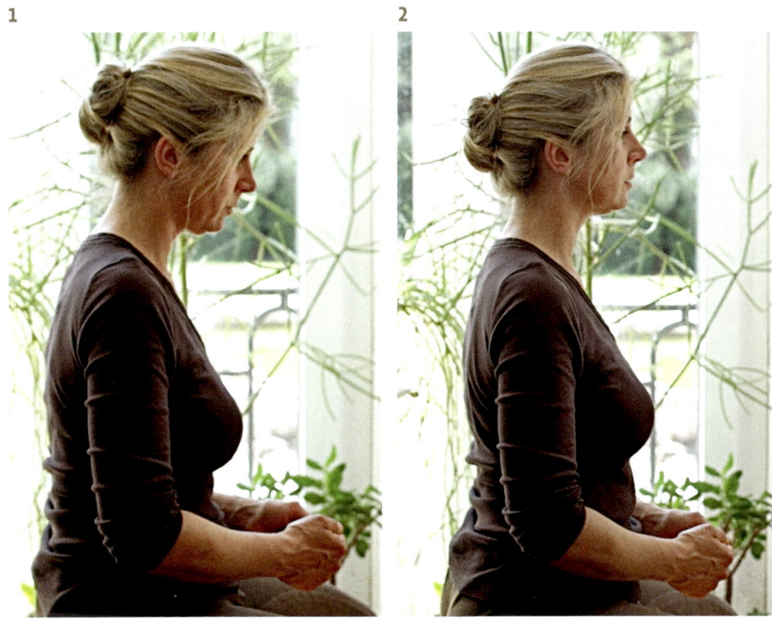

1 *Der leicht hängende Kopf – kein Kavaliersdelikt!*

2 *Das Aufrichten des Kopfes in Balance bei losgelassenem Schultergürtel.*

das Gewicht nach hinten verschiebt und Sie mehr zum Sitzen kommen? Dies veranlasst das Pferd, mehr Last aufzunehmen und mehr Tragkraft einzusetzen. So werden zum Beispiel Tempounterschiede innerhalb einer Gangart eingeleitet oder ein Übergang vorbereitet.

Ein vom Reiter auf die Hand gepacktes und rückwärts gerittenes, per Hand beigezäumtes Pferd wird auf eine so feine Hilfe wie das Anheben des Kinns leider nicht mehr reagieren …

Die Kopfhaltung als Fehlerquelle

Halten Sie Ihren Kopf gerade! Ein schräg gehaltener Kopf zwingt den eigenen Körper, dies auszugleichen. Jeder Körper hat ein natürliches Bedürfnis nach Gleichgewicht, sonst würden wir ständig umfallen. Dafür zuständig ist das Gleichgewichtsorgan im Innenohr. Entsteht nun im Körper eine Schiefe – verursacht durch muskuläre Verspannungen, eine Verletzung oder warum auch immer, so wird der Körper dies irgendwo ausgleichen.

Halte ich meinen Kopf aufrecht stehend schräg nach rechts, so verschieben sich meine Schultern nach links, die Hüfte wiederum nach rechts und so fort, bis das Ungleichgewicht, welches der Kopf verursacht hat, im Körper wieder ausgeglichen ist. Ich als Reiter sitze dann wieder subjektiv mittig oder stehe relativ gleichmäßig auf meinen beiden Füßen bzw. in meinen beiden Bügeln.

Objektiv betrachtet hängen jedoch eine Schulter und ein Sitzbeinhöcker, bzw. ist im Entlastungssitz ein Steigbügel stärker belastet als der andere.

Der hängende Kopf als schleifende Bremse Schaut der Reiter immer wieder oder gar ständig mit gesenktem Kopf nach unten, so ist dies nicht einfach „nur" ein Sitzfehler. Mangelnde Selbsthaltung im Oberkörper des Reiters ist die logische Folge. Dies führt dazu, dass der ganze Sitz keine positive Spannung besitzt und der Reiter einfach in sich zusammen sinkt. Dadurch gerät er hinter die Bewegung des Pferdes und nimmt diesem jeglichen Schwung.

Der hängende Kopf als Übergewicht Sinkt der Reiter, seinem Kopf folgend, nach vorne, so bringt er sein Pferd aus der Balance heraus deutlich auf die Vorhand, was es dazu veranlasst, seinem Gleichgewicht immer schneller hinterher zu laufen. Je mehr das Pferd läuft, umso mehr schiebt es und umso weniger kommt der Reiter dazu sich wieder aufzurichten, weil das Pferd ihn nicht mehr sitzen lässt. Wer nicht sitzt, kann nicht aufnehmen – der Teufelskreis des Ungleichgewichts ist da und der Reiter fängt an am Zügel zu ziehen …

Hier befindet sich die Reiterin völlig hinter der Bewegung.

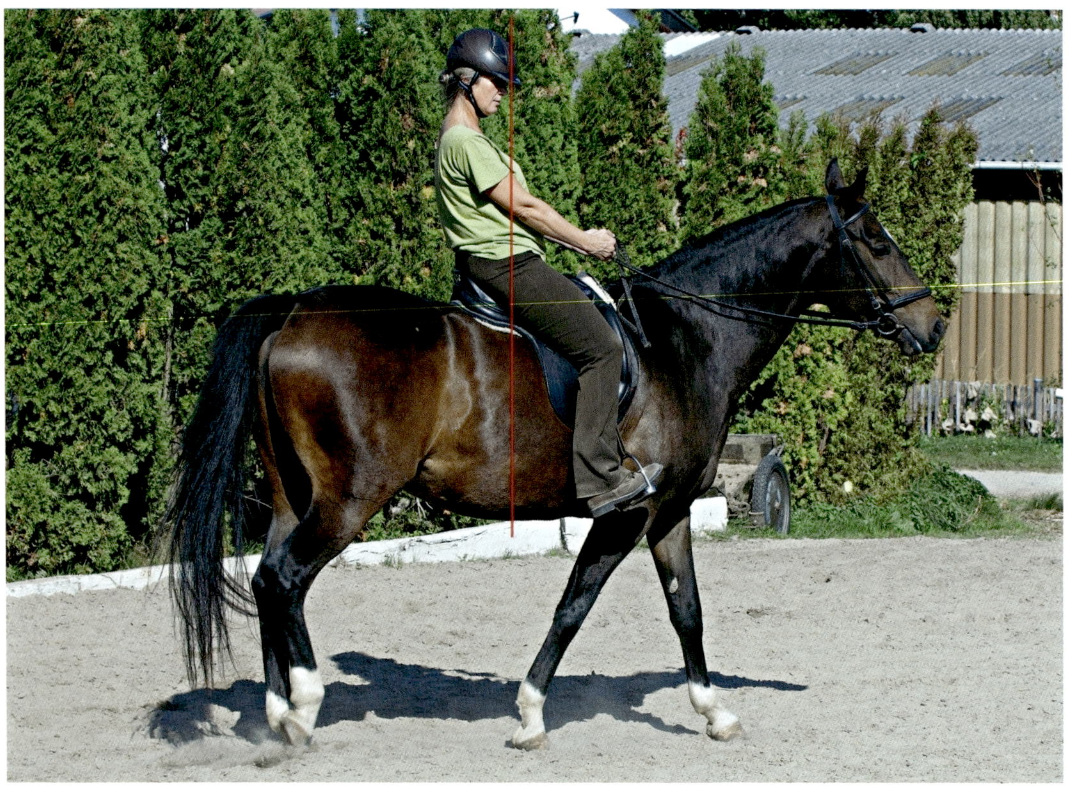

Probieren Sie es aus: Stehen Sie auf und laufen Sie ein Stück. Schauen Sie erst nach vorne und dann nach unten vor Ihre Füße, lassen Sie den Kopf weiter nach vorne sinken und fühlen Sie, was in Ihrem Körper passiert …

Beim Geradeausschauen verteilt sich das Gewicht auf Fußballen und Fersen. Je mehr ich nach unten schaue und dabei den Kopf sinken lasse, umso mehr Last kommt auf die Ballen und ich selbst aus dem Gleichgewicht.

Haben Sie nun das Gefühl, dass dem nicht so ist, dann kontrollieren Sie, ob Sie vielleicht durch ein Abkippen des Beckens die Frontlastigkeit ausgeglichen haben. Dann fallen Sie zwar nicht nach vorne, haben aber die bremsende Wirkung hinter der Bewegung bzw. die „schleifende Bremse" … und das, ohne dass man sich dieser kompensierenden Aktion bewusst wäre … Wir bemerken unsere Fehler nicht, weil unser Körper kompensiert. Eine optimale Balance und Kraftentfaltung wird so nicht entstehen können und der Körper nimmt auf Dauer Schaden. Arthrosen in den Gelenken und Bandscheibenschäden können die Spätfolgen sein.

Laufend lernen

Wenn Sie unsicher sind in der Auswirkung der eigenen Körperhaltung auf Ihr Pferd, laufen Sie die Lektion, die Sie reiten wollen, oder den Weg, den Sie nehmen wollen, mit entsprechender Haltung und Lastverteilung.

Vor dem Lot hängender Reiterkopf – das Pferd „schiebt ab". Keine Spur von Takt und Balance!

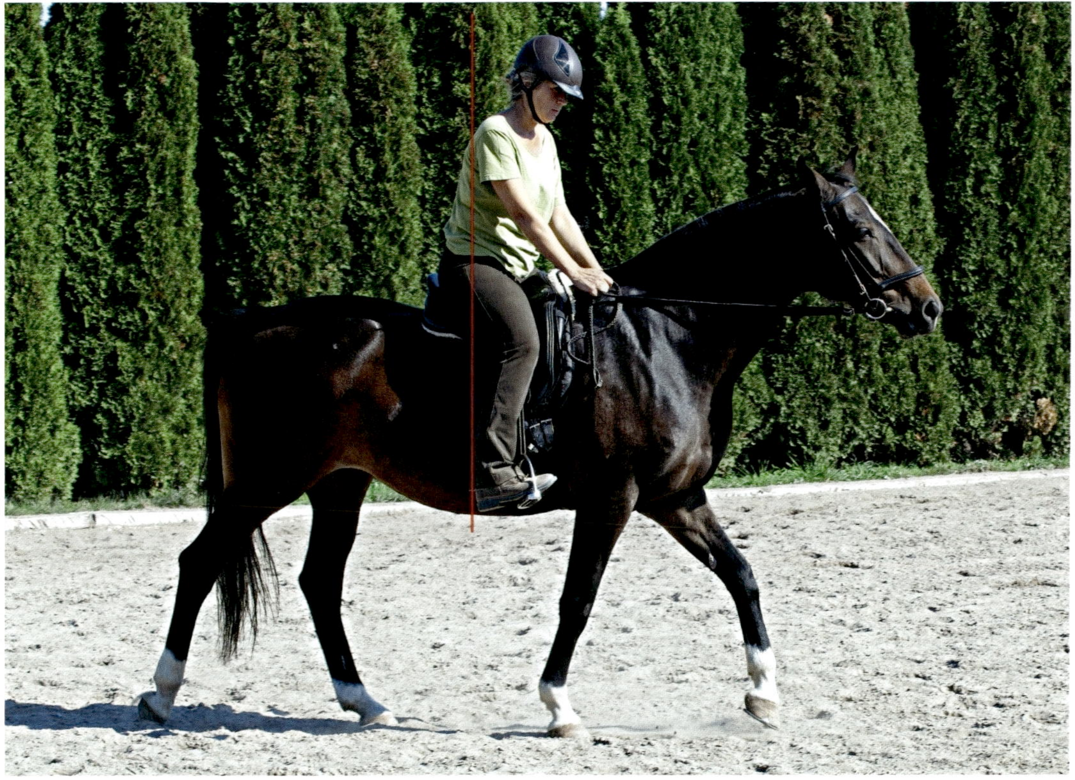

Versuchen Sie zu Fuß gehend, Fluss und Balance tatsächlich entsprechend der Lastverteilung und Selbstverständlichkeit in der Lektion, die möglich ist, zu erfühlen! Man neigt zum Selbstbetrug, wenn man eine Hilfe immer SO gegeben hat und sich nun der Tatsache stellen muss, dass es eventuell der falsche Ansatz war – deshalb probieren Sie die gleiche Übung mit verschiedenen Details – mal mehr Last auf dem inneren, mal auf dem äußeren Fuß, mal mehr Drehung in den Schultern, mal weniger. Vieles klärt sich beim Laufen von alleine, was beim Lesen oder Hören einer Korrektur völlig verwirrend war.

Es soll sogar Reiterinnen (Hinterhand) geben, die im Supermarkt mit der Einkaufskarre (Vorhand) Traversalverschiebungen übten und dort die Erleuchtung fanden! Ich konnte dies in der nächsten Unterrichtseinheit nur bestätigen! Da bekommt Einkaufengehen doch gleich einen ganz anderen Stellenwert… probieren Sie es bitte aus!

Befindet sich der Kopf des Reiters in seiner natürlichen Balance auf der Halswirbelsäule und wird, wie beim Laufen, in der entsprechenden Bewegungsrichtung gedreht, so ermöglicht er dem Reiter das Einleiten von Wendungen im Gleichgewicht.

Zusammenfassung Kopfhaltung

- die Blickrichtung leitet den Weg ein
- das Kinn führt die Richtung fort
- die Ausrichtung von Kinn und Hinterkopf beeinflussen die Aufrichtung des Reiters
- ein hängender Kopf bei zusammengesunkenem Sitz bringt den Reiter hinter die Bewegung, bremst das Pferd und macht es zäh
- ein hängender Kopf bei nach vorne fallendem Körper bringt das Pferd ins Ungleichgewicht und lässt es seinem Gleichgewicht hinterhereilen

Die Schultern

Grundpositon der Schultern Die Schulterlinie, quer zur Längsachse des Pferdes, befindet sich beim in Balance sitzenden Reiter im Geradeaus exakt über dessen Beckenlinie. Fällt man also das Lot vom Scheitel des Reiters bis hin zu seiner Ferse, so liegen auf dieser Linie exakt übereinander die Schultern und das Becken.

Niemals darf die Schulterlinie hinter die Linie des Beckens geraten – dies blockiert die Lendenwirbelsäule und damit das Becken des Reiters und ein gemeinsames Miteinander von Pferd und Reiter werden unmöglich. Kompensiert wird dieser bremsende bzw. abwürgende, aber leider sehr gebräuchliche, starre Sitz, der eigentlich „schieben“ soll, mit heftigem Treiben bei evtl. klopfendem

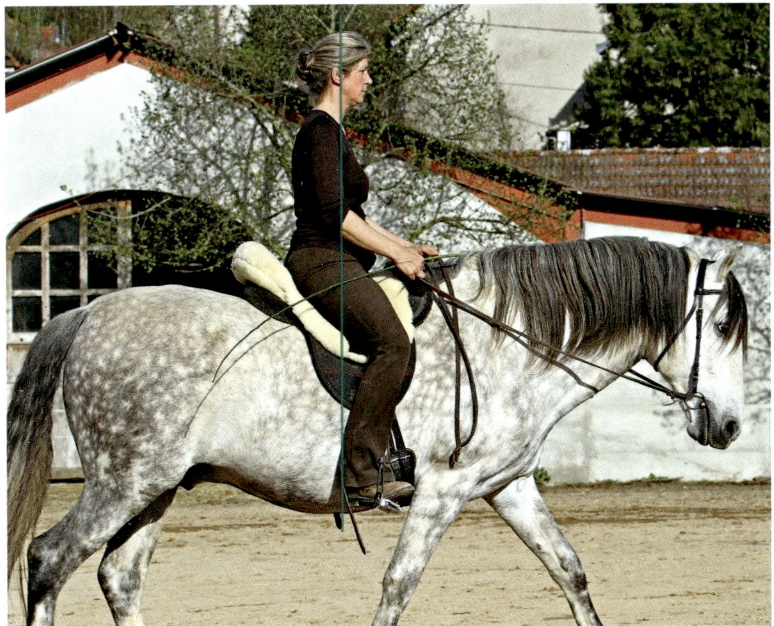

Scheitel des Reiters, Schultern und Becken bis hin zur Ferse liegen exakt übereinander.

Unterschenkel, nickendem Kopf und/oder „hämmernden“ Händen. Da der Reiter nicht in der Bewegung SITZT, und daher die Bewegung des Pferdes nicht am Kontaktpunkt Gesäß aufnimmt, macht sich die Bewegung des Pferdes an den Extremitäten des Reiters bemerkbar ...

Der einleitenden Drehung des Kopfes folgen die Schultern unmittelbar. Die Kopfdrehung über den Hals leitet die Drehung der Schultern schon ein. Diese fließende Bewegungsfolge ist natürlich und daher einfach auszuführen. Den Kopf bei Bedarf ENTGEGEN der Schulterdrehung zu wenden, z. B. in den Seitengängen, ist anfangs, wenn man diese Hilfe bewusst einsetzen will, nicht einfach. Aber dazu später mehr.

Auf der geraden und gebogenen Linie führen Blickrichtung, Kopfdrehung und Reiterschultern die Vorhand des Pferdes in die jeweilige Bewegungsrichtung! Die Schultern des Reiters führen also die Schultern bzw. die Vorhand des Pferdes. Die Position, die ich mir für die Vorhand des Pferdes wünsche, gebe ich mit der Stellung meiner Schultern vor. Je weiter ich meine Schultern in die Bewegungsrichtung wende, umso mehr Biegung frage ich bei meinem Pferd an. Dies betrifft die horizontale Haltung der Schultern.

Aufgabe der Schulterpartie

Die Schultern leiten die Vorhand des Pferdes.

Die vertikale Haltung der Schultern betrachten wir von der Seite: bei gut aufgerichteter Wirbelsäule und der Idee des „vor mir hergetragenen Bauches“

Schulterpositionen

1

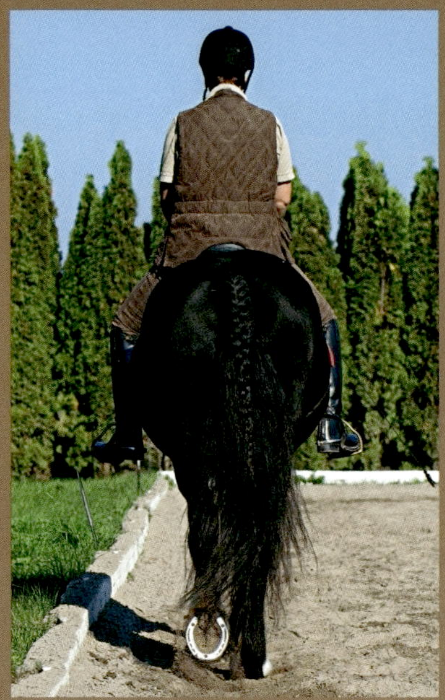

2

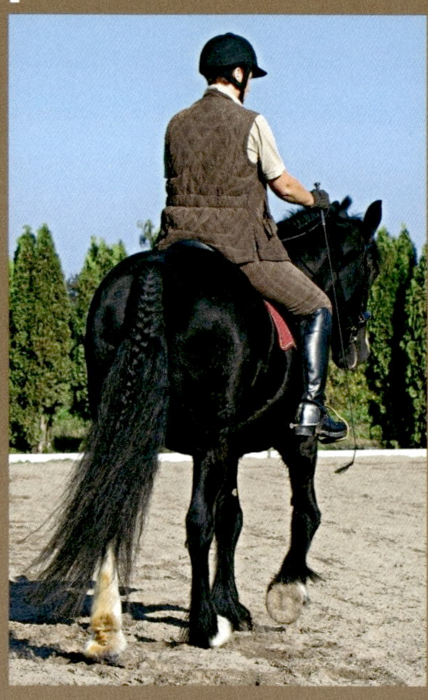

1 *Gerade*
2 *Biegung*

3

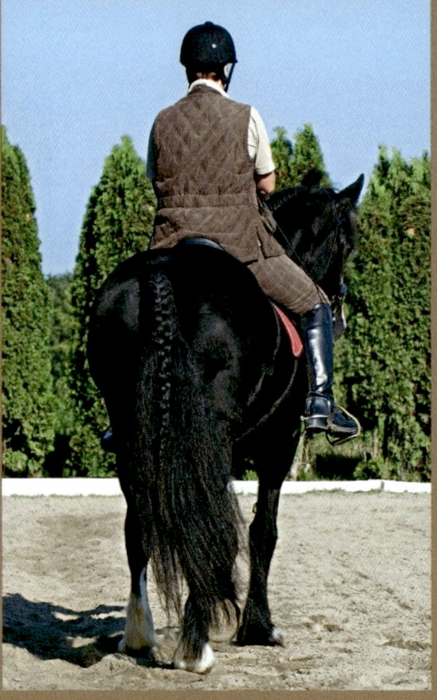

4

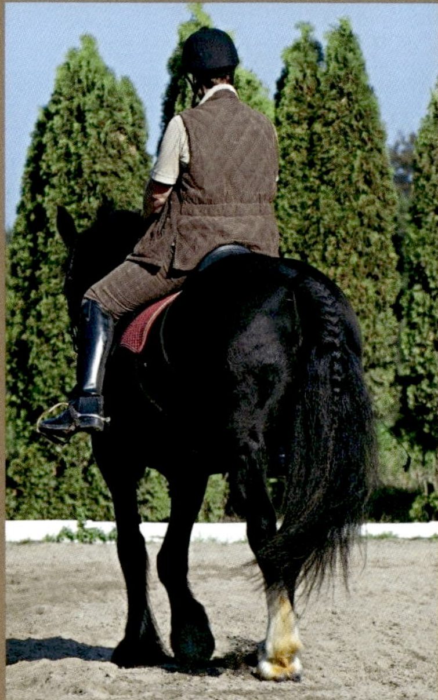

3 *Schulterherein*
4 *Kruppeherein*

befinden sich die Schultern von ganz alleine in der richtigen Position, wenn die Oberarme locker, senkrecht-mittig, seitlich des Oberkörpers hängen.

Leite ich also meinen Weg mit der Drehung des Kopfes und der Wendung der Schultern ein, gehe ich so langsam vor, dass das Pferd Zeit hat, meine Hilfengebung wahrzunehmen und ihr dann auch zu folgen. Dann führe ich die Vorhand meines Pferdes sozusagen vor mir mit in die Wendung. Anfangs braucht dies natürlich noch relativ viel Zeit und daher reite ich große gebogene Linien. Je durchlässiger das Pferd wird, je klarer es diese Art der Hilfengebung verstanden hat und je mehr es mit mir als Reiter zu einer Einheit wird, umso prompter und umso deutlicher wird das Pferd auf meine Drehung reagieren und umso subtiler wird die Hilfe.

Die Haltung der Schultern als Fehlerquelle

Wichtig: Bitte achten Sie immer darauf, dass sich die linke und die rechte Schulter auf gleicher Höhe befinden. Eine hängende Schulter geht immer mit dem Einknicken der Taille auf der gleichen Seite einher und führt zu einem zur Gegenseite verschobenen Sitz. Aus einem solch schiefen Sitz heraus ist eine korrekte Hilfengebung nicht möglich.

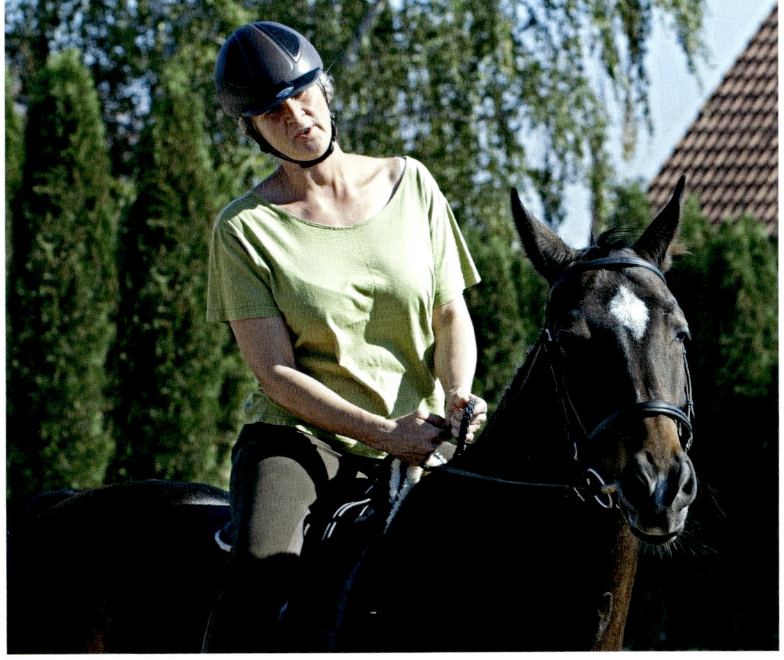

Ein schiefer Sitz macht schiefe Pferde.

Ein aktives Zurücknehmen der Schulterblätter, wie es früher gepredigt wurde, bringt den Reiter ins Hohlkreuz und verspannt ihn – die Oberarme würden dann hinter die lotrechte Linie des Oberkörpers geraten. Hängende Schultern gehen mit vorgeneigtem Kopf und einem zusammengesunkenen Sitz ohne Spannung einher – nun würden die Oberarme seitlich vor der Mitte des Oberkörpers hängen. Richtig ist:

- beide Schultern befinden sich immer auf gleicher Höhe;
- die korrekte Haltung der Schultern ergibt sich aus einem aufgerichteten Oberkörper;
- bei korrekter Schulterhaltung hängen die Oberarme seitlich mittig am Oberkörper.

Die korrekte Haltung der Schultern ist also keine aktiv aus den Schultergelenken zu steuernde Bewegung, sondern das Ergebnis einer insgesamt ausbalancierten, aufrechten Haltung des Oberkörpers.

Die Arme

Die Arme des Reiters sind also sozusagen Leitungen, die über die Hände das Pferdemaul mit dem Geist des Reiters verbinden. Diese Leitung funktioniert umso besser, je gleichmäßiger die feine Spannung besteht. Diese feine Spannung kann so fein sein, dass allein das Gewicht der Zügel genügt, um mit dem Pferd zu kommunizieren. Allerdings muss der Zügel dann sehr leicht und absolut gleichmäßig durchhängen. Es darf keine Unruhe, wie Rucken im Maul durch einen springenden Zügel oder Aufschaukeln durch zuviel losen Zügel, zwischen Hand und Pferdemaul entstehen. Dies ist nur dann möglich, wenn ein reell versammeltes Pferd unter einem perfekt ausbalancierten Reiter in völliger Selbsthaltung geht. Dies ist für MEHR als einen Augenblick – und diese Augenblicke sind es, nach denen wir suchen, die wir in uns bewahren und von denen wir leben in der dressurmäßigen Reiterei – nur möglich bei höchstem Ausbildungsstand. Bis wir an diesen Punkt kommen, sollten wir versuchen, einen möglichst ruhigen, leichten Kontakt über die Arme und die Hände zum Zügel und damit zum Pferdmaul zu erhalten und uns daran freuen, wenn das Pferd die Hand sucht.

Allein mit den Armen, sozusagen aus der Schulter heraus, sollten keine aktiven Hilfen gegeben werden. Die Arme sind für den Reiter lediglich die Verbindung der Hände zum Körper. Je nachdem wie weit sich die zügelführende Hand bewegen soll, kann es also sein, dass diese Bewegung auch den Arm betrifft.

Bedenkenswert!

Niemals darf ein Arm mit Zug rückwärts wirken. Ein rückwärts wirkender Arm zerstört die Balance im Sitz.

Die Arme leiten Impulse vom Geist des Reiters über dessen Hände und die Zügel zum Pferdemaul. Durchdachte Hilfen sind leitend und führend nur von hinten nach vorne möglich.

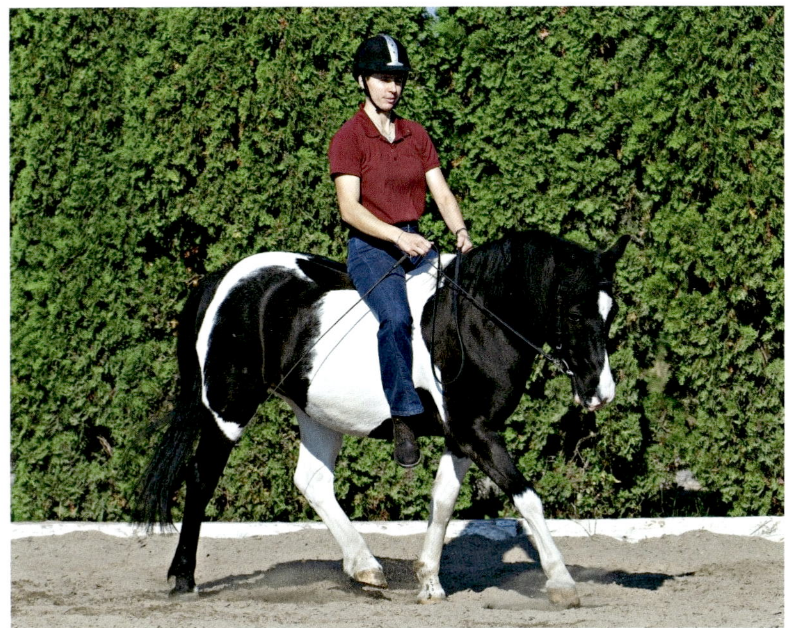

Eine so höflich angebotene Hand wird vom Pferd gerne genommen.

Da der Reiter stets bemüht ist, einen gleichmäßigen Kontakt zum Pferdemaul zu erhalten, kann es sein, gerade bei jungen Pferden, die noch nicht immer gleichmäßig an das Gebiss herantreten, dass es Momente gibt, in denen es nötig wird, die Hände und damit die Zügel etwas breiter zu führen, um eben diesen Kontakt zu erhalten.

Dies ist einer der wenigen Momente, in dem die Arme aktiv nach außen geführt werden. Allerdings nur, um den Händen die Möglichkeit zu geben, den Kontakt zum Pferdemaul aufrecht zu erhalten. Ein Nachfassen der Zügel wäre in einem solchen Moment störend, weil das Nachfassen Unruhe in den sowieso schon labilen Kontakt bringen würde. Ist der Kontakt konstant, kann dann nachgefasst werden.

Probieren Sie es aus: Die Arme können nach vorne, nach oben und zur Seite agieren, ohne dass der Oberkörper, der über dem Schwerpunkt ruht, dadurch gestört würde. Nehmen Sie aber Oberarme und Ellbogen oder gar die Schultern nach hinten, wirkt sich dies unmittelbar auf die zentrierte Balance des Oberkörpers aus. Ganz zu schweigen von der groben Wirkung einer Zügelhilfe auf das Pferdemaul, die aus dem ganzen Arm heraus nach hinten wirkt …
Aktiv einsetzen sollte man die Arme ausschließlich, indem man die Oberarme ganz bewusst seitlich am Oberkörper entlang nach unten hängen lässt.

Diese Losgelassenheit ist unerlässlich für einen ausbalancierten Sitz und genauso für die Verbindung zum Pferdemaul. Über den locker gewinkelten Ellbogen bildet der Unterarm die Brücke des Reiterkörpers zur Hand, die mit dem Pferdemaul in direkter Verbindung steht. Die Arme müssen in ihrer leicht gewinkelten Grundposition so losgelassen bleiben, dass das Pferd sich die Hand holen kann, ohne dass der Arm hängenbleibt oder aktiv voreilt.

Einzige Ausnahme: „Klemmt" ein Pferd, reagiert es also nicht auf treibende Hilfen, dann kann genau dieses „Vorschießen" der Hand in Richtung Pferdemaul dem Pferd die Idee des „Vorwärts" vermitteln.

„VOR, mein Herz!"

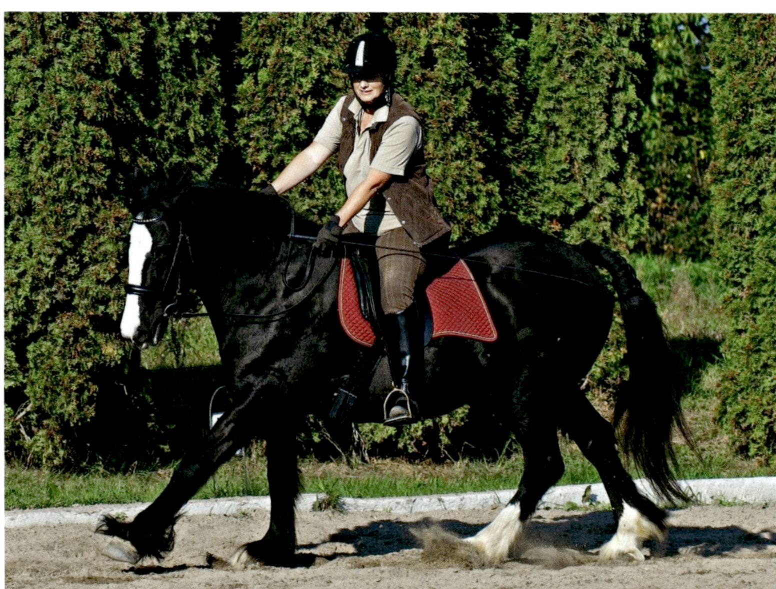

Die Haltung der Arme als Fehlerquelle

Jede Art von Ziehen aus dem Arm heraus ist fehlerhaft und schadet unserem Reiten. Achten Sie auf muskuläre Spannungen und lösen Sie diese.

- Vermeiden Sie Verspannungen;
- lassen Sie den Oberarm locker aus der Schulter hängen;
- lassen Sie den Unterarm locker aus dem Ellbogen hängen;
- lassen Sie zu, dass das Pferd die Hand „nehmen" kann, nutzen Sie Ihre Arme als Fortsetzung der Hände, um Zügelkontakt zu halten;
- nutzen Sie Ihre Arme als Leitung zwischen dem Herzen und dem Geist des Reiters und dem Maul des Pferdes.

Die Hände

Die Hände sind die Verbindung des Reiters zum Pferdemaul und sollten ruhig, geschmeidig und verlässlich einen weichen Kontakt über das Gebiss halten. Solange das Pferd sich von hinten nach vorne geritten, an Sitz und Bein durchlässig unter dem Reiter bewegt, hat die Hand nicht viel mehr zu tun, als diesen feinen Kontakt zu erhalten und die Zügel nachzufassen, wenn sie aufgrund der zunehmenden relativen Aufrichtung des Pferdes innerhalb der Lektion zu lang werden. Schickt der Reiter das Pferd wiederum in eine größere Dehnung oder fragt das „Zügel aus der Hand kauen“ an, dann lässt die Hand zu, dass das Pferd sich den Zügel in dem Maß „holt“, wie der Reiter sich das wünscht. Dazu ist es notwendig, dass das Pferd an die Hand herantritt und der Hand vertraut – entsprechend reflektiert sollten Sie Ihre Hände einsetzen.

Die Hand darf nicht starr vor sich hergetragen werden – das Pferd nimmt sie mit in seiner Bewegung. Sitzt der Reiter losgelassen in aufrechter Haltung, so dass er mit dem Pferd in der Bewegung ist, dann ist es auch die Hand. Sie bewegt sich taktmäßig im fließenden Vor- und Zurück der Pferdenase in der losgelassenen Bewegung.

Wie auch die anderen Hilfen bisher, werde ich die AKTIVE Einwirkung der Hände auf das Pferd vorerst isoliert von den anderen Hilfen beschreiben. Im Grunde wirken die Hände NIE alleine. Der Reiter sitzt und wirkt damit auf das Pferd ein. Aber im Gegensatz zu dem, was man den meisten von uns immer versucht hat einzubläuen: man müsse das Pferd gleichzeitig zwischen treibenden Schenkeln, schiebendem Kreuz und haltenden Händen „arbeiten“, wende ich heute durchaus einzelne aktive Hilfen isoliert und nicht gleichzeitig, sondern in logischer Folge mit anderen Hilfen an.

Das Ziel ist und bleibt aber ein zügelunabhängiger Sitz und das Reiten von hinten nach vorne – auf diesem Weg erreichen wir hoffentlich irgendwann das Ziel, vorne mit der Hand nur noch glücklich in Empfang zu nehmen und einzurahmen, was an Sitz und Bein geschaffen wurde!

Das Führen der Zügel mit den Händen

Eine fühlende, geschmeidige Hand führt den durch die Hand laufenden Zügel tatsächlich zwischen Daumen und Zeigefinger. Dieser Fixpunkt sorgt dafür, dass der Zügel der Hand nicht entgleitet. Die restlichen Finger dienen den Nuancen in der Hilfengebung. Der Zügel passiert die Hand in der Beuge des zweiten Fingergelenks. Natürlich ist es NICHT möglich, mit der Kuppe des Daumens den Zügel so auf dem zweiten Glied des Zeigefingers zu fixieren, dass

Die gefühlvolle Hand: Konventionelle Zügelführung

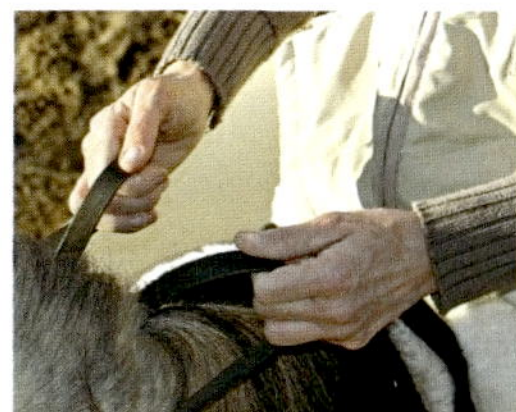

Littauer-Führung

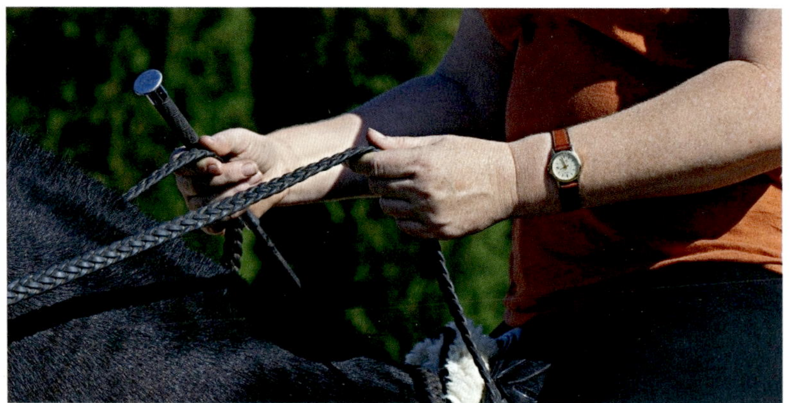

der Reiter damit mehrere Kilogramm halten könnte – genau dies ist ja auch NICHT das Ziel.

Auf beiden Bildern wird der Zügel zwischen Zeigefinger und Daumen geführt und gehalten – egal ob der Zügel konventionell von unten oder, wie bei der Littauer-Führung, von oben in die Hand läuft:

Weiter vorne wurde die losgelassene, leicht gewinkelte Verbindung der senkrecht in Balance hängenden Oberarme und der locker aus dem Ellbogen getragenen Unterarme beschrieben. Die Hände sind deren Verlängerung und sollten ebenso losgelassen aus dem Handgelenk herauswachsen. Dies ist nicht möglich mit einer „verdeckten Hand", das heißt einer Hand, bei der der Handrücken nach oben weist.

Die verdeckte Hand

Probieren Sie es aus: Ich gehe davon aus, dass Sie auf einem Stuhl sitzen. Sitzen Sie aufrecht, lassen Sie die Oberarme aus den Schultern hängen, winkeln sie Ihre Ellbogen so, dass Ihre Hände nicht auf Ihren Oberschenkeln zu liegen kommen.

Solange der lockere Daumen ein Dach bildet, welches der höchste Punkt der Hand ist, ist die Verbindung zwischen Hand und Unterarm ohne Spannung stabil. Kippen die Hände nach innen, so dass der Handrücken nach oben weist, hängen die Hände sofort nach unten – es sei denn, Sie verhindern dies durch muskuläre Spannung im Unterarm – und schon ist das Handgelenk FEST! Stimmt's?

Der Daumen ist also auf jeden Fall der höchste Punkt der Hand, egal ob in konventioneller Zügelführung oder der Littauer-Führung.

Littauer-Führung

Bei vielen Pferden, vor allem solchen, die sich unter dem Reiter nicht in einer natürlichen und daher korrekten Selbsthaltung, sondern zu tief oder zu eng im Hals bewegen, hat sich die Littauer-Führung sehr bewährt. Für mich hat sie mittlerweile den gleichen Stellenwert wie die konventionelle Zügelführung und ich sehe keinen Grund, sie bei oben erwähnten Problemen nicht zu benutzen. Hat man sich an sie gewöhnt, entscheidet die Hand fast selbständig im Moment des Zügelaufnehmens aus dem Gefühl heraus, welche Zügelführung in diesem Moment die passendere ist. Genau dieses Gefühl zu schulen, ist Aufgabe des Reiters. Bin ich mir der „Richtigkeit" meines Gefühls nicht sicher, so probiere ich beides aus und entscheide dann.

Bei der Zügelführung nach Littauer läuft, wie bereits erwähnt, der Zügel von oben nach unten durch die Hand. Der Effekt dabei ist, dass das Gebiss bei korrekt getragener Hand nicht wie üblich durch Druck auf die Zunge nach hinten weist. Bei normaler Zügelführung wirken die Finger sehr leicht als Hebel nach hinten unten. In der Littauerführung geht der erste Impuls beim Schließen der Hand nach oben – das Gebiss drückt nicht direkt auf die Zunge, sondern rutscht erst einmal ein Stückchen nach oben in Richtung Mundwinkel.

Sinnvoller Einsatz der Littauer-Führung

Ein Reiter, der seine feste Hand korrigieren möchte, hat die Chance völlig neu anzufangen. Wer diese Zügelführung erstmals probiert, wird feststellen, dass es völlig anders ist – und genau hier liegt die Chance aus den ausgefahrenen Spurrillen auszuscheren!
Bei kontrolliert und korrekt getragener Hand wird der Reiter, wenn er seine Hand langsam schließt, wahrnehmen, wie der sich straffende Zügel das Gebiss leicht nach oben steigen lässt und, wenn er fein beobachtet, hat er die Chance zu fühlen, wie sein Pferd auf diesen kleinen Impuls nach oben reagiert.
Pferde, die sich einrollen – die also gelernt haben, der Hand lieber nach hinten auszuweichen, werden deutlich eher bereit sein, mit der Nase wieder nach vorne zu kommen. Es ist immer wieder verblüffend, wie dieses kleine bisschen weniger Druck auf die Zunge Pferde dazu veranlasst, es doch noch einmal mit der Hand bzw. dem Gebiss zu versuchen.
Pferde, die bei normaler Zügelführung dazu neigen sich auf die Vorhand zu werfen, bekommen hier neue Impulse über die Zügelführung, die nicht nach hinten/unten wirkt. Eventuell gibt dies schon wieder den neuen Anreiz zur Selbsthaltung, die ihnen durch die rückwärts wirkende Hand ausgetrieben wurde.
Auch bei Pferden, die zum Buckeln neigen, kann die Littauer-Führung dem Reiter sehr helfen. Kein Pferd buckelt, ohne vorher zumindest die Ohren, evtl. den ganzen Kopf oder gar den Hals geschüttelt oder gewackelt zu haben. Schnickt ein Pferd unter mir die Ohren nach links und rechts, fasse ich sofort in die Littauer-Führung um. Es ist so viel einfacher, das Pferd daran zu hindern den Kopf zwischen die Vorderbeine zu nehmen, ohne dass ich ihm im Maul herumziehen muss, um das Buckeln zu verhindern. Die Korrektur geht ohne Kraftaufwand nach vorne-oben, das Pferd kann sich nicht auf meine Hand legen und ich sichere zusätzlich meinen aufrechten Sitz.

1 *Anlehnen, hier an einen Baum, hat mit Gleichgewicht nichts zu tun. In dieser Haltung ist der Mensch auf den Baum angewiesen – und daher nicht im Gleichgewicht.*

2 *Kontakt halten schließt Balance NICHT aus. Nichts stört hier das eigene Gleichgewicht – egal in welcher Haltung – obwohl ein steter Kontakt zum Baum besteht.*

1

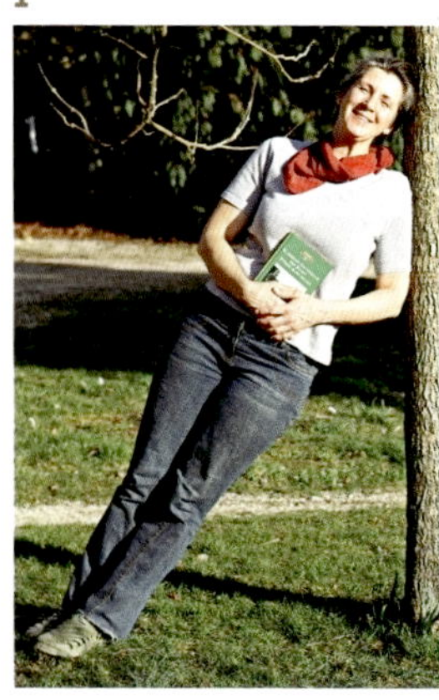

2

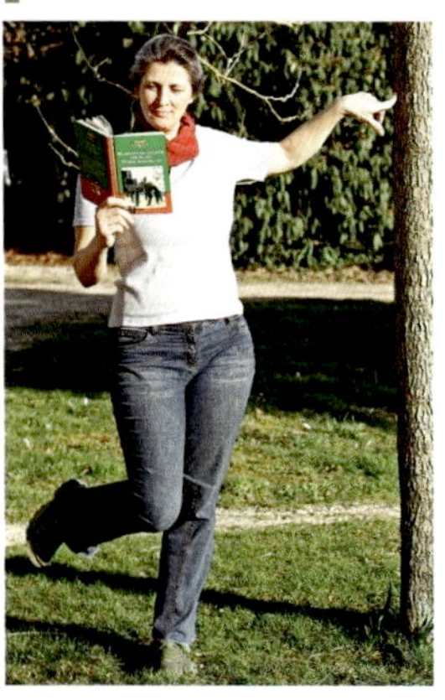

Variationen der Einwirkung mit einer gefühlvollen Hand

Vibration auf den Zügel Die kleinste der Handeinwirkungen ist die Vibration des Fingers, der den Zügel direkt führt. Also meist des Ringfingers, manchmal des kleinen Fingers oder – in der Littauer-Führung – des Zeigfingers. Diese Vibration entspricht einem feinen Klingeln auf den Zügel und muss gar nicht durch Spannung des Zügels als Druck auf die Zunge im Pferdemaul direkt ankommen. Die Vibration des Fingers auf die „Leitung" Zügel reicht aus, um das Pferd aufmerksam zu machen. Sie heißt nichts anderes als: „Achtung, Schnuffi!" (oder auch „mein Ross").

Mit dieser Hilfe kann

- ein Tempounterschied innerhalb der Gangart,
- ein Übergang in die nächste Gangart,
- ein Seitengang,
- ein Richtungswechsel

oder was auch immer Sie einleiten möchten, angekündigt werden.

Sie kann aber auch bedeuten:

- „Trag Dich", wenn das Pferd ein wenig zu stark auf die Hand zu kommen droht, oder auch
- „Bleib hier bei mir", wenn Ihnen die Aufmerksamkeit des Pferdes zu entgleiten droht.

Diese kleine Hilfe ist sehr effektiv, eben weil sie so klein ist und keinerlei Druck macht, der Gegendruck beim Pferd auslösen könnte. Je kleiner die Hilfen sind, mit denen Sie bei Ihrem Pferd ankommen, umso souveräner und beeindruckender wirken sie auf ein aufmerksames Pferd. Aus einem ruhigen, ausbalancierten Sitz heraus, der allerdings hierfür Voraussetzung ist, wird das Pferd eine so feine Hilfe wahrnehmen.

Ein Pferd jedoch, das „gearbeitet wird" im Sinne von: vom Reiter mit aktiver körperlicher Kraftaufwendung geformt, ist so vielen deutlich größeren und derberen Einwirkungen ausgesetzt, dass es eine solche Vibration nicht wahrnehmen wird. Auch wird der Reiter gar nicht dazu kommen, eine Vibration auf den Zügel zu geben, da er wahrscheinlich zu viel „Zug" – der zum Teil so auch gewünscht ist – auf der Hand hat. Die Vorstellungen von Kontakt oder Anlehnung zwischen Hand und Pferdemaul sind sehr verschieden und entsprechend unterschiedlich auch die Art und Weise der Hilfengebung. Dazu später mehr.

Mit der feinsten Handhilfe, der Vibration auf den Zügel, zu beginnen heißt, das Pferdemaul zu schonen und die Hand möglichst fein zu halten. Es muss uns immer bewusst sein, WAS wir gerade tun. Ich zitiere hier gerne immer wieder meinen verehrten Reitlehrer Herrn Dr. Hans-Walter Dörr: „Tragen Sie Ihre Hände ehrfürchtig vor sich her – Sie berühren damit ein Pferdemaul!"

Und nicht nur das – ich berühre diesen hoch schmerzempfindlichen Bereich des Pferdes mit einem Stück Eisen ... Viel Vorsicht, Respekt und auch ein wenig Verstand sind nötig, um damit verantwortungsvoll umzugehen. NIEMALS darf ein Reiter ohne Not, gedankenlos, mehr als Signal gebend oder Kontakt anbietend auf das Gebiss einwirken.

„Das Schwämmchen ausdrücken" Nach der Vibration auf den Zügel hat das „Schließen und Öffnen der Hand" schon eine deutlich aufnehmendere Einwirkung.

1

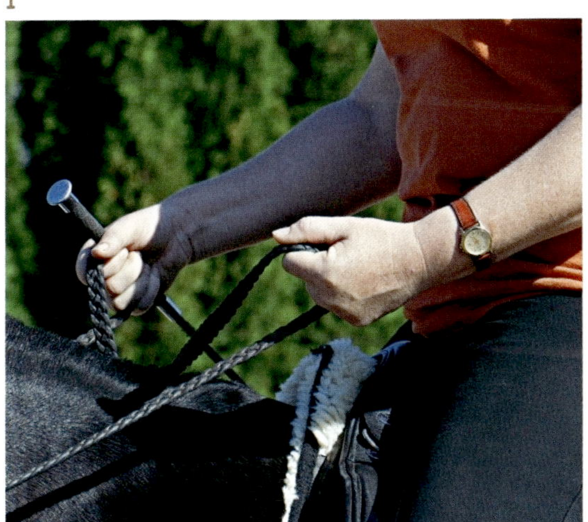

2

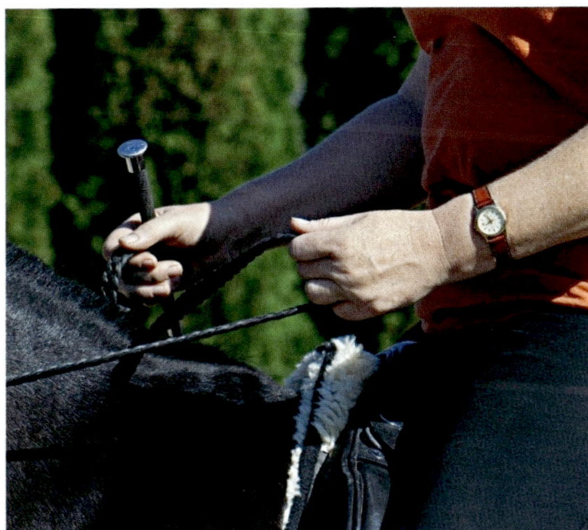

1 *Weich geschlossene Hand*

2 *Entspannte, wieder geöffnete Hand*

Schließen Sie die Hand bei konventioneller Zügelführung langsam, Finger für Finger von oben nach unten, so hat das Pferd viel Zeit zu reagieren, indem es sich etwas aufnimmt. Sobald Sie als Reiter die gewünschte Reaktion des Pferdes wahrnehmen, öffnen Sie die Hand langsam oder schnell wieder, so wie Sie sich die weitere Reaktion des Pferdes wünschen. Möchten Sie das Pferd wieder nach vorne entlassen, öffnen Sie sofort wieder, möchten Sie, dass das Pferd sich weiterhin aufnimmt, so halten Sie die Hand länger geschlossen. WENN das Pferd es gewöhnt ist, wirklich am Sitz von hinten nach vorne geritten zu werden und nicht mit Kraft zwischen Kreuz, Bein und Hand eingespannt zu werden, nimmt es die weich geschlossene Hand eindeutig als Begrenzung nach vorne an und verschiebt die Last in Richtung Hinterhand, indem es sich relativ aufrichtet.

Ein durch Kraft mit Kopf und Hals tiefer eingestelltes Pferd läuft ständig unter geschlossenen Händen und wird damit aktiv immer mehr auf die Vorhand geritten – was den Reiter irgendwann dazu zwingt, das Pferd vorne wieder hochzuziehen, wobei es im Rücken durchfällt und hinten hinausläuft … Das sind ganz typische und zwangsläufige Probleme, wenn Pferde ständig „gegen die Hand", also gegen eine durchhaltende Handeinwirkung, getrieben werden.

Die „Zügelfaust" Ganz kurz zur häufig geforderten und völlig unbrauchbaren „Zügelfaust" – Ich zitiere auch hier wieder meinen Reitlehrer: „Fäuste gehören in den Kampfsport und haben auf dem Pferd nichts verloren".

Was soll eine solch verkrampfte Faust fühlen?

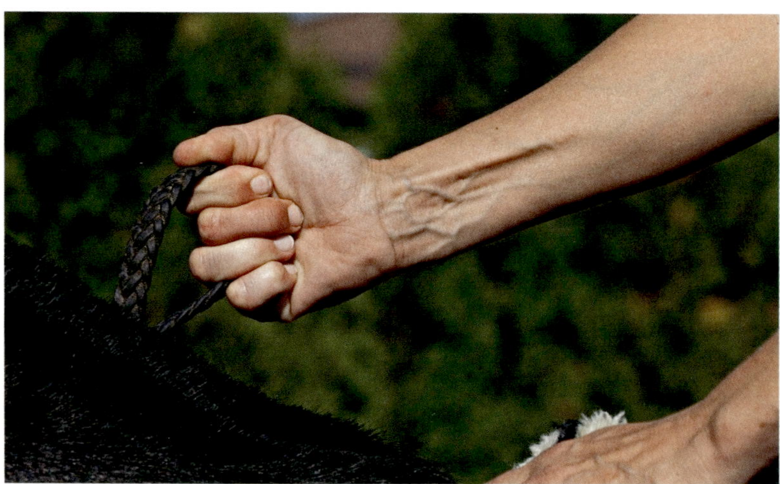

Eingedrehte Hände Drehen Sie die Hände aus dem Handgelenk mit den Fingergelenken aufeinander zu oder gar Richtung Bauch ein, führt dies zu einer völlig festen Hand. Dies geht bis hin zur oben beschriebenen Faust und je weiter Sie die Hand eindrehen zu Spannung in Unterarm, Oberarm, bis hin zur Schulter. Bei dieser Bewegung spreizen sich irgendwann auch die Ellbogen ab und spätestens jetzt hat der Oberkörper des Reiters die Tendenz nach vorne. Gehen Sie auch diese Bewegungsfolge ruhig mal jetzt an Ihrem Platz durch.

Je öfter und je mehr Bewegungsabläufe man wahrnimmt, durchspielt und analysiert, umso reflektierter kann man am Boden und natürlich auch auf dem Pferd agieren.

Beim nächsten Reiten – fragen Sie Ihr Pferd!

Probieren Sie es aus: Auch im Sattel – machen Sie sich bewusst, was Sie tun, wenn sie das nächste Mal auf dem stehenden Pferd sitzen: Nehmen Sie beide Zügel auf leichten Kontakt auf und beginnen Sie einseitig, bei normal üblicher Zügelführung, Ihre Finger von oben nach unten zu schließen – als wollten Sie ein Schwämmchen ausdrücken. Fühlen und erforschen Sie die Reaktionen Ihres Pferdes. Falls Sie melken können, wissen Sie genau, wovon ich spreche. Wenn Ihnen diese Idee fremd ist, empfiehlt es sich, dieses Schließen der Finger in einer Wellenbewegung durch die Hand vorher – also nicht auf dem Pferd – zu üben.

Reagiert das Pferd, indem es sein Maul bewegt, entspannen Sie die Finger sofort wieder. Wendet Ihr Pferd Ihnen das gleichseitige Ohr zu? Wenn Sie dieses „Schwämmchen ausdrücken" mehrmals wiederholen, nimmt Ihr Pferd dann Stellung in die entsprechende Richtung an? Bleibt sein Unterkiefer dabei locker und das Maul lebendig? Beginnt es vielleicht, sich leicht im Hals zu biegen? Variieren Sie in Ihren Versuchen und lassen Sie das Pferd zwischendurch immer wieder lang, um die Zügel nach einer kleinen Pause wieder aufzunehmen. Probieren Sie das Gleiche in die andere Richtung. Werten Sie nicht, beobachten Sie nur! Wie reagiert Ihr Pferd auf welche Ihrer Handimpulse? Diese Übung erfordert vom Pferd genau so viel Konzentration wie von Ihnen. Sie ist die Einleitung zur „Balanceschaukel", die später noch ausführlich erläutert wird. Üben Sie deshalb anfangs in dieser Art nicht länger als in 3 bis 4 Ansätzen und insgesamt nicht länger als 5 bis maximal 10 Minuten.

Schwierig zu fühlen?

Falls Sie das Gefühl haben, dabei keine großen Unterschiede wahrzunehmen, wundern Sie sich bitte nicht: Wie oft haben Sie schon versucht SO einzuwirken? Ein Klaviervirtuose wird nicht meisterhaft spielen, nur weil er das Talent dazu hat und es sich wünscht ... Er wird viel üben müssen, um den Anschlag genau so hinzubekommen, dass der Ton PERFEKT erklingt. Warum sollte es beim Reiten anders sein? Noch dazu, wo mein „Instrument Pferd" durchaus auch einmal andere Ideen haben könnte. Vor allem, solange ich als Reiter auf meinen Tanzpartner Pferd noch nicht ganz so faszinierend und begeisternd wirke, dass es schon jetzt meinen Wunsch zu seinem machen möchte. Vorteil beim Klavierspielen ist außerdem, dass man einen falschen Ton sofort hört und ein zu harter Anschlag einem halbwegs geschulten Gehör ebenfalls unangenehm sein wird. Beim Reiten wirkt sich ein Fehler leider nicht immer und

Bedenkenswert

Eine zur Faust geballte Hand macht es den Fingern unmöglich zu fühlen!

nicht sofort ganz so eindeutig und klar aus und vor allem kann man ihn so leicht dem Pferd unterstellen.

Wir wollen nicht durch Druck auf das Maul daran arbeiten, dass das Pferd irgendwann aufhört, sich gegen die unangenehme (weil schmerzhafte) Hand zu wehren und deshalb „nachgibt" und die Nase einzieht.

Die fühlende und die tote Hand

Wir wollen ein Pferd, das die Hand sucht und in leichtem Kontakt mit uns in Kommunikation bleibt. Dazu wird eine feste Hand das Pferd nie verlocken. Das Pferd wird sich gegen eine feste Hand irgendwann wehren oder sich hinter ihr verstecken – schauen Sie sich die vielen Pferde an, die sich hinter der Senkrechten und damit hinter der Hand verschanzen. Ein Pferd, das in Hals und Kopf zu tief eingestellt ist oder sich eng macht um der Hand auszuweichen, wird nie in die relative Aufrichtung finden und sich daher unter dem Reiter nie in Balance bewegen können. Und dazu braucht man noch nicht mal aktiv zu riegeln – all dies beginnt schon mit einer gefühllosen Hand, in der jeder Fluss abstirbt!

Führt man die Bewegung Finger für Finger, von oben nach unten, zum Schließen der Hand beim „Schwämmchen ausdrücken" aus, so lässt sich diese Bewegung fließend durch die weich steigende Drehung der Hand, aus dem Handgelenk nach außen, fortführen. Hierbei steigt die Hand weich aus dem Ellbogen an.

1 Das Steigenlassen der Hand wird durch bewusstes Schließen der Finger eingeleitet.

2 Langsames Kippen der Hand mit dem Daumen nach außen

3 So steigen die Hände nach oben

1

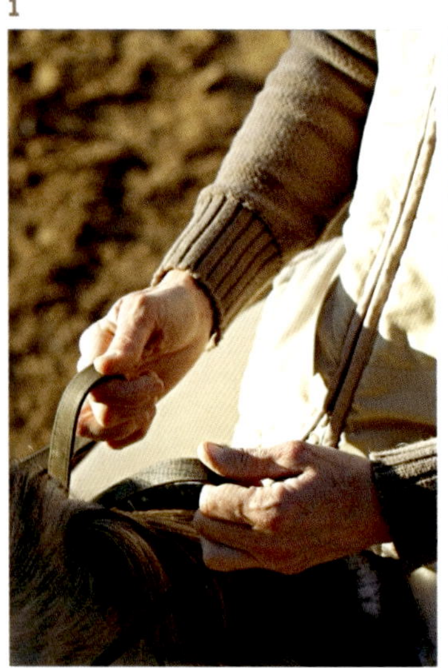

2

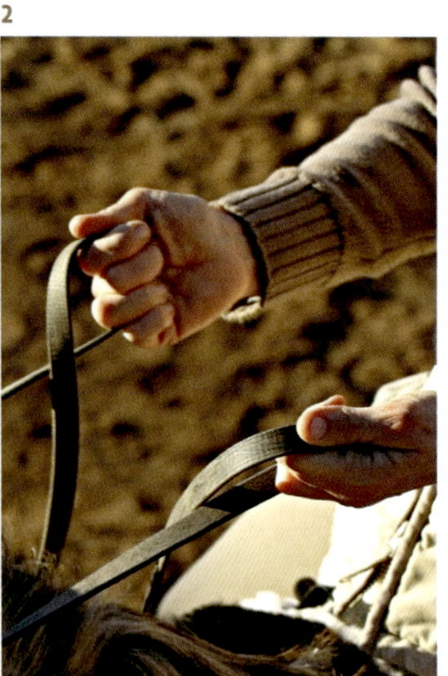

3

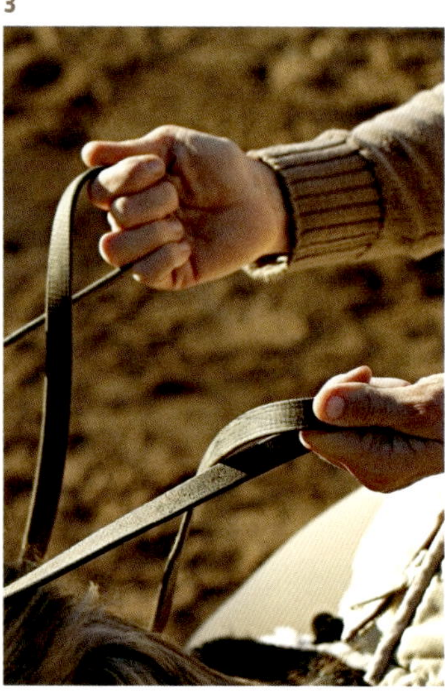

Die steigende Hand

Durch das bewusste Schließen der Finger von oben nach unten und das langsame Kippen der Hand mit dem Daumen nach außen, leitet sich das Steigen der Hand ein.

PROBIEREN SIE ES AUS – jetzt an Ihrem Platz: richten Sie sich auf, schließen und drehen Sie Ihre Hände in der beschriebenen Art, so streckt und öffnet sich der Oberkörper und die Hand möchte nach vorn-oben. Ein Absenken der Hand widerspräche dem Fluss in der Gesamtbewegung und der ausbalancierten, aufrechten Haltung des Reiters.

Um den gleichen Effekt in der Littauer-Führung zu erreichen, braucht der Reiter schon ein bisschen Routine in dieser Zügelführung. Hier schließt sich die Hand nämlich von unten nach oben, bevor sie nach außen kippt – schließlich läuft der Zügel von oben in die Hand und auch hier möchte ich dem Pferd die Gelegenheit geben früh, d. h. bei geringst möglicher Einwirkung auf sein Maul zu reagieren. Bedenken Sie immer, dass die Hand sozusagen einen mentalen Hebel darstellt – je nachdem wie sie eingesetzt wird, wirkt dieser Hebel durchaus mechanisch.

Warum diese Vorgehensweise – Die Idee dahinter

Eines meiner wichtigsten Anliegen im Unterricht und auch hier in diesem Buch, hat eine Kursteilnehmerin bei unserem ersten gemeinsamen Kurs auf den Punkt gebracht: Weil es den Kursteilnehmern so fremd erschien, nicht wie gewohnt vom Reitlehrer dazu angehalten zu werden, gegen den gegenhaltenden Zügel zu treiben, fragte man sich in der Mittagspause, was denn das jetzt für eine „Reitweise" sei, die wir da zu praktizieren versuchen. Ich wollte gerade erläutern, dass es sich hier nicht um eine exotische oder neue Reitweise handelt, sondern dass wir lediglich versuchen, die klassischen Grundregeln und Werte, wie sie zum Beispiel auch Herr Binding in seiner „Reitvorschrift für eine Geliebte" vermittelt, als Basis unseres Reitens zu befolgen, als eine Dame äußerst kernig losließ:

„Ganz einfach: ZIEHEN IST SCH...LECHT!"

Genau DARUM geht es und ich möchte das so herzhaft hier stehen lassen – denn das ist es, was im Alltag zählt – der Wille, NICHT an den Zügeln zu ziehen und andere Wege zu finden, damit es nicht zum Ziehen kommt.

OK – nicht mehr Ziehen! Und jetzt?

Wenn wir von heute an nicht mehr ziehen wollen, brauchen wir einen Ersatz. Wir können ja leider nicht, nur weil wir den ehrenwerten Willen haben

Die Grundidee François Bauchers

Hand ohne Bein – Bein ohne Hand! Kein Einspannen des Pferdes zwischen Hand und Sitz.

nicht mehr zu ziehen, plötzlich völlig zügelunabhängig reiten – und hier bietet Monsieur François Baucher (1797 – 1873) in seiner zweiten Manier einen sehr interessanten Denkansatz und eine eventuelle Alternative – für Momente, in denen dies nötig ist ...

Baucher polarisiert zurecht stark. Nicht nur, weil er sozusagen der Erfinder „der hohen Hand" ist, sondern auch, weil er, bevor er durch einen schweren Unfall gezwungen war, seine „zweite Manier" zu ersinnen, nicht immer ausschließlich pferdefreundlich arbeitete – und dies ist belegt. Hierzu gibt es viel interessante und spannende Literatur. Hier nur soviel – neue Ideen brechen alte Krusten auf! Vielleicht auch alte Fehler ... Man muss kein Baucherist sein, um die Logik im „Steigenlassen der Hand" zu erkennen, die eindeutig das Ziehen am Zügel ersetzen kann.

Selbst Kavalleristen, die streng nach der Heeresdienstvorschrift (HDV) agierten, wussten um die großen Vorteile der „getragenen" inneren Hand – auch wenn dies nicht so in die Richtlinien aufgenommen wurde. In den älteren Ausgaben derselben sind allerdings auch Abkauübungen zeichnerisch dargestellt, nach denen man heute dort vergeblich sucht. Es lohnt sich ein wenig mehr über die älteren und neueren Meister zu erfahren. Nicht immer war früher alles besser – und nur weil etwas modern ist, ist es nicht gleich gut ... Aber Wissen bringt immer weiter – und mehr Informationen verhelfen zu einer objektiveren Perspektive.

Lesetipp als Einstieg in die „Reitkunst alter Meister" von Erhard Semadeni, Verlag Müller Rüschlikon. Hier werden viele „alte und neuere" Meister zu verschiedenen Themen der Dressurreiterei zitiert – hoch interessant und absolut spannend! Nicht nur für ambitionierte Dressurreiter, sondern auch für den wirklich neugierigen „Freizeitreiter", dem die „Knebelei" in vielen Reitstunden schon immer suspekt war.

Die „hohe Hand"

Hier wären wir nun also – bei der viel diskutierten „hohen Hand". In den letzten Jahren teilt sich die dressurambitionierte Reiterschaft in zwei Lager – diese Teilung ist nicht neu und auch die Anfeindungen der Lager untereinander führen scheinbar traditionelle Feindschaften zwischen den offenbar „reitgesetzgebenden" Nationen Deutschland und Frankreich fort. Sehr interessant allerdings, dass die Deutschen nun ganz vorne dabei sind, das alte französische Gedankengut der Reiterei zu feiern (nicht immer so, dass der Zuschauer mitfeiern möchte, aber man kann sich ja auch einfach mal selbst feiern), während der durchschnittliche Freizeitreiter in Frankreich ganz begeistert ist von den deutschen Sportreitern (die man ebenfalls nicht uneingeschränkt feiern muss).

Unser Ziel ist es, uns dem Pferd mit so feinen Hilfen wie möglich verständlich zu machen. Und wenn wir diesen pferdefreundlichen Weg gehen möchten, lässt es die Logik nicht zu, die Möglichkeiten der steigenden Hand als pferdefreundliche, weil richtig angewendet nicht schmerzhafte Hilfe, zu ignorieren oder grundsätzlich zu verteufeln, wie es häufig getan wird.

Genauso wenig kann es aber sein, dass Reiter, die gegen tiefe, festgestellte Hände und eingerollte Pferde wettern, plötzlich anfangen, ihre Pferde über sehr mechanisches Gerupfe absolut – statt relativ – aufzurichten und dies zum Teil mit sehr rüder Handeinwirkung nach oben!

Auf beiden Ausbildungswegen gibt und gab es viele, zum Teil durchaus sportlich hoch ausgezeichnete oder in Vorführungen hoch gelobte Negativbeispiele. Und auf beiden Wegen findet man hervorragende Reiter. Schauen Sie sich Bilder der Herren Wätjen, Bürkner und Fischer an und Sie sehen Reiter, die ihre Pferde nach den in Deutschland geltenden klassischen Grundlagen hervorragend in Perfektion ausgebildet haben.

Kein Grabenkampf, sondern gegenseitige Inspiration: Richard Hinrichs und Philippe Karl. Zwei Reitmeister unserer Zeit.

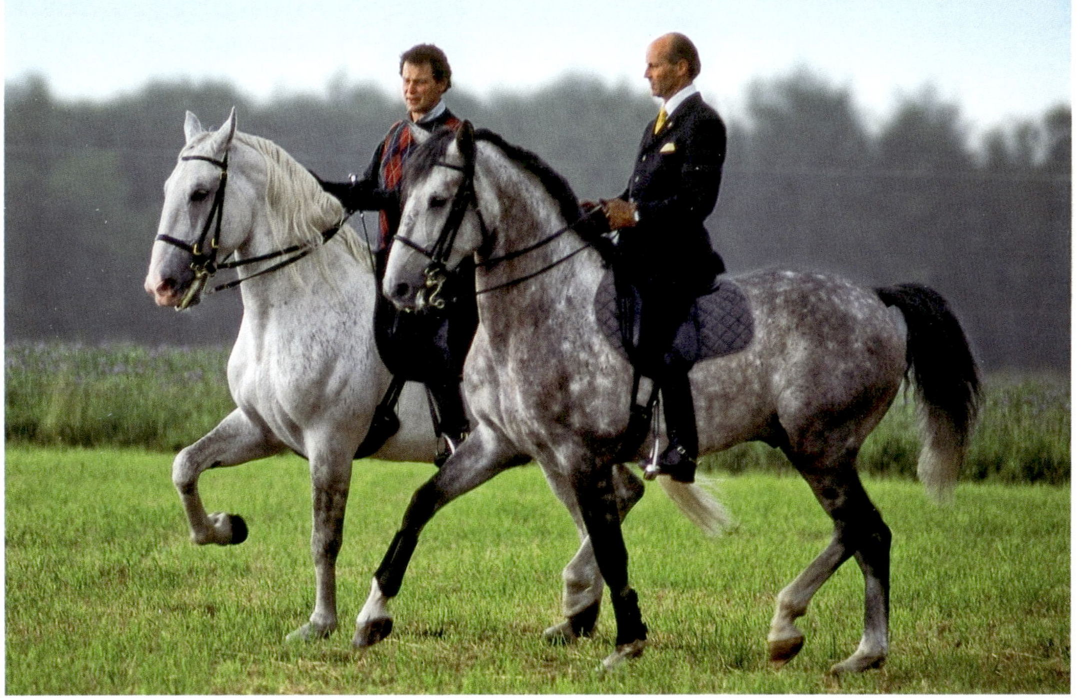

Schauen Sie sich Bilder von Nuno Oliveira oder Philippe Karl an: Beide sind unbestritten meisterliche Reiter unserer Zeit auf dem Ausbildungsweg der französisch-portugiesischen Schule. Der Lehrer Oliveiras war Schüler eines Eleven von Baucher. Karl ritt jahrelang in Saumure, wo es verboten war, sich an den Lehren Bauchers zu orientieren. Er ging seinen eigenen Weg und beeindruckt heute die reitende Welt mit seiner messerscharfen Logik, seiner Eloquenz und immer wieder mit beeindruckenden reiterlichen Demonstrationen – so man seinen Weg objektiv betrachtet!

Allerdings hat nicht jeder Reiter, der sich auf einen Meister beruft, die Möglichkeiten und das Talent, in dessen Fußstapfen zu treten. Und so kann es sein, dass ein Schüler Monsieur Karls ohne dessen unmittelbare Anleitung und Kontrolle vielleicht genauso wenig dessen Können und Ideale repräsentiert, wie manch „moderne“ Olympiasiegerin mit Sicherheit nicht das Ideal des Herrn Bürkner verkörpert.

Grundsätzlich ist es so, dass wirklich gutes, korrektes Reiten in Losgelassenheit vor allem unspektakulär ist. Egal in welche Richtung die Ausbildung stattfindet. Nun muss man sich selbst fragen und beobachten, ob man tatsächlich immun ist gegen die Aaaahs und Oooohs bei öffentlichen Veranstaltungen wie

1 *Balance in Perfektion – Felix Bürkner auf Herder.*

2 *Alois Podhajsky auf Nero.*

1

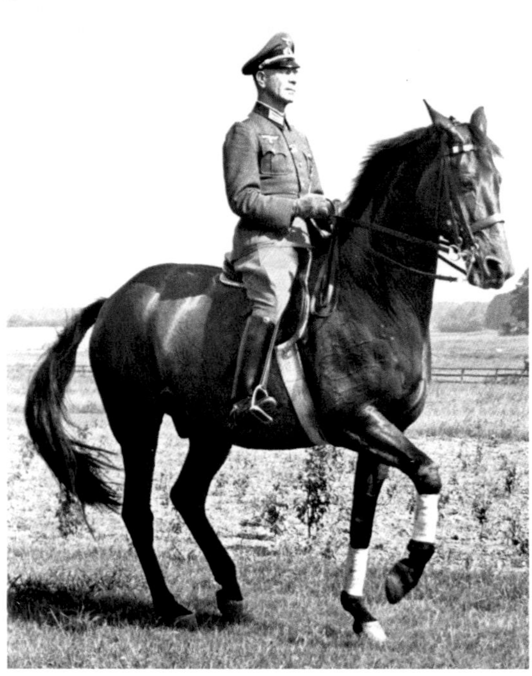

2

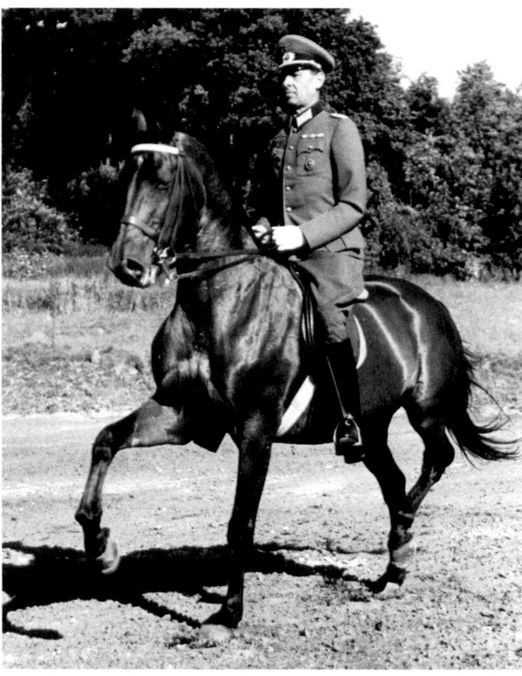

Auktionen, die ein sich überspringendes Pferd im Freispringen hervorruft, oder ein Dressurpferd, das die Vorderbeine fast in die Waagerechte hebt (die Hinterhand nicht ganz so sehr) oder ein Pferd, das während einer tollen Show mit Musik- und Lichteffekten in einer spektakulären Passage (vorne) mehr als ein bisschen hinten heraus gerät ... Schauen wir also sehr genau hin, wenn man uns gutes Reiten präsentieren möchte.

Das Steigenlassen der Hand ist kein System, sondern eine Korrektur!

Korrekturen werden so wenig wie möglich und so viel wie nötig eingesetzt! Und wenn mein Pferd mich losgelassen und ausbalanciert trägt, dann ist es möglich, dass ein Steigenlassen der Hand innerhalb einer Reiteinheit überhaupt nicht nötig ist und daher auch nicht stattfindet.

Noch einmal zur Wirkungsweise des aktiv rückwärts wirkenden Zügels: Ziehe ich am Zügel, so drückt das Gebiss durch die rückwärts wirkende Hand direkt auf die Zunge. Dies ist im günstigen Fall unangenehm für das Pferd, im ungünstigeren schmerzhaft. Vor allem aber muss das Pferd erst lernen, dass es nicht gegen den Druck, der auf seiner Zunge entsteht, gegendrücken darf – und lernt dabei gleich, sich diesem zu entziehen.

Ziehe ich bei einem wenig ausgebildeten Pferd am Zügel, so geht das Pferd mir gegen die Hand. Ziehe ich mehr, so wird das Pferd auch mehr gegen meine Hand drücken. Also steigert der Reiter den Zug, eventuell noch mit einer wechselseitigen Komponente (Riegeln) solange, bis das Pferd aufgibt und die Nase einzieht, um dem Druck auf die Zunge zu entgehen. Nun hat es gelernt der Hand nachzugeben – allerdings sucht es jetzt auch keinen Kontakt mehr – warum sollte es auch? – und verzieht sich hinter die Senkrechte, so dass das Gebiss im Maul mehr nach oben gleitet und nicht mehr so stark die Zunge quetscht.

Nun wird das Pferd dadurch aber eng im Hals und rollt sich tendenziell ein, was seine relative Aufrichtung vernichtet. Dadurch schiebt das Pferd der Vorhand mehr Last zu.

Nimmt der Reiter dies wahr, treibt er vorwärts, um die Hinterhand wieder mehr zu engagieren. Das Pferd tritt, wie gewünscht, vermehrt unter den Schwerpunkt, richtet sich dabei entsprechend auf und wird nun leider mit rückwärts wirkender Hand daran erinnert, dass „die Birne runter muss"! Und so wird dieses Spiel weiter betrieben. Immer im Wechsel mal mehr, mal weniger Vorwärts, mal weniger mal mehr Vorlassen der Nase (vor allem in der Prüfung) und das Pferd wird eingespannt zwischen dem schiebenden Sitz, den treibenden Schenkeln und der gegen- bzw. durchhaltenden Hand.

Ruhig wörtlich nehmen!

Die Losgelassenheit ist ALLES und ohne Losgelassenheit ist alles NICHTS!

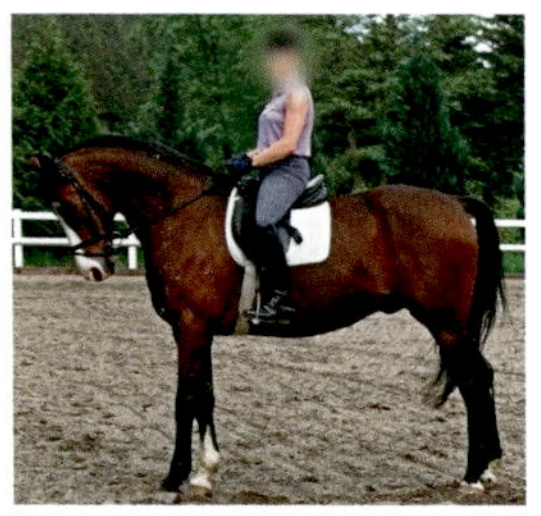

Herangezogener Hals, weggestellte Hinterhand – so soll es jedenfalls nicht aussehen!

So funktionieren Sportpferde zum Teil recht gut. Die Pferde bringen hohe Leistung, die Reiter auch, die Bewegungen sind spektakulär und Richter und Publikum begeistert. Startet doch einmal ein Pferd in einer solchen Prüfung, das in Losgelassenheit geht, so wird es mit Sicherheit, wenn überhaupt, nicht weit vorne platziert. ZU UNSPEKTAKULÄR! Und dies nicht nur bei olympischen Spielen …

Raus aus dem Teufelskreis des Ziehens

Wie also kann ich durch das Steigenlassen der Hand das Ziehen am Zügel ersetzen?

Jeweils in dem Maß, indem ich zum Aufmerksam machen, zum Aufnehmen, zum Versammeln des Pferdes oder zum Anhalten mit halben bis ganzen Paraden durch Eindrehen der Hand oder der Hände nach hinten wirken würde, ERSETZE ich dies nun durch das Schließen, Nachaußenkippen und Steigenlassen der Hand nach vorne-oben. SO WENIG WIE MÖGLICH, SO VIEL WIE NÖTIG!

Wichtig ist hierbei, dass die gleichbleibend leichte Intensität der Einwirkung – also der Druck in der Hand bzw. die Zuglast auf den Fingern – nach dem Schließen der Hand nicht gesteigert wird, sondern bei mangelnder oder keiner Reaktion des Pferdes die Hilfe nach vorne-oben verlagert wird.

1

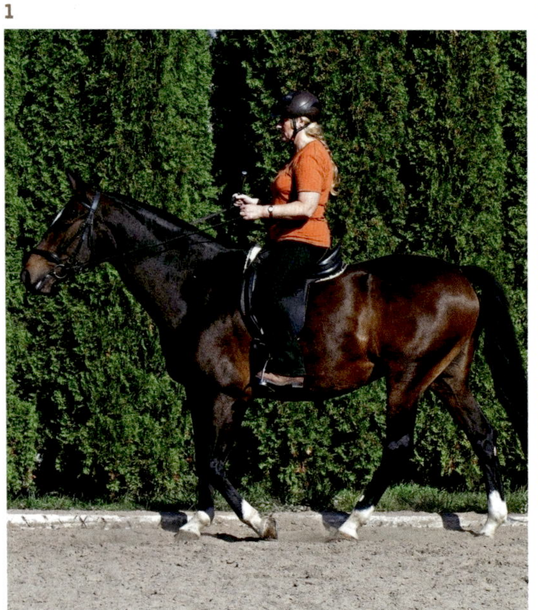

2

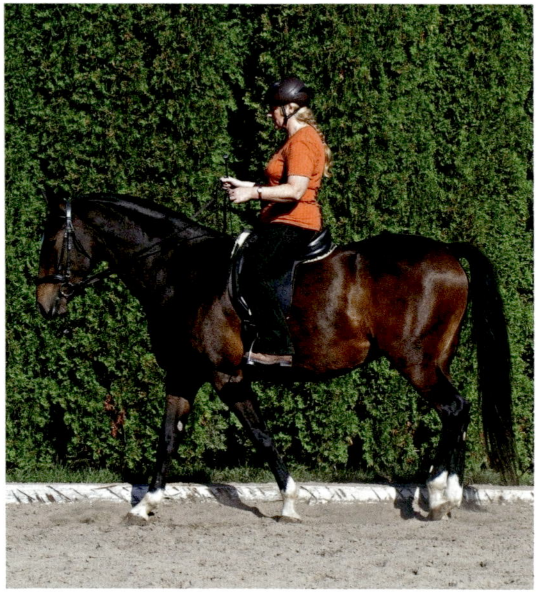

Die lösende Wirkung zeigt sich wie folgt:

- Beim Steigenlassen der Hand steigert sich NICHT der Druck auf Zunge und Laden. Das Gebiss gleitet auf der Zunge nach oben in Richtung Mundwinkel. Dies ist nicht unbedingt angenehm für das Pferd, aber es ist auf jeden Fall nicht schmerzhaft. Beißen Sie sich dagegen mal nur ein kleines bisschen auf die Zunge …
- Das in Richtung Mundwinkel wirkende Gebiss veranlasst das Pferd, das Maul zu öffnen und den Unterkiefer zu entspannen. Es kommt zu einer Kau- und Schluckbewegung, die die Muskulatur im gesamten Bereich Kiefergelenk/Hinterhauptbein/Atlas/Zungenbein und die muskulären Verbindungen zwischen Zunge und Unterhalsmuskulatur, Brust- und Bauchmuskulatur, Oberlinie der Hals- und Rückenmuskulatur betreffen. Das Loslassen des Unterkiefers und Öffnen des Mauls wirkt sich muskulär lösend auf die gesamte Vorhand aus und veranlasst das Pferd, sich nach vorwärts-abwärts zu dehnen und an das Gebiss heranzutreten.
- Das Pferd wird durch das gefühlvolle Korrigieren der Hand nach vorne-oben nicht in seiner Vorwärtsbewegung behindert. Pariere ich nach hinten-unten auf die Zunge, kommt das Pferd unweigerlich auf die Vorhand und der Fluss ist unterbrochen, der Takt und die Balance – und damit die Losgelassenheit – sind gestört.

3

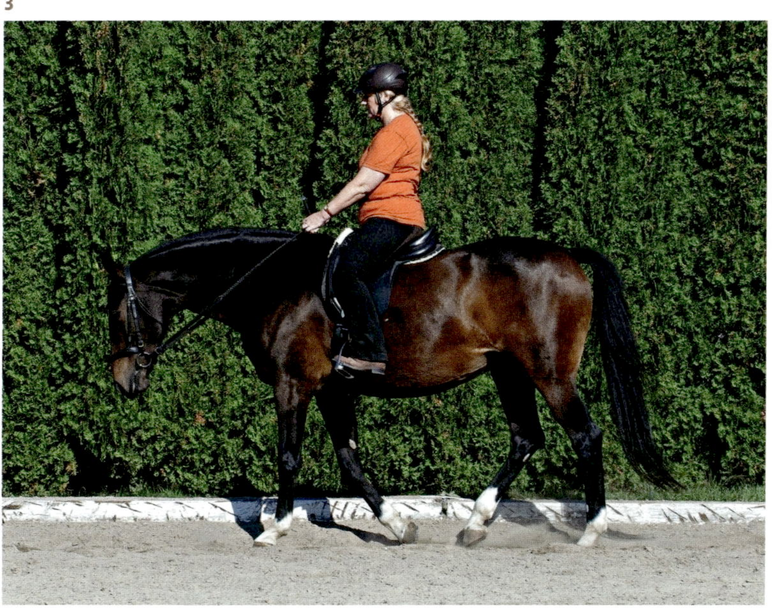

1 Die Hand steigt zum gefühlvollen Korrigieren nach vorne-oben.

2 Das Pferd lässt Unterkiefer und Genick los, …

3 … dehnt sich und nimmt die Hand vertrauensvoll mit!

Bewegungsablauf im Vorwärts bei korrigierend steigender Hand

- Bei jeder Korrektur durch die steigende Hand beginnt dieses Ansteigen wieder mit dem Schließen der Hand Finger für Finger bei normaler Zügelführung von oben nach unten.
- Die Hände kippen leicht nach außen, so dass das Dach des Daumens nach außen und die Fingernägel und der Daumenballen nach oben weisen.
- Sobald das Pferd im Ansatz reagiert, wird die Hilfe eingestellt und die Hand sinkt wieder.
- Das Ansteigen wird, wenn nötig, aus dem Ellbogen heraus fortgesetzt und wenn das Pferd bis jetzt nicht den Unterkiefer losgelassen hat, DANN hebt sich der Arm aus der Schulter heraus – immer nach VORNE oben.
- Die Zügel müssen jeweils soweit nachgefasst werden, dass der Sitz jederzeit korrekt bleibt. Der Reiter darf auf keinen Fall ins Hohlkreuz oder in Rücklage geraten.
- Schwankt das Pferd, weil der Kontakt instabil ist, führe ich die Zügel breiter, um so den Kontakt zu stabilisieren.
- Grundsätzlich führe ich die gesamte Vorhand des Pferdes, Schultern, Hals und Kopf zwischen den Zügeln und muss mir dessen stets bewusst sein!

Die hier beschriebene Hilfengebung kann sowohl mit beiden Händen als auch einseitig ausgeführt werden.

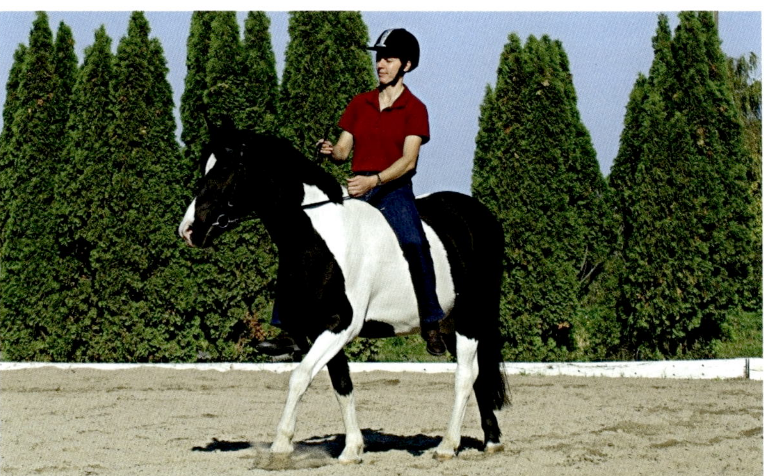

Einseitig steigend - in Richtung der Stellung lösend und im Hals biegend – hier im Travers

Es ist gar nicht so exotisch, wie es jemandem erscheinen mag, dem man in seiner reiterlichen Laufbahn bisher immer „Hand runter“ zubrüllte. Das Steigenlassen der Hand ersetzt lediglich, was vorher auch schon falsch war. Nämlich folgende durchaus übliche Bewegungsabläufe GEGEN das Pferd bei der rückwärts wirkenden also ziehenden Hand:

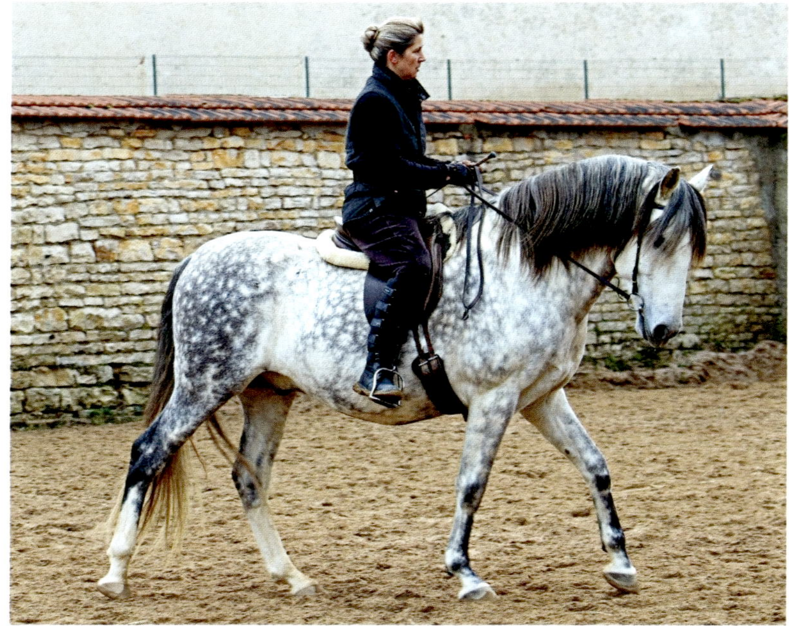

Beidhändig steigend - aufnehmend, versammelnd – hier im Konterkurzkehrt

Falsche Ansätze

- Rückwärtswirken durch das Schließen der Hand zur starren Faust,
- gesteigert durch deutliches Eindrehen der Handgelenke,
- immer strafferes Nachfassen bei gleichzeitigem Zurücklehnen des Reiters und schließlich
- ein Feststellen der heruntergedrückten Hände,
- oder gar wechselnde „Links-rechts-Paraden" = Riegeln in Richtung Bauch oder gar Oberschenkel.
- Wenn sonst nichts nutzte, auf den Oberschenkeln fixierte Hände, oder „Durchstellen", also Herumziehen des Pferdekopfes aus der Reiterschulter heraus. So bitte nicht!

Nicht mehr Ziehen!

Dem Reiter, der nicht mehr zieht, erschließt sich eine neue Welt! Statt ewig wiederkehrender ausschließlicher „Korrektur" und Kontrolle nach hinten, beginnt nun tatsächlich ein Reiten von hinten nach vorne!

Reflexion

Der Unterschied zwischen nach rückwärts-unten wirkendem Zügelzug (der so in keiner Reitlehre überliefert ist) und der sensibel dosierten Korrektur nach vorne-oben ist so groß wie der zwischen schwarz und weiß – und es gibt hier keine Grauzone!

Und deshalb muss man so sehr aufpassen, dass man die für viele neu entdeckte Hilfengebung, die, wie wir jetzt wissen, so neu gar nicht ist, nicht missbraucht. Nach wie vor ist es nötig, nach dem Motto „so wenig wie möglich, so viel wie nötig" zu agieren. Denn vergessen Sie nie: es ist genauso leicht nach oben zu riegeln wie nach unten! Das eine ist ebenso hässlich, für das Pferd schmerzhaft und verwerflich wie das andere!

Was ist mit wirklich guten Reitern, die scheinbar NICHT mit dieser Idee reiten? Es gibt Reiter, die hervorragend reiten, offensichtlich NICHT ziehen und das scheinbar ohne sich des Steigenlassens der Hand zu bedienen. Tatsache ist, dass diese Reiter ihre Pferde so gut an den anderen Hilfen, nämlich am Sitz und am Bein führen, dass sie relativ zügelunabhängig reiten und das Pferd so schlicht zwischen den Zügeln einrahmen.

Benötigen diese Reiter eine Hilfe der Hand, bin ich mir sehr sicher, dass diese nicht nach rückwärts und unten wirkt, da dies jedem guten Reiten – egal nach welchem Grundsatz – widerspräche. Eher wird es so sein, dass die Hand sich sehr langsam oder sehr kurz schließt und wieder öffnet, während der Reiter sie vor sich trägt oder eventuell sogar minimal steigen lässt – ohne dass dieses Steigenlassen als gesonderte Hilfe angesehen wird. Eine sehr gute Hand tut, was nötig ist und das so fein wie möglich – und am besten unsichtbar.

Auch gute Reiter, die sich auf Baucher berufen, reiten manches Pferd eine komplette Einheit, ohne ein einziges Mal die Hand steigen zu lassen. Wenn es nicht nötig ist, ist es nicht nötig! Das feine Einleiten der Hilfe sollte so dosiert sein, dass das Pferd reagieren kann, bevor die Hilfe überhaupt sichtbar wird.

Der Vorteil der nach vorne-oben steigenden Hand ist ganz einfach der, dass dem Pferd von einem Reiter, der nach wie vor auf die Zügelhilfen angewiesen ist, auf diesem Weg weniger Schmerz im Maul zugefügt wird, als wenn dieser am Zügel nach hinten-unten zöge.

Es ist also kein Zeichen von besonders viel Pferdeverstand oder reiterlichem Können, wenn jemand plötzlich mit ständig nach oben gerissenen Händen durch die Gegend reitet oder sie sogar einfach bei sehr kurzem Zügelmaß fast konstant auf Höhe der Reiterbrust platziert. Dies ist genauso fehlerhaft und fast so pferdeunfreundlich, wie eine festgestellte, herunter gedrückte Hand. Ein in Kopf und Hals aktiv zu hoch eingestelltes Pferd wird auf Dauer den Rücken durchfallen lassen oder irgendwann sogar aktiv wegdrücken – dies ist ein ebenso schlimmer Fehler wie ein auf den Kopf gestelltes Pferd, das sich in die Brust zu beißen scheint!

Je besser der Reiter und je gefühlvoller und feiner die Einwirkung, umso weniger wird man auf Dauer überhaupt irgendeine Zügelhilfe sehen.

DAS ist das Ziel!

Wichtig

Auch für die steigende Hand gilt: Nur so viel wie unbedingt nötig.

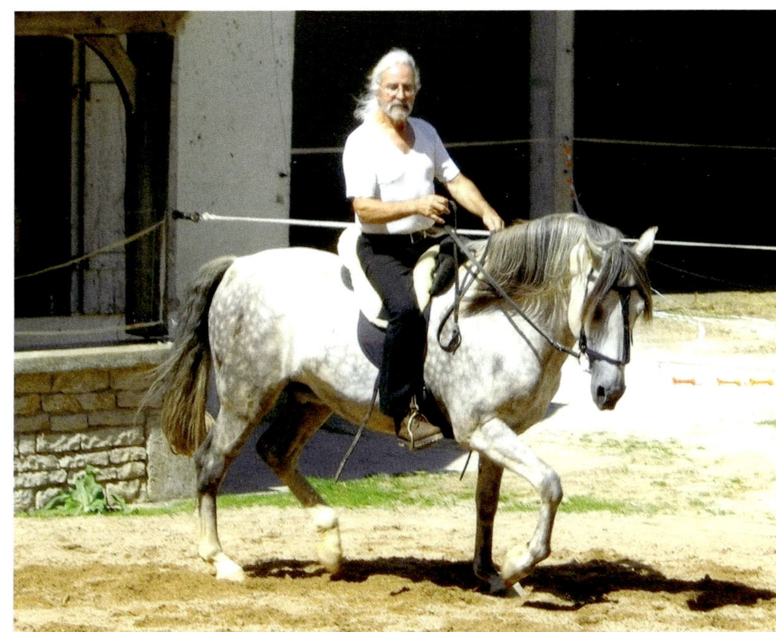

Die Mittelpositur des Reiters ist gut aufgerichtet und in positiver Spannung.

Die Mittelpositur

Wo liegt die Mittelpositur? Und was tut sie?

Sprechen wir hier von der Mittelpositur, so meine ich den Bereich unterhalb der Arme und oberhalb des Beckens. Zwei Aktionen mit großer Wirkung gehen aktiv von diesem Bereich des Körpers aus.

Aufrichtung und Streckung

Aufrichtung Achte ich darauf, dass ich in genau diesem Bereich des Körpers nicht einknicke und dadurch in die ein oder andere Richtung kippe oder schaukele, stabilisiere ich meinen Körper ohne zu verspannen. Unbehelligt hiervon bleiben meine Schultern inkl. Oberarme genau über meinem Gesäß. Die Streckung bezieht sich auf ein Langmachen der Taille, indem die Brust- und Lendenwirbelsäule sich natürlich aufrichten. Nicht mehr und nicht weniger. Der Solarplexus (Sonnengeflecht) vor der Spitze unseres Brustbeins weist dadurch nach vorne, wir fühlen uns groß und ausbalanciert!

Streckung Schaffen wir es, diese Streckung in Balance zu erreichen, dann bringen wir den Oberkörper und den Kopf so über den Sitz – also das Gesäß –, dass wir tatsächlich ausbalanciert sitzen können! Da ist kein extra „Kreuzanspannen" (was auch immer damit genau gemeint sein sollte) nötig. Je klarer wir mit Fokus, Kopfdrehung, Schulterausrichtung und gestreckter Mittelpositur nach vorne reiten, egal ob auf der geraden oder gebogenen Linie, umso deutlicher fühlen wir die Stabilität und Energie, die aus der aufrechten Haltung des Körpers erwächst. Dazu werden weder Schultern nach hinten gedrückt noch der Bauch eingezogen – im Gegenteil – den Bauch tragen wir vor uns her – alles was es von uns gibt, wird groß und stolz getragen und weist über den Solarplexus in die Bewegungsrichtung. Es ist, als strahle eine Energie von unserem Brustbein aus, die vor uns her brandet und unser Pferd und uns auf einer Welle in die gewünschte Richtung spült.

Die Bugwelle

Die „Bugwelle“ ist eine Energie, die nicht nur in Kontakt zum Pferdemaul entstehen kann. Auch am losen Zügel kann das Pferd so „am Bein und am Sitz“ sein, dass es in kraftvoller Bewegung, mit aufgewölbtem Widerrist von hinten nach vorne VOR dem Reiter bleibt!

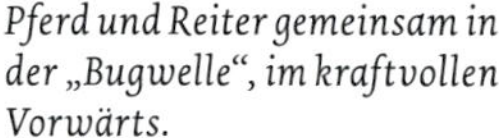
Pferd und Reiter gemeinsam in der „Bugwelle“, im kraftvollen Vorwärts.

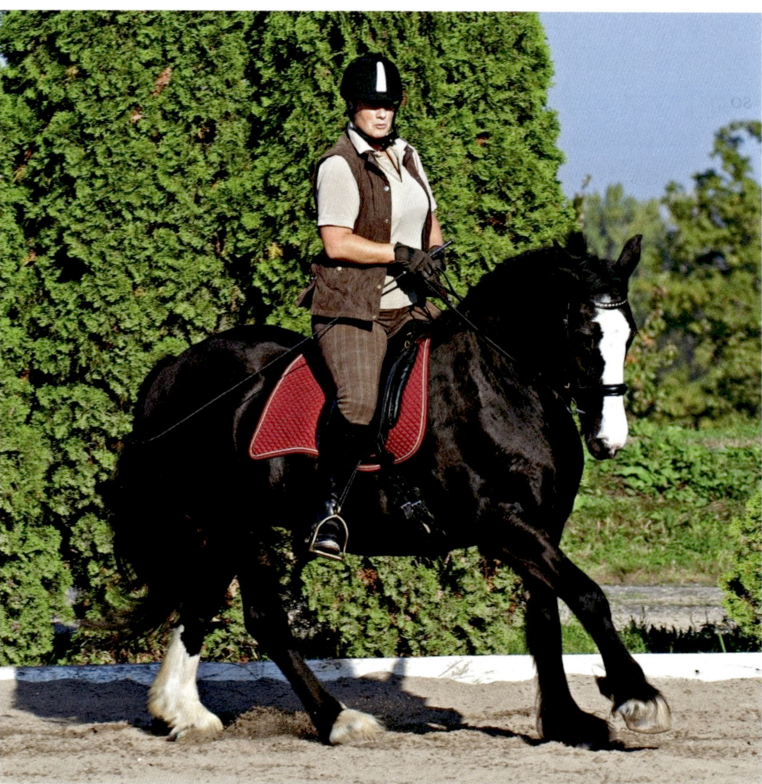

1

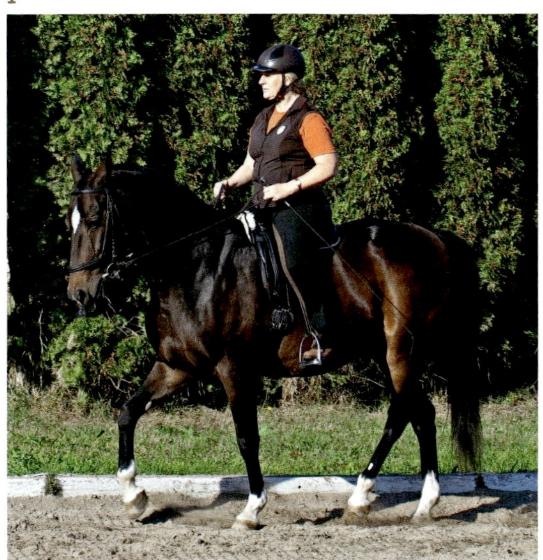

2

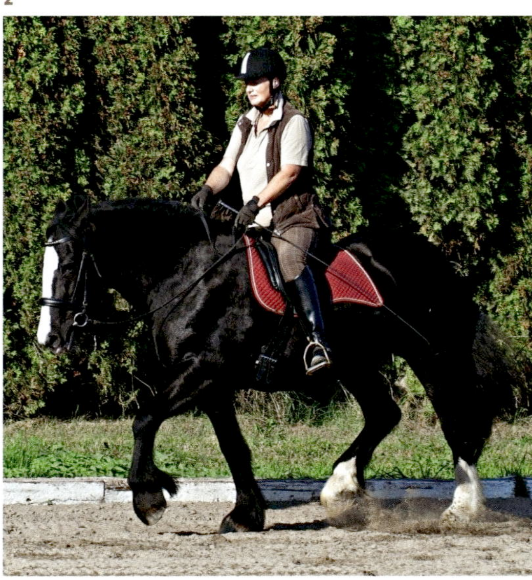

1 Gemeinsam in der Kraft der Bugwelle: versammelter Trab

2 In Dehnung, am losen Zügel, und deutlich in der „Bugwelle".

Die Aufrichtung fühlt sich unangenehm an?

Mancher normalerweise etwas schlaff sitzende Reiter, der nun bewusst versucht so aufgerichtet zu sitzen, glaubt anfangs, er mache einen Fehler, oder die Anweisung mit gestreckter Mittelpositur zu reiten sei falsch. Dieser Eindruck kann leicht entstehen, da ihm nach relativ kurzer Zeit in dieser Haltung der Rücken ein wenig weh tun und die obere Bauchmuskulatur heiß werden kann. Dies liegt nicht daran, dass etwas falsch liefe, sondern daran, dass unsere Bauch- und Rückenmuskulatur vom vielen Sitzen in schlechter, kraftloser Haltung so schwach sind, dass eine aufrechte Haltung in einer eigentlich natürlichen Aufrichtung in kürzester Zeit zu Ermüdung und daher zu Muskelkater führt! Schwache Muskeln müssen trainiert und aufgebaut werden – auch die, von denen wir bisher gar nicht wussten, dass wir sie haben!

Um eine Übersäuerung unserer Muskulatur zu vermeiden und auf einen Muskelaufbau hin zu arbeiten, ist es für den Reiter genau wie für unser Pferd wichtig, immer wieder zwischen Spannung und Entspannung zu wechseln:

Spüre ich also, wie meine Muskeln sich über die ungewohnte Spannung beschweren, so teile ich meinem Pferd mit, dass jetzt eine Pause kommt, indem ich zum Schritt durchpariere und die Zügel aus der Hand kauen lasse. Und zwar BEVOR ich mich auf dem Pferd hängen lasse. Häufig hören Reiter einfach auf zu reiten, wenn sie sich erschöpft fühlen – OHNE dem Pferd mitzuteilen, dass jetzt eine Pause kommt. Wie soll ein Pferd damit umgehen?

Daher versuche ich vor der „Auszeit“, die Spannung der aufrechten Haltung noch einen Moment zu halten. Danach kippe ich mit dem Becken ab, um dann über ein langes Ausatmen durch den Mund und bewusstes „Loslassen“ der Bauch- und Rückenmuskulatur zur Entspannung zu kommen. Lässt man ein langgezogenes „fffff“ durch die Lippen entweichen, während der Körper langsam entspannt, dann geht dieses Ausatmen und auch der Übergang sehr fließend vonstatten.

Der „Ruhepunkt“ in der Bahn

Ist mein Pferd, während ich eine Pause zur Entspannung meiner Muskulatur benötige, noch nicht in der Lage, so „alleingelassen“ den Schritt und die Richtung zu halten, halte ich an einem Ort an, wo es sich wohl und sicher fühlt und lasse es erst einmal dort ohne weitere Einwirkung verharren. Vielleicht sogar anfangs in der Nähe des Ein- und Ausgangs der Reitbahn. Hier wird das Pferd am ruhigsten sein. Allerdings muss mir dann klar sein, dass ich später, wenn mein Pferd mehr Routine hat, wiederum üben muss, dass es auch an anderen Stellen ruhig verharren kann. Aber eines nach dem anderen – und was nutzt es, wenn ein Pferd in der Bahn herumhampelt, der Reiter entsprechend anfängt „herumzuwürgen“, weil beide noch nicht in der Lage sind, alleine irgendwo in der Bahn zu verharren. Dann lieber erst eine Stelle nutzen, die Ruhe vermittelt, und später den Anspruch erhöhen. Sonst wird das „Verharren“, das in diesem Fall ja eigentlich zur Entspannung führen soll, schnell zu einer „Horrorlektion“ statt zu einer Belohnung.

Hat mein Pferd sich in Ruhe anhalten lassen oder schreitet es, noch besser, entspannt am langen oder gar hingegebenen Zügel, atme ich bei sehr entspannter Körperhaltung mehrmals tief und ruhig ein und aus, bis mein Körper mir keine „Klagen“ mehr signalisiert.

Sobald die unangenehme Spannung in der Muskulatur nachgelassen hat, atme ich durch die Nase wieder ein, richte mich erst wieder in dem für mich gewohnten Maß auf und versuche dann, mit einem erneuten tiefen Atemschöpfen wieder zu erfühlen, wie weit ich meinen Brustkorb und den Bauch nach vorne dehnen und öffnen kann ohne mich zu verspannen und ins Hohlkreuz zu geraten.

Weder müssen die Schultern aktiv zurück genommen, noch die Brust nach vorne gedrückt werden. Atmen Sie bis tief in den Bauch hinein ein. Durch die Ausweitung des Brustkorbs und des Bauchs entsteht die natürliche Aufrichtung. Nun gleiten die Schulterblätter von alleine nach hinten-unten in die

Selbsthaltung und Balance

Was wir von unserem Pferd ständig fordern, ist nichts Geringeres als ein perfekter Bewegungsablauf … Inwieweit erreichen wir diese perfekte Haltung eigentlich auf dem Pferd?

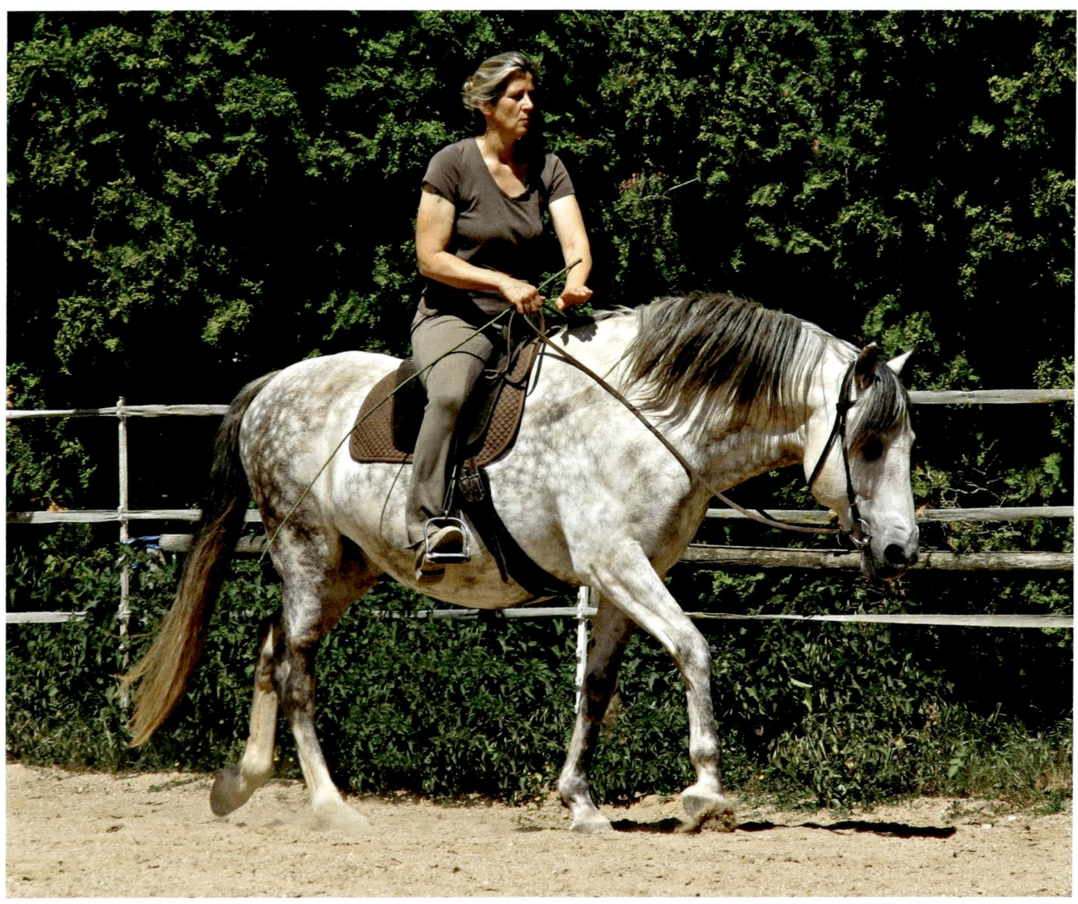

Die Pause soll Pferd UND Reiter entspannen und regenerieren.

richtige, losgelassen hängende Position und nicht nur Brust oder Bauch wölben sich vor, sondern auch der Solarplexus. Der Körper des Reiters ist nun optimal aufgerichtet, ohne „in den Bändern hängend" oder gedrungen und steif Fehlhaltungen kompensieren zu müssen. Ziehen Sie NIE den Bauch ein – es ist unmöglich, mit eingezogenem Bauch gut und geschmeidig zu reiten!

Egal ob auf dem Pferd oder einfach auf den Füßen stehend, muss diese optimale Haltung in Balance den meisten von uns Menschen erst wieder bewusst und dann trainiert werden – genau so, wie es den Pferden geht, wenn wir „freie Selbsthaltung" in Balance anstreben.

Machen wir uns bewusst, wie viel Konzentration und Übung diese eigentlich „natürliche" Haltung kostet – und das obwohl wir uns bewusst dafür entschieden haben und genau wissen, was wir anstreben. Man kann sich vorstellen, wie schwierig es für ein Pferd ist zu verstehen, was wir eigentlich von ihm wollen… Zu unserem Glück entspricht sowohl die losgelassene Vorwärts-abwärts-Dehnungshaltung als auch die positive Spannung in der Versammlung des freilaufenden Pferdes genau dem, was wir uns von ihm als Reittier wünschen. Jetzt gilt es „nur noch", den Pferden verständlich zu vermitteln, dass sie doch bitte genau SO auch mit uns als Rucksack laufen sollen…

Die wechselnden Bewegungsabläufe von Spannungsaufbau und Entspannung und wiederum Aufbau positiver Spannung kann man bei jeder Gelegenheit üben. Beim Sitzen im Büro und im Auto, beim Gehen und Stehen. Diese Übungen helfen uns nicht nur, auf dem Pferd nach und nach eine bessere Figur abzugeben, sondern auch insgesamt in allen Lebenslagen eine gesündere und schönere Haltung einzunehmen. Eine bewusstere, bessere Haltung führt zu einer anderen Stimmung. Es ist fast unmöglich, den „Blues" aufrecht zu erhalten, wenn ich mich mit Sauerstoff voll pumpe, meinen Körper zu voller Größe aufrichte und meinen Blick weit nach vorne auf ein Ziel, das ich mir aussuche, schweifen lasse…

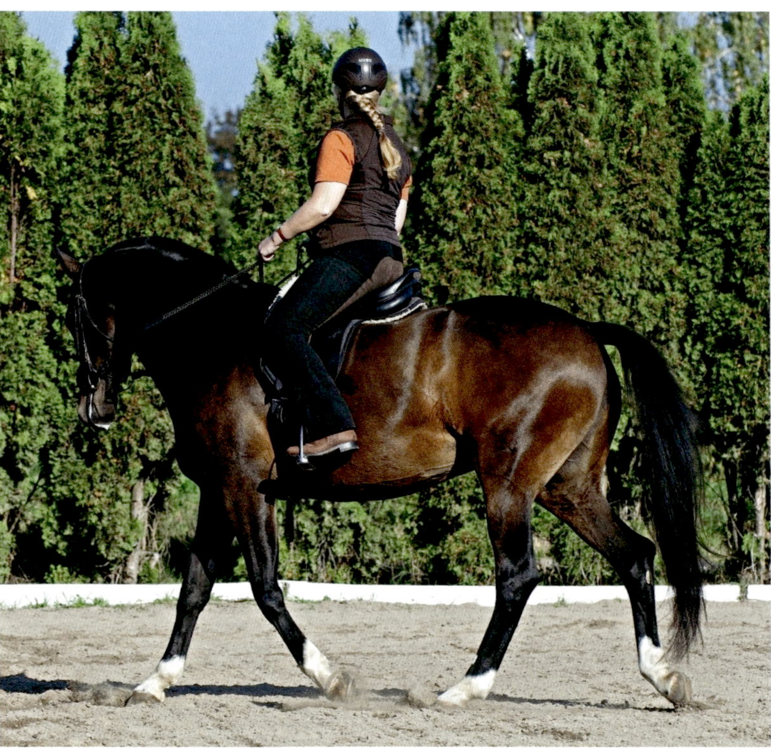

Klar gedreht aus der Taille heraus ist schon halb abgewendet.

Drehung

Aus der Taille heraus erwächst die Drehung der Schulterpartie. Diese wurde bereits unter dem Absatz „Schultern" besprochen. Wichtig scheint es mir, hier noch einmal darauf hinzuweisen, dass eine korrekte Schulterdrehung nur aus einer aufgerichteten Mittelpositur aus der Taille heraus entstehen kann. So bleiben die Schultern auf gleicher Höhe, so dass nicht aus Versehen durch eine eingeknickte Taille eine diagonale Gewichts-Druckeinwirkung entstehen kann, die für das Pferd verwirrend wäre.

Das Becken

Die wichtigste Voraussetzung für die korrekte Einwirkung über das Becken ist die losgelassene Muskulatur im gesamten Bereich des Sitzes! Ein angespannter Po verhindert jedes Mitgehen in der Bewegung des Pferdes und hat die Wirkung eines abprallenden Vollgummiballs.

Das Pferd bewegt sich im Schritt und im Trab mit den Hinterbeinen wechselseitig nach vorn. Beim Vorschwingen des jeweiligen Hinterbeins sinkt diese Seite des Pferderückens ab. Sitzt der Reiter losgelassen, so wird er beim Absinken der linken Seite des Pferderückens ebenfalls mit dem linken Gesäßknochen absinken. Schwingt dann das rechte Hinterbein nach vorn, sinkt die rechte Seite des Beckens ab. Der Reiter muss sich dazu nicht anstrengen, sondern bei losgelassener Gesäßmuskulatur lediglich darauf achten, dass der Oberkörper völlig natürlich aufrecht bleibt.

Schafft er es in Schritt und Trab, sich bei diesem Bewegungsablauf mitnehmen zu lassen, wird er kein Problem haben, einen gleichmäßigen, ununterbrochenen Kontakt seines Gesäßes mit dem Sattel oder auch dem blanken Pferderücken aufrecht zu erhalten.

Ist der Reiter – bzw. seine Gesäßmuskulatur – allerdings verspannt, so kann die jeweilige Hälfte des Beckens nicht mit dem Pferderücken absinken und der Fluss, den Pferd und Reiter gemeinsam in der Bewegung brauchen um ein Paar zu sein, ist gestört. Im Schritt ist dies noch auszuhalten – oder besser auszusitzen – allerdings wird es sich auf das Tempo des Pferdes auswirken und zwar grundsätzlich anders als gewollt.

Da ich auf dem sich bewegenden Pferd sitze, kann ich mich von ihm entweder in dieser Bewegung mitnehmen lassen oder ich werde mich dagegen bewegen – was ich nicht kann, ist: mich der Bewegung entziehen. Folge ich also nicht der wechselseitigen Aufwärts- und Abwärtsbewegung des Rückens meines Pferdes, so wird es mich trotzdem bewegen – und zwar vor und zurück.

Locker sitzen!

Ist das Gesäß angespannt und der Reiter sitzt daher nicht in Losgelassenheit, so werden ein klemmendes Knie, unruhige Unterschenkel, ein festgehaltener Rücken und blockierte, harte Hände die sichere Folge sein! Und genau dies überträgt sich 1:1 auf das Pferd!

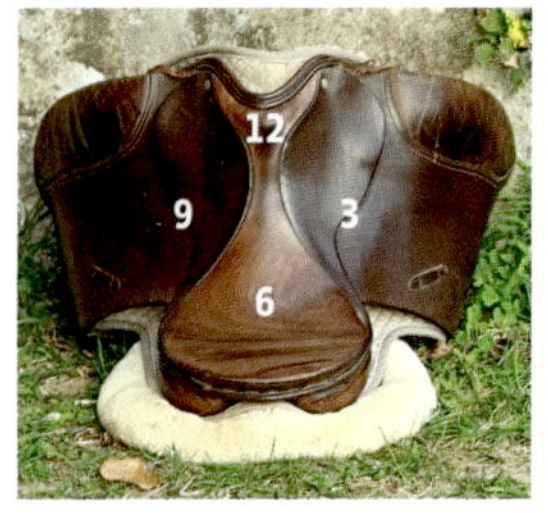

Vorderzwiesel 12 – Hinterzwiesel 6

Im Fluss mit der Bewegung des Pferdes

Es gibt eine Möglichkeit der Richtungsangabe, die in vielen Bereichen des täglichen Lebens angewendet wird und auch uns Reitern sehr hilfreich sein kann. Das Zifferblatt der Uhr. So wird völlig klar beschreibbar, WIE und WOHIN das Pferd uns im Sattel bewegt und wie der Reiter sein Becken ausrichten sollte. Die Kommunikation zwischen Reiter und Reitlehrer gewinnt enorm durch diese klaren Angaben und nimmt Korrekturen das Abstrakte. Würde man auf die Sitzfläche des Sattels eine Uhr malen, den Ursprung der Zeiger genau im tiefsten Punkt des Sattels, unter der Mitte des Reiters, dann befände sich vor dem Reiter die 12 und hinter ihm die 6. Die Sitzbeinhöcker befänden sich exakt auf einer Linie, die 3 und 9 verbindet.

Bewegt sich der Reiter nun im Schritt oder Trab in Balance mit dem Pferd, so senkt sich das aufgerichtete Becken wechselseitig in Richtung 3, dann Richtung 9 und wieder Richtung 3 usw.

In dieser Bewegung folgt der Reiter am Sitz der Bewegung des Pferdes und stört es nicht in seinem Rhythmus. Die Schultern bleiben davon unberührt, aber an der Höhe der Füße ist die horizontale Bewegung, in die das Pferd den Reiter versetzt, sichtbar.

1

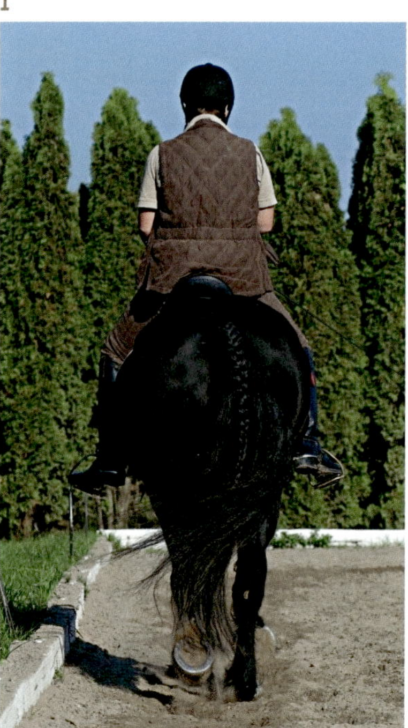

2

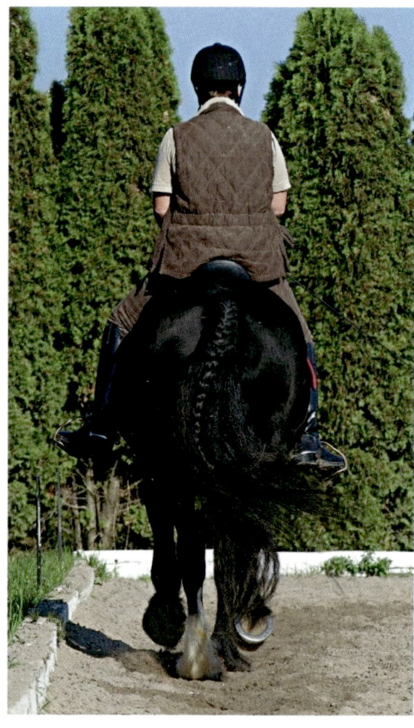

1 *9 Uhr im Trab*

2 *3 Uhr im Trab*

Das Einfühlen in die wechselseitige Bewegung auf der Geraden

Die wechselseitige Bewegung macht es dem losgelassen sitzenden Reiter eigentlich leicht sich passiv mitnehmen zu lassen. Wurde er aber vom Reitlehrer darauf gedrillt aktiv am Sitz zu „schieben" oder ähnlich unsinnige Dinge zu tun, ist es anfangs nicht einfach in die rechts-links-Bewegung des Pferdes hineinzufinden.

Manchem Reiter ist nicht bewusst, wie sich die Hinterhand unter ihm bewegt und er weiß nicht, welcher Huf wann vorschwingt und welcher stützt. Genau so wie es einige Zeit dauert, bis ein Reiter gelernt hat zu erfühlen, ob er auf dem inneren oder dem äußeren Hinterfuß leichttrabt, so müssen die meisten Reiter ihr Gefühl für den Bewegungsablauf des Schritts auch erst einmal schulen.

Häufig fällt es anfangs leichter zu beobachten, wie sich die Schultern der Vorhand bewegen. In dem Moment, in dem sich der linke Vorderhuf ganz hinten, kurz vor dem Abrollen befindet, verlässt der gleichseitige Hinterhuf den Boden. In dieser Hangbeinphase (der Huf schwingt in der Luft hängend nach vorne – daher Hangbeinphase) des linken Hinterbeins, senkt sich der Pferderücken auf dieser Seite ab und das Becken des Reiters mit ihm – auf 9 Uhr – vorausgesetzt, das Gesäß ist losgelassen.

Also scheuen Sie sich nicht, anfangs immer wieder einmal das eigene Gefühl zu überprüfen, indem Sie einen kurzen Kontrollblick auf die Vorhand Ihres Pferdes werfen – natürlich um danach sofort wieder nach vorne auf das gewünschte Ziel zu schauen. Ziel ist es, nicht mehr schauen zu müssen, weil man gelernt hat, die Bewegung des Pferdes zu fühlen und dem eigenen Gefühl zu vertrauen. So wie man irgendwann nicht mehr nachschauen muss, auf welcher Diagonalen man leichttrabt, so erfühlt man auch bald in Schritt und Trab, welches Hinterbein gerade unter mir nach vorne schwingt. Um dieses Fühlen zu erlernen, muss man aber zuerst einmal aufhören, auf dem Pferd zu „arbeiten"! Wer sich auf dem Pferd zu sehr körperlich anstrengt, kommt nicht zum Fühlen!

Das Leichttraben auf dem „richtigen" Fuß erfühlen

Ist der Reiter linker Hand im Leichttraben unterwegs, so trabt er üblicherweise auf dem linken (inneren) Hinterfuß des Pferdes. Das heißt, er sitzt ein, wenn dieser Fuß trägt und steht auf, wenn dieser vorschwingt.

Anfangs muss dieser Moment noch häufig mit einem Kontrollblick auf die Schulter des äußeren Vorderbeins des Pferdes überprüft werden, da dieses ja

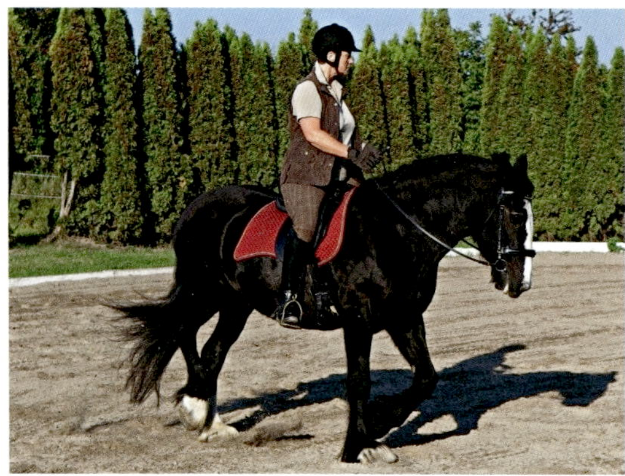

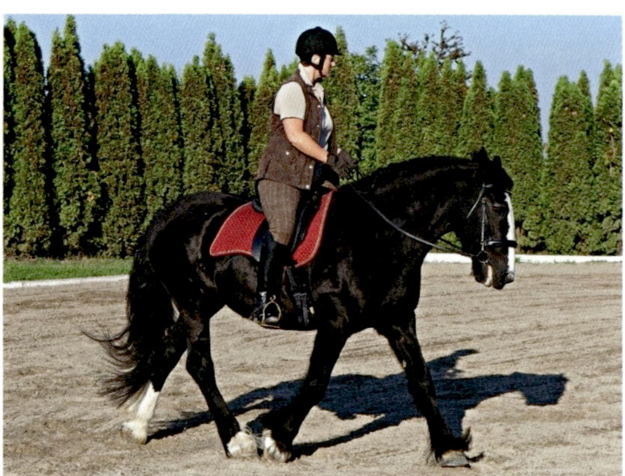

Möchte der Reiter nun auf diesem, linker Hand üblichen, linken Hinterfuß leichttraben, so muss er sich zuerst im Aussitzen in die 9/3-Bewegung des Pferderückens einfühlen. Als nächstes muss er sich in dieser wechselseitigen Bewegung nicht mehr auf die Seite konzentrieren, auf die er „gesetzt" wird, sondern auf die, die ANGEHOBEN wird. Nun muss sich der Reiter aus dem Sattel erheben, wenn das Pferd ihn eigentlich mit dem linken Gesäßknochen auf 9 setzen würde, ihn aber AUSSEN – ALSO RECHTS ANHEBT. Genau JETZT lassen Sie sich heben, nehmen Sie diesen Schwung mit und stehen Sie auf!

mit dem inneren Hinterbein eine Diagonale bildet. Später wäre es jedoch besser, sich wirklich ganz und gar auf das Erfühlen der 9/3-Bewegung einzulassen – einmal auf die Seite, die den Reiter „setzt" und einmal auf die, die den Reiter „hebt". Am besten ist es, wenn man einen Helfer am Boden hat, der dem Reiter zuruft, auf welchem Fuß er leichttrabt, damit der Reiter selbst sich optimal auf das Fühlen einlassen kann und nicht nach unten schauen muss. Viele Reiter lernen das Fühlen des „richtigen" Leichttrabens ohne es aber erklären zu können. Das an sich ist kein Problem – nur wie lernt es der Reiter, der es eben nicht erfühlt? Es braucht viel Übung und viele Versuche, aber sobald man sich bewusst damit befasst und die Zusammenhänge verstanden hat, ist es lernbar – ansonsten geht es Ihnen wie vielen Reitern – sie müssen ein Leben lang auf die äußere Pferdeschulter linsen ... Dies zwingt sie immer wieder nach unten zu schauen, anstatt ihren Fokus konstruktiv nach vorne einzusetzen. Es lohnt sich also, sich mit dem Erfühlen der Fußfolgen auseinanderzusetzen.

Aufnehmen des Pferdes am Sitz

Möchte der Reiter sein Pferd am Sitz aufnehmen, so dass es der Hinterhand mehr Last zuspielt, erreicht er dies durch ein Abkippen des Beckens.

Dies erreicht der Reiter, indem er den Bauchnabel „nach innen sinken lässt". Das Becken kippt dadurch nach hinten und die Lendenwirbelsäule rundet sich leicht. Nun belastet man mehr den hinteren Teil des Gesäßes in Richtung Steißbein. Bliebe der Reiter jetzt nicht in der Links-Rechts-Bewegung des Pferdes und würde maximal in Richtung 6 Uhr abkippen, würde dies ein gut ausgebildetes und durchlässiges Pferd zum Halten veranlassen. Bevor eine ganze Parade, also ein Halten, geritten werden kann, muss der Reiter sein Pferd

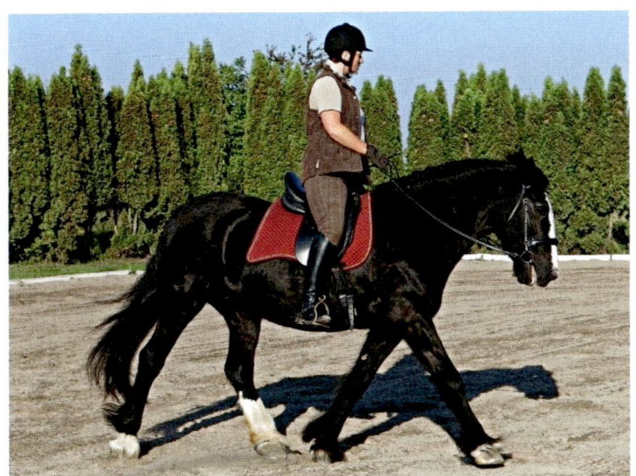

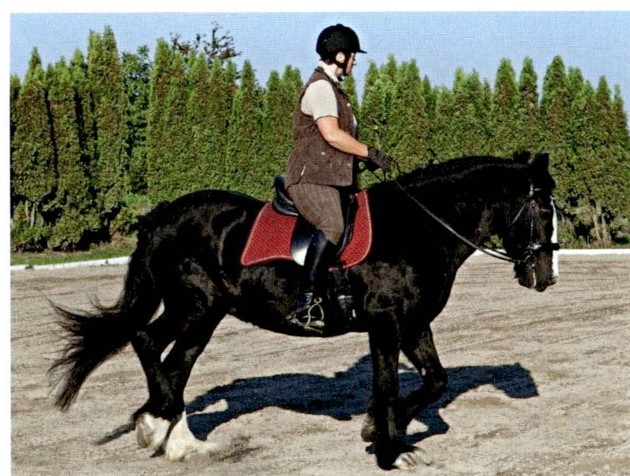

vorher ohne Taktverlust an Sitz und Bein aufnehmen können. Das heißt das Pferd muss, in relativer Aufrichtung, der Hinterhand mehr Last zuspielen um halten zu können, ohne dabei aus dem Schwung der Bewegung von Trab oder Galopp in ein Übergewicht auf die Vorhand zu geraten. Hierzu soll das Pferd, egal in welcher Gangart, weiter im gleichen Takt fußen und trotzdem weniger Raumgewinn erzielen. Die Schritte, Tritte oder Sprünge werden kürzer, weil die Hinterhand sich dabei senkt. Die Schubkraft wird weniger, die Tragkraft steigt. Dies veranlasst der Reiter eben durch das Abkippen des Beckens, während die Wade das Pferd umrahmt und die Bewegung erhält. In abgekippter Haltung und mit gerundeter Lendenwirbelsäule ist der seitliche Bewegungsspielraum des Beckens deutlich eingeschränkt. Wie auf der Uhr liegen 7 und 5 einander deutlich näher als 9 und 3 und entsprechend kleiner wird die Links-Rechts-Bewegung nun in der entstehenden Versammlung.

Hier ist das Abkippen des Beckens aus dem Stand gleich dreimal zu sehen – und führt zu einem Tritt rückwärts – bei Pferd und Mensch.

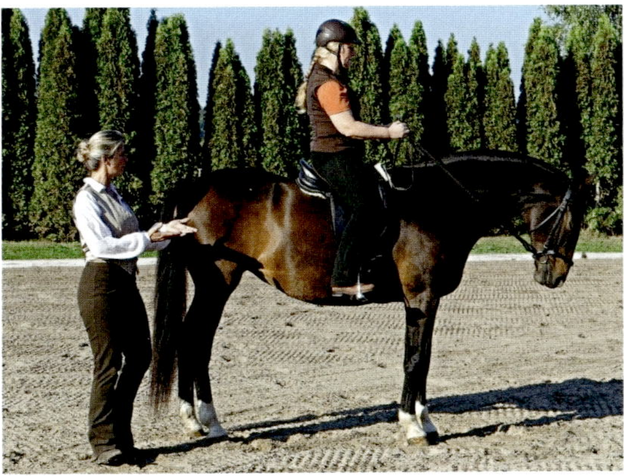

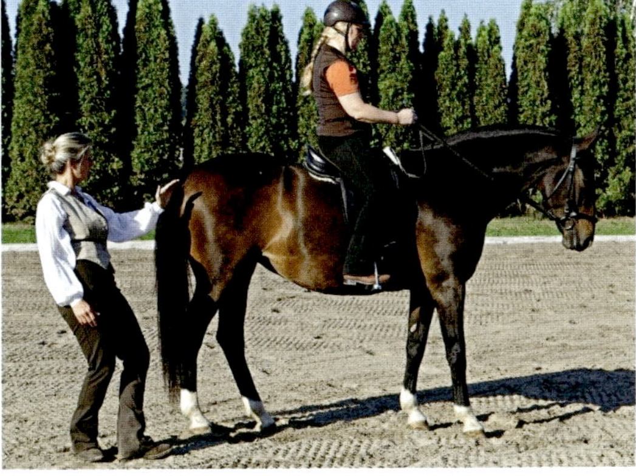

Tempounterschiede innerhalb einer Gangart

Raumgriff verkürzen So kann ich bei möglichst gleichbleibendem Takt den Raumgriff durch das Abkippen des Beckens bei gleichzeitigem Zurückgleiten der Unterschenkel, verkürzen. Durch den Sitz auf 7/5 verbleiben wir in der wechselseitigen Bewegung des Pferdes.

Das Abkippen des Beckens bei gleichzeitigem Zurückgleiten der Unterschenkel des Reiters entspricht exakt dem Bewegungsablauf, der beim Pferd die Versammlung bewirkt: die Hankenbeugung, die zur relativen Aufrichtung führt. Die Hankenbeugung betrifft die Hüft-, Knie- und Sprunggelenke des Pferdes. Je stärker das Pferd diese Gelenke beugt und die Hinterhand dadurch absenkt, umso stärker entlastet es die Vorhand, die sich dafür umso mehr aufrichtet. Entsprechend dem Maß, in dem sich die Hinterhand senkt, wird die Vorhand leicht. DAS IST RELATIVE AUFRICHTUNG. Die Schubkraft nimmt ab. Die Tragkraft steigt.

Raumgriff erweitern Nachdem ich so mein Pferd für einige Schritte oder Tritte veranlasst habe diese zu verkürzen, entscheide ich nun, es wieder mehr nach vorne zu lassen – also die entstandene Tragkraft in Schub umzuwandeln. Hierzu richte ich das Becken wieder auf und erhalte so einen größeren Raumgriff. Nun sitze ich wieder auf der Linie 9/3, die Waden liegen wieder am Gurt und mein Pferd nimmt meine Hand mit in die Vorwärtsbewegung.

Verkürzte Trabtritte

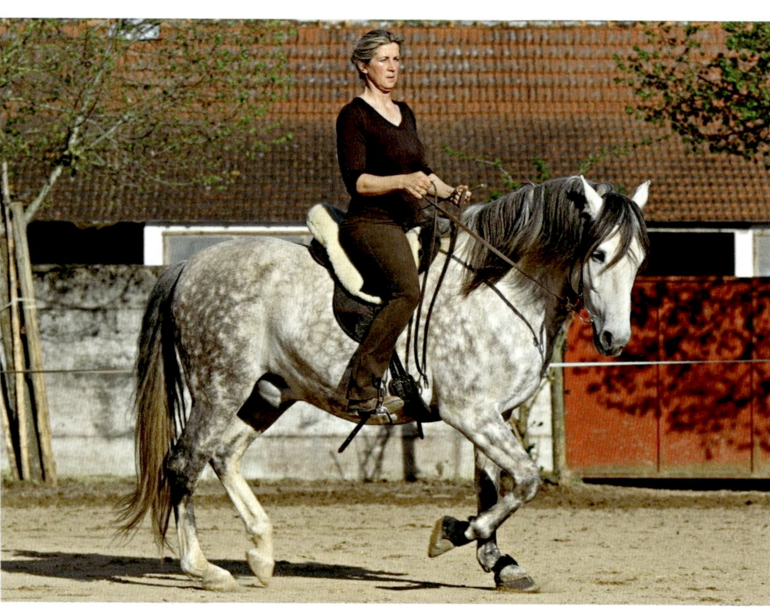

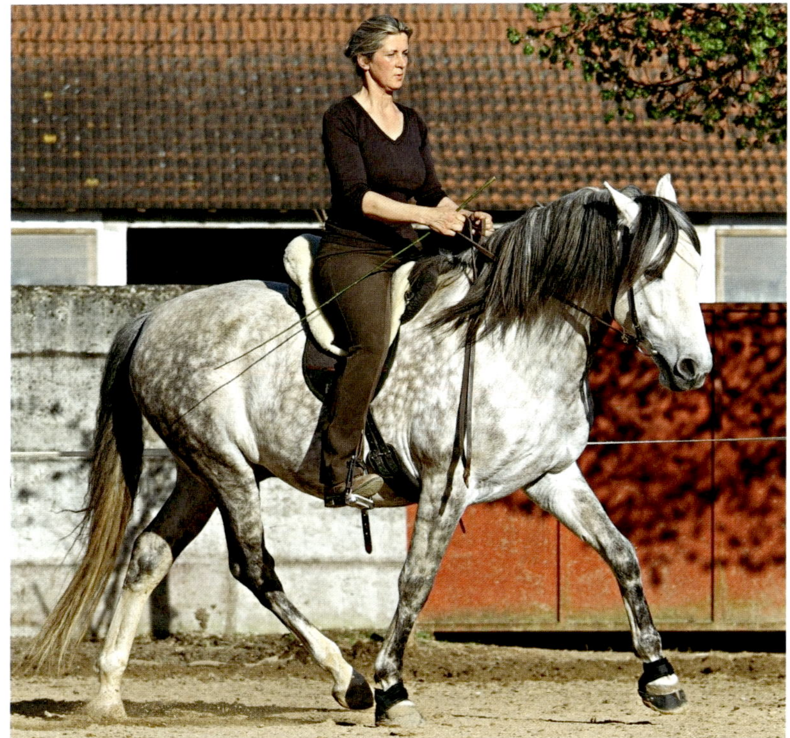

Erweiterte Trabtritte

Vorsicht beim Reiten in „Versammlung"

„Versammlung" ist ebenso relativ wie die Aufrichtung. Bleiben Sie sich dieser Tatsache stets bewusst, dann kann nicht viel schief gehen. Versammlung entsteht aus gutem, motivierendem und gymnastizierendem Reiten mit systematischem Aufbau von Gehfreude, Kooperationsbereitschaft, Kondition und Tragkraft Ihres Pferdes. Sie kann nicht erzwungen werden und allein der Versuch, dies zu tun, ist zum Scheitern verurteilt und schadet Ihrem Pferd.

Ein Freizeitpferd NICHT zu versammeln schadet ihm nicht. Trägt Ihr Pferd Sie in Losgelassenheit und schafft es, sich dabei taktmäßig und durchschwingend zu bewegen, und Sie schaffen es, es dabei nicht zu behindern, dann wird es bei regelmäßigem leichtem Einsatz als Reitpferd keinen Schaden nehmen – wenn die Voraussetzungen in Haltung und Umgang stimmen.

Gelingt es Ihnen aber überdies, Ihr Pferd mit Ihnen im Sattel – außer taktmäßig und durchschwingend – auch noch gerade gerichtet auf zwei Spuren und nach und nach zu mehr Lastaufnahme mit der Hinterhand zu bewegen, DANN gewinnt Ihr Pferd durch das Gerittenwerden!

Gegen den Zwang

Versucht ein Reiter, sein Pferd zu „versammeln", indem er Gewalt anwendet, wie durch scharfe Gebisse, Reithalfter oder Kappzäume, die die Atmung des Pferdes behindern oder schmerzhaft wirken, Hilfszügelkonstruktionen, Zwangsmaßnahmen (wie gegen Begrenzungen treiben oder gar Schläge), DANN ist dies nichts anderes als Tierquälerei und hat mit Versammlung und Gymnastik NICHTS zu tun.

Gerade anfangs ist es wichtig, das eigene Gefühl für tatsächlich steigende Tragkraft zu schulen. Verspannt sich mein Pferd und wird hektisch, so muss ich die Übung abbrechen – die Losgelassenheit ging verloren.

Wollen wir Tempounterschiede üben, halten wir gerade anfangs das Pferd nur für einige wenige Schritte oder Tritte taktmäßig und in Balance am Sitz in entstehender Versammlung. Dies muss zügelunabhängig passieren. Warten Sie nicht, bis das Pferd auf die Hand kommt! Zwar begleitet der Kontakt der Hand zum Pferdemaul im Idealfall die Bewegung über das passende Zügelmaß, aber die Aufrichtung der Vorhand muss das Ergebnis der Hankenbeugung sein und darf auf keinen Fall mit dem Zügel erzeugt werden! Möglicherweise korrigiert die Hand nach vorne-oben, um den Unterkiefer und das Genick locker zu erhalten – auf keinen Fall aber darf ein Pferd nach oben „gezogen" werden – genauso wenig wie der Kopf mechanisch nach unten gezwungen werden darf!

Es geht nichts kaputt, wenn man in geringer Spannung übt und probiert. Man wird nicht das Maximum einer Lektion erreichen – aber darum geht es hier nicht – die eigene Wahrnehmung wird geschult und das Pferd nimmt auf keinen Fall Schaden. Bei erzwungen zusammengeschraubter Spannung, die evtl. auf den ersten Blick spektakulär aussieht, zahlt das Pferd die Zeche. Rückenprobleme und Fesselträgerentzündungen sind die Quittung für Stepptritte und absolute Aufrichtung ohne wirkliche Lastaufnahme durch gebeugte Hanken.

Auf einem gut begrenzten Platz kann man auch am losen Zügel die Tempounterschiede üben. Allerdings wird das nur mit einem Pferd möglich sein, das die Übung schon kennt und auch kooperativ ist. So hat der Reiter Gelegenheit, sich völlig auf seinen Sitz zu konzentrieren und auch zu beschränken.

1 Übt man die Tempounterschiede, um das eigene Gefühl zu schulen, wie hier einhändig am losen Zügel, kann man sicher sein, nicht Gefahr zu laufen, im Zügel hängenzubleiben und/oder eine künstliche, absolute Aufrichtung über die Hand zu erzeugen.

2 Ein frisches Vorwärts muss vom Pferd genauso abrufbar sein wie die Bereitschaft, sich am Sitz aufzunehmen.

1

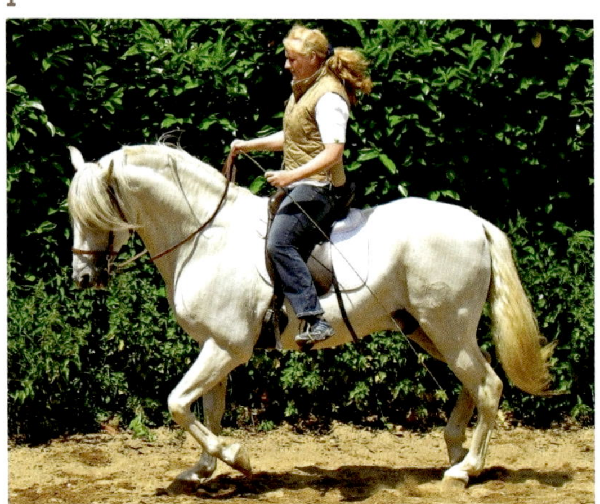

2

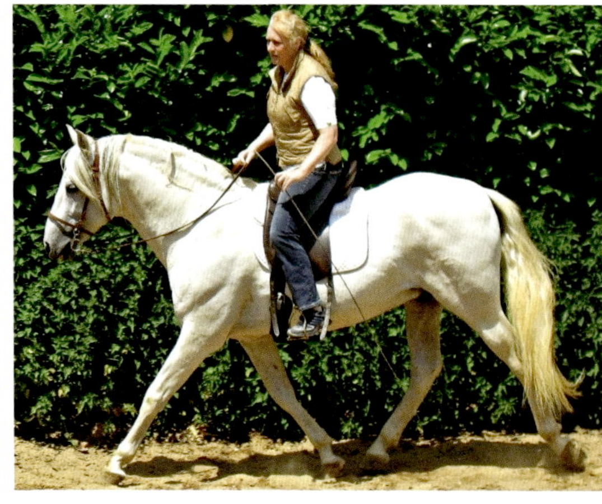

1

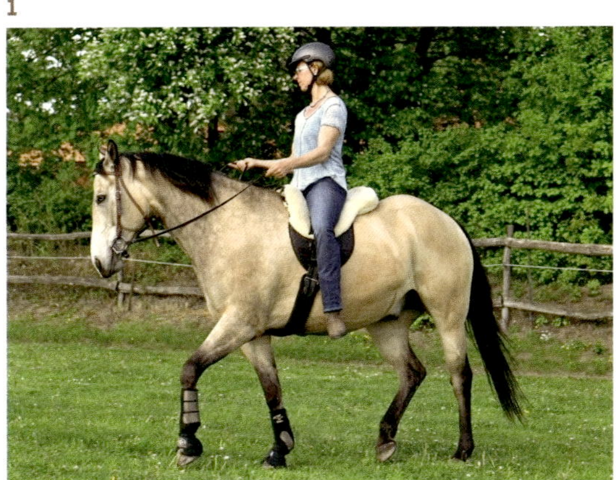

2

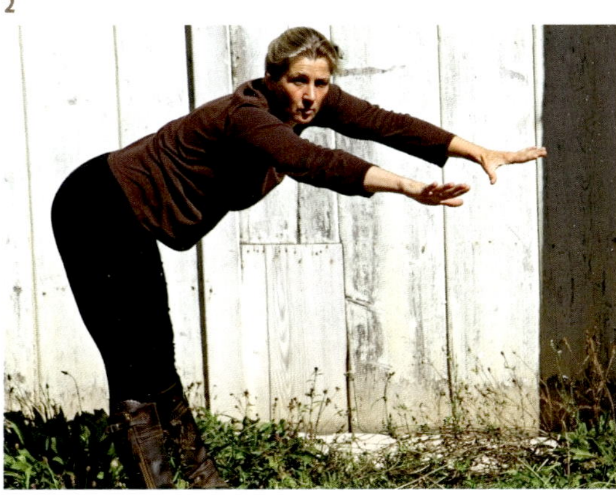

1 Reiterin und Pferd orientieren sich gemeinsam in die Biegung. Die Rotation zieht sich durch die gesamte Längsachse des Pferdes, die innere Hüfte senkt sich in der Hangbeinphase, die Außenseite des Pferdes ist sichtbar gedehnt.

2 Spüren Sie diese Bewegungsabläufe selbst: Oberkörper nach vorne beugen, entspannen Sie Ihre innere Seite, dehnen Sie die Außenseite, belassen Sie Schultern und Ohren dabei je auf einer Höhe.

Der direkte Einfluss des Beckens auf die Rotation der Längsachse des Reitpferdes auf der gebogenen Linie

Nachdem wir nun betrachtet haben, wie wir unser Pferd auf der Geraden am Sitz begleiten – in seinem Grundtempo wechselseitig 9/3, beim Aufnehmen am Sitz 7/5 – fragen wir uns, wie wir es in die Biegung leiten und begleiten können.

Die Rotation Schauen wir uns ein losgelassenes Pferd in Rotation an: Die Biegung verläuft von hinten nach vorne gleichmäßig durch das Pferd hindurch.

Seine Schweifrübe neigt sich nach innen, sein innerer Beckenkamm – orientieren Sie sich beim Longieren dazu am oberen Ende des Fellwirbels in der Flanke, direkt dahinter befindet sich der vordere Rand des Beckens – senkt sich beim Vorführen des inneren Hinterbeines deutlich sichtbar tiefer als der äußere. Von hinten ist dies am deutlichsten zu erkennen.

Das äußere sowie das innere Beinpaar bleiben jeweils auf einer Spur.

Das Pferd ist außen gedehnt und diese Dehnung geht als Biegung durch den ganzen Körper hindurch. So ergibt es sich auch, dass die Biegung von hinten nach vorne auch die Stellung des Pferdes in die Bewegungsrichtung behinhaltet . Hierbei handelt es sich, WENN die Biegung tatsächlich losgelassen ist, nicht um ein erzwungenes Hinhalten des Kopfes. Aus dem losgelassenen Hals heraus zielt die Pferdenase sozusagen nach innen, während der Unterkiefer leicht nach außen gleitet.

Unser Pferd ist also auf der gebogenen Linie innen tatsächlich kürzer als außen.

Stellen wir uns selbst einmal mit den Füßen auf Schulterbreite, drehen unseren Oberkörper nach links oder rechts, neigen uns dann nach vorne, bis der

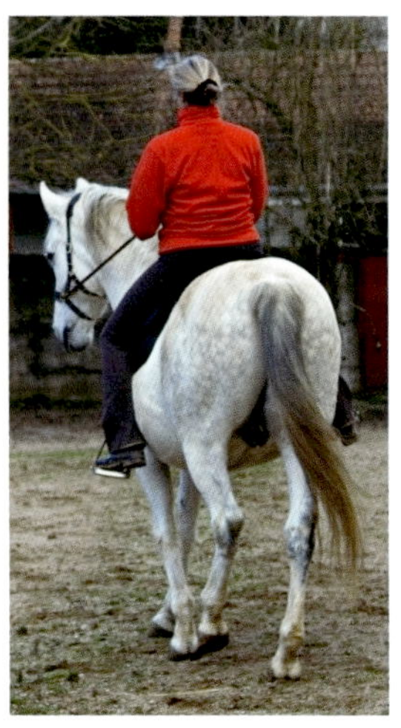

Gemeinsam mit dem inneren Beckenkamm des Pferdes senkt sich in losgelassener Biegung auch die innere Hüfte des Reiters, in der Hangbeinphase des inneren Hinterbeines. Dabei senkt sich auch die innere Ferse sichtbar.

Oberkörper an die Waagerechte herankommt, dann können wir genau nachvollziehen, wie diese Dehnung außen sich in der Biegung für unser Pferd anfühlt.

In die Biegung begleiten am Sitz Auf der hohlen Seite des Pferdes führt die Dehnung der Außenseite in der Rotation nun dazu, dass wir in unserem rhythmischen Mitschwingen in der Bewegung innen spürbar tiefer gesetzt werden als außen.

Bewegen wir uns also mit einem links hohlen Pferd linker Hand auf einer gebogenen Linie, gleitet unser linker Gesäßknochen ein klein wenig Richtung Knie. Nach vorne, innen und ein bisschen auch nach unten. So begleiten wir unser Pferd in die Bewegung auf der Biegung. Wie gesagt, auf der hohlen Seite passiert dies ganz von allein, wenn Reiter und Pferd sich in gemeinsamer Losgelassenheit bewegen.

Auf der festeren Seite des noch nicht geradegerichteten Pferdes werden wir das Gefühl haben, von unserem Pferd nach außen verschoben zu werden – und dieses Gefühl trügt nicht. Ein links hohles, noch nicht geradegerichtetes Pferd wird auf der rechten Seite Schwierigkeiten haben, seine kurze, linke Seite zu dehnen.

Stattdessen wird es anbieten, im Hals abzuknicken, um der Einwirkung des Reiters Folge zu leisten. Es sei denn, dieser löst sein Pferd vom Sitz ausgehend, indem er bewusst in die zu biegende Bewegungsrichtung schwingt. Rechter Hand also eine weiche Bewegung mit dem rechten Gesäßknochen Richtung rechtes Knie. Dabei ist es sehr wichtig, die Streckung des eigenen Körpers nicht zu verlieren und nicht einzuknicken. Das wiederholte „Hereinschwingen" in die Biegung wird dem Pferd helfen, den rechten langen Rückenmuskel loszulassen, sich außen zu dehnen und so auch auf seiner Zwangsseite seine Balance in der Rotation zu finden.

Die Schwierigkeit für das Pferd besteht nun nicht darin, rechts kürzer zu werden, sondern seine in seiner natürlichen Schiefe verkürzte linke Seite so weit zu dehnen, dass es ihm möglich ist, sich seiner Nase nach, durch seinen ganzen Körper hindurch, in gleichmäßiger Längsbiegung auf rechts gebogener Linie zu bewegen.

Versteht man als Reiter diesen Zusammenhang, wird klar, dass niemals Zwangsmaßnahmen mit Hand und Bein eine echte Biegung auf der Zwangsseite in Losgelassenheit herstellen können. Nur das Lösen aus dem Sitz heraus, in diese Richtung, befähigt das Pferd nach und nach über ein gefühlvolles Training auch hier durch seine gesamte Längsachse hindurch, fließend in die Biegung zu schwingen. Mit diesem Wissen wenden wir uns nun dem Drehsitz zu.

Der Drehsitz

Ebenso, wie der Pferderücken in Schritt und Trab den Reiter auf der Geraden am Kontaktpunkt Becken gleichmäßig wechselseitig mitnimmt, tut er dies auch in der Biegung im Zweitakt. Allerdings nicht in der symmetrischen 9/3- bzw. 7/5-Bewegung im rechten Winkel zur Längsachse des Pferdes, sondern im Drehsitz!
Steuern die Schultern die Vorhand des Pferdes, so übernimmt diese Aufgabe für die Hinterhand das Becken.

Die Schulterpartie des Reiters dreht sich auf der gebogenen Linie in die Bewegungsrichtung – die innere Schulter geht zurück. Das Becken allerdings wird konträr eingesetzt. Der innere Beckenkamm weist nach vorne, der äußere bleibt zurück.

Was erst einmal verwirrend scheint, wird logisch, wenn man sich klarmacht, dass das Pferd vierbeinig läuft und sozusagen über zwei Achsen verfügt.

Stehen Sie einmal auf und laufen Sie eine Wendung! Sie werden feststellen, wenn Sie mit locker pendelnden Armen und Beinen erst geradeaus laufen und dann Ihrer Blickrichtung folgend einen Linksbogen einleiten, wird Ihre linke Schulter nach hinten weisen, Ihr linker Beckenkamm aber nach vorne!

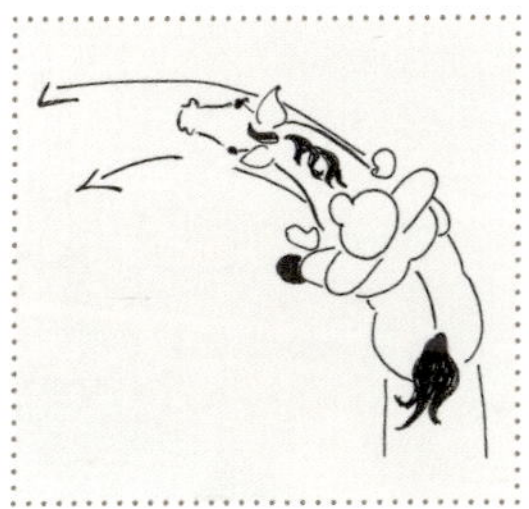

Drehsitz

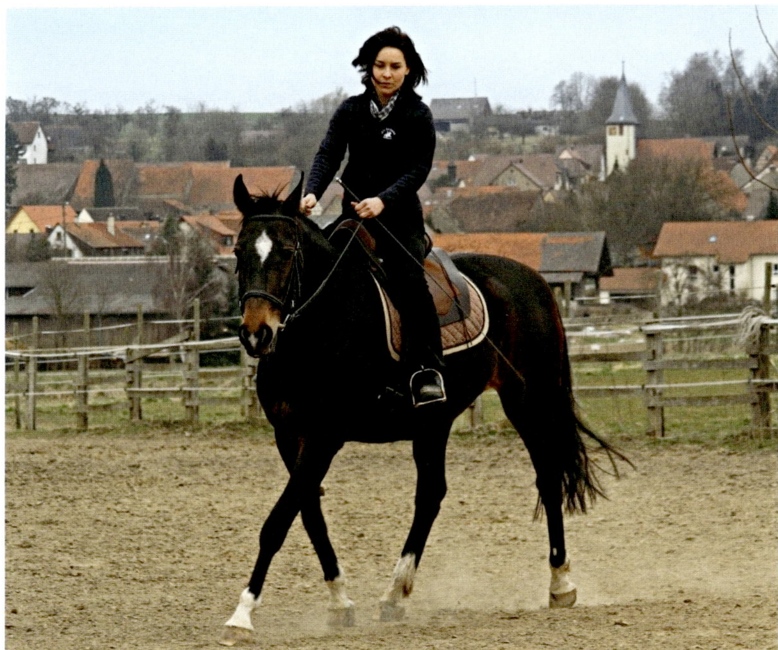

Drehsitz auf der Linksvolte: linke Schulter zurück, linke Hüfte auf 10 Uhr. Beachten Sie auch die Stellung des Pferdes im Genick und seines linken Ohres!

Bleibt man nun stehen und neigt sich auf dieser Bogenlinie nach vorne, bis sich der Rücken etwa in der Waagerechten befindet – mit der Idee, die Längsachse eines Vierbeiners nachzustellen – und läuft so die Wendung, wird man noch deutlicher feststellen, dass um Biegung zu erreichen, die innere Schulter sich tatsächlich nach hinten bewegen muss, während die innere Hüfte sich nach vorne bewegt. Die innere Körperhälfte verkürzt sich, während die äußere sich deutlich dehnen muss. SO fühlt sich Biegung für ein Pferd an.

Steuerung der Hinterhand mit dem Becken

Linkswendung: Um mein Pferd im Linksbogen unter mir gerade gerichtet, also auf zwei Spuren zu bewegen, sind die Schultern nach links in die Biegungsrichtung gedreht und der innere Beckenkamm weist nach vorne-innen: auf 10 Uhr!

Die Bewegung des Beckens wechselt nun wie folgt: 10 / neutral / 10 / neutral.

Warum nicht 10 / 3? Die deutlich zurückgenommene innere Schulter, begrenzt nun die Beweglichkeit des Beckens, durch die Drehung in der Mittelpositur. Und das ist gut so – wer aufgerichtet sitzt, läuft nicht Gefahr einzuknicken.

1 Der Galoppsprung rechter Hand, beginnt mit dem äußeren, also dem linken Hinterbein …

2 … es folgt die Diagonale inneres Hinterbein, äußeres Vorderbein …

1

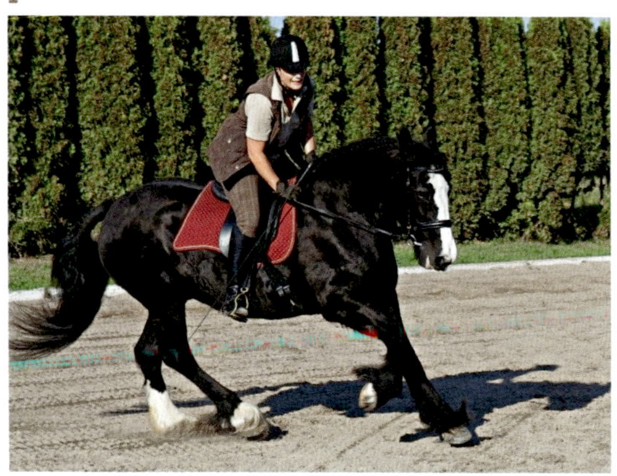

2

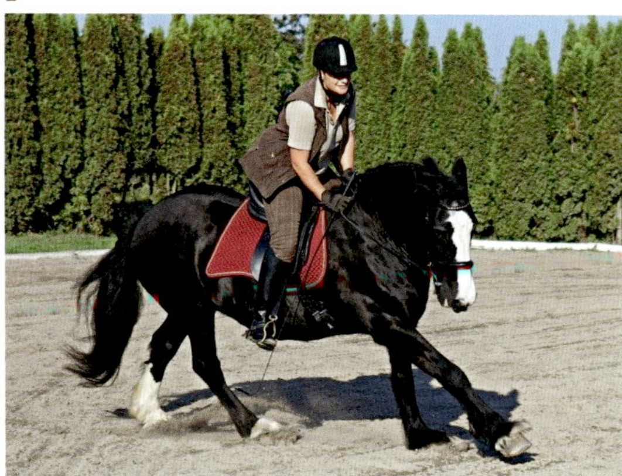

Da das Pferd mich sowieso bewegt, genügt es, das Absinken des Pferderückens beim Vorschwingen des linken, inneren Hinterbeins, mit dem Beckenkamm in einer leicht nach vorne-innen rotierenden Bewegung zu begleiten.

In der Stützbeinphase des linken Hinterbeins setzt das Pferd den Reiter wieder nach rechts. Durch die deutlich nach links gedrehte Schulterpartie sinkt der Reiter aber nicht, wie beim Geradeausreiten, bis zur 3 ab, sondern nur bis zur Mitte des Sattels.

Als nächstes wiederholt sich das Absinken links mit dem Akzent Richtung 10 Uhr und das erneute Zurückgleiten in die Mitte des Sattels und so weiter.

Rechtswendung: In gleicher Manier verläuft das Abwenden nach rechts. Nur dass hier der innere, also rechte Beckenkamm des Reiters in Richtung 2 weist!

Die Bewegung des Beckens findet in der Rechtswendung wie folgt statt:
- rechtes Hinterbein schwingt vor
- rechte Seite des Pferderückens senkt sich
- das Becken des Reiter senkt sich nach rechts
- der Reiter setzt einen rotierenden Akzent Richtung 2 Uhr.
- Das Pferd schwingt das linke Hinterbein nach vorne,
- der Rücken senkt sich links ab und nimmt den Reiter dabei auf der Biegung wieder mit in eine neutrale Position in die Mitte des Sattels.
- So geht es weiter im Wechsel, solange Pferd und Reiter auf der gebogenen Linie bleiben.

So beschrieben bleibt ein taktmäßiger, gerade gerichteter Bewegungsablauf auf zwei Spuren auf der gebogenen Linie erhalten.

3

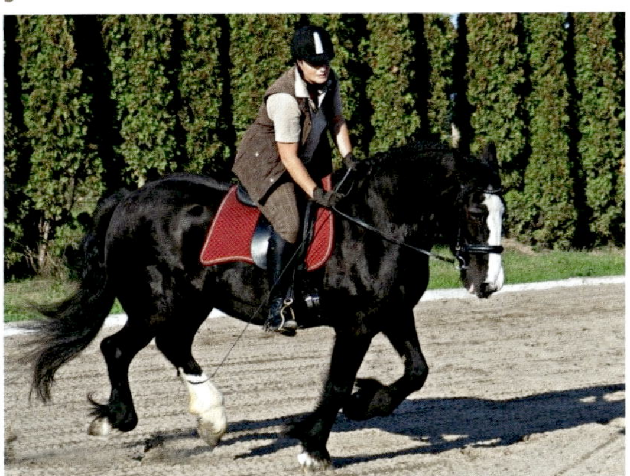

4

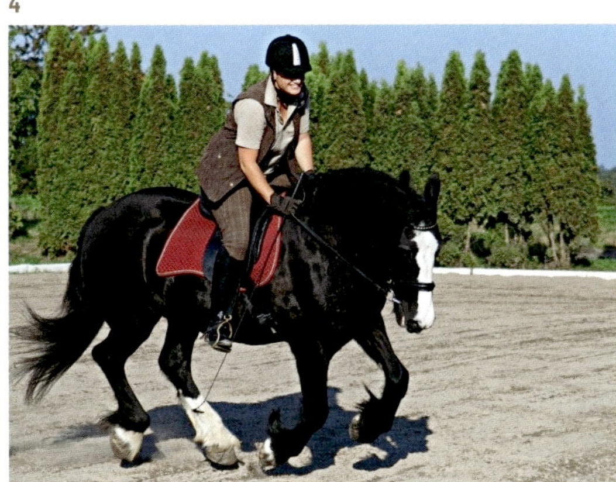

3 ... dann fußt das innere Vorderbein und nachdem dieses abgerollt ist ...

4 ... folgt die Schwebephase. Nach dieser landet das Pferd wieder auf dem äußeren Hinterbein.

Asymmetrische Bewegungen des Beckens

Anders im Galopp: Der Galoppsprung entwickelt sich auf einer Diagonalen durch den Körper des Pferdes, wie hier in der Bildfolge bei der Rappstute zu sehen.

Sitzt der Reiter nun im Galopp mit losgelassener Gesäßmuskulatur und gut aufgerichtetem Oberkörper, so bewegt ihn das Pferd linker Hand bei jedem Sprung von 5 Uhr auf 10 Uhr. Der Körper des Reiters geht in der Bewegung mit und so setzt das Pferd den Reiter bei jedem einzelnen Sprung nach der Schwebephase

Ausdrucksstarker Linksgalopp

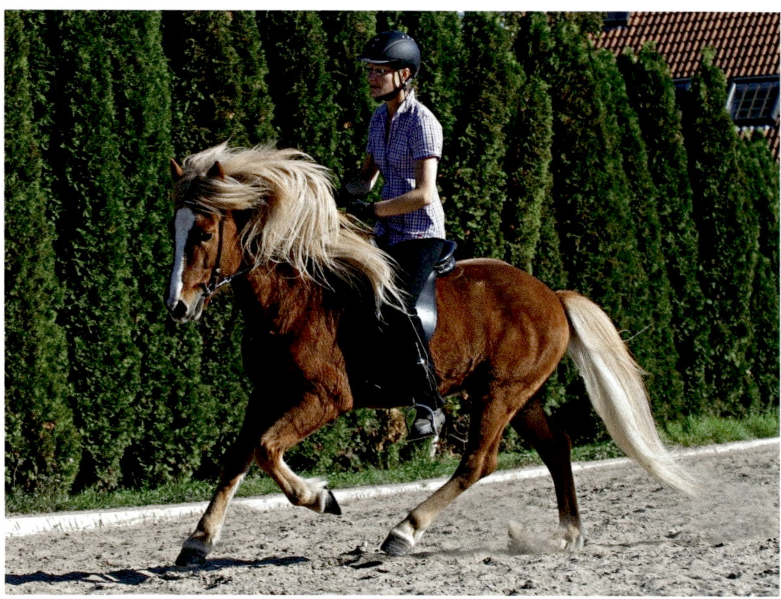

mit dem äußeren Gesäßknochen auf den äußeren Hinterfuß, was 5 Uhr entspricht, und bewegt ihn während des Sprungs mit dem inneren Beckenkamm nach vorne in Richtung 10 Uhr, inneres Vorderbein, über das das Pferd abrollt und wieder in die Schwebephase eintritt.

PROBIEREN SIE ES AUS. Sie können diesen Bewegungsablauf sehr gut simulieren, indem Sie sich selbst ohne Pferd in Galoppsprüngen bewegen, wie wir das im Sportunterricht alle irgendwann machen mussten! Galoppieren Sie mit dem linken Bein vorne an – so befinden Sie sich im Linksgalopp. Spüren Sie, das die Bewegung von hinten rechts nach vorne links verläuft? Von 5 Uhr in Richtung 10 Uhr?

Nun anders herum, das rechte Bein vorne beginnt – nun geht die Bewegung von 7 Uhr in Richtung 2 Uhr – und dies entspricht dem Rechtsgalopp.

Auswischen?

Viele Reitlehrer weisen den Reiter an, im Galopp den Sattel von hinten nach vorne bei jedem Sprung auszuwischen, um in der Bewegung zu bleiben. Der Denkansatz ist auch korrekt – jeder Galoppsprung entwickelt sich von hinten nach vorne und der Reiter muss sich mitbewegen, damit er nicht bei jedem Sprung aus dem Sattel geworfen wird und dem Pferd danach wieder schmerzhaft im Rücken landet.

Allerdings entsteht der einzelne Galoppsprung zwar tatsächlich von hinten nach vorne – aber eben NICHT GERADE durch das Pferd SONDERN DIAGONAL. Nicht das gesamte Becken wird „wischend" nach vorne gebracht, sondern nur der INNERE BECKENKAMM rotiert in Richtung inneres Vorderbein. Dies entspräche linker Hand einer Bewegungsrichtung des linken Beckenkamms auf 10 Uhr und rechter Hand des rechten Beckenkamms auf 2 Uhr.

Versucht der Reiter das gesamte Becken gerade nach vorne zu schieben, gerät er dabei entweder mit nach hinten abgekipptem Becken schiebend, mit den Schultern hinter der Beckenlinie in Rücklage, oder aber er schiebt sich mit nach vorne gekipptem Becken ins Hohlkreuz.

Ein gut gerittenes, braves Pferd reagiert auf das Zurücklehnen beim Abkippen nach hinten, indem es sich sofort aufnimmt und ausfällt. Mit viel aktivem Treiben am Bein kann das Pferd dennoch lernen durchzugaloppieren – aber widersprüchlich bleibt es trotzdem, dem Pferd am Sitz „durchparieren!" zu vermitteln, während das Bein „vorwärts!" signalisiert. Leider wird es häufig genau so gemacht.

Die Optionen des Pferdes im Galopp unter einem Reiter, der mit „Hohlkreuz" versucht „auszuwischen", sind vielfältiger. Sitzt der Reiter mit Hohlkreuz im Spaltsitz, bringt er das Pferd dadurch auf die Vorhand und würgt den Galopp ab – das Pferd fällt aus. Oder: das Pferd fühlt sich gejagt, gerät in ein Ungleichgewicht auf die Vorhand und wird schneller.

1

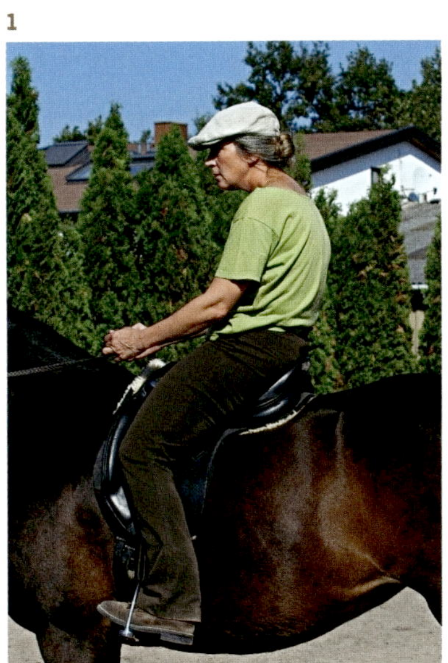

2

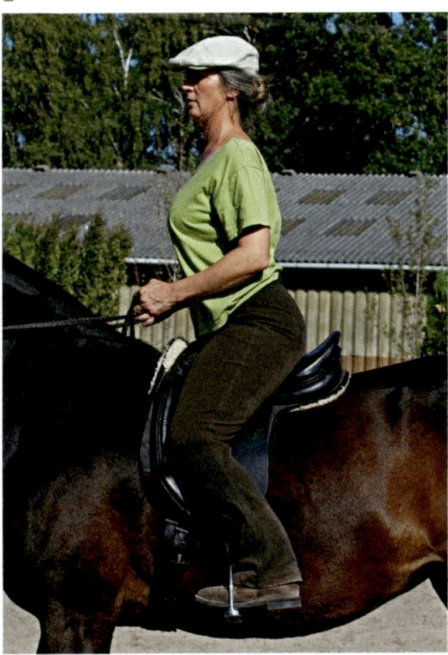

1 Schiebend hinter der Bewegung.

2 Schiebend im Hohlkreuz vor der Bewegung.

Die Reiterin sitzt exakt in der Bewegung.

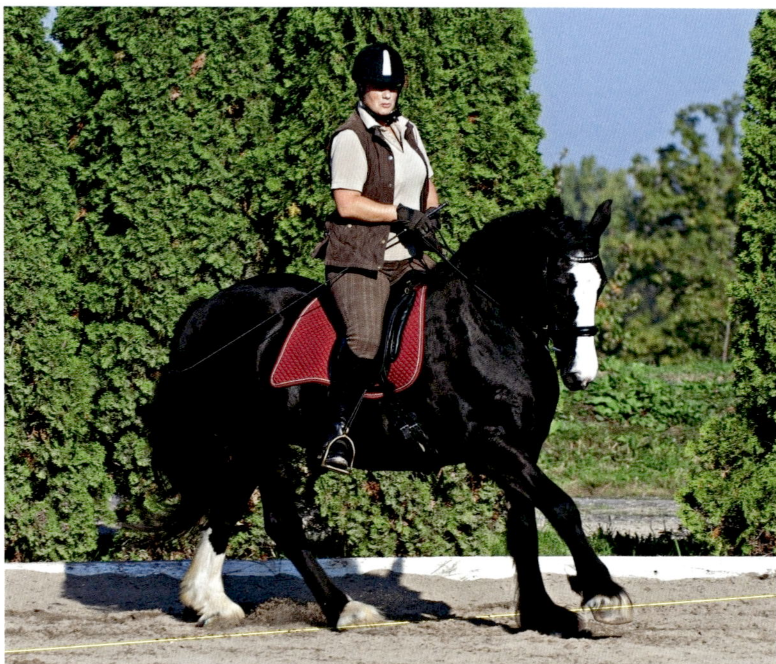

Auf jeden Fall aber wird ein Pferd von einem Reiter, der aktiv schiebend im Hohlkreuz sitzt, dazu veranlasst ebenfalls den Rücken wegzudrücken und mit Hohlkreuz zu laufen. So kann es zum Teil trotzdem spektakuläre Aktionen der Vorhand zeigen – die Hinterhand allerdings tritt im gleichen Moment deutlich hinten heraus.

Es ist unmöglich, mit dem kompletten Gesäß bei jedem Galoppsprung zu versuchen den Sattel ganz und gerade auszuwischen – man gerät automatisch entweder hinter die Bewegung, weil das Pferd uns diagonal bewegt, während wir stur versuchen, in einer gerade nach vorne gezielten Bewegung dagegen zu arbeiten! Fällt der Reiter stark nach vorn in den Spaltsitz, gerät er völlig aus dem Bewegungsablauf heraus und bringt sein Pferd durch zuviel Druck auf die Vorhand völlig aus dem Gleichgewicht. Kein Wunder also, dass für viele Reiter – und entsprechend ihre Pferde – das Galoppieren ein Problem darstellt und nicht sonderlich elegant aussieht.

Das Pferd selbst und der Schwung des Galopps setzen uns bei jeder Landung nach der Schwebephase wieder auf den äußeren Hinterfuß – also linker Hand auf 5 Uhr und rechter Hand auf 7 Uhr. Begleiten wir nun das Pferd bei seinem Sprung mit einer rotierenden Bewegung von hinten-außen über das mittige

Aufrichten des Beckens nach vorne-innen, begleiten wir das Pferd exakt in der Bewegung, die durch seinen Körper fließt, und das Pferd nimmt uns mit Leichtigkeit mit! Wir müssen darauf achten, dass wir in der Mittelpositur stabil und in der Gesäßmuskulatur locker bleiben – DANN übernimmt das Pferd den Rest, Sprung für Sprung.

Sitzschulung

Erscheinen uns verschiedene Bewegungsabläufe auf dem Pferd besonders schwierig, verspricht eine Sitzschulung viele echte Aha-Erlebnisse! Es lohnt sich wirklich, sich auf großen Wegen, am besten ganze Bahn, longieren zu lassen. Die Fliehkraft auf ständig gebogener Linie auf einem eng longierten Zirkel macht es Reiter und Pferd unnötig schwer.

Auf einem sehr zuverlässigen Pferd, das auch mal am losen Zügel auf dem Hufschlag seine Runden zieht, hat man die Möglichkeit, sich ganz auf die verschiedenen Bewegungsabläufe in den unterschiedlichen Gangarten einzulassen und dabei immer mehr eins zu werden mit dem Pferd. Nur aus einem wirklich guten Sitz können wirklich gute und feine Hilfen kommen – dazu muss mir als Reiter aber erst einmal einleuchten, WARUM ich auf eine bestimmte Art sitzen soll und wie sich das korrekt anfühlt. Bitte bemühen Sie sich wirklich immer um den bestmöglichen Sitz!

„Reiten Sie nie schlechter als Sie können“ sagt Herr Binding in seiner „Reitvorschrift für eine Geliebte“ – erweitern Sie dies bitte um „Sitzen Sie nie schlechter als Sie können!“ und Sie sind auf dem richtigen Weg!

Die Stellung des Beckens in den Seitengängen

Schulter- und Beckenstellung des Reiters sind es auch, die das Pferd in den Seitengängen leiten. In Kombination mit Fokus und Bügeltritt vermitteln sie dem Pferd Biegung und Bewegungsrichtung.

„Galoppstellung“ des Beckens im Schritt = Kruppeherein.

Das gleiche Bewegungsziel wie im Galopp hat das Becken auch im Travers. Der innere Beckenkamm weist rechter Hand auf 2 Uhr, nach vorne-innen – die Richtung, in die wir die Hinterhand versetzen wollen.

Reiten wir Travers entlang des Hufschlags, versetzen wir die Hinterhand um eine Spur ins Innere der Reitbahn – das Pferd fußt nun auf drei Spuren seitwärts. Wäre es gerade gerichtet, ginge es auf zwei Spuren. Dabei nimmt der äußere, in diesem Fall linke Hinterhuf, der auch den Galoppsprung einleitet, mehr Last auf, da er näher an den Schwerpunkt des Pferdes herantritt.

Travers auf drei Spuren rechter Hand.

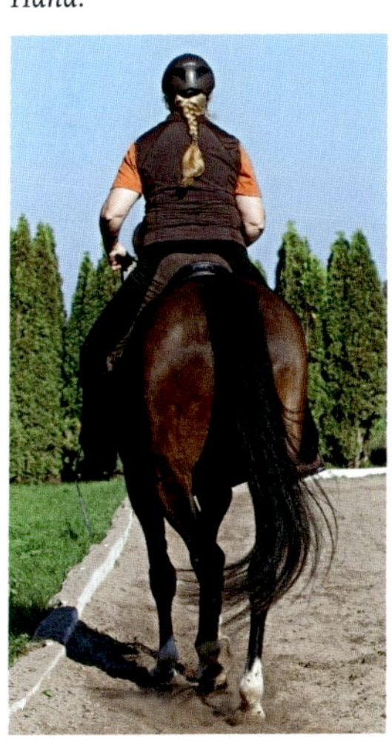

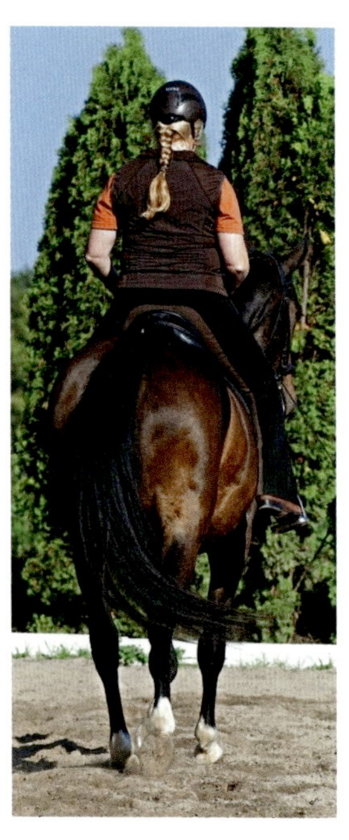

Trabstellung: Schulterherein auf drei Spuren rechter Hand.

Das äußere Vorderbein bildet dabei die erste Spur, das äußere Hinterbein und das innere Vorderbein bilden die zweite Spur, das innere Hinterbein die dritte Spur.

Es ist daher kein Zufall, dass Travers auch „Galoppstellung" genannt wird UND – dass Probleme im Galopp sehr gut mit dem Training des Travers oder Kruppeherein im Schritt angegangen werden können. Die Ausführung der Seitengänge wird noch ausführlich erläutert – hier geht es im Augenblick nur um die Stellung und den Einsatz des Beckens und den Grund dafür.

„Trabstellung" des Beckens im Schritt = Schulterherein Im Gegensatz dazu weist zum Schulterherein der äußere Beckenkamm nach vorne-außen – in die Richtung des äußeren Vorderbeins, in die das gebogene Pferd mit dem inneren Hinterbein fußen soll – genau der Hinterfuß, den wir im Trab auf gebogener Linie besonders brauchen und trainieren. Daher nennt man das Schulterherein auch Trabstellung! Das Schulterherein im Schritt ist auch ein Ansatzpunkt, der den Trab deutlich verbessern kann!

Seitwärts VOR dem Galoppieren!

Da sowohl Schulterherein als auch Kruppeherein Pferd und Reiter schon im Schritt zu einem sehr guten Körperbewusstsein verhelfen, viele Bewegungsabläufe für beide klären UND die Hinterbeine einzeln ganz gezielt kräftigen, reite ich meine Pferde in der Reitbahn ansatzweise in diesen Seitengängen, BEVOR ich an das Galoppieren in der Bahn überhaupt denke! Nur über eine gute Kontrolle von Vorhand und Hinterhand kann ich ein Pferd geraderichten und nur annähernd geradegerichtet wird es sich auf den engen Linien des Reitplatzes ohne deutliche Gleichgewichtsprobleme in Trab und Galopp bewegen können.

Im Gelände herrschen völlig andere Voraussetzungen. Hier, auf langen, relativ geraden Linien kann ein Pferd auch in natürlicher Schiefe problemlos genug Schwung entwickeln, um unter dem Reitergewicht zu galoppieren ohne Balanceprobleme zu bekommen – es ist einfach Platz genug!

Die Oberschenkel

Die Oberschenkel tun aktiv NICHTS! Der losgelassene Oberschenkel wird aus der Hüfte leicht rollend in der Bewegung mitgenommen. Zwar ist es die Muskulatur auf der Rückseite des Oberschenkels, die die Wade an den Bauch des Pferdes heranhebt, da der Reiter dies aber eher mit der Wade wahrnimmt, bleiben wir dabei, dass der Oberschenkel bewusst passiv erlebt wird. Spannten wir die Innen- oder Vorderseite des Oberschenkels an, kämen wir in den Spaltsitz und nicht mehr zum Platznehmen auf dem Gesäß. Daher – Oberschenkel passiv!

Die Knie

Tatsächlich immer mit Knieschluss?

Der allgemein gepriesene Knieschluss ist nur dann sinnvoll, wenn er tatsächlich bewusst gebraucht wird, also z. B. im leichten Sitz oder beim Springen. Ansonsten nur, wenn das Pferd z. B. scheut und deshalb einen unerwarteten Sprung zur Seite oder nach vorne macht oder sich sonstwie unerwünscht und überraschend hektisch bewegt. Praktischerweise reagiert der menschliche Körper in Schrecksituation mit dem Anspannen der Muskulatur, die dann normalerweise auch zum Knieschluss führt.

Die ganze Zeit aber die „Hab Acht"-Stellung zu halten hilft beim Reiten nicht. Im Gegenteil: Andauernde Spannung führt auf Dauer bei Reiter und Pferd zu Verspannung. Losgelassenheit aber ist für Pferd und Reiter absolute Grundvoraussetzung für ein harmonisches Miteinander.

Ein ständig aktiv angedrücktes Knie im Dressursitz führt zum Abspreizen oder Zurückgleiten der Unterschenkel und bringt den Reiter in den Spaltsitz. Die Bewegung des Pferdes, die sich am Gesäß auf den Reiter überträgt, kann nicht mehr über das nun blockierte Bein zum Sprunggelenk und dort über das taktmäßige Absenken der Ferse ausgeleitet werden.

Knieschluss im Entlastungssitz

Der Entlastungssitz hilft dem Reiter, auf längeren Strecken unangestrengt auch höheres Tempo in entsprechendem Schwung bequem über dem Pferderücken schwebend zu absorbieren. Natürlich könnte man dies auch aussitzen, aber es ist deutlich anstrengender für Bauch- und Rückenmuskulatur, dies über längere Strecken in der Bewegung des Pferdes zu tun, als das Pferd einfach „unter mir" vorwärts laufen zu lassen und über Hüfte, Knie und Sprunggelenk die Erschütterungen abzufedern.

Auch für ein junges Pferd, das zum Beispiel im Gelände das Galoppieren unter dem Reiter erlernt, ist dies unter dem Entlastungssitz einfacher, da der Reiter es so auf keinen Fall in seinem eigenen Bewegungsablauf stören wird.

Die Knie aktiv stabilisierend an den Sattel anzulegen ist eine Voraussetzung für den Entlastungssitz. Dazu benötigen wir etwas kürzere Bügel als im reinen Dressursitz – es sei denn, wir haben uns auch in diesem bereits an die Vorteile etwas stärker gebeugter Gelenke zur Förderung der reiterlichen Losgelassenheit gewöhnt.

Im Entlastungssitz wird das Gesäß aus dem Sattel erhoben und in dem Maß nach hinten verschoben, in dem der Oberkörper sich nach vorne neigt. So kann

1

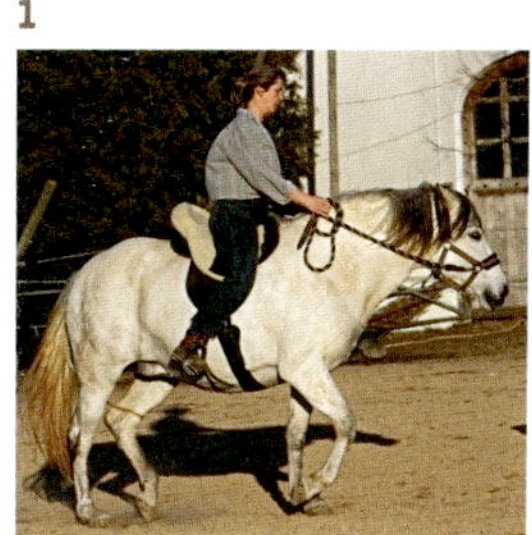

2

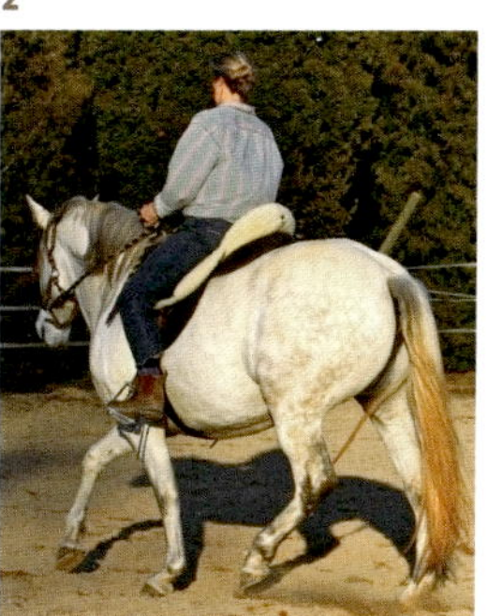

1 *Offensichtlich findet dieses Pferd das klemmende Knie gruselig. Sein Schultergürtel verspannt völlig.*

2 *Besser so! Nun kann sich das Pferd wieder frei aus seiner Schulter bewegen und die Last hinten tragen.*

weiter ein Lot durch den Körper des Reiters gefällt werden und die Balance bleibt erhalten. Nun winkeln sich die Hüften, Knie und Sprunggelenke vermehrt, die Fußballen nehmen ebenfalls mehr Last auf, die Fersen senken sich, da mehr Druck auf die Steigbügel entsteht und der Reiter balanciert sich ganz leicht über dem Sattel schwebend aus.

Ein guter Entlastungssitz in Balance ist für Pferd und Reiter angenehmer als verkrampftes Aussitzen. Lässt Ihr Pferd Sie – warum auch immer – nicht sitzen oder Sie bemerken, dass Sie gegen das Pferd sitzen, – entlasten Sie! Haben Sie Rückenschmerzen und in höherer Gangart Angst vor Schlägen in den Rücken, entlasten Sie lieber ein wenig, bevor Sie dem Pferd in den Rücken „dotzen" oder sich mit den Knien festklemmen – DAS ist dann nämlich KEIN Knieschluss, sondern eben ein klemmendes Knie und damit ein massiver Sitzfehler, der den ganzen Reiter verkrampft.

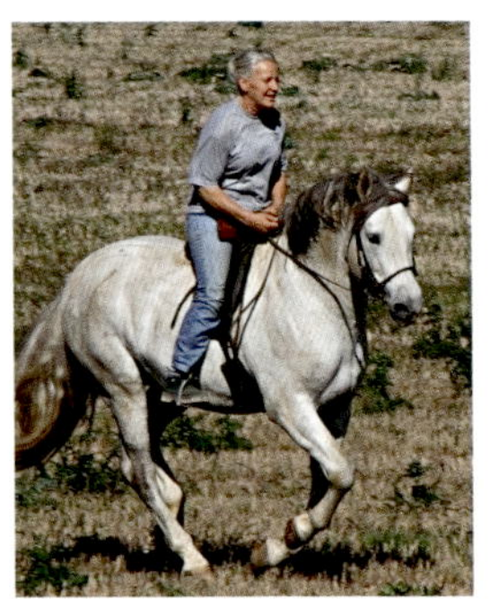

Entlastungssitz in Balance im Gelände

Fühlen Sie, dass Sie Ihr Knie mehr als nur angeschmiegt stabilisierend einsetzen, parieren Sie durch zum Schritt, lassen Sie wieder los, körperlich und mental, fühlen Sie nach, wann Ihr Pferd soweit ist und probieren Sie es dann nochmal.

Der „verwahrende Schenkel"

Der „verwahrende Schenkel" ist einer der Begriffe, die man zwar häufig in Reitbahnen hört, fragt man aber nach, ist oft nicht ganz klar, was damit tatsächlich gemeint ist. Die meisten Reiter drücken bei der Aufforderung zum „Verwahren" schlicht den äußeren Unterschenkel vermehrt an das Pferd. Manchmal reicht das, um das Pferd tatsächlich außen zu begrenzen. Oft führt es aber auch dazu, dass Pferde entweder einfach schneller werden, weil sie sich getrieben fühlen oder auf der gebogenen Linie die Biegung verlieren. Wie soll ein Pferd unterscheiden, dass eine innen anliegende Wade die Aufforderung zur Biegung bedeutet, während die außen angelegte Wade lediglich begrenzen soll? Noch dazu, wo die innere Wade, statt am Gurt, häufig zu weit hinten liegt – also annähernd auf der gleichen Höhe, auf der der äußere Schenkel nun begrenzen möchte.

Das „verwahrende" innere und äußere Knie

Eindeutig wird das „Verwahren", um das Pferd außen einzurahmen und zu begrenzen, wenn es vom bewusst angelegten äußeren Knie ausgeht und natürlich auch den Unterschenkel mit einbezieht. Das äußere Knie begrenzt nun die äußere Schulter und damit auch die Vorhand des Pferdes und der Unterschenkel rahmt die Außenseite ein. Dazu gleitet er deutlich eine gute Handbreite hinter

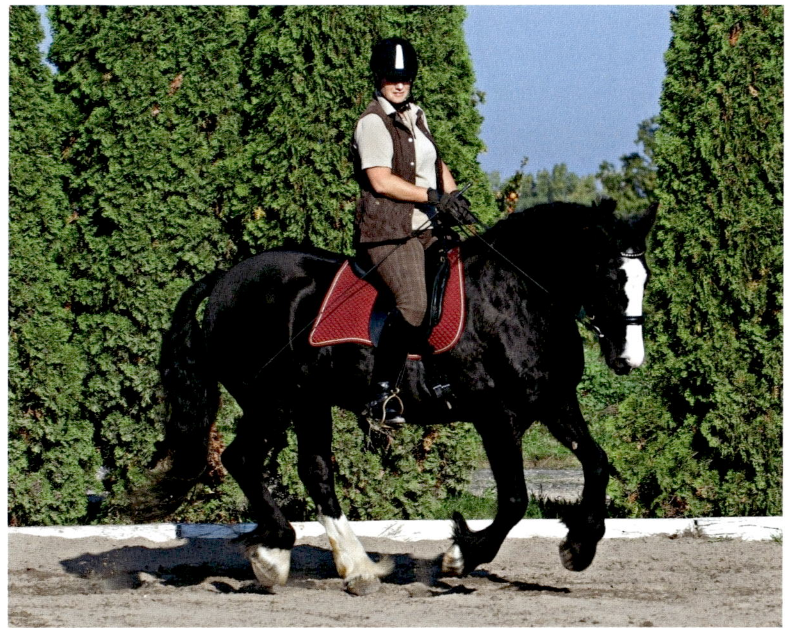

Hier wird das innere Knie „verwahrend“ eingesetzt.

den Gurt. Der innere, biegende Schenkel agiert AM Gurt. So ist die Botschaft für das Pferd klar zu verstehen. Die innere Wade gibt den Weg vor – das äußere Knie und der Unterschenkel begrenzen denselben.

Verwahrend kann nicht nur das äußcre Knie eingesetzt werden – gerade das innere Knie kann durchaus eine „verwahrende“ Funktion erfüllen, indem es dem Pferd hilft, NICHT auf die innere Schulter zu fallen. Vor allem im Galopp besteht die Gefahr, dass das Pferd in der Abrollphase über das innere Vorderbein auf die innere Schulter gerät. Das Knie bewusst einrahmend dort angelegt kann dem Pferd helfen, in seiner Schulterpartie aufrecht zu bleiben.

Spüren Sie Ihr Knie?

Ist Ihnen die Hilfengebung mit dem Knie geläufig und nutzen Sie sie routiniert? Dann spüren Sie Ihr Knie natürlich. Sollte Ihnen diese Möglichkeit der dosierten Einwirkung auf das Pferd neu sein, dann nehmen Sie sich die Zeit und erfühlen Sie, wie wenig ausreicht und wann es zu viel ist. Haben Sie das Gefühl, während der Einwirkung mit dem Knie, mit dem Gesäß sich aus dem Sattel zu erheben, DANN ist es zuviel. Das Knie darf angelegt werden und begrenzen – sobald es aber mit zu viel Druck angelegt wird, führt es dazu, dass das Gesäß sich vom Sattel entfernt. Dann schadet der Einsatz des Knies mehr als er nutzt!

Schweifen wir ab ... Nehmen Sie sich die Zeit, selbst Hilfen zu erfühlen und Gefühl und Reaktion des Pferdes zu erkennen und abzuspeichern. Gerade Spazierritte im Gelände eignen sich dazu, auf langen, geraden Strecken die Reaktion des Pferdes auf einrahmende und begrenzende Hilfen an Sitz und Bein sanft einzuleiten, fließend zu dosieren und die Reaktion des Pferdes zu studieren.

Dies alles dauert, vor allem anfangs, ziemlich lange und wer es nicht gewöhnt ist sich diese Zeit zu nehmen, hat erst einmal das Gefühl gar nicht zum Reiten zu kommen – und genau hier irrt er, denn genau DAS IST REITEN!!!

Zeit nehmen!

Es ist extrem wichtig, dass Sie sich auf dem Pferd die Zeit nehmen, eine Hilfe einzuleiten, sie langsam zu intensivieren, bis das Pferd mit seiner Reaktion zeigt, was es verstanden hat. Dann zum Aussetzen der Hilfe zu kommen und sie zum Abschluss aufzulösen, ohne das Pferde alleine zu lassen.

Schnelles, mechanisches Bedienen des Tragtieres Pferd in einer ausschließlich zielgerichteten, möglichst effektiven Art und Weise ist einfaches Benutzen oder vielleicht noch Sport.

Wahrhaftiges Reiten aber ist Kommunikation. Und zu echter Kommunikation gehört Zuhören – in diesem Fall dem Pferd – damit weiterhin verständlich und konstruktiv Informationen für einen besseren und immer erbaulicheren Dialog ausgetauscht werden können. Von beiden Seiten!

Fast jeder Ausbilder sagt: „Das Pferd hat immer Recht". Handelt er dann aber auch so? Oder muss das Ross „da doch mal eben durch", bevor der Reiter schnell wieder lächelnd höflich tut ...

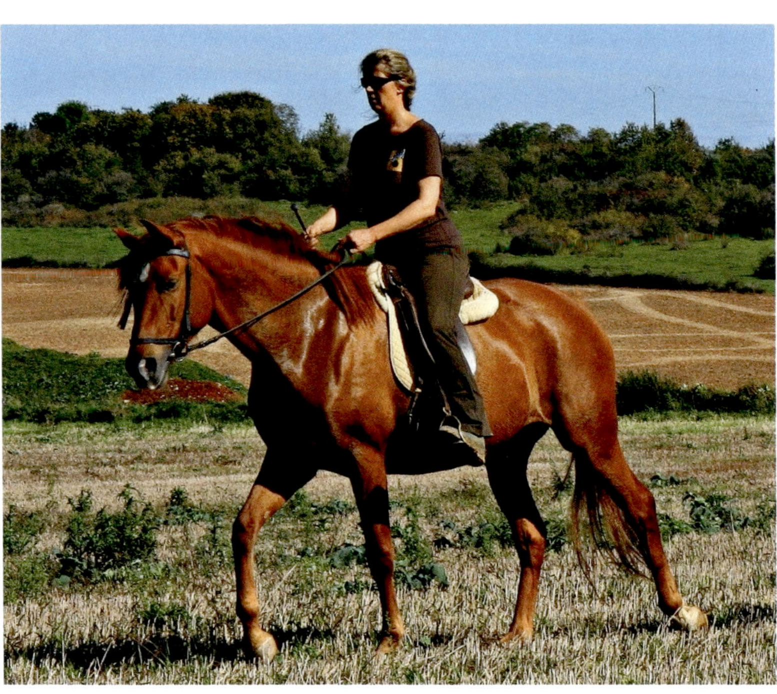

Auch im Schritt kann ein zuweilen leicht entlastender Sitz die Dehnungsbereitschaft beim jungen Pferd fördern. Das Reitergewicht verteilt sich auf Gesäß, Oberschenkel, Knie und Fußballen. Achten Sie darauf, ob Ihr Pferd eilig wird. Dann sofort wieder mehr zum Sitzen kommen.

Das „biegende" innere Knie

Manchmal kommt es vor, dass ein Reiter sich auf einem Pferd wiederfindet, das den aktiv angelegten Schenkel nicht erträgt. Sei es, weil es aus einer Reitweise kommt, bei der der Schenkel ausschließlich impulsgebend fürs Vorwärts eingesetzt und dann weggestreckt wurde oder einfach, weil es schlecht geritten ist und Angst vor dem Bein hat.

Wie auch immer – auf Dauer sollte das Pferd natürlich lernen, den Schenkel als freundlich begleitenden und vor allem nicht unangenehmen Rahmen anzunehmen. Sitze ich aber jetzt auf einem Pferd, das vor meinem Schenkel davonläuft und möchte es auf gebogener Linie reiten, kann ich diesem Pferd erst einmal das innere Knie als Zentrum der Biegung anbieten. Damit vermeide ich, dass das Pferd – das offensichtlich nicht gelernt hat, seiner Nase in gleichmäßiger Biegung hinterherzulaufen – sich vor meiner biegenden Wade ängstigt und davonrennt. Gleichzeitig helfe ich ihm „zwischen meinen Knien" – statt, wie normalerweise üblich, zwischen meinen Waden – sein Gleichgewicht auf der gebogenen Linie zu wahren.

Der Unterschenkel/die Wade

Es ist ein riesiger Unterschied, ob ich einem Pferd den Unterschenkel als Zentrum der Biegung anbiete oder ob ich mit dem inneren Bein einfach solange Druck ausübe, bis ich das Pferd nach außen schiebe, um es dann dort mit dem äußeren Bein wieder abzufangen.

Die schmusende Wade

Stattdessen sollte die am Gurt liegende, angeschmiegte innere Wade dem Pferd das Zentrum sein, um das es sich schmiegen kann …

Dann folgt der ganze Pferdekörper auf der gebogenen Linie der Pferdenase um den angebotenen inneren Schenkel herum. Die Biegung auf zwei Spuren, also gerade gerichtet zu halten, schafft das Pferd dadurch, dass es ihm möglich ist seine Außenseite stark zu dehnen und, da es kein Schlüsselbein hat, die große Beweglichkeit seiner Schulterpartie zu nutzen. Das Pferd folgt also mit dem inneren Beinpaar einer engeren und dadurch kürzeren Linie als mit dem äußeren Beinpaar. Dies führt dazu, dass das Pferd mit dem inneren Hinterbein mehr Last aufnehmen muss, während das äußere im Verhältnis mehr Schubkraft braucht, um sich weiterhin gerade gerichtet vorwärts zu bewegen. Und dies erklärt den hohen gymnastizierenden Wert gebogener Linien! Und zeigt deren Schwierigkeitsgrad – also zwischendurch das Pferd immer

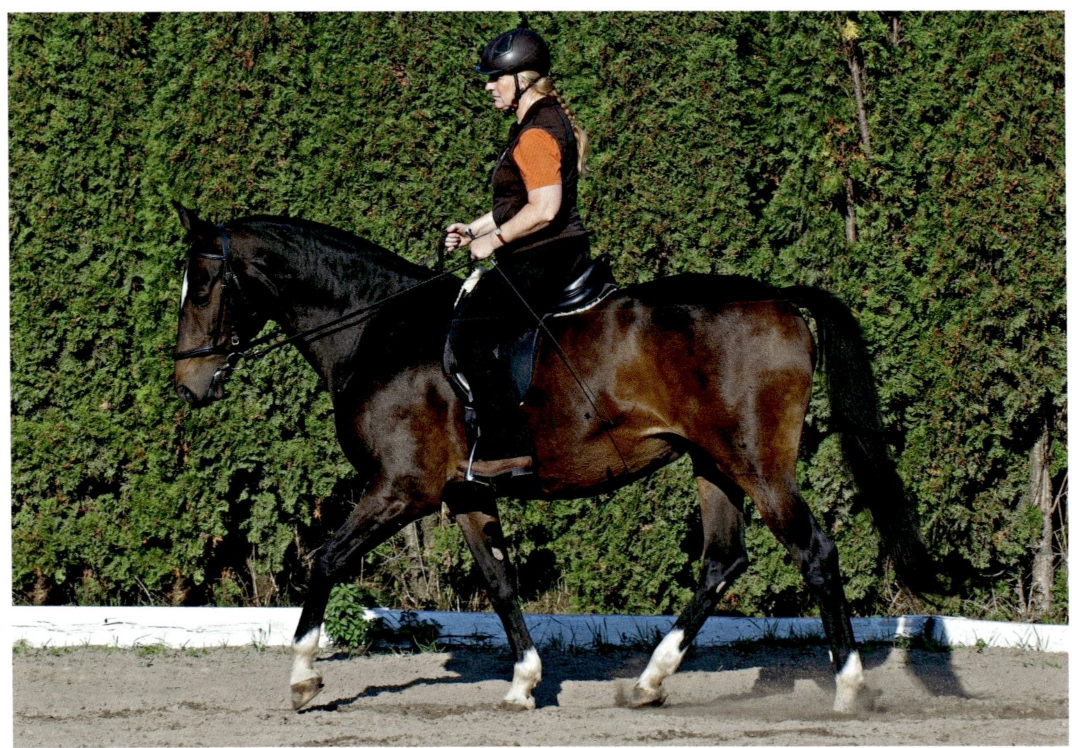

Für dieses Pferd ist es selbstverständlich, die Ecke um die innere Wade herum zu passieren.

wieder auf die Gerade entlassen! Und das Zentrum JEDER Biegung ist die Wade des Reiters!

Dass das Entstehen und Erhalten der Biegung nicht mit einem quetschenden Schenkel zu bewerkstelligen ist, der das Pferd genau daran hindern würde, weiterhin auf zwei Spuren zu laufen, ist klar!

Der Impuls für „vorwärts"

Genauso groß ist der Unterschied, ob ich als Impuls für „vorwärts" die Härchen des Pferdes vor meiner Wade ein wenig Richtung Gurt anwölbe (oder das zumindest als Ziel in der Verfeinerung meiner Einwirkung anstrebe), wie Herr Oliveira es beschreibt, oder dem Pferd in die Rippen trete, es mit dem Sporn ansteche oder einfach solange quetsche bis es reagiert.

Jede Hilfe muss bewusst und so fein dosiert wie möglich gegeben werden. Anfangs kann diese Vorgehensweise ziemlich lange dauern ... Aber ist es nicht sinnvoll, langsam, durchdacht und reflektiert vorzugehen, statt schnell aber hirnlos?

Nachdem ich den Satz mit dem „Härchen aufwölben“ von Herrn Oliveira gelesen hatte, hielt ich dies zunächst für eine sehr schöne aber doch recht blumige Formulierung. Da der Autor aber eigentlich nicht pathetisch schreibt, ließ es mir keine Ruhe und ich nahm mir die Zeit, bei vielen unterschiedlichen Pferden auszuprobieren, ob sie tatsächlich auf eine solch feine Hilfe reagieren würden. Ich ritt zu dieser Zeit viele junge Pferde an und hatte so viel Gelegenheit, bei völlig unverdorbenen Pferden Reaktionen zu beobachten.

Probieren Sie es aus: Jedes einzelne Pferd beginnt nach kurzer Zeit, innerhalb einer Reiteinheit auf diese feine Hilfe zu reagieren – wenn sich der Reiter darauf einlässt!

Warum auch nicht – schließlich zuckt ja auch jedes Pferd mit der Haut, wenn eine Fliege sich niederlässt – vom Vollblut bis zum Kaltblut! Die nötige Empfindlichkeit, eine solche Hilfe wahrzunehmen, ist also grundsätzlich gegeben. Ergo muss es meine Aufgabe als Reiter sein, die Sensibilität meines Pferdes so fein zu erhalten wie sie von Natur aus ist. Ich halte dies für logisch. Allerdings führt diese Logik dazu, dass ein so fein auf gezielte Einwirkung reagierendes Pferd ebenso fein auf Fehler reagieren wird – und das ist entlarvend für den Reiter. Im Sport wünscht man sich Pferde, die sich „anpacken“ lassen – was voraussetzt, dass diese Pferde bis zu einem gewissen Grad abstumpfen müssen, um dieses Anpacken nicht mit extremen Reaktionen zu spiegeln. Absoluter Gehorsam führt dazu, dass solche Pferde sich dem „Anpacken“ nicht (mehr) widersetzen und sich dann genauso formen und steuern lassen, wie der Reiter dies wünscht … Wirkliche Selbsthaltung und ein selbstbewusstes Pferd passen allerdings nicht in dieses „System“ …

1

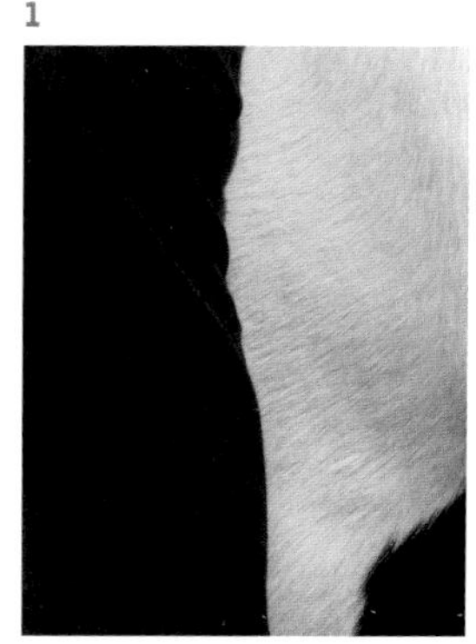

2

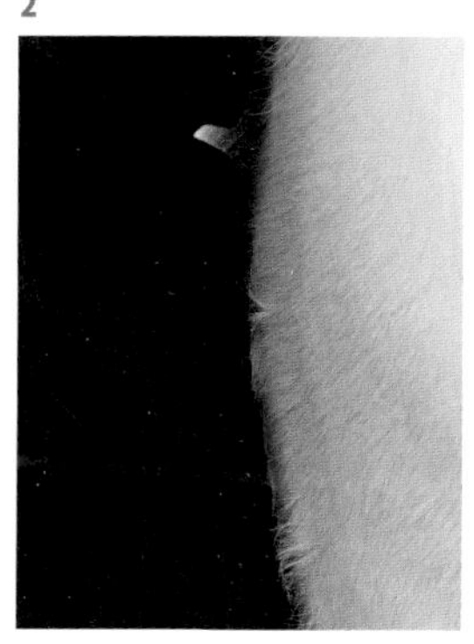

1 Das Bein liegt locker am Pferdekörper.

2 Hier wirft das Bein Schatten, da es aus der Hüfte heraus rotiert und das Knie sich bei anschmiegender Wade öffnet, was man auch an dem kleinen Lichteinfall in der Kniekehle sehen kann. Dennoch sind die „aufgewölbten Härchen“ eindeutig zu erkennen!

Verfeinern der Wadeneinwirkung

Wir beginnen die Einheit mit der spannenden Frage, wie wenig Bein meinem Pferd denn ausreichen könnte um zu verstehen, dass es antreten soll. Als erstes muss ich mir im Klaren sein, wie genau mein Pferd steht. Ich gehe jetzt von einem einfach offen – also nicht perfekt geschlossen auf allen vier Füßen – mitten auf dem Platz ruhig stehenden Pferd aus.

Sollte es bei Ihrem Pferd nicht möglich sein, zu Anfang der Einheit aufzusitzen und ruhig zu stehen, dann versuchen Sie bitte über vorheriges Freilaufen, Führen, Longieren oder Handarbeit das Pferd so weit zu beruhigen, dass es das Stehen aushält. Ein offen stehendes Pferd bei nicht einwirkendem Reiter müsste dies eigentlich relativ problemlos schaffen. Ist dies nicht der Fall, bitten Sie einen Helfer dazu, der das Pferd an einem Halfter, das es unter der Trense trägt, am Strick eventuell hält. Ist auch dies nicht möglich, müssen Sie noch einmal etwas Zeit in vorbereitende Boden- und Führarbeit investieren.

Unser Pferd steht nun also nicht zusammengestellt und offen am losen Zügel. Sie nehmen die Zügel auf leichten Kontakt auf und vergewissern sich, welches Vorderbein Ihres Pferdes weiter hinten steht.

Das Pferd wird mit ziemlicher Sicherheit mit dem gleichseitigen Hinterbein antreten wollen, weil dies der Fußfolge des Schritts entspricht. In diese Richtung gestellt reiten Sie bitte an. Also atmen Sie ein, schauen nach vorne in die Bewegungsrichtung, die einer leicht gebogenen Linie folgt und schmusen Ihre Wade langsam so von hinten nach vorne Richtung Gurt, dass Sie sich wirklich vorstellen können, dass diese Bewegung dazu führt, dass die Haare Ihres Pferdes sich gegen die Wuchsrichtung aufwölben.

VOR! lautet das Kommando – nicht mehr und nicht weniger – und alle Hilfen bestätigen dies! Die gertenführende Hand ist zur Seite geführt, um beim Touchieren nicht versehentlich auf den Zügel rückwärts zu wirken.

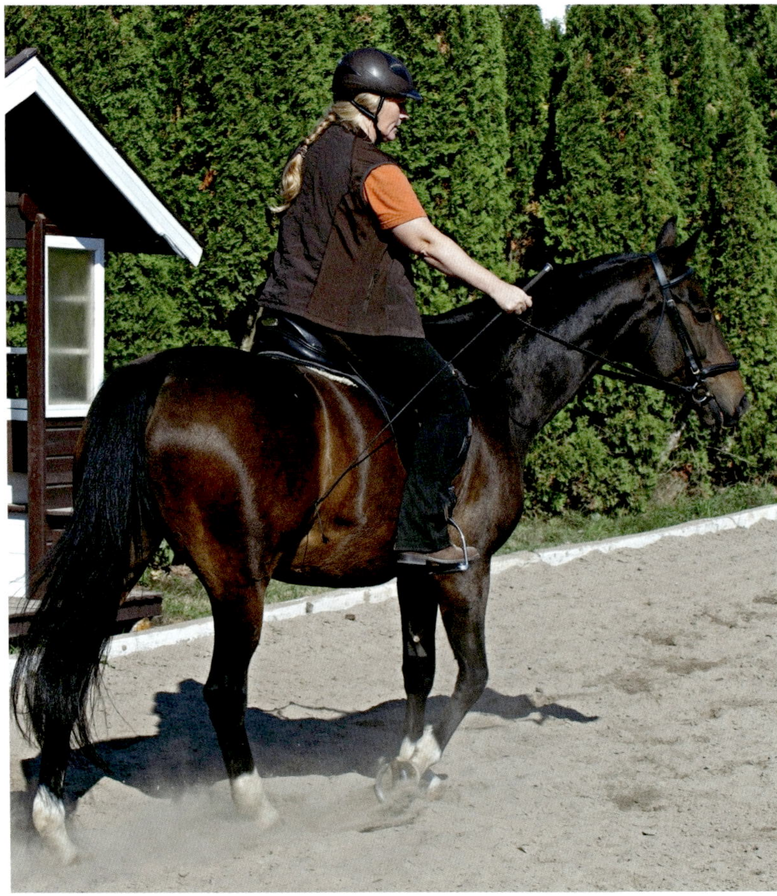

Die Hände bewegen sich bei nach innen gedrehter Schulterpartie und leichtem Bügeltritt außen einige Zentimeter nach vorne in Richtung Pferdemaul.

Eventuell passiert jetzt erst einmal: Gar nichts …

Sollte dem so sein, atmen Sie wieder aus, machen ein paar Sekunden Pause, richten sich per Einatmen erneut in eine positive Spannung auf und wiederholen das Anschmusen der Wade Richtung Gurt bei gleichzeitigem Vorlassen mit den Händen. Vielleicht begleitet von einem kleinen Schnalzer oder einem Stimmkommando wie „Schehritt" oder „Vor".

Vielleicht tritt Ihr Pferd jetzt an – Hervorragend! Großes Lob, ausatmen, halten, neuer Versuch! Nochmal MIT, danach nochmal OHNE Stimmkomando.

Vielleicht tritt es aber nach wie vor nicht an … Dann rate ich Ihnen, während die Wade völlig ruhig am Pferd liegt, dieses ganz leicht mit dem kleinen Bändchen an der Spitze der Gerte (Schlag) direkt hinter der Wade leicht zu berühren – genau diese Art der Einwirkung mit der Gerte ist es übrigens, die man als „Touchement" oder in der Verbform „touchieren" bezeichnet – berühren. Es ist also durchaus wörtlich zu nehmen und möchte nichts anderes, als das Pferd auf einen bestimmten Bereich seines Körpers aufmerksam zu machen! Mit Schlagen hat dies absolut NICHTS zu tun und damit ein Pferd wie gewünscht auf ein Touchement reagiert, darf es niemals Angst vor der Gerte bekommen. Nach dem Touchement wiederholen Sie den oben beschriebenen Ablauf mit vorgehender Hand, Schmusewade und Stimmkommando.

Tritt Ihr Pferd jetzt an? Ja? Dann großes Lob, ausatmen, ein paar Schritte laufen lassen und wieder zum Halten kommen.

Reagiert Ihr Pferd nach wie vor nicht, so ist es vielleicht – von welchem Reiter auch immer – irgendwann relativ stumpf gemacht worden. Es wäre auch möglich, dass es zu DEN jungen Pferden zählt, die sich verhalten, d.h. die vorwärts treibende Wirkung des Schenkels nicht verstehen und sich umso mehr verhalten, je mehr getrieben wird. Dann brauchen Sie einen Helfer, der vom Boden aus dafür sorgt, dass Sie Ihre treibenden Hilfen nicht übertreiben, indem er Sie vom Boden aus nachtreibend unterstützt. Außerdem muss ein solches Pferd sehr gut auf Stimmkommandos konditioniert werden.

Ist das Pferd tatsächlich abgestumpft, besteht Ihre Aufgabe nun darin, die eigentliche Sensibilität Ihres Pferdes auch am Bein (wieder) hervorzulocken. Je stumpfer ein Pferd erscheint, umso feiner muss die Einwirkung sein … Beim sich verhaltenden Pferd ist die Vorgehensweise die gleiche.

Sicher sind wir uns einig, dass es das höchste Ziel jedes Reiters sein muss, mit möglichst feinen Hilfen zu agieren. Genau dies streben wir mit der beschriebenen Übung an – wir sind sozusagen schon voll dabei! Und wir gehen nicht darüber hinweg, indem wir das Pferd „irgendwie" in Gang bringen und denken „wenn der mal warm ist, dann wird das besser"...

NEIN – vom ersten Moment an möchte ich mich mit feinsten Hilfen meinem fein reagierenden Pferd mitteilen – nicht erst irgendwann – ein Pferd ist keine Diesellok, sondern ein extrem sensitives Lebewesen!

Es ist absolut nötig, auf diesen kleinen Ansatz so kleinlich einzugehen – diese Art von dosierter, bewusster Einwirkung, gilt es zu erlernen, damit es dem Pferd überhaupt möglich ist, unter dem Reiter fein zu reagieren...

Und wenn es nicht klappt?

Dann atmen wir durch, sagen uns „Interessant!?!" und fühlen uns MEHR in unser Pferd und die Vorgehensweise ein! Es lohnt sich! So kann man LERNEN: direkte Kommunikation – Anfrage – Antwort – Unverständnis? – Bessere Erklärung – Unverständnis? – Exaktere Hilfen? Zusätzliche Hilfe/Sprache/Helfer? – Anfrage: neu formuliert, langsamer vielleicht – Reaktion? – Eine Bewegung – ein Angebot – ein Versuch? Bestätigung!!! Pause!

Vielleicht mit Helfer?

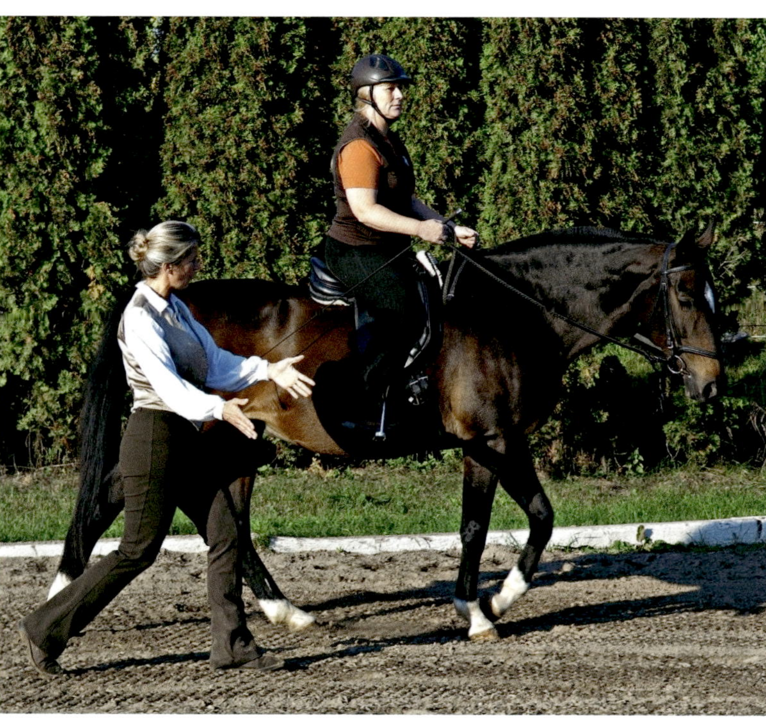

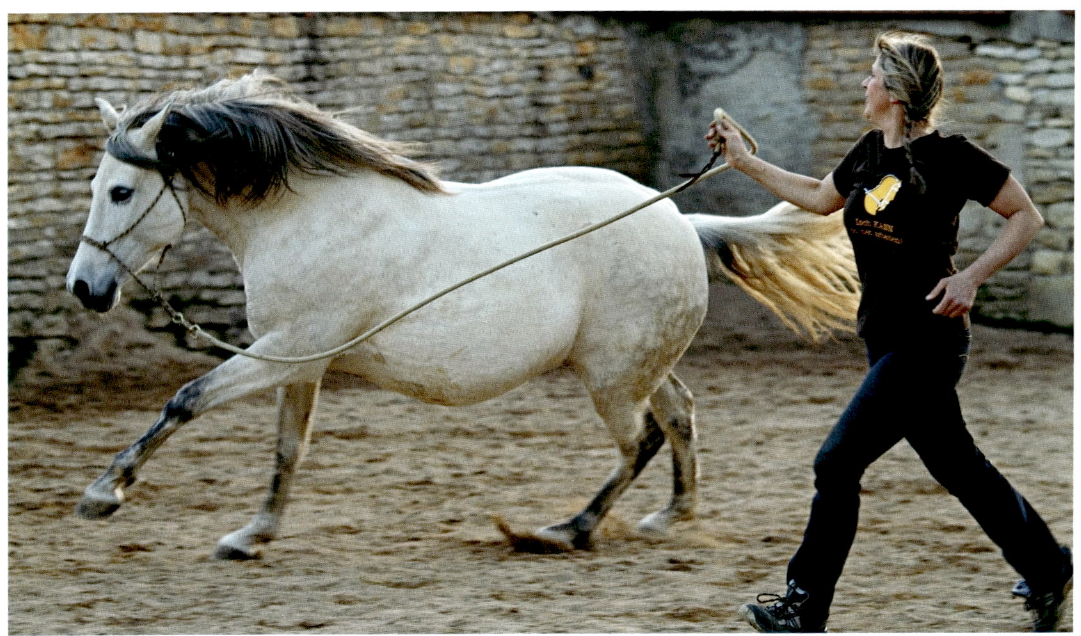

Sie verbringen FREIzeit mit Ihrem Pferd! Freuen Sie sich daran!

Ein Mensch, der meine Sprache nur sehr wenig spricht, wird mich nicht dadurch besser verstehen, dass ich lauter werde, bis hin zum Anbrüllen oder dadurch, dass ich ihn schlage! Spreche ich aber langsamer, die einzelnen Worte sehr genau und klar aus und lasse ihm Zeit, einzelne Worte zu verstehen und zu kombinieren, so steigt die Chance enorm, dass er mich versteht!

DAS ist Kommunikation ... WICHTIG: Solche Phasen fordern die Gelassenheit und Selbstkontrolle eines Reiters enorm – achten Sie darauf, dass Sie und Ihr Pferd auch Ausgleich haben. Sei es bei Ausritten allein oder in Gesellschaft – je nachdem wie es einfacher ist. Oder in freiem Spiel auf dem Roundpen oder einem Tanz am Seil. Gönnen Sie sich und Ihrem Pferd Auszeiten und Abwechslung – verbeißen Sie sich nicht ausschließlich in die dressurmäßige Arbeit – sonst dient sie weder Ihrem Pferd noch Ihnen, sondern frustriert irgendwann! Die Dressur ist FÜR das Pferd – nicht umgekehrt ...

Reagiert mein Pferd nun auf diesen feinen Impuls der Wade mit klarem Verstehen der Idee „Vorwärts“, habe ich ein Pferd, das „gut am Bein ist“! Und das ist die halbe Miete! Nur von hinten nach vorne kann das Pferd sich unter dem Reiter in einer sinnvollen, gesunden Art formen. Habe ich nicht den uneingeschränkten Willen meines Pferdes zum Vorwärts, fehlt der Motor und es kann nichts Gutes bei der Reiterei entstehen ...

Die Bewegung der Unterschenkel des Reiters in der Bewegung des Pferdes

In der Vorwärtsbewegung, die dem Antreten folgt, bewegt das Pferd den Reiter, wie schon in diesem Kapitel beim Abschnitt „Becken" besprochen, in einer Links-rechts-Bewegung. Es ist sehr wichtig, dass Ihnen diese Beckenbewegung klar ist. Wenn Sie nicht sicher sind, lesen Sie den entsprechenden Absatz bitte noch einmal durch!

Bei losgelassenem Gesäß bewirkt diese Links-rechts-Bewegung, dass sich Ihre Fersen abwechselnd absenken – immer auf der Seite, auf der gerade das Hinterbein vorschwingt. Der Fußballen ruht auf dem Steg des Bügels und die Ferse kann sich aus dem losgelassenen Sprunggelenk leicht absenken.

Nun wird der Unterschenkel, immer auf der Seite des vorschwingenden Hinterbeins, an das Pferd heranpendeln und auf der anderen Seite vom Pferdebauch etwas fortbewegt werden.

Der Schenkel bleibt dadurch von selbst, bzw. vom Pferd bewegt, aktiv wechselseitig impulsgebend.

Den Takt, in dem sich das Pferd nun bewegt, nehmen wir erst einmal so an und nehmen ihn als Grundtempo unseres Pferdes hin – auch wenn er uns evtl. zu langsam oder zu schnell erscheinen sollte – gönnen Sie sich die Zeit exakt wahrzunehmen, WAS genau passiert. Auch den Raumgriff, in dem sich das Pferd nun bewegt, nehmen wir vorerst so als gegeben hin.

Lassen Sie die Bewegung der Unterschenkel bewusst über das wechselseitige Absinken der jeweiligen Ferse heraus. So wird Ihr Unterschenkel ruhig am Pferd atmen und nicht unruhig herumrutschen oder klopfen.

Schreitet das Pferd nun in einem gleichmäßigen Takt und Raumgriff, begleitet und bestätigt von Ihrer „fühlenden Wade" dahin, nehmen Sie dies alles

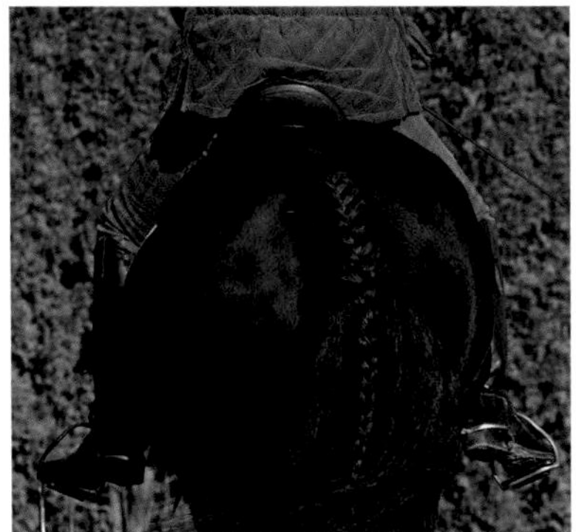

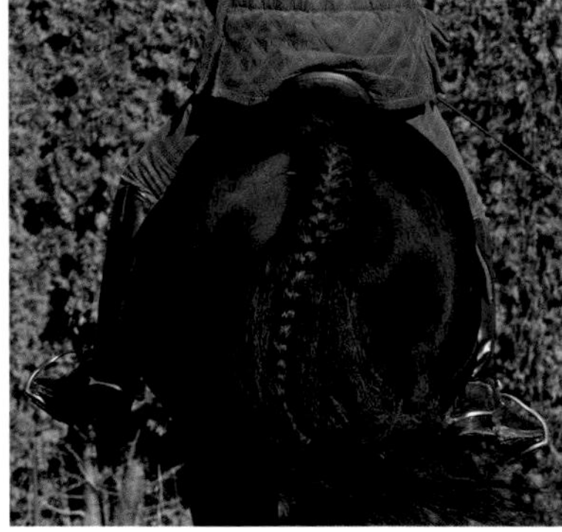

Der Unterschenkel pendelt immer auf der Seite des vorschwingenden Hinterbeins an das Pferd heran und wird auf der anderen Seite vom Pferdebauch etwas fortbewegt.

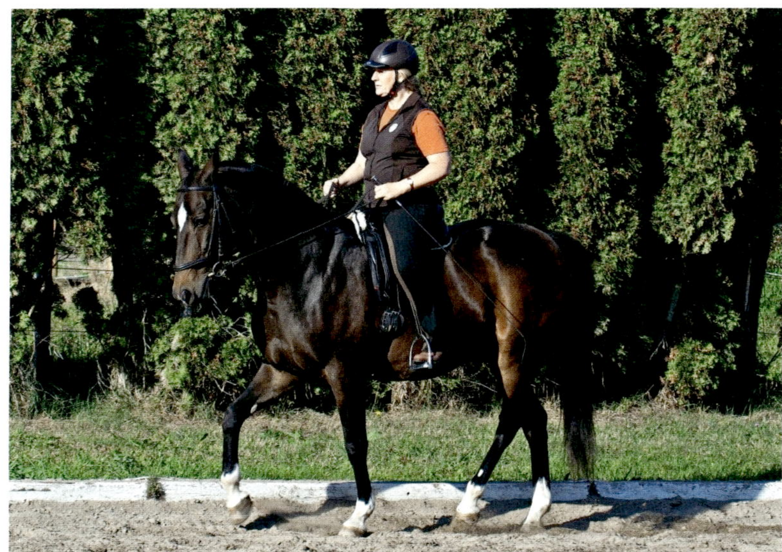

In aller Ruhe nimmt das Pferd sich am Sitz auf – kein hektisches Zappeln.

bitte sehr bewusst wahr. Im Augenblick ist DAS das Grundtempo Ihres Pferdes – die Basis also, von der wir im Schritt ausgehen. Lassen Sie sich dabei filmen und machen Sie sich ein Bild davon, wie das, was Sie fühlen, aussieht.

Werten Sie noch nicht – fühlen Sie nur und schauen Sie es sich an. Erscheint Ihnen der Takt, in dem Ihr Pferd schreitet, zu langsam, dann beginnen Sie nun damit, die Pendelbewegung der Unterschenkel nicht mehr ausschließlich über die Ferse nach unten herauszulassen, sondern unterstützen Sie die wechselseitige Bewegung mit einem vermehrten Anschmusen der jeweils heranpendelnden Wade. Die Fußspitzen werden sich dabei etwas nach außen bewegen – es ist unumgänglich, wenn sich die Wade anschmiegt und auch absolut in Ordnung. Mehr dazu im Abschnitt „Füße“!

Analysieren Sie die Reaktion Ihres Pferdes genau. Wird es eiliger oder werden seine Schritte länger? Wenn ja: einige Schritte diesen Takt halten und LOBEN und dann wieder das ursprüngliche Tempo annehmen.

Ist Ihr Pferd sehr eilig, versuchen Sie das, was Sie über den „aufnehmenden Sitz“ gelesen haben, anzuwenden. Lassen Sie den Bauchnabel nach innen sinken, wobei sich die Lendenwirbelsäule etwas rundet, halten Sie im Geradeaus die Schultern über der Linie des Beckens und lassen Sie nun Ihre Unterschenkel ein klein wenig nach hinten gleiten – Ihre Bewegung entspräche einem leichten „In-die-Knie-gehen“ im Stand. Bleiben Sie dabei in der Rechts-links-Bewegung des Pferdes und fühlen Sie, ob es sich aufnimmt.

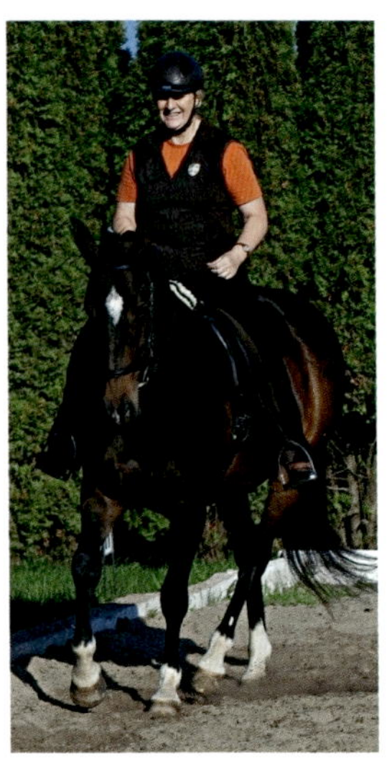

Gut gemacht!

Es ist möglich, dass es einige Schritte – oder sogar eine ganze Seite oder Runde in der Bahn – dauert, bis das Pferd reagiert. Hat es sich aufgenommen, diesen Takt einige wenige Schritte oder Tritte halten und LOBEN! Und das Pferd wieder in sein Grundtempo entlassen! Reagiert das Pferd anfangs gar nicht, wiederholen Sie die Anfrage einige Male und achten Sie sehr genau auf das kleinste Anzeichen für Veränderung – und honorieren Sie diesen Versuch mit Lob! Ihr Pferd wird lernen, auf Lob zu warten und sich immer mehr engagieren!

Gleichgewicht = Takt!

Die von hinten nach vorne gegen die Wuchsrichtung des Fells in Richtung Gurt wirkende Wade wirkt also treibend.

Der zurückgleitende Unterschenkel wirkt versammelnd. Beobachten Sie einmal, wieviele Reiterbeine immer mehr nach hinten rutschen, je mehr sie treiben wollen ... Und wenn Sie dies optisch wahrgenommen haben, beobachten Sie mal Ihre eigenen Unterschenkel beim Treiben ...

Bitte lassen Sie sich nicht dazu verführen, das gewünschte Ergebnis auf die Hilfen jetzt sofort und für den Rest der Einheit halten zu wollen – das wird nicht funktionieren. Das Pferd verfügt nicht über eine Gangschaltung, die es sicher in einem Gang hält. Es gilt zu üben und durch viele Wiederholungen über einen langen Zeitraum die Kraft zu erreichen, die das Pferd braucht, um unter dem Reiter weder zu eilen noch schleppend zu gehen. Und es braucht einen ständig korrekt sitzenden Reiter, um das Pferd nicht immer aus dem Gleichgewicht zu bringen und es so ungewollt auszubremsen oder seinem durch den Reiter verlorenen Gleichgewicht hinterherzueilen.

Tipps für gutes Gelingen

- Gehen Sie langsam und solide vor!
- Fragen Sie sich, ob das Pferd verstanden hat!
- Fragen Sie sich, ob das Pferd körperlich und mental in der Lage ist das zu tun, was Sie anfragen!
- Loben Sie gute Ansätze – hat das Pferd die Idee dessen verstanden, was Sie wünschen, wird es bei entsprechender Übung lernen, dies auch über längere Zeit zu halten!
- Beenden Sie nach einem guten Versuch die Übung und Loben sie ausgiebig!
- Kommen Sie in der Reiteinheit zu einem Ergebnis, das besser war, als jeder Versuch zuvor in der gleichen Übung – loben, loben, loben Sie und beenden Sie die Reiteinheit sofort! Mit diesem guten Ergebnis und Gefühl wird Ihr Pferd die Übung positiv abspeichern und die Bahn beim nächsten Mal motiviert und leistungsbereit betreten. Verpatzen Sie den guten Abschluss mit einem missglückten Versuch, haben SIE es verbockt! Wäre doch schade, oder?

Wer wirklich lernen will, braucht gute Nerven!

Diese Vorgehensweise erscheint einem Reiter, der es gewöhnt ist auf dem Pferd zu arbeiten anfangs schlicht nicht durchführbar – es sei denn, die Verzweiflung ist bereits groß genug, weil alle anderen Methoden schon versagt haben. Dies ist nicht die schlechteste Grundlage zum Lernen – ist man desillusioniert, erwartet man nicht mehr viel, ist daher recht gelassen und freut sich umso mehr an kleinen Erfolgen. Ich weiß dies, weil es mir selbst schon so ging.

Ich treffe immer wieder Menschen, die sich in unseren ersten gemeinsamen Übungseinheiten nur zähneknirrschend damit abfinden können, dass sie nur SOOOO wenig machen dürfen. Und sich fragen, wie denn bitte schön so ein bisschen Getüddel Ihr Pferd rittiger machen soll …

Nehmen Sie sich zurück, zurück, zurück – fragen, fühlen und analysieren Sie – und das braucht ZEIT! Halten Sie also durch! Es lohnt sich!!!

Auch mir fällt es übrigens nicht leicht, mich an dieser Stelle nach wie vor ausschließlich auf die Grundlagen der Einwirkung und diese auch noch jeweils isoliert zu beschränken und nicht (noch mehr) abzuschweifen … wo es doch sooo viele Möglichkeiten gibt, auf dem Pferd verständlicher Weise kreativ zu werden um mit ihm an den verschiedenen Herausforderungen zu wachsen. Aber es sind genau diese einzelnen Grundlagen, die wir benötigen, um dann später immer subtiler und feiner den Strauß der Hilfen, den wir hier pflücken, zu einem perfekten Bouquet der feinen Einwirkung werden zu lassen, die dann zu einer Harmonie führen, wie wir sie beim „Arbeiten“ auf dem Pferd nie für möglich gehalten hätten. Also, halten Sie durch und konzentrieren Sie sich – es kommt auf jede Kleinigkeit an! Irgendwann werden Sie völlig erstaunt auf dem Pferd sitzen und feststellen, warum genau DIESES Detail so wichtig ist!

Die wichtigste Erkenntnis

Es geht hier nicht darum, das Pferd zu besserem Funktionieren zu bringen – es geht darum, dass DER REITER lernt so zu reiten, dass es seinem Pferd möglich ist, ihn zu verstehen – DAS macht das Pferd durchlässig und willig!

1

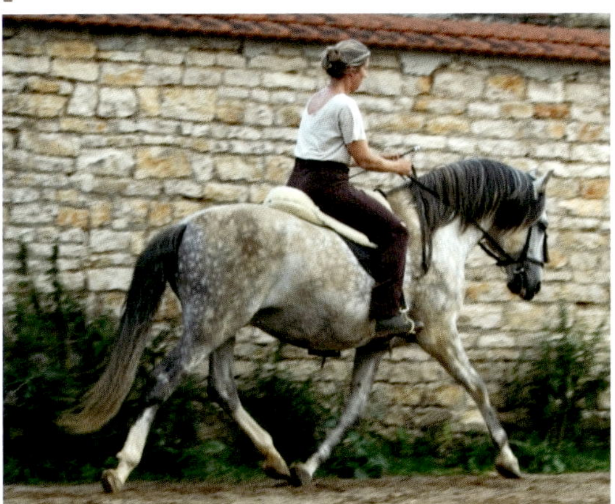

2

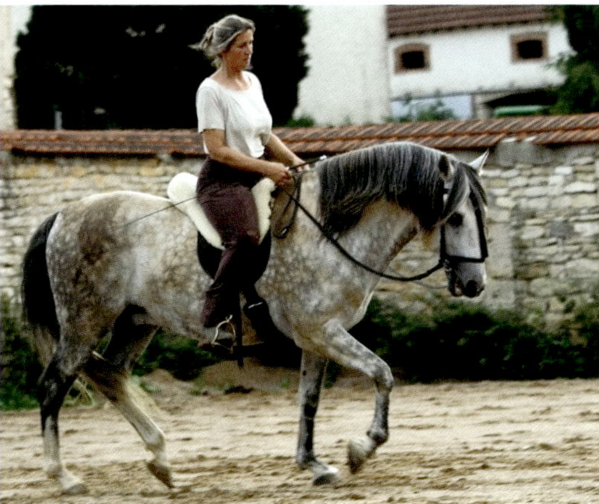

1 Treibender Schenkel am Gurt

2 Zurückgleitender Unterschenkel nimmt auf

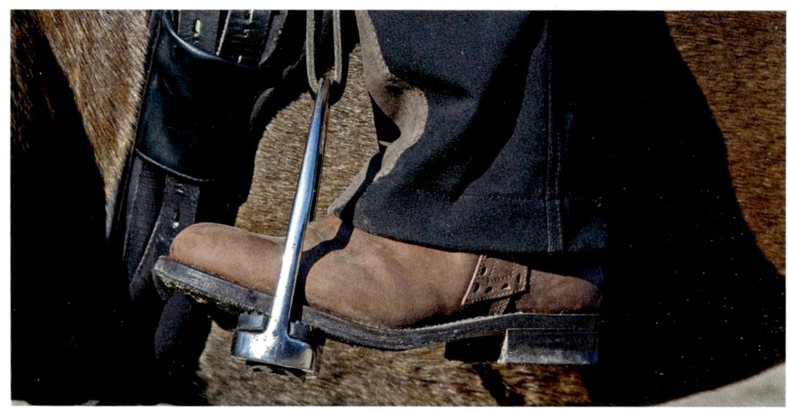

Der Fußballen ruht auf dem Steg des Steigbügels.

Die Füße

Die Füße ruhen mit dem Ballen auf dem Steg des Steigbügels. Bei korrekt verschnalltem Bügel mit leichter Winkelung in Hüft-, Knie- und Sprunggelenk befindet sich auf dem stehenden Pferd die Ferse etwas tiefer als der Ballen.

Die Zehen sollten locker im Schuh ruhen und weder greifend noch gespreizt nach Halt suchen. Der passend verschnallte Bügel bietet dem Fuß auf seinem Steg eine stabile, ruhige Grundlage, auf der er ruhen kann.

Fußhaltung auf der Geraden

Setzt sich das Pferd im Schritt in Bewegung, senken sich die Fersen mit der wechselseitigen Bewegung, in die das Pferd das Becken des Reiters versetzt, abwechselnd links und rechts ab. Dieser wechselseitige Bewegungsablauf findet ebenfalls im ausgesessenen Trab statt, da auch in dieser Gangart das Pferd seine Hinterbeine wechselseitig und symmetrisch vorschwingend einsetzt.

Der beschriebene Bewegungsablauf ist Indiz dafür, dass der Reiter vom Gesäß an abwärts losgelassen sitzt. Wäre er unterhalb der Taille irgendwo verspannt, könnte die Bewegung des Pferdes nicht durch den Körper des Reiters bis zu den Fersen hindurchfließen.

Früher wurden Reitschüler angehalten, ihre Fußspitzen nach innen zu wenden. Mittlerweile weiß man, dass es nicht möglich ist, mit nach innen gekehrten Fußspitzen wirklich auf dem Gesäß zu sitzen. Dreht man die Fußspitzen einwärts, gerät man automatisch in den Spaltsitz. Leider ist dies noch nicht bei allen Ausbildern angekommen …

Im losgelassenen Sitz weisen die Fußspitzen bei lockerem Hüftgelenk, genau wie die Knie, etwa 30 Grad von der Längsachse des Pferdes nach außen.

Nach innen verdrehte Fußspitzen führen zu klemmenden Knien, blockierten Hüften und der Fuß kann nicht auf dem Steg ruhen, sondern berührt diesen nur mit dem kleinen Zeh.

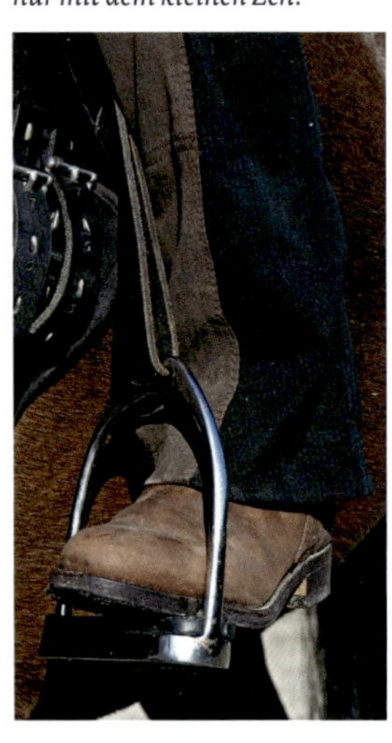

Da der Reiter aus der Hüfte heraus auf dem Pferd gespreizt sitzen muss, sind das nach außen weisende Knie sowie die leicht nach außen weisenden Füße, bei am Pferd ruhenden Waden, die völlig natürliche Folge und auch absolut in Ordnung. Jedes Gegensteuern gegen diese natürliche Richtung wird zu Klemmen, Verspannung und dadurch zu einem nicht geschmeidigen Sitz führen.

Auch wenn der Sitz, sportlich betrachtet, korrekt aussehen mag, sitzt ein Reiter mit nach innen verdrehten Fußspitzen mit Sicherheit nicht locker – er erstarrt sozusagen in Schönheit.

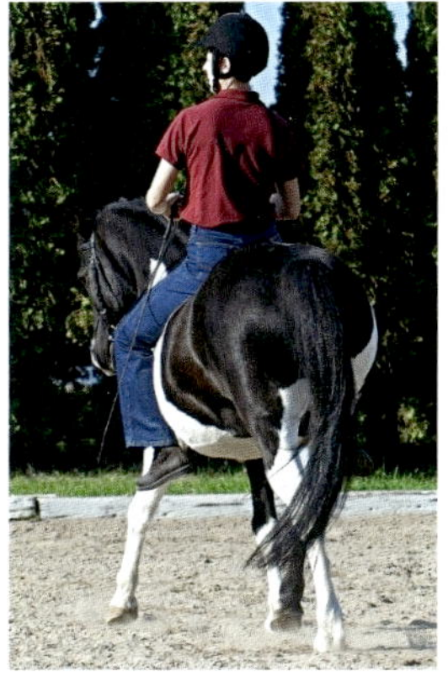

Der „gedachte" Bügeltritt innen im Kurzkehrt – auch ohne Bügel. Beachten Sie das durch den Bügeltritt sich links absenkende Becken.

Bügeltritt

Der Bügeltritt ist keine neue Erfindung – auch wenn dieser Begriff gerade in letzter Zeit zum Glück verstärkt auftaucht. Tatsächlich geht der geläufige Begriff „aus dem Stegreif" genau auf diesen Bügeltritt zurück. Er besagt nichts anderes, als dass jemand in der Lage ist, etwas ohne großen Aufwand zu tun. Und genau so kann ein Reiter mit wenig Aufwand viel bewirken, indem er „aus dem Stegreif", also aus dem Steigbügel (Steg-Reif), agiert.

Im Bügeltritt bringt der Reiter mehr Last in einen Steigbügel und da das Pferd die Tendenz hat, sein Gleichgewicht zu wahren, wird es unter das Gewicht laufen – das heißt eine seitliche Verschiebung in Richtung des Bügeltritts ausführen. Eine unaufwändige Hilfe also mit großem Effekt. Übrigens auch ohne Bügel nutzbar – allerdings sinkt hier der ganze Fuß und nicht nur die Ferse, da ja kein Bügel vorhanden ist, auf dem der Ballen ruhen könnte.

Der Bügeltritt kann zum Abwenden, für Seitengänge und zum Ausgleichen von Ungleichgewicht aktiv eingesetzt werden. Er darf nur so intensiv eingesetzt werden, dass sich die Ferse des Reiters auf dieser Seite absenkt, er sich aber nicht vom Gesäß erhebt oder in einem seiner Gelenke blockiert. Ein kurzer Bügeltritt kann die Balance wieder herstellen, ohne im geringsten den Takt oder den Übungsablauf zu stören – und das in jede Richtung.

Hier wirkt der Bügeltritt im Schulterherein als feine Hilfe korrigierend innen, statt wie üblich außen. Er verhindert so, dass das Pferd über die äußere Schulter driftet, ohne dass diese Korrektur den Takt stören würde. Am inneren Ohr des Pferdes ist zu erkennen, dass es die aktuelle Korrektur wahrnimmt.

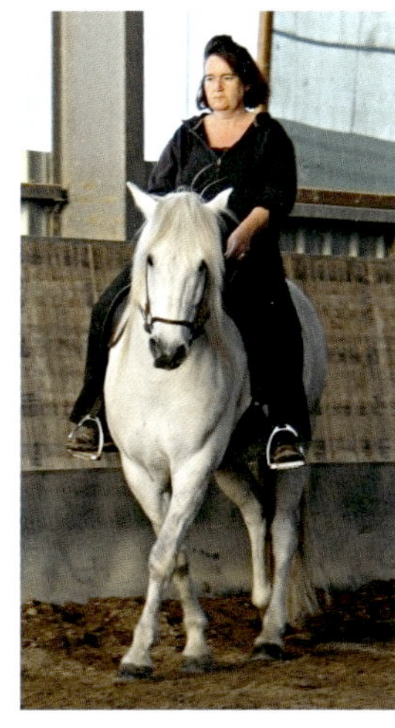

Die Fußhaltung in der Biegung

Um die Wade geschmeidig ans Pferd legen zu können ohne viel Druck mit derselben ausüben zu müssen, ist es oft zweckdienlich, die Fußspitze aktiv vom Pferd abzuwenden. Gerade Reitern, denen man eingebläut hat, dass die Fußspitze nach innen gehört, haben anfangs enorme Schwierigkeiten damit die Fußspitze tatsächlich abzuwenden. Gelingt es ihnen aber, sind sie meist begeistert, wie weich man als Reiter dem Pferd die Wade „hinhalten" kann und wie willig das Pferd sich dann um diese biegt.

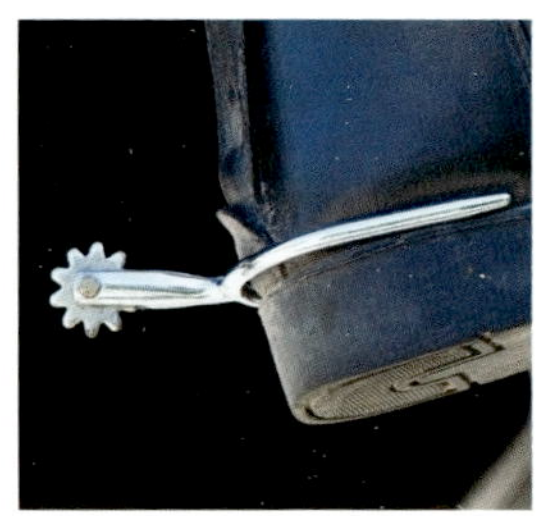

Wer mit diesen Stecksporen „sticht" – und sei es aus Versehen – kann sie später auf dem Reitplatz suchen.

Sieht man das Ganze dann auf einem Video, ist man zusätzlich erstaunt, dass es noch nicht mal schrecklich aussieht. Man muss sich an diese Hilfe, wenn sie früher strengstens verboten war, langsam herantasten und sehr analytisch vorgehen, um sie ins Repertoire zu nehmen – aber es lohnt sich.

Sporen: Auch ein Sporn – der vorsichtig eingesetzt am Fuße eines Könners eine sehr feine Hilfe sein kann, der seinen Körper beherrscht – kann nur entweder mit einer Drehung der Fußspitzen nach außen, oder einem dosierten Anheben der Ferse sinnvoll eingesetzt werden. Beides Bewegungsabläufe, die in der ursprünglichen Sitzbeschreibung völlig verpönt waren. Aber wie sonst soll ein Sporn am Gurt Impuls gebend kitzeln, um eine Biegung hervorzurufen? Versammelnd wirkt er in einer sehr sanften, langsam nach hinten am Pferdebauch entlang gleitenden Bewegung. Biegend wirkt er wie der Fuß am Gurt und auf den gleichseitigen Hinterfuß Impuls gebend in einer Bewegung von hinten nach vorn. Ein vorsichtig und freundlich eingesetzter Sporn zählt zu den feinsten Hilfen überhaupt. Die Berührung mit dem Sporn kann kitzelnd, stupsend oder rollend sein – niemals aber stechend oder gar reißend!

Ich persönlich mag sehr gerne Stecksporen, die nur in die Vertiefung der Naht oberhalb des Absatzes gesteckt werden und bei zuviel Einsatz auch schnell verloren gehen.

Iberische oder Westernsporen gehören auf die Naht, direkt über den Absatz. Die mit Riemchen verschnallten Sporen, wie sie im Sport verwendet werden, maximal in die Mitte der Fersenkappe des Stiefels. Die Unart, Sporen zum Teil in der Knöchelfalte des Stiefels zu tragen, ist indiskutabel und mir ist unbegreiflich, dass Richter dies zulassen. Der Sporn muss über ein leicht laufendes Rad mit abgerundeten Strahlen oder aber einen gut abgerundeten, nach unten gerichteten glatten Kopf verfügen, der entweder über das Fell rollt oder eben gleitet. Auch die Schwanenhalssporen für Reiter mit extrem langen Beinen sind so geschwungen, dass die Spitze oder das Rad des Sporns nach unten weist.

Dem Reiter muss jedes Haar bewusst sein, das er mit dem Sporn berührt. Auf keinen Fall dürfen scharfkantige oder spitze Sporen mit schlecht laufenden Rädern benutzt werden. Nur wer seinen Sitz zu 100 % unter Kontrolle hat, sollte die Benutzung von Sporen in Betracht ziehen. Sie können, korrekt eingesetzt, super-feine Hilfsmittel sein. Falsch angewendet sind sie eine Katastrophe für das Pferd. Fängt Ihr Pferd, wenn Sie Sporen tragen, an zu rennen oder gar zu buckeln – legen Sie sie sofort ab! Ein wirklicher Könner kann eine Remonte mit Sporen reiten ohne dass diese es bemerkt – er wird sie auf keinen Fall ungewollt damit berühren oder ihr damit Schmerzen bereiten.

Sporenmissbrauch

Spitz auslaufende oder steil nach oben gerichtete Sporen sind inakzeptabel und Tierquälerei! Verletzungen durch Sporen sind nicht zu entschuldigen.

Auch ohne den Sporn können die oben beschriebenen kleinen Berührungen, mit dem Fuß oder der Ferse ausgeführt, sehr fein und effektiv wirken. Stellen Sie sich einfach einen Sporn vor … Ich gehe deshalb so ausführlich auf dieses Hilfsmittel ein, weil ich eben der Meinung bin, dass die Art, in der man es benutzen sollte, auch ohne dasselbe hilfreich ist.

Der treibende Impuls mit dem Absatz gleicht dem sanften Anticken eines Tennisballs für eine ganz kurze Distanz mit der Innenseite der Ferse. Probieren Sie es aus: Der Impuls nach vorne ist eindeutig!

Glauben Sie, die Idee der Einwirkungsmöglichkeiten mit dem Sporn verstanden zu haben, üben Sie sie – erstmal ohne Sporen.

Was müssen wir tatsächlich benutzen?

Nun haben wir sämtliche Bereiche des Körpers, die uns zur Verfügung stehen, mit all ihren Einsatzmöglichkeiten einmal überflogen. Machen Sie sich die vielen Details bewusst, durchdenken Sie sie, probieren Sie sie aus, verfeinern Sie sie, perfektionieren Sie sie, legen Sie sie in Ihrem geistigen Instrumentenkoffer ab – und versuchen Sie, sie so wenig wie möglich zu benutzen. Mit Ausnahme natürlich der Stimme zum Loben!

Vielleicht sollten Sie weiterhin die Checkliste aus dem Kapitel „Der Sitz“ (Seite 61) in die Tasche Ihrer Reithose stecken und ab und zu mal draufschauen. Oder Sie legen sich eine neue Liste mit Stichworten an, die Ihnen für Sie persönlich wichtig erscheinen. Oder kopieren Sie sich Teile hier aus dem Buch. Gehen Sie immer wieder alle Möglichkeiten der Einwirkung mit den Einzelteilen Ihres Körpers durch – sowohl theoretisch als auch praktisch, bis Sie nicht mehr nachdenken müssen, sondern die einzelnen Bewegungsabläufe so fließend ineinander übergreifen, wie das Wechseln von einem Gang in den anderen beim Autofahren oder ein anderer automatisierter Ablauf. Machen Sie sich bewusst, dass Reiten tatsächlich so anspruchsvoll ist, wenn wir uns als Reiter erdreisten, das Pferd formen zu wollen.

Wer bis hierher durchgehalten und tatsächlich alles gelesen und durchdacht hat, hat wahrlich ordentlich Tonleitern geübt! Mit den Übersichten über Sitz und Hilfengebung haben wir ein Vokabular zusammengetragen, das es mir im folgenden Kapitel erlaubt, auch vielschichtigere Ansätze und Korrekturen zu beschreiben. Ich setze nun die Details, die wir als Freizeitreiter zum gefühlvollen Reiten benötigen, als bekannt voraus. Jetzt geht es in den reiterlichen Alltag und seine vielen kleinen und großen Herausforderungen, an denen wir wachsen können – wenn wir bereit sind nachzudenken!

Herausforderung als Chance

Wir werden üben, in anspruchsvollen Situationen nicht zu bewerten, sondern zu analysieren. Und ich hoffe, Sie werden nicht mehr „Oh Mist“ denken, sondern „Oh, das ist aber interessant!“.

Basislektionen für gutes Reiten

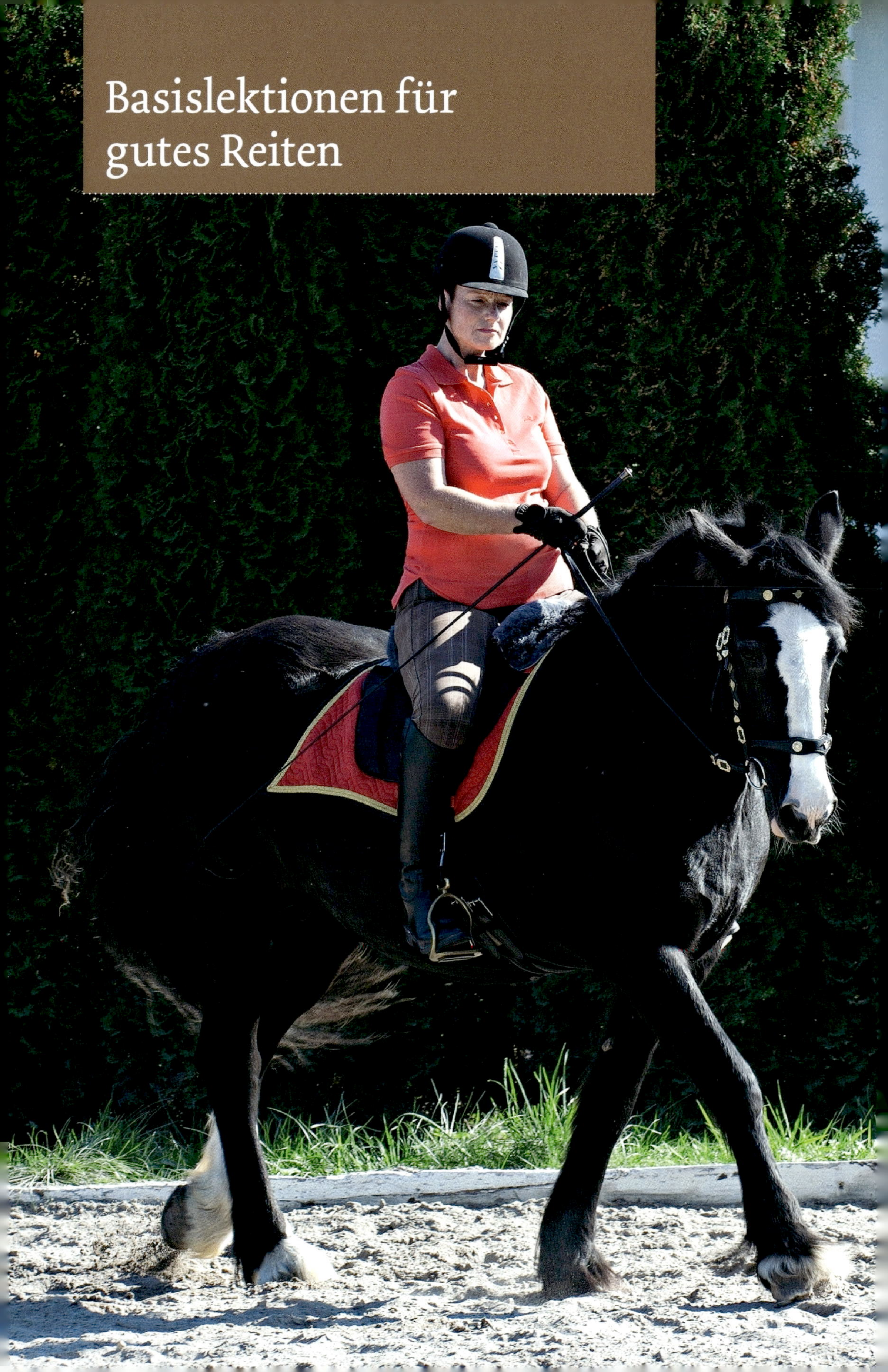

Lektionen, die vom Reiter verstanden sein müssen

... falls er die Idee hat, ein Pferd dressurmäßig reiten zu wollen! Wenn ich davon spreche, dass etwas VERSTANDEN sein muss, dann meine ich damit genau DAS! Etwas wirklich verstanden zu haben bedeutet nicht, dass ich es im gleichen Moment auch schon beherrsche. Um mich der Beherrschung einer Fertigkeit aber auch nur annähern zu können, MUSS ich sie verstanden haben.

Bin ich in der Lage, korrekte Abläufe zu durchdenken, sie zu erkennen wenn ich sie sehe und sie in meinem eigenen Tun objektiv und analytisch wahrzunehmen, kann eigentlich nicht mehr viel schief gehen. Ich werde erkennen, wann ich einen Fehler gemacht habe und nicht mehr darüber hinweg reiten, da ich ihn wahrnehme. Und vor allem werde ich nicht mehr mein Pferd für das mangelhafte Ergebnis verantwortlich machen oder gar strafen. Jetzt kommt es darauf an, mein eigenes Reiten zu korrigieren und einen neuen, besser vorbereiteten Versuch zu starten.

Da ich schon Pferde gesehen habe, die tatsächlich völlig durchlässig, in perfekter Balance und positiver Spannung und mit freudigem, selbstbewusstem Ausdruck mit ihrem Reiter eine Einheit waren, weiß ich, dass wirkliche

Grundvoraussetzung für perfekte Momente mit dem Pferd

Meine Fehler erkennen, sie durch gefühlvolle und korrekte Einwirkung ersetzen und dadurch ein besserer Reiter werden!

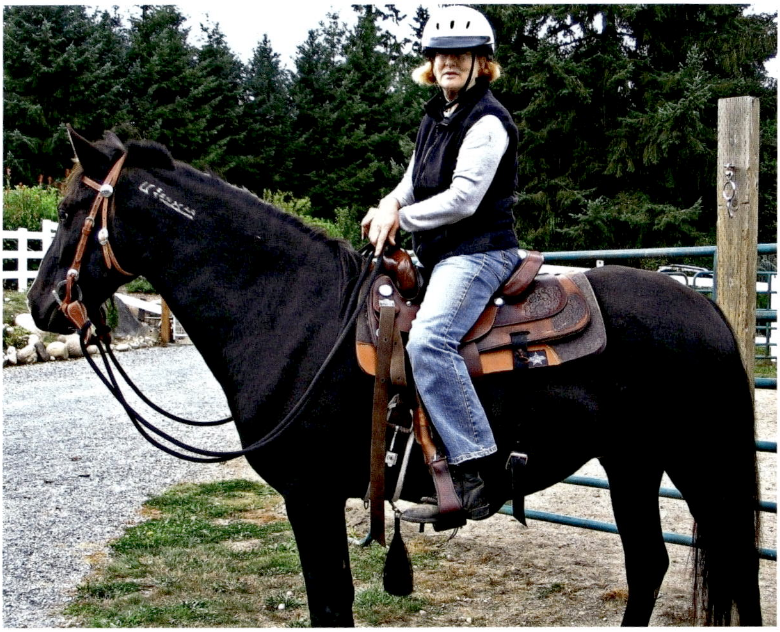

Dieser Mustang ist wild geboren und wurde im Rahmen des Mustangschutzprojektes der USA von meiner Cousine Marlu Arden adoptiert. Mit viel Ruhe und Geduld wurde ein Reitpferd aus ihm, auch wenn er nach wie vor viel Sicherheit durch den Reiter braucht.

Harmonie in der Dressur kein Märchen und kein Hirngespinst ist! Zugegeben – häufig trifft man nicht auf solche Einheiten aus Pferd und Mensch – aber es gibt sie und ihr Miteinander ist ein Ziel, das anzustreben sich lohnt. Der Grund dafür, dass man sie so selten sieht, sind nicht unbegabte oder schlecht gebaute Pferde, denen viele Reiter und Ausbilder nicht zutrauen gute Reitpferde zu werden, sondern entweder schlichte Unwissenheit – und somit anfangs noch zu entschuldigen – später aber Ungeduld, Unbeherrschtheit, Ungerechtigkeit, Eitelkeit und mangelndes Können der Reiter!

Fair und in Ruhe kann jedes gesunde Pferd nach den sehr sinnvollen Kriterien der Ausbildungsskala geritten werden. Es muss dazu nicht über außergewöhnliche Gänge verfügen oder 2 m hoch springen können. JEDES Pferd kann gefühlvoll und korrekt – und damit pferdefreundlich – geritten werden. Dadurch wird es zu einem gut trainierten Pferd mit entsprechender Ausstrahlung – für den, der wirklich Harmonie und Freude zwischen Mensch und Pferd und nicht nur „höher, weiter, schneller“ sucht …

MUSS man Dressur reiten?

Es spricht in meinen Augen nichts dagegen, einfach nur spazieren zu reiten – solange man einige Voraussetzungen erfüllt: Ein Pferd, das artgerecht gehalten wird, einen passenden Sattel trägt und die einfachen Signale seines halbwegs sicher und ruhig sitzenden Reiters versteht und befolgt, kann, wenn es immer entsprechend seiner Kondition und Kraft regelmäßig geritten wird, über ein langes, zufriedenes Leben ein gesundes Reitpferd bleiben ohne jemals dressurmäßig auf einem Platz gearbeitet zu werden.

Hat der Reiter ein grundsätzliches Gefühl für sein Pferd und kann sich ihm – ohne für das Pferd schmerzhaften Krafteinsatz – mitteilen, wird er ihm so nicht schaden. Bis auf den durch die Bewegung aktivierten Stoffwechsel und eine verbesserte Grundkondition profitiert dieses Pferd körperlich wahrscheinlich nicht groß davon, dass es geritten wird. Es ist aber sehr wahrscheinlich, dass es die „formlose“ Abwechslung und Bewegung draußen mehr genießt, als manches schlecht dressurmäßig gerittene Pferd seinen Einsatz in der Halle, und dass es seinen Reiter munter, eifrig und kooperativ trägt – und dabei Spaß zu haben scheint. Und das ist ein sehr guter Ansatz! Ein reines Ausreitpferd allerdings, das nur an den Wochenenden und dann für Gewaltmärsche herausgezogen wird – weil man dann ja gerade Zeit hat –, wird auch im Offenstall und bei bester Haltung nach solchen Wochenenden unter Muskelkater und eventuellen Sehnenproblemen leiden …

Wo „Gymnastik“ schädlich wird

Der Schaden beginnt da, wo ein Mensch glaubt, durch Dominanz und – wenn diese nicht ausreicht – mit Gewalt ein Pferd „gymnastizieren“ zu müssen, weil man das halt so macht, ohne sich tatsächlich bewusst zu sein, was genau er da tut, warum er es tut und was dadurch unter ihm passiert.

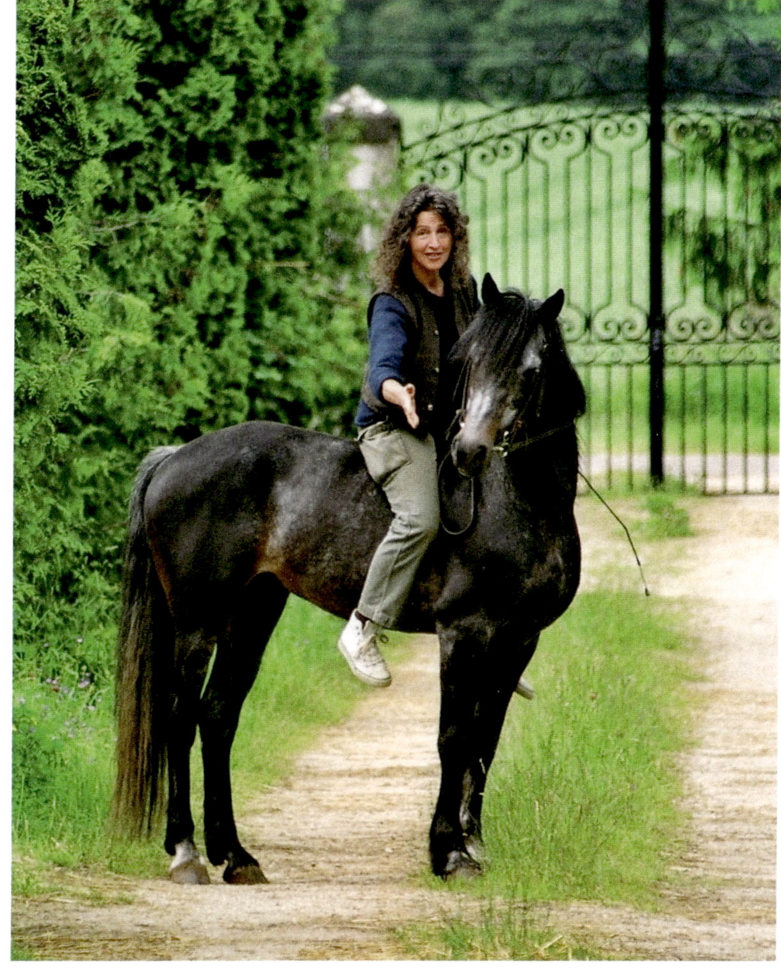

Durch Wald, Feld und Flur – ein gutes Team, auch ohne Dressur – aber in Regelmäßigkeit und partnerschaftlichem Vertrauen!

Manch einer scheint sich nicht einmal darüber im Klaren zu sein, dass die Rollkur nichts anderes ist als Gewalt. Zum Leidwesen der Pferde sind die Vorbilder, die der Allgemeinheit durch die „Besten" im Sport gezeigt werden, nicht dazu geeignet, feines Reiten zu fördern. Und – noch schlimmer – es wimmelt nur so von Reitlehrern die ihre Schüler auch noch dazu auffordern „mehr anzupacken – sich durchzusetzen – dem jetzt endlich mal auf den Arsch zu hauen – gegenzuhalten etc." – immer mit dem Versprechen, dass „der da jetzt halt mal durch muss" und hinterher alles besser sein wird. Diese Vorgehensweise führt zu völlig unreflektiert „zupackenden" Reitern und vielen verwirrten, verspannten und sehr unglücklichen Pferden.

Überdehnung als Technik?

Hauptkriterium in dieser Art der Reiterei ist in erster Linie immer „Kopf runter“ und damit Gehorsam! Das Bild des runden Halses scheint für viele unreflektierte Reiter die Qualität der Reiterei seiner Kollegen zu beweisen. Und auch wenn der Betrachter theoretisch weiß, dass dieser rückwärts-abwärts hyperflexionierte, sprich „überdehnte“ Hals nicht zu den Zielen der klassischen Reiterei passt, verdrängt er dies erfolgreich. OlymiasiegerInnen der letzten Jahre und ihre Wettbewerber zeigen ja, dass man durchaus im passenden Moment den Kopf wieder hochziehen und so Gold gewinnen kann – auch ohne dass das Pferd im Geringsten losgelassen durchschwingt. Im Übrigen gehen Menschen wegen „Überdehnungen“ zum Arzt – Pferde werden so „gearbeitet“!

Warum glaubt man eigentlich in der Welt der Reiter, dass jeder Mensch nach nur wenigen Jahren Reitpraxis – evtl. mit nur einer Stunde pro Woche – dem Lauftier Pferd mit allen Mitteln aufzwingen sollte, in welcher Körperhaltung es zu laufen hat – ohne tatsächlich völlig begriffen zu haben, warum – und das notfalls mit Gewalt?

Wer sagt Pegasus wie man fliegt?

Kein Mensch käme auf die Idee, er könne nach zwei Jahren des Übens auf dem Niveau eines Boris Becker Tennis spielen. Niemand würde ernsthaft behaupten, er könne nach drei Jahren Eislauftraining mit Katharina Witt tanzen und diese dadurch auch noch verbessern!

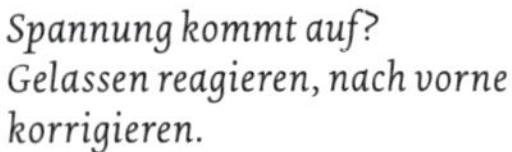

Spannung kommt auf? Gelassen reagieren, nach vorne korrigieren.

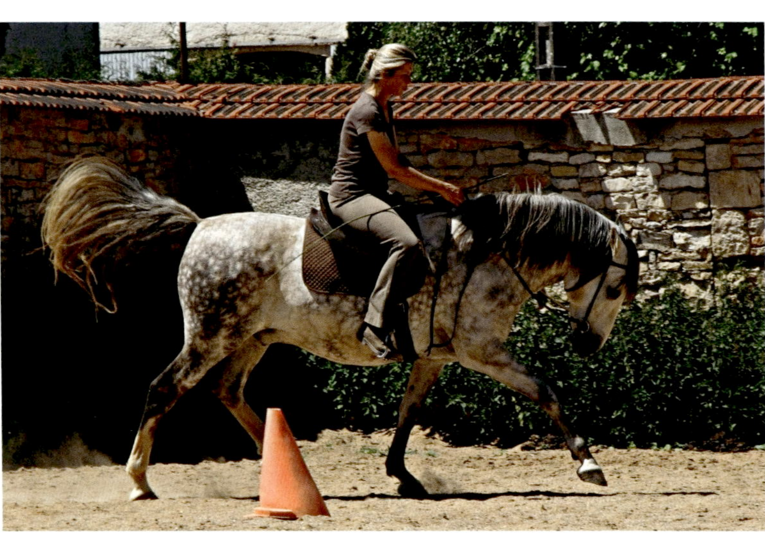

Warum glaubt man das bei einem Pferd? Ein Pferd kann sich ohne Reiter in jeder Gangart in jede Richtung bewegen – warum glaubt jeder Zweibeiner, er wüsste es besser – meist OHNE sich tatsächlich erst einmal intellektuell mit den Grundsätzen der Bewegungsabläufe dieses Wesens beschäftigt zu haben. Geschweige denn den eigenen – die beim Durchschnittszweibeiner auch nicht an die Balance und Geschicklichkeit eines Artisten heranreichen. Das Pferd aber soll sich unter jedem Normalo bewegen wie Pegasus – wie soll das gehen?

Ich setze keine biomechanische Professur voraus und auch nicht das Studium sämtlicher alter Meister. Aber JEDER, der sich auf ein Pferd setzt, kann wenigstens VERSUCHEN zu verstehen, was er fühlt – und dort ansetzen! Dazu muss man keine lateinischen Muskelbezeichnungen kennen und es ist auch nicht nötig, Ganganalysen wie ein Tierarzt zu deuten. Aber man kann wenigstens versuchen, sich theoretisch soweit mit der Materie der Reiterei auseinanderzusetzen, dass man eine Idee davon bekommt, was passiert, wenn wir uns auf das Pferd setzen und wie wir es vielleicht angehen können, so zu reiten, dass es dem Pferd keine akuten Schmerzen bereitet und es dabei möglichst unbeschadet bleibt.

Fühlen, nicht pressen!

Fühlen kann ein Reiter nur dann, wenn er nicht damit beschäftigt ist, das Pferd in Formen und Funktionen zu pressen, die dem natürlichen Bewegungsablauf eines Pferdes widersprechen und die ihm vor allem Schmerzen bereiten.

Nutzen wir unsere Sinne:

- Erspüren wir, was unter uns passiert!
- Hören wir, wie laut unser Pferd auffußt und ob es den Takt hält!
- Schauen wir, wie die Pferde gehen unter dem Reiter und wie sie dabei wirken.

Und dann schauen Sie in die Bücher von Frau Giffels und Frau Beran, der Herren Heuschmann, Hinrichs, Schnitzer oder Karl und vergleichen Sie diese Bilder mit dem, was Sie im wirklichen Leben sehen. – Sie werden feststellen, dass viele hoch dekorierte Pferde im Alltag und im Sport unter dem Reiter den Anforderungen der Ausbildungsskala NICHT entsprechen – obwohl diese von GENAU DER Institution vertreten und gefordert werden, die auch die Richter aussendet, die in offensichtlich irritierender Weise etwas völlig anderes hoch bewerten.

Fehlversuche schaden nicht

Es ist kein Drama, wenn etwas nicht klappt, wie geplant – aber um daraus lernen zu können, muss ich fühlen was passiert, statt ständig auf dem Pferd herumzuarbeiten oder – im schlimmsten Falle – es zu bestrafen! „Wer auf dem Pferd arbeitet, hat dort nichts verloren“ sagte Herr Oliveira.

Habe ich also ein Pferd, das in der Lage ist, mich ohne große Aufregung in Schritt und Trab zu tragen, wie gehe ich weiter vor, um Fluss und Balance zu erlangen und immer weiter zu verbessern? Welche Grundübungen sind es, die ein Reiter verstanden haben muss, um sie auf dem Pferd anzufragen und dann zu erfühlen, um damit das Reiten in der Bahn konstruktiv und kreativ, für Pferd und Reiter interessant und motivierend zu gestalten? Auch wenn vielleicht noch nicht viel dressurmäßige Basis zur Verfügung steht?

Drei Dinge sind es: Das Schaukeln – Die Acht – Die Übergänge.

Die Durchlässigkeit, die ein Pferd besitzt, das diese Aufgaben kennt und beherrscht und das Wissen und Gefühl, das ein Reiter braucht, um sie anzufragen, ergeben zusammen eine gute Grundlage für das Reiten in Fluss und Balance.

Fluss entsteht durch das Reiten von hinten nach vorn. Balance durch Gleichgewicht in der Losgelassenheit. Habe ich Fluss und Balance, habe ich ALLES! Dann ist das Reiten eine Freude – für Pferd und Reiter! Wie weit ich dann komme, ist eine Frage des Fleißes und der Kunst, die Motivation meines Pferdes aufrecht zu erhalten. GERADE wenn ich anfangs vor allem feststelle, das mein Pferd eben NICHT in Fluss und Balance unter mir geht, ist genau diese Feststellung die Grundvoraussetzung etwas daran zu ändern! JETZT kann ich lernen, meinem Pferd mit meinen Hilfen tatsächlich zu helfen, unter mir wieder zu Fluss und Balance zurück zu finden!

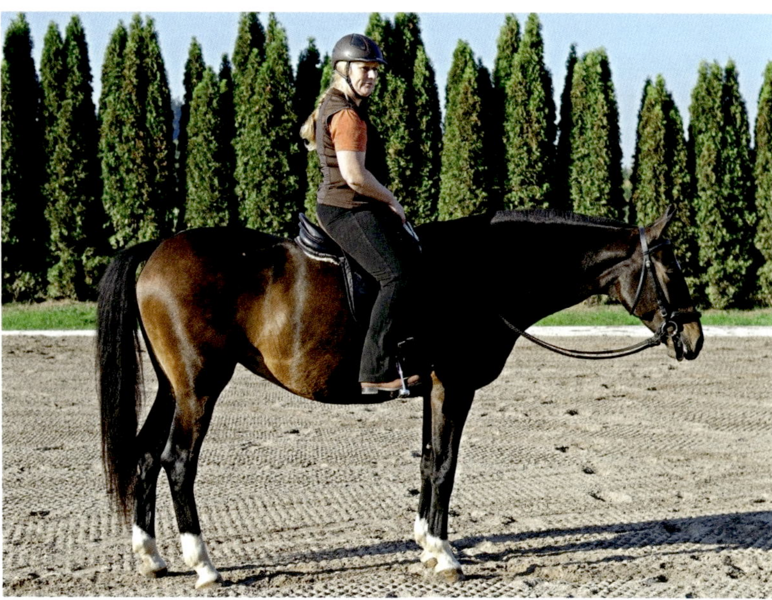

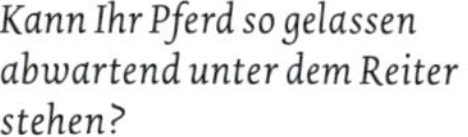

Kann Ihr Pferd so gelassen abwartend unter dem Reiter stehen?

Die Balance-Schaukel

Kann Ihr Pferd unter dem Reiter ruhig und entspannt stehen?

Wenn nicht, gehen Sie zurück zur Bodenarbeit und korrigieren Sie dieses Problem, bevor Sie es weiter unter dem Sattel probieren. Es ist eine Frage von freundlicher, konsequenter Führung Ihrerseits und Vertrauen – beiderseits.

Lässt Ihr Pferd sich „stellen"?

Ist Ihr Pferd in der Lage Stellung anzunehmen, wenn Sie mit dem Ringfinger einer Hand vibrieren und dabei die gleichseitige Wade sanft an den Gurt schmiegen? Oder reagiert es bereits mit Stellung auf die leisen Impulse aus Ihrem Sprunggelenk an seiner Seite?

Wenn nicht, üben Sie dies so langsam und vorsichtig, bis Ihr Pferd Ihnen auf der Seite, die Sie anspielen, das Ohr zuwendet. Wendet das Pferd das Ohr bei der Anfrage zur entsprechenden Seite, lässt es normalerweise auch im Genick los und die feine Stellung ist erreicht, so dass der Reiter das Pferdeauge auf dieser Seite schimmern sehen kann. Mehr an Stellung ist anatomisch nicht möglich. Sehen Sie mehr vom Pferdekopf, biegt sich Ihr Pferd bereits im Hals. Differenzieren Sie klar zwischen Stellung und Biegung! Biegung schadet hier nicht, ist aber nicht das, was angefragt wurde.

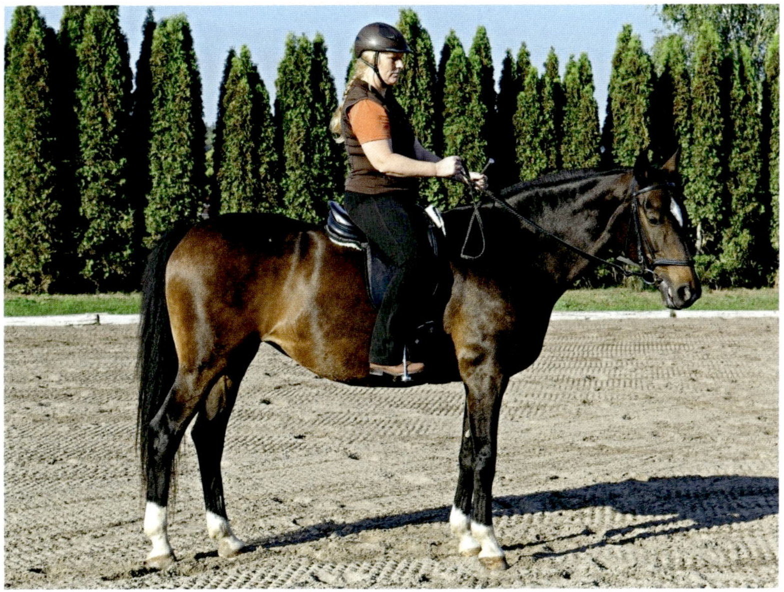

Versteht Ihr Pferd die Anfrage der Stellung und folgt es ihr losgelassen?

Anatomie-Exkurs – Was ein Reiter über den Hals wissen muss

1. *Zwischen Hinterhauptbein und Atlas ist horizontal nicht mehr Platz für ein stärkeres seitliches Abkippen als die leichte, oben beschriebene Stellung, die den Reiter das „Pferdeauge schimmern" sehen lässt. Diese knöcherne Verbindung ist ein sogenanntes Ja-Sager-Gelenk – das Pferd kann hier problemlos nach oben und unten „nicken", aber die seitliche Beweglichkeit ist nur sehr begrenzt.*

2. *Hält ein Pferd den Kopf weiter zur Seite, dann handelt es sich nicht um „mehr" Stellung, sondern bereits um Biegung des Halses. Zwischen Atlas und Axis, also dem 1. und 2. Halswirbel, befindet sich ein Rotationsgelenk – von hier ausgehend kann das Pferd „kopfschüttelnd" links und rechts schlenkern – aber nicht nickend abkippen. Versucht das Pferd also, der weiter drängenden Reiterhand nach mehr Stellung – die ja wie wir wissen nicht möglich ist – nachzugeben, bleibt ihm nur das „Verwerfen". Das Pferd rotiert zwischen Atlas und Axis und hält dadurch den Kopf schräg. Ein Pferd, das sich verwirft, hat entweder ein Problem mit seinem Genick oder dem Maul oder – und das ist meist der Fall: einen Reiter mit einer schlechten Hand!*

3. *Nachdem das Pferd sich verworfen und der Reiter immer noch nicht kapiert hat, dass „MEHR Stellung" einfach nicht geht, bleibt dem Pferd noch die Möglichkeit, der Hand nach hinten-unten zu entgehen. Um so zu entkommen, lässt das Pferd zwischen 2. und 3. Halswirbel los und knickt hier ab. Deshalb ist der 3. Halswirbel der höchste Punkt bei zu eng eingestellten Pferden – erst hier ist das Pferd in der Lage, dem zu hohen Druck auf seine Zunge – bei rückwärts wirkender Hand – ausreichend zu entkommen, so dass der Schmerz im Maul und im Genick nachlässt. Das Pferd geht nun mit dem berühmt-berüchtigten „falschen Knick".*

4. *Durch den langen Hebel des Unterkiefers, potenziert sich der auf das Maul ausgeübte Zug im Genick um das 10fache. Das heißt, 5 kg Zug im Pferdmaul machen 1 Zentner Druck im Genick! Natürlich möchte das Pferd dem ausweichen. Im Genick – zwischen Hinterhauptbein und Atlas ist aber einfach nicht genug Platz, um mit der Nase hinter die Senkrechte zu gelangen – auch deshalb knickt das geplagte Pferd nun am 3. Halswirbel und am Widerrist ab, begibt sich hinter die Senkrechte und rollt sich ein.*

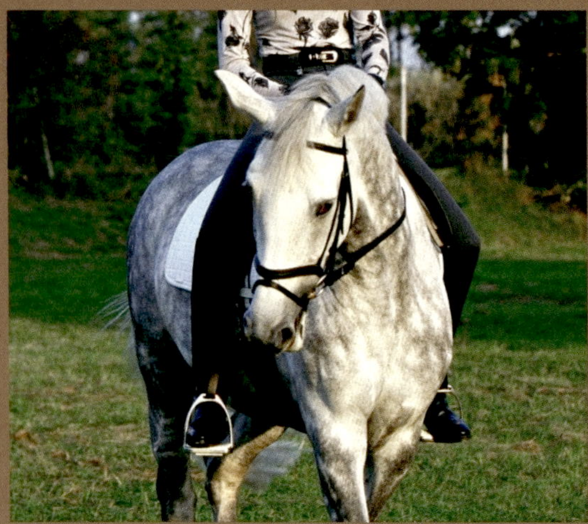

Ein „Hängenbleiben" am inneren Zügel führt erst zum Überstellen und dann zum Verwerfen durch Rotation zwischen 1. und 2. HW.

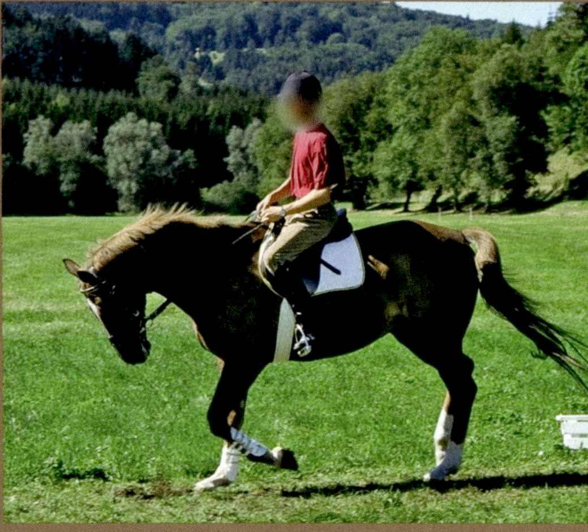

Zu tiefes Einstellen lässt das Pferd erst am 3. Halswirbel, dann am Widerrist abknicken und auf die Vorhand schieben.

5. *Beachten Sie, dass bei manchem Hengst mit mächtigem Hals fälschlicherweise der Eindruck entsteht, das Genick sei nicht der höchste Punkt. Dies liegt daran, dass Hengste als sekundäres Geschlechtsmerkmal teilweise eine sehr erhabene Oberlinie haben, die nicht nur aus Muskeln besteht. Es gibt Rassen, bei denen eine stark aufgewölbte Oberlinie im Halsbereich typisch, und erwünscht ist. Bei diesen Rassen gibt es auch Stuten und Wallache mit solch auffälligem Hals. Häufig befinden sich hier auch Fetteinlagerungen, die den Hals, vor allem in der Mitte, auffällig aufwölben.
Trotzdem kann sich dieses Pferd durchaus im knöchernen Bereich des Skeletts mit dem Genick als höchstem Punkt völlig korrekt tragen. Schaut man genau hin, ist auch zu sehen, wo der „Hengsthals" beginnt.
Auch bei hormonellen Störungen wie EMS (Equines metabolisches Syndrom) kann es zu Fetteinlagerungen am Mähnenkamm kommen – unabhängig vom Geschlecht des Pferdes.
Ohne das Wissen um diese Fakten ist es schwierig, Stellung und Biegung von Genick und Hals im Sinne des Pferdes zu beurteilen. Im Zweifelsfalle sollten sie sich also immer FÜR Ihr Pferd entscheiden – und nachgeben!*

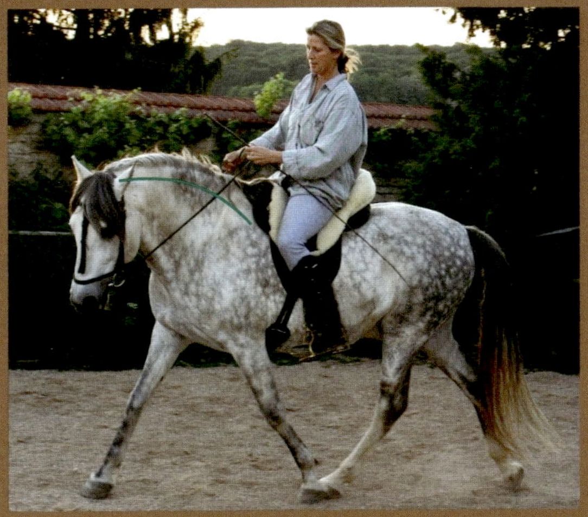

Der geschlechts- und rassetypische „Halsaufsatz" sitzt über der eigentlichen Oberlinie. Das Genick bleibt höchster Punkt.

Durchstellen oder Flexen …

*Das häufig zu sehende „Durchstellen" oder „Flexen" von gegen die Hand gehenden oder bereits eingerollten Pferden, ist mit dem Wissen über die stark begrenzte Beweglichkeit des Genicks doppelt unsinnig, da das Pferd absolut NICHT in der Lage ist, wie gewünscht, mehr Stellung anzunehmen – selbst wenn es wollte. Es kann, wenn es der Hand brav folgt, sich nur Verwerfen, wofür dann vom Reiter noch mehr gezogen wird, weil er sich darüber ärgert, dass das Pferd sich verwirft.
Auch hier muss wieder betont werden, dass es völlig egal ist, in welcher Reitweise man schlecht reitet. Diese „Unarten" sind unglücklicherweise in allen Sätteln zuhause.
Bei einem gesunden Pferd ist es nicht nötig den Hals in seiner maximalen Biegsamkeit beim Reiten zu beanspruchen. Ich halte es für sehr vermessen, als NICHT – Veterinärmediziner und ohne osteopathische Ausbildung, ein Lebewesen völlig an seine Bewegungsgrenzen zu bringen und es in Kauf zu nehmen, durch mangelndes Wissen oder Können, diesem dabei Schaden zuzufügen. Sie können die Biegsamkeit des Halses und die Rotationsfähigkeit der Brustwirbelsäule überprüfen und trainieren indem Sie Ihrem Pferd Möhren am Buggelenk, an seinem Ellbogen und an seinem Knie anbieten, ohne dabei ein Ausscheren der Hinterhand zuzulassen. Ich versuche nicht, das Pferd unter dem Reiter maximal im Hals zu biegen, da ich glaube, dass es sich hier um eine nicht zu unterschätzende Fehlerquelle handelt. Ich befürchte, dass deutlich mehr Pferden mit dieser Art von „Gymnastik" beim Reiten geschadet als geholfen wird; hier scheiden sich die Geister – auch bezüglich Baucher. Ich möchte nicht behaupten, dass es nicht einige wenige Gefühlsgenies gibt, die in der Lage sind, Pferde nach Baucher, ohne Schmerzen, an deren Bewegungsgrenzen zu führen und so die Geschmeidigkeit immer mehr zu verbessern. Ich bin aber absolut überzeugt davon, dass der ganz normale Durchschnittsreiter, zwischen Spazierenreiten und Sportklasse M, dies NICHT erfühlen kann! Dabei spielt es auch keine Rolle, ob das Pferd in absoluter Aufrichtung oder völlig eingerollt „geflext" wird …*

Feinheit erarbeiten

Arbeiten Sie an der Feinheit Ihrer Hilfen, dann wird Ihr Pferd sensibel reagieren.

Zurück zum Stellen über Vibation des Fingers oder des Sprunggelenks. Falls es Ihr Pferd noch nicht gewöhnt ist, mit solch kleinen und feinen Hilfen zur Stellung aufgefordert zu werden, kann es ein bisschen dauern, bis es diese Signale entsprechend versteht – bleiben Sie geduldig, wiederholen Sie und loben Sie über den grünen Klee, sobald Ihr Pferd reagiert!

Reagiert Ihr Pferd nicht, dann hat es wahrscheinlich noch nicht verstanden, was von ihm erwartet wird oder wurde vorher evtl. mit zu plumpen Hilfen ein wenig abgestumpft – trotzdem zuckt es nach wie vor, wenn eine Fliege sich auf sein Fell setzt. Die Empfindlichkeit, die Pferden eigen ist, ist also weiterhin vorhanden. Sensibilisieren Sie sich in Ihrer Hilfengebung, so dass Sie wieder bewusst feine Hilfen geben, auf die Ihr Pferd dann auch bald wieder reagieren wird!

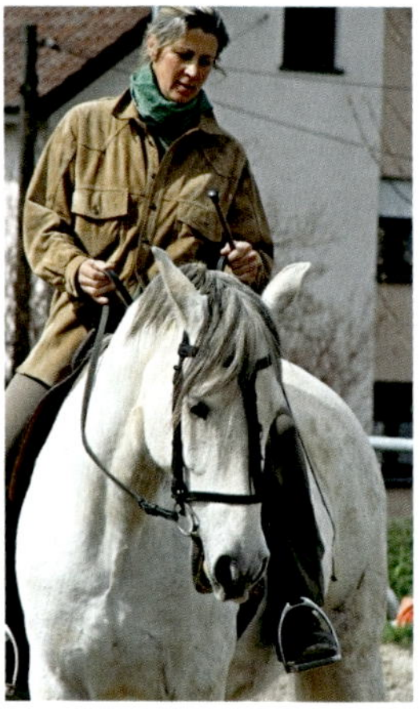

Dieses Pferd weiß, dass die Schmusewade hier nicht treibt und macht sich weich „hohl".

Biegt Ihr Pferd sich an der „Schmusewade"?

Nimmt Ihr Pferd Ihre Wade im Stand an, wenn Sie sie einseitig weich am Gurt anschmiegen, indem es sich auf dieser Seite leicht „hohl macht" oder läuft es davon? Um es nicht aus der Balance zu bringen und ihm zu vermitteln, dass es nicht antreten muss, um sich etwas zu biegen, lassen Sie langsam den Bügeltritt auf der äußeren Seite entstehen. Dieser verhindert, dass das Pferd aus der Balance gerät und sich auf die innere Schulter stützt und deshalb ungewollt los läuft um seinem Gleichgewicht hinterher zu eilen. Im Gegenteil wird es so das Gewicht dem äußeren Beinpaar zuspielen.

Lässt Ihr Pferd sich stressfrei „rückwärtsrichten"?

Ist Ihr Pferd in der Lage, unter dem Reiter einen oder gar mehrere Schritte rückwärts zu treten, ohne sich zu verspannen oder aufzuregen? Sind Sie in der Lage, Ihr Pferd, so wie es im „Strauß der Hilfen" ab S. 64 beschrieben ist, an Sitz und Bein rückwärtstreten zu lassen? Ohne dass dabei ein Zug auf das Pferdmaul entsteht, der das Pferd dazu veranlassen würde, sich gegen die Hand mit angespanntem Unterhals herauszuheben oder sich mit eingezogener Nase und eingerolltem, tief gehaltenem Hals hinter dem Zügel zu verstecken?

Nach hinten orientieren – noch nicht die Lieblingsbeschäftigung – aber stressfrei probieren geht schon!

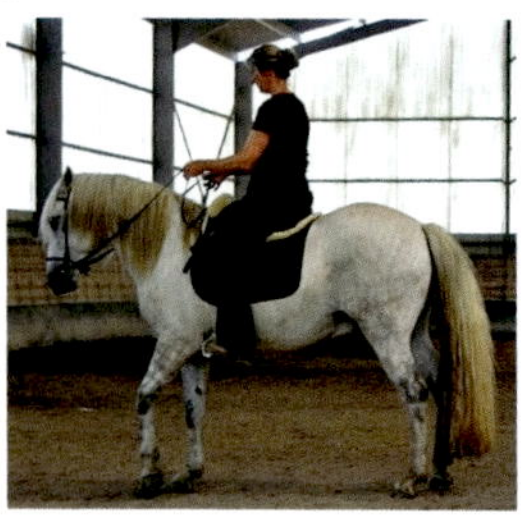

Wenn ja, sollte es möglich sein, dass Ihr Pferd auf das ruhige Abkippen des Beckens, bei zurückgleitendem Unterschenkel und weich steigender Hand, die Last nach hinten verschiebt, sich im Widerrist aufrichtet, im Becken abkippt, die Hanken beugt, und wenn der Reiter die Hilfen nun nicht einstellt, ruhig und diagonal rückwärts tritt. Dies sollte es solange tun, bis der Reiter sein Becken wieder aufrichtet.

Kurz zusammengefasst

Fassen wir die vier Fragen, die wir uns bisher in diesem Kapitel gestellt haben, noch einmal kurz zusammen:

- Ihr Pferd kann unter dem Reiter ruhig verharren?
- Ihr Pferd lässt sich problemlos stellen?
- Ihr Pferd nimmt den biegenden Schenkel an, ohne davor zu flüchten?
- Ihr Pferd kann einige Tritte rückwärts treten ohne zu verspannen?

Wenn Sie diese vier Fragen mit Ja beantworten können, werden wir nun mit dem „Schaukeln" beginnen.

Wenn nicht, können Sie dennoch mit der folgenden Beschreibung zu üben beginnen, aber ohne zu erwarten, dass alle Details in einem Rutsch abrufbar sein werden. Seien Sie in diesem Fall großzügig mit Lob und kleinen Pausen – hier: indem Sie das Pferd am langen Zügel im Schritt nach vorne lassen, BEVOR es ausbüchst. Halten Sie wieder an, wenn Ihr Pferd gelassen schreitet und honorieren Sie jeden Versuch Ihres Pferdes, es Ihnen Recht zu machen.

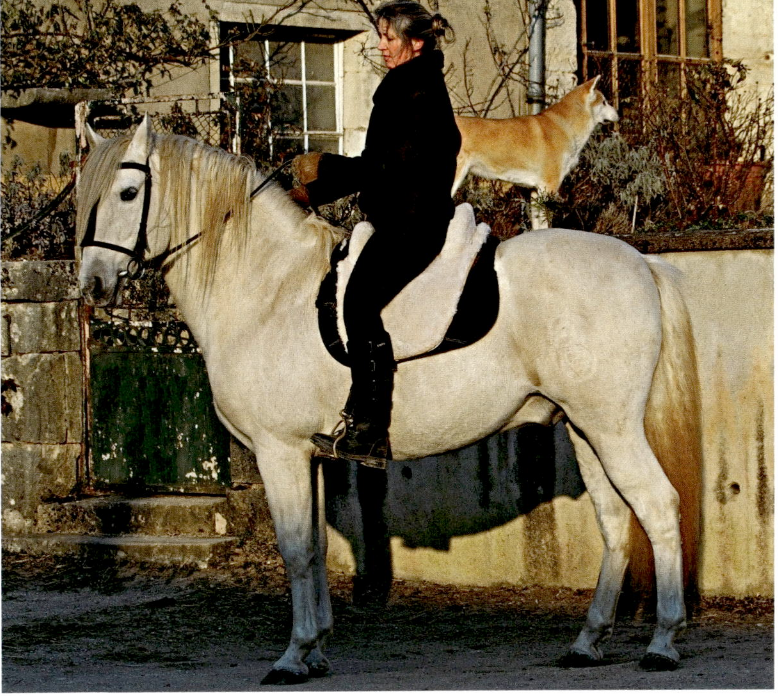

Stellung, mit der inneren Hand angefragt ...

Stellung

Wir sitzen auf dem ruhig und entspannt, offen und nicht versammelt stehenden Pferd. Nun fragen wir Stellung nach links an, indem wir mit dem linken Ringfinger, bei Littauer-Führung mit dem Zeigefinger, vibrieren. Reicht dies nicht aus, schließen wir die linke Hand langsam und lassen sie fließend, ohne Zug, nach vorne-oben steigen, bis das Pferd mit „Stellung" reagiert. Einen Moment so halten und die Hand wieder sinken lassen und das Pferd wieder in die gerade Haltung nach vorne entlassen, ohne den Kontakt dabei aufzugeben. Stellen Sie sich vor, sie hätten Stangen in den Händen, die das Pferd von hinten nach vorne in die Übung – und auch wieder aus ihr heraus – begleiten.

Stellung am Bein

Lässt das Pferd sich aufmerksam und fein mit Vibration am inneren Zügel in die Stellung bitten, so dass dann die Wade übernehmen kann, dann sollten wir auch versuchen, die Stellung direkt – mit kleinen Impulsen des inneren Fußes – anzufragen.

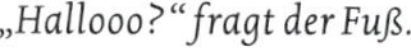

„Hallooo?" fragt der Fuß.

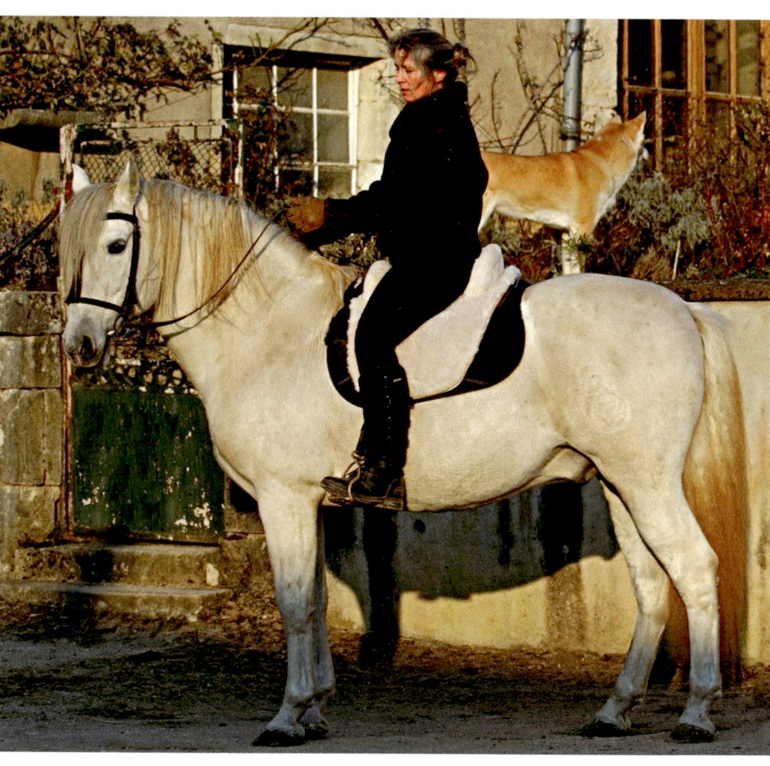

Hierzu bewegen wir die innere Ferse in sehr kleinen Impulsen aus dem Sprunggelenk direkt hinter dem Gurt in Richtung Bauch. So als trügen wir einen Sporn auf dem Absatz, dessen Rad auf dem Fell am Pferdbauch leicht klingeln soll. Ein sehr sanftes Anticken, das fast unsichtbar sein soll. Notwendig für die Sensibilisierung des Pferdes sind Sporen natürlich nicht – mit ein wenig Übung reagiert das Pferd schon auf die entsprechende Drehung im Fußgelenk und ein kleines „Wackeln" der Ferse – eben so, als WÜRDE man einen Sporn sanft kitzelnd einsetzen …

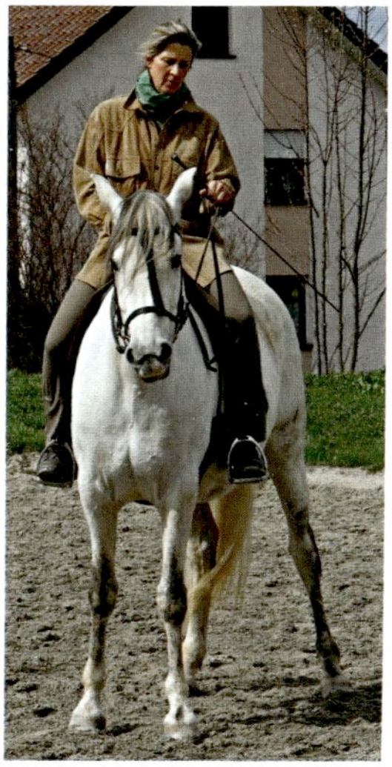

Schaukeln – im wahrsten Sinne des Wortes!

Biegung und Bügeltritt

Reagiert das Pferd, wie gewünscht, mit durchlässiger Stellung im Genick, drehen wir unsere Schulterpartie in die Richtung der Stellung, bieten dem Pferd weich die innere, schmusende Wade als Zentrum der Biegung an, indem wir die Fußspitze des inneren Beins leicht nach außen wenden. Unser und unseres Pferdes Gleichgewicht bewahren wir durch den entsprechenden Bügeltritt außen. Würden wir diesen nicht einsetzen, könnte das Pferd der Last von Hals und Kopf in die Biegungsrichtung folgen und antreten, was wir ja nicht wünschen. Nun reagiert das Pferd mit der Verschiebung seines Schwerpunkts in Richtung Bügeltritt auf das äußere Beinpaar.

Verweilen

Nun heißt es, wieder sehr aufmerksam hinfühlen: das Pferd wird in der Biegung, da vom Reiter ja kein Kommando zum Antreten kommt, dem Bügeltritt außen folgend, sein Gewicht dem äußeren Beinpaar zuschieben. Tut es dies, wird es ruhig am Platz bleiben. Es hat die Hilfen zum Ausbalancieren angenommen und ist daher in der Lage, ruhig stehen zu bleiben. Der Reiter, der dies schafft ohne am Zügel parieren zu müssen, kann sich freuen, weil er in der Lage ist, dem Pferd zu vermitteln, dass es sich zwar bewegen, aber nicht antreten soll.

Tritt das Pferd doch an, war das Zusammenspiel der Hilfen noch nicht harmonisch genug und das Gleichgewicht ging verloren – lassen Sie das Pferd ein paar Schritte machen, halten Sie erneut an und probieren Sie es nochmal. Solange Sie sich und dem Pferd genug Zeit lassen, vor und beim Halten zur Ruhe zu kommen, kann nichts schief gehen – selbst wenn die Übung an sich – das Biegen im Stand – noch nicht komplett gelingt und es nur bis zur Stellung reicht, profitieren Sie und Ihr Pferd von der Lektion – das Ergebnis sind immer feinere Hilfen, die früher oder später zum Erfolg führen werden.

Entlassen

Hält das Pferd diese ausbalancierte Biegung auch einen Moment nach dem Entspannen und Absinken der inneren Hand weiter am Bein, so entlassen wir es auch hier wieder in die gerade Grundhaltung, indem die Wade ihren weich schmusenden Druck aufgibt. Hierzu entfernt sich die Ferse langsam vom Bauch des Pferdes und die Fußspitze ist nicht mehr aktiv nach außen gewendet.

Andere Richtung

Auch hier versuchen wir die Biegung so lange zu erhalten, bis das Pferd das Gewicht vermehrt auf das neue äußere Beinpaar verschiebt. Wiederum einen Moment halten und dann aus der Biegung entlassen, indem Sie die innere Hand sinken lassen, Ihren Körper wieder nach vorne ausrichten, die Schmusewade nun nicht mehr anschmiegen und den Bügeltritt außen auflösen.

Nachdem wir nun die Biegung nach links und nach rechts durchgespielt haben, nutzen wir die Idee des Rückwärtsrichtens – nicht um das Pferd tatsächlich rückwärts treten zu lassen, sondern um der Hinterhand das Gewicht zuzuspielen und die Vorhand zu entlasten.

Last der Hinterhand zuspielen

Der mittig aufrecht sitzende Reiter lässt nun sehr langsam den Bauchnabel nach innen sinken, bis er mit dem Steißbein Richtung 6 Uhr sitzt. Nur die Lendenwirbelsäule wird gerundet, der restliche Rücken bleibt gerade. Die Unterschenkel gleiten gleichzeitig langsam mit dem Fell eine gute Handbreit nach hinten. Die Hände schließen sich langsam und steigen in Kontakt, aber ohne Zug nach vorne-oben, im gleichen Tempo wie die Lendenwirbelsäule sich rundet und die Unterschenkel nach hinten gleiten. Die ganze Bewegung des Reiters würde – säße er nicht auf dem Pferd – aussehen, als ginge er langsam etwas in die Knie. Der Hinterkopf des Reiters bewegt sich ebenfalls nach hinten, während das Kinn sich etwas hebt. Allerdings nur so weit, dass sich die vordere Halsmuskulatur des Reiters nicht verspannt.

Kipp' ich meins, kippst du deins ...

Das Schaukeln gibt dem Reiter Gelegenheit wahrzunehmen, dass die Beugung seiner eigenen Gelenke in der Hilfengebung dem Ziel der Beugung der Gelenke des Pferdes entsprechen. Besonders in die Versammlung hinein.

Abkippen

Der Reiter bringt so sein eigenes Gewicht über das Abkippen des Beckens weiter nach hinten und das Pferd folgt dieser Bewegung. Das Pferd wird – wenn der Reiter nicht zieht und das Pferd dadurch auf den Zügel und die Vorhand bringt – früher oder später Kopf, Hals und Widerrist anheben, die Last dadurch nach hinten verschieben und ebenfalls mit dem Becken abkippen.

Dosieren Sie Ihre Hilfen sehr bewusst und beobachten Sie. Zu wenig bringt im schlimmsten Fall erst einmal kein Ergebnis – zu viel ruiniert die Übung. Wenige Lektionen sind so entlarvend, wenn sie nicht gut geritten sind und das Pferd nicht durchlässig ist, wie das Rückwärtsrichten – auch wenn es hier nur um ein Rückwärtsdenken geht. Ein Pferd, das dabei verspannt, wird, wenn es über den Zügel gerät, den Rücken wegdrücken und mit der Hinterhand seitwärts ausscheren. Ein Pferd, das sich hinter den Zügel verkriecht und zu eng und zu tief im Hals ist, wird vorhandlastig mit überstrecktem Kreuz-Darmbeingelenk mit den Hinterbeinen hinten hinaus rückwärts krabbeln. Von Fluss keine Spur! In dieser Haltung kann es nicht im Becken abkippen und Hankenbeugung ist unmöglich. Würde es sich trotzdem rückwärts orientieren, würde es direkt ein Hinterbein nach hinten bewegen, statt die Last mehr über den Huf zu schieben.

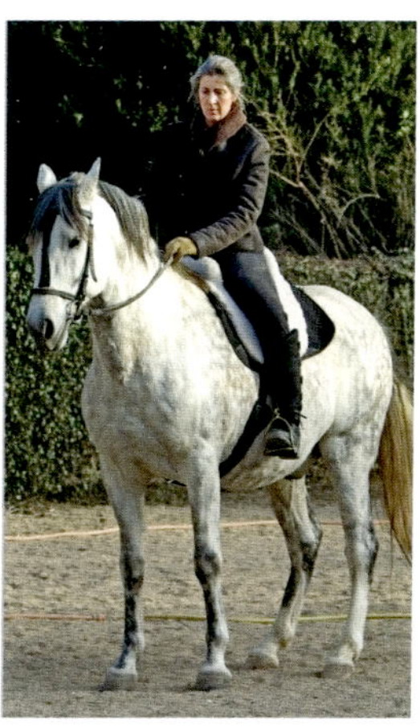

Das Pferd ist hochkonzentriert und steht über einer sehr kleinen Unterstützungsfläche – es reagiert nun auf jede Nuance an Veränderung am Sitz – ob gewollt oder nicht. Deshalb Vorsicht!

Aufpassen!

Das Pferd steht, wenn alle Hilfen präzise gegeben wurden, leicht aufgerichtet mit über die Hinterhand geschobener Last. Recht anstrengend diese Haltung! Jetzt ist es am Reiter, die Übung zu beenden, BEVOR das Pferd mit einem Hinterfuß nach hinten tritt – dies wäre nämlich weniger anstrengend für das Pferd, als die Hanken weiter gebeugt zu halten …

Probieren Sie mal aus: Stehen Sie auf, stellen Sie Ihre Füße parallel, gehen Sie leicht in die Knie und jetzt halten Sie diese Haltung eine Zeit lang. Spüren Sie in Ihre Oberschenkel und Waden und in Ihren Rücken. Und jetzt stellen Sie sich vor, sie hätten dabei noch einen 15 kg Rucksack auf dem Rücken …

Der Reiter hält das Pferd also nur solange an Sitz und Bein, mit vermehrter Last auf der Hinterhand, wie er relativ sicher sein kann, dass es ihm nicht nach hinten ausbüxt. Anfangs kann der Moment schon vorbei sein, sobald das Pferd überhaupt daran denkt, sich nach hinten zu lehnen und die Hanken zu beugen – zack – der Hinterfuß ist nach hinten versetzt. Tut es dies, ist der Zug abgefahren – wir können nicht mehr korrigieren. Nun lassen wir es entsprechend sofort wieder nach vorne, indem wir unser Becken aufrichten, die Hände sinken und die Unterschenkel wieder an den Gurt gleiten lassen. All dies natürlich, nicht hektisch, sondern sehr ruhig und fließend – schließlich geben wir ja HILFEN, die dem Pferd helfen sollen! Probieren wir es nochmal – diesmal mit weniger Lastverschiebung nach hinten. Auch sehr kleine Erfolge und entsprechendes Lob verbessern nach und nach die Leistungsbereitschaft und -fähigkeit Ihres Pferdes. Verpassen Sie nicht die minimalste Orientierung Ihres Pferdes nach hinten!

Pause

Hat Ihr Pferd fein reagiert und sich bemüht, gönnen Sie ihm eine Pause am langen Zügel im Schritt. Hat Ihr Pferd es nicht geschafft, ruhig Ihren Aufforderungen Folge zu leisten und wurde nervös oder entzog sich: reiten Sie ebenfalls Schritt am langen Zügel – Ihr Pferd muss sich wieder entspannen.

Reflexion

Diese Übung schult den Reiter enorm, weil er genau aufpassen muss, wann das Pferd sich wie stark auf welches Beinpaar stützt und wann es beginnt, bei der Idee von rückwärts, den Widerrist aufzuwölben, im Becken abzukippen und die Hanken zu beugen. Es handelt sich hier tatsächlich schon um Hankenbeugung, da das Pferd in dem Moment, in dem es im Becken abkippt, die Hanken – also Hüft-, Knie- und Sprunggelenke – beugt. Und genau in dem Moment, in dem es den Widerrist aufwölbt und die Hanken beugt, verändert sich die relative Aufrichtung! Wir versammeln also tatsächlich schon zu diesem frühen Zeitpunkt – aber eben im Stand – und vor allem am Sitz! Und vor allem – OHNE ZIEHEN! Schauen Sie genau hin, wenn ein Kollege diese Übung reitet oder machen Sie sie vor dem Spiegel oder lassen Sie sich filmen – sehen Sie sich an, was Sie zu fühlen glauben – sie müssen diese beiden Wahrnehmungen, die gefühlte und die optische, in Übereinstimmung bringen!

Nebeneffekt dieser Übung und ein weiterer Lernansatz für den Reiter ist, dass das Pferd, wenn es vorher offen stand, am Ende der Übung mehr oder weniger geschlossen stehen wird. Auf jeden Fall aber geschlossener als vor der Übung – WENN der Reiter fein und gefühlvoll eingewirkt hat.

Junge oder nicht weit ausgebildete Pferde werden bei dieser Übung häufiger mal mit den Hinterbeinen zur Seite oder nach hinten fußen. Dies ist kein Beinbruch – genau wie der Reiter, lernt das Pferd erst noch, sich auszubalancieren und sich selbst in Bewegungsnuancen zu fühlen, die einfach noch neu sind. Viele Pferde erfahren in einer solchen Übung das erste Mal, dass man die Last tatsächlich auch mit Reiter der Hinterhand zuspielen kann. Junge Pferde beim Anreiten, deren Rückenmuskulatur noch kein Gewicht gewohnt ist, sind erstmal irritiert, fühlen nach hinten und hängen entweder erstmal unter dem Reiter ein wenig durch oder sie verspannen sich und machen einen Katzenbuckel nach oben. Woher soll ein unerfahrenes Pferd wissen, dass es sich auch mit Reiter sicher und ausbalanciert bewegen kann. Es ist schließlich nicht mit Rucksack geboren und durch ziehen und treiben lernt es zwar zu funktionieren, aber erstmal nicht, dass es eine gemeinsame Balance mit dem Reiter gibt!

Wichtig

Es geht um die Idee der Übung und das Verstehen, in welche Richtung gedacht wird!

Hankenbeugung halten

Schafft es das Pferd schon gut, die Last der Hinterhand vermehrt zuzuspielen und dies auch ein wenig zu halten, dann können wir versuchen, in dieser Haltung – also mit gebeugten Hanken – die Zügel aus der Hand kauen zu lassen.

Freiheit auf Ehrenwort

Um das zu probieren, brauchen wir schon eine Menge Erfahrung in dieser Übung! Wir behalten das Pferd also am Sitz und am Bein, während wir uns mit den Händen langsam nach vorne, Richtung Pferdemaul bewegen. So langsam, dass das Pferd VOR der Hand bleiben kann und beginnt, sich den Zügel, den wir ihm so anbieten, zu holen. Das Pferd soll sich nun, so weit es das schafft, nach vorwärts-abwärts dehnen ohne anzutreten.

Es ist Aufgabe des Reiters zu erfühlen, wie weit er das Pferd mit der Nase nach vorne schicken kann, während es die Last vermehrt auf der Hinterhand lässt – DAS ist wirklich anspruchsvoll! Macht das Pferd von selbst keine Anstalten, sich den Zügel zu holen, dann lassen Sie Ihre Hände in Kontakt zum Pferdemaul, nach außen kippen und nehmen Sie die Zügel breiter auseinander. Dieser Kontakt kann das Pferd veranlassen, sich mehr nach vorwärts-abwärts zu dehnen, vor allem gewährleistet er aber, dass der Zügel nicht schlackert beim Versuch, diesen vom Pferd holen zu lassen.

Jeder Versuch des Pferdes, es dem Reiter Recht zu machen, muss honoriert werden! Es ist Job des Reiters, die Aufgabenstellung so zu formulieren, dass das Pferd sie auch verstehen kann und sofort mit dem Minimieren der Hilfen zu beginnen, sobald sein Pferd die Idee der Anfrage verstanden hat! Schon der Versuch der Ausführung muss so gelobt werden!

Der Indikator

Die Balance-Schaukel ist und bleibt – neben dem hervorragenden Trainingseffekt schon in den Ansätzen – für Reiter und Pferd eine Herausforderung! Das Ergebnis jeden Versuchs, diese Lektion zu reiten, zeigt an, wie gut sie geritten wurde – vom Reiter! Das Pferd spiegelt IMMER den Reiter und seine Hilfen!

Dieses Zügel-aus-der-Hand-kauen-lassen im Stand ist für das Pferd ziemlich anstrengend! Beachten Sie die Muskulatur von Schultergürtel und Hals.

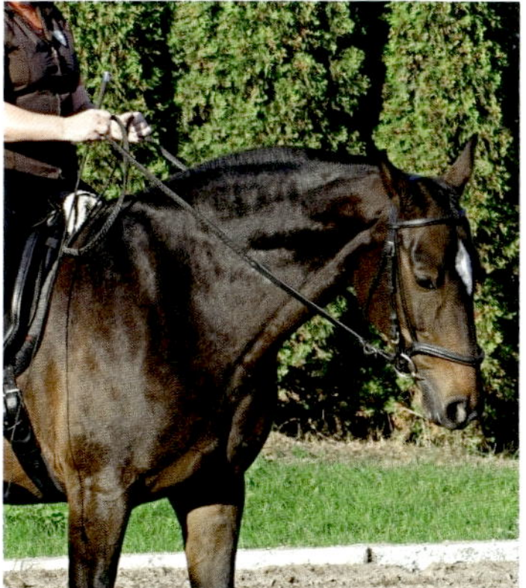

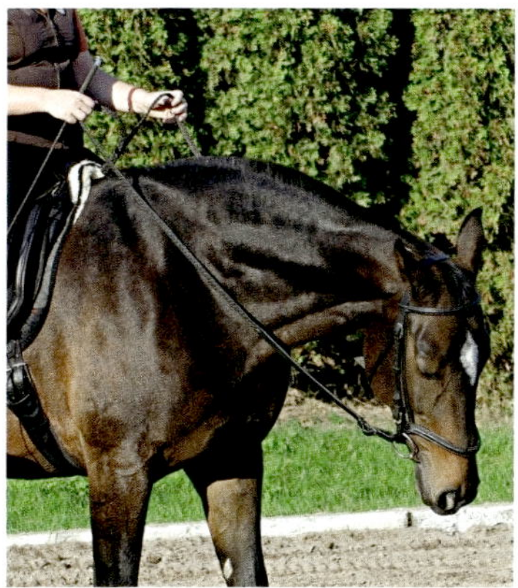

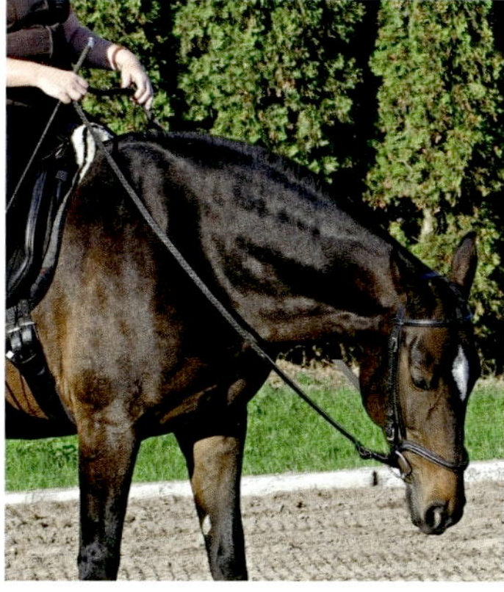

Die Balance-Schaukel kann immer dann angewendet und geübt werden, wenn das Pferd entspannt genug ist um einfach stehen zu bleiben. Ist es nervös, verspannt oder einfach noch zu ungeduldig, reitet man besser erst in weitem Rahmen nach vorne und dann Übergänge auf großen Linien, bis es mental bereit ist, sich aufzunehmen und sich auf diese anspruchsvolle Übung einzulassen. Von unten betrachtet wirkt sie sehr unspektakulär – aber sie beinhaltet fast alle Aspekte der Hilfengebung! Manchen Pferden hilft es, die Schaukel direkt nach dem Aufsitzen anzuwenden, andere müssen sich erst in der Bewegung lösen um in der Lage zu sein, die Konzentration aufzubringen, die sie fordert.

Der Profit aus der Schaukel-Übung

Wenn diese Übung im Stand beherrscht wird, so kann sie im Prinzip später auch im Vorwärts geritten werden. Sie birgt den Keim zu:

- Stellung
- Biegung
- Umstellen
- Schulterherein
- Konterschulterherein
- Geraderichten
- Sichaufnehmen
- Tempounterschieden
- Aufwölben des Widerrists
- Hankenbeugung
- relativer Aufrichtung
- Rückwärtsrichten
- Zügel aus der Hand kauen lassen.

Was im Prinzip nichts anderes heißt, als dass sämtliche Aspekte der Balance von Reiter UND Pferd in dieser Übung überprüfbar sind!

1 *Vor dem Schaukeln*

2 *Nach dem Schaukeln*

1

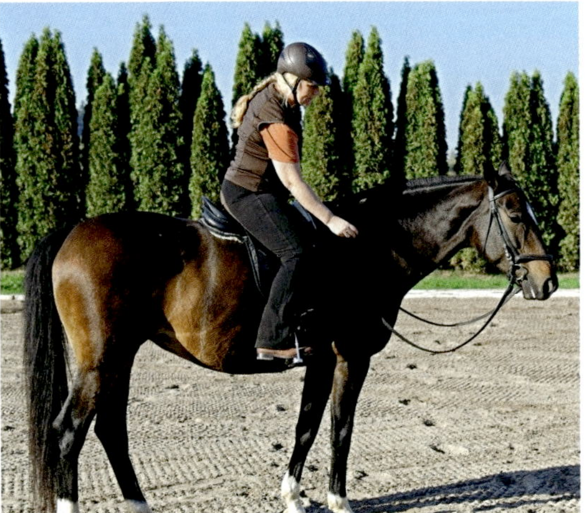

2

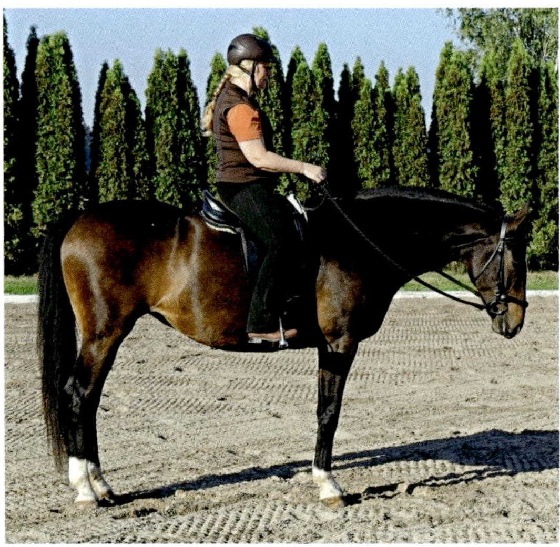

Wird die Übung von Pferd und Reiter wirklich verstanden, so kann sie IMMER, wenn es zu Problemen oder Missverständnissen kommt, hilfreich wirken, weil sie dem Reiter vor Augen führen kann, WO genau gerade JETZT das Problem liegt.

Wenn ich mich auf diese Art der Kommunikation einlasse, werde ich nie mehr gedankenlos und schnell strafen, denn sie zeigt mir, wie sich mein Tun 1:1 auf das Pferd auswirkt. Sie wird mir helfen, meine Hilfengebung deutlich zu verfeinern.

Wichtig
Hat ein Pferd nicht die Ruhe, diese Übungen am Sitz ruhig stehend auszuführen, dann reitet man sie besser gar nicht – mit Gezerre am Zügel und Kilos in der Hand ist sie wertlos!

Nimmt der Reiter sein Pferd wahr?

Um die nächsten Übungen angehen zu können, die ich benötige um die oben aufgeführten Details weiter zu erkunden, sollte mein Pferd in der Lage sein, auf von mir vorgegebenem Weg, zwischen den Zügeln in losgelassener Haltung mit relativ langem Hals zu schreiten und zu traben. Ich biete dem Pferd Kontakt zu meiner Hand an, indem ich die Zügel soweit aufnehme, dass sie nicht schlackern und ich das Maul fühlen kann ohne rückwärts zu wirken.

Takt, Losgelassenheit und Kontakt

Das Pferd bewegt sich dabei in seinem individuellen Grundtempo und wird vom Reiter nicht aktiv geformt. Der Reiter versucht, sich in die Bewegung des Pferdes einzufühlen, um es nicht in seiner Vorwärtsbewegung zu stören – weder durch einen klemmend treibenden Schenkel, noch durch ein „Hinter-der-Bewegung-hängen". Unter diesen Voraussetzungen ist die Chance relativ groß, dass das Pferd taktmäßig und losgelassen läuft. Es läuft seiner Nase nach und hält seinerseits den Kontakt zur Hand ohne dagegen zu gehen oder sich einzurollen.

Wenn das Pferd nun so losgelassen, taktmäßig und in Kontakt zur Reiterhand läuft, ohne dass der Reiter hierfür störend eingegriffen hätte, wäre es als nächstes an der Zeit, wenn man sich zur Analyse der üblichen Reihenfolge der Ausbildungsskala bedienen möchte, den Schwung zu betrachten.

Schwung

Schwungvoll bedeutet nicht automatisch „schnell". Es ist leider weit verbreitet, dass vor allem im Trab in überhöhtem Tempo durch Reithallen und über Plätze gehetzt wird. Ein überhöhtes Tempo birgt allerdings viele Fehlerquellen. Vor allem Takt und Losgelassenheit sind sehr störanfällig durch übereiltes Tempo. Der Schritt wird normalerweise als schwungslose Gangart bezeichnet, weil er keine Schwebephase hat. Allerdings „schwingen" sowohl Vorder- als

Ein fließender Schritt „swingt"…

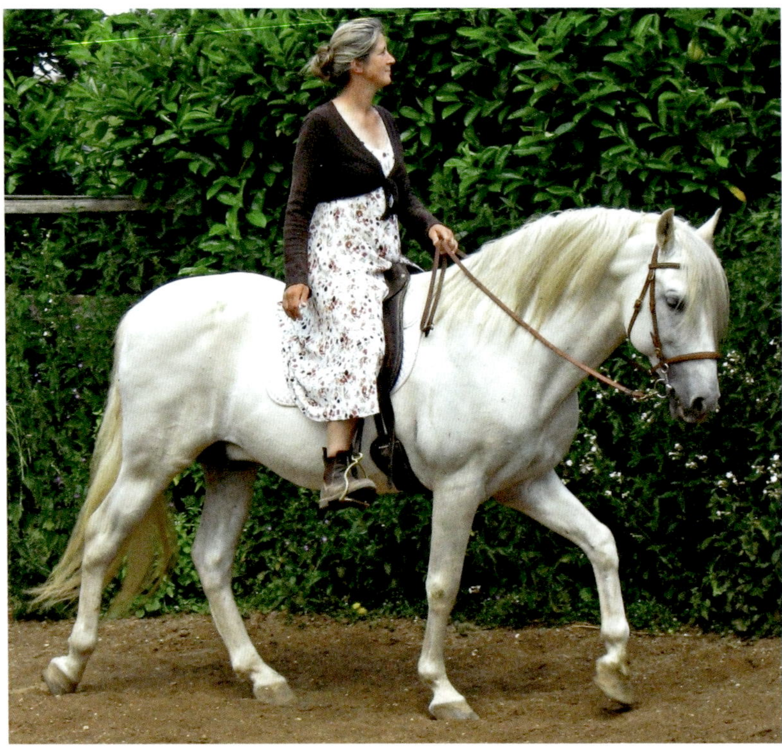

auch Hinterbeine des Pferdes in der Hangbeinphase nach vorn. Der Reiter wird, von der sich hebenden und senkenden Rückenmuskulatur des Pferdes, in eine wechselseitige Bewegung versetzt und wenn er das Pferd wiederum nicht in seinem „Vorwärts" behindert, dann kann es auch im Schritt schwungvoll und gehfreudig an die Hand herantreten.

Schwung bedeutet für mich das ungebrochene Fließen der Bewegung durch den Körper des Pferdes in jeder Gangart – auch, wie im Schritt – ohne Schwebephase. Und auch im Jog kann ein Pferd schwingen, ohne dabei großen Raumgriff zu entwickeln. Je stärker ein Pferd durch das Training wird und je sicherer und ausbalancierter es sich bewegt, umso eher ist es in der Lage, auch in großem Raumgriff durchzuschwingen ohne Takt und Durchlässigkeit zu verlieren, den Rücken festzuhalten und nur noch mit den Gliedmaßen, mit diesen aber dafür umso spektakulärer, zu agieren – wie es der moderne Schenkelgänger unter dem Jubel der Massen leider tut. Auch wenn in diesem Fall „viel Bewegung" unterwegs ist – von Schwung im Sinne von „Durchschwingen" kann dabei keine Rede sein.

Bei dressurmäßig nicht sehr weit ausgebildeten Pferden rate ich dazu, in der Bahn ein ruhigeres Grundtempo zu wählen und das freie Vorwärts eher im Gelände auf geraden Strecken anzufragen. Zu früh und zu stark forciertes Vorwärts in der Bahn, in dem Bemühen Schwung zu erzeugen, begründet bei vielen Pferden Rittigkeitsprobleme. Wie das „Schmieden“: die hinten heraus schiebende Hinterhand schiebt das Pferd einfach zu sehr auf die Vorhand und daher verlassen die Vorderhufe nicht schnell genug den Boden und werden sozusagen von der Hinterhand eingeholt – das Pferd tritt mit den Hinterhufen gegen die Vorderhufe. Je mehr getrieben wird, umso deutlicher wird das Problem – die Korrektur müsste lauten: Tempo runter. Diese Pferde geraten auch schnell hinter die Senkrechte – aus dem gleichen Grund. Und manches Pferd rennt einfach davon und wird mit viel Hand in Beizäumung gehalten – in ruhigerem Grundtempo könnte das Pferd loslassen und wirklich durchschwingen und die Probleme wären gelöst: also einmal mehr wäre WENIGER mehr.

Ein weiteres Ergebnis des zu früh geforderten „zu-viel-an-Schwung“ ist das außen Vorbeifußen beider Hinterbeine an den Vorderbeinen im Trab. Dies ist häufig zu sehen bei jungen Auktionspferden, die großes Bewegungspotenzial mitbringen, in der kurzen Zeit der Vorbereitung zur Auktion aber natürlich nicht bis in die Versammlung hinein ausgebildet werden können. Nun kennt aber jeder den Satz vom „Mitteltrab als Prüfstein der Versammlung“. Und das, wo doch der Mitteltrab bekanntlich DAS ist, was ein Auktionskracher zeigen MUSS! Wie soll ein solch junges Pferd Mitteltrab zeigen können ohne überhaupt in der Lage zu sein, unter dem Reiter die Hanken zu beugen?

Ganz einfach – es beugt nicht seine Hanken und richtet sich nicht relativ auf – dafür tritt es hinten breit, lässt den Rücken hängen und bekommt vom Reiter Hals und Kopf nach oben und in Form gezogen. So kann das Pferd sein enormes Talent und die große Beweglichkeit seiner Gliedmaßen zeigen, ohne aus der Tragkraft heraus zu agieren. Damit es sich dabei nicht, wie vorher beschrieben, mit den Hinterhufen in die Vordereisen tritt, fußt es einfach mit beiden Hinterbeinen seitlich heraus wie ein Traber – so kann es in maximalem Schub und Raumgriff gehen, ohne sich nach vorwärts-abwärts dehnen zu müssen. Auf Auktionen stört sich erstaunlicherweise fast niemand an diesem Phänomen – trotzdem hat sich mittlerweile herumgesprochen, dass man Auktionspferde besser erst einmal ein halbes Jahr auf die Weide stellt …

Diese Pferde sind normalerweise knapp 3 Jahre alt, wenn sie SO vorgestellt werden. Es ist leicht zu errechnen, wann oder aber wie schnell die „Ausbildung“ von statten ging.

Das diagonale Beinpaar fußt nicht parallel, der Kopf ist aktiv vom Reiter mit der Hand nach oben geholt worden. Das Schweißbild zeigt, das Pferd war vorher noch deutlich tiefer eingestellt.

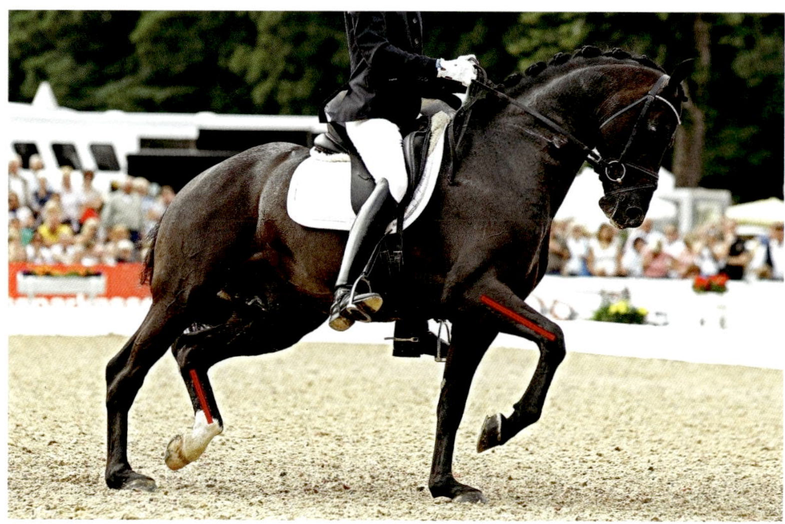

Geraderichten

Im Bemühen um Losgelassenheit, taktmäßige Bewegungen und leichten Kontakt zum Pferdemaul werden sich die meisten Freizeitreiter wiedererkennen und noch sicher fühlen ...

... und nun beschäftigen wir uns mit dem „Geraderichten"...

... bei einem Pferd, das doch in diesem Moment einfach „nur" zwischen den Zügeln seiner Nase nachläuft? Kann das sein? Wir haben doch noch gar nicht viel gemacht – und können WIR das wirklich? Geraderichten?

Wie war das am Anfang? Und sind wir jetzt wirklich weiter? Wie kamen wir so plötzlich an diesen Punkt? Bisher ohne „Arbeit"? Alles graue Theorie? Wir erinnern uns alle daran, dass man als Reitschüler anfangs mal von solch abstrakten Dingen wie „am äußeren Zügel führen", „Geraderichten" oder auch „Hankenbeugung" gehört hat, aber irgendwie betraf uns das nicht – das war so weit weg – wie kommt es, dass etwas so Abstraktes wie „Geraderichten" jetzt plötzlich ansteht, für uns „ganz normale Freizeitreiter", für die solche Dinge irgendwie doch recht entfernt waren?

Viele von uns hatten sich ja dem weit verbreiteten „Arbeiten" der Pferde im Reitstall entzogen, weil es uns keine Freude machte so „energisch" sein zu müssen, wie es häufig üblich ist. Unsere Pferde hatten ja peinlicherweise noch nicht mal „den Kopf unten". Also glaubt mancher Freizeitreiter sich verabschieden zu müssen von Dingen wie „Geraderichten" oder gar „Versammlung" – der Preis schien zu hoch. Muss man nicht erst richtig „arbeiten" – so wie es üblicherweise in den meisten Reitställen gemacht wird – bevor man an solch anspruchsvolle Dinge wie Geraderichten denken darf? Können wir das doch vielleicht auch? Aber wieso jetzt schon?

Nehmen wir das Pferd genau so an wie es ist, dann versuchen wir über das dressurmäßige Reiten das Pferd geschmeidiger, rittiger und gerader werden zu lassen, indem wir AN seiner natürlichen Schiefe und nicht dagegen arbeiten. Man muss sich nicht zwangsläufig vom Traum vom geschmeidigen, rittigen Pferd verabschieden, nur weil man nicht „anpacken und zulangen" möchte!

Mein verehrter Reitlehrer Dr. Hans-Walter Dörr pflegt stets an Folgendes zu erinnern: „Meine Damen und Herren, Sie sagen immer, Sie liebten Ihre Pferde … lieben Sie sie so wie sie sind, nicht wie Sie sie gerne hätten …"

Beziehen wir diesen klugen Satz auch auf das Geraderichten! Nehme ich ein Pferd freundlich an, so wie es ist, inklusive seiner natürlichen Schiefe, und beginne dann mit einem motivierenden, positiv verstärkenden Training, so wird das Pferd bei regelmäßigen, häufigen und nicht zu langen Dressurtrainingseinheiten genau in dem Maß und der Qualität an Koordinationsfähigkeit, Geschmeidigkeit, Kraft und Symmetrie in Balance – denn genau das bedeutet Geraderichten – gewinnen, wie ich in der Lage bin es zu reiten.

Der rote Faden

Das Geraderichten zieht sich von Anfang an wie ein roter Faden durch die Reiterei. Es gibt nicht „den Tag, als ich mein Pferd gerade richtete" – das passiert jeden Tag, von Anfang an – ein Pferdeleben lang.

Warum sind Pferde „von Natur aus schief"?

Es gibt viele verschiedene Ansätze, die Schiefe von Pferden zu erklären. Mir scheint die Erklärung am schlüssigsten, dass das Fohlen in der letzen Zeit im Mutterleib mangels Platz nicht mehr die Gelegenheit hat, sich zu drehen und so eine recht lange Zeit in eine Richtung gebogen liegt. Liegt es z. B. nach links gebogen, ist die Muskulatur seiner rechten Seite bei der Geburt schon gedehnt – die der linken Seite hingegen verkürzt. Das kleine Pferd steht zum ersten Mal auf – und steht mit der Hinterhand nach links versetzt.

Es ist für ein nicht gerittenes Pferd kein Problem schief zu sein, wie es für einen jungen Menschen völlig normal ist, eine Hand mehr zu benutzen. Er benutzt seine linke oder rechte Hand einfach intensiver und dadurch wird sie immer geschickter. Auch für einen jungen Linkshänder ist seine Händigkeit kein Problem – bis ein doofer Erwachsener kommt und eines daraus macht …

Wenn ich entscheide ein Pferd zu reiten, muss ich bestrebt sein, diese Schiefe auszugleichen, damit das Pferd nun unter der unnatürlichen Belastung mit dem Reitergewicht, durch seinen schiefen Bewegungsablauf, keinen Schaden nimmt. Ein gerade gerichtetes Pferd schiebt und trägt im optimalen Winkel, so dass seine Gelenke keinen Schaden nehmen durch das Reiten.

Linksgalopp: eindeutig, natürlich, NICHT gerade …

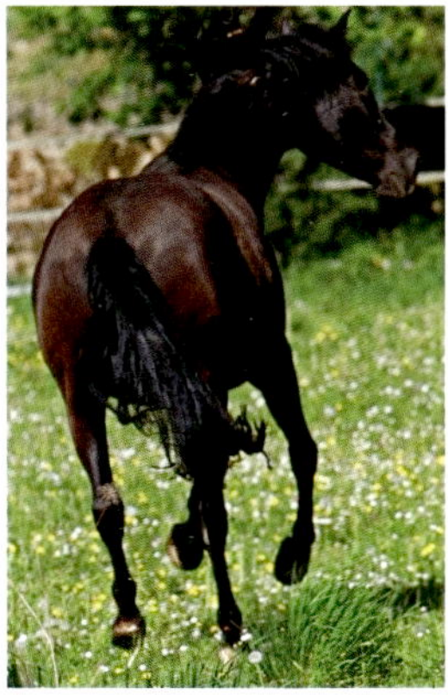

Auch ein schiefes Pferd kann relativ problemlos einen Reiter tragen – wird es bei leichter, regelmäßiger Bewegung ausschließlich als Spazierreitpferd eingesetzt. Gibt man dem Pferd die Möglichkeit sich losgelassen selbst auszubalancieren, führt die nicht ausgeglichene Schiefe auch nicht zu Problemen. Geht der Reiter mit diesem Pferd allerdings auf einen Reitplatz, wird er wahrscheinlich ziemlich erstaunt sein, wie schwer sich sein draußen so geschicktes Pferd plötzlich tut – spätestens in den Ecken und auf gebogenen Linien. Möchte ich also dressurmäßig reiten, ist das Geraderichten meines Pferdes eine meiner wichtigsten Aufgaben – in jeder Reiteinheit und in seiner ganzen Ausbildung. Nicht indem ich dagegen kämpfe, sondern indem ich über biegende und dehnende Übungen und Schulter- und Hüftkontrolle die Beweglichkeit und Kraft beider Seiten immer mehr ausgleiche.

Die natürliche Schiefe des Pferdes wird in ihrer Anlage immer erhalten bleiben. Reite ich ein gut trainiertes, gerade gerichtetes Pferd, das sich im Training gleichmäßig auf beiden Seiten anfühlt, eine Woche lang nicht, so wird sich sofort wieder in Ansätzen zeigen, auf welcher Seite das Pferd konkav und auf welcher es konvex ist.

Die Schultern des Reitpferdes sollen sich genau vor seiner Hinterhand befinden. Die NATÜRLICHE Schiefe verhindert dies anfangs. Wie der Name schon sagt, handelt es sich um eine naturgegebene Eigenschaft, die ein Pferd mitbringt und ist daher keine Widersetzlichkeit! Ein Pferd ist also nicht auf einer Seite „gut“ und auf einer „schlecht“ – es ist schlicht einseitig hohl und andererseits konvex. Diese Schiefe hat keinen knöchernen Ursprung – sie ist rein muskulär bedingt und daher ist es möglich, sie mit Geduld, Verständnis, Zeit und guter Gymnastik auszugleichen.

Exakt auf 2 Spuren!

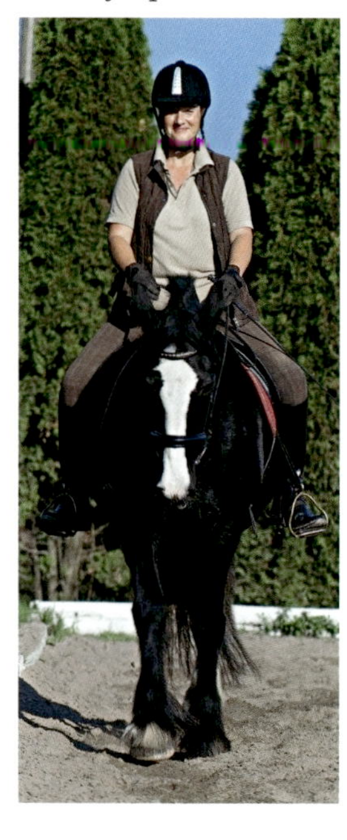

Nimmt ein wenig gerittenes Pferd also einen Reiterschenkel deutlich weniger durchlässig an als den anderen, so liegt das nicht daran, dass es das aus Widersetzlichkeit nicht möchte, sondern dass es ihm schwerfällt, sich auf dieser Seite hohl zu machen – entsprechend seiner Natur – so wie ihm dies mitgegeben wurde. Die andere Seite ist einfach verkürzt und es „zieht“, wenn das Pferd sich dort dehnt. Dass das nicht unbedingt Spaß macht, ist nachvollziehbar – man sollte also langsam und vorsichtig in kurzen Reprisen vorgehen.

Die Schiefe zeigt sich beim Reiten deutlich auf der Geraden, wenn wir das junge oder wenig ausgebildete Pferd unmanipuliert zwischen Schenkeln und Zügeln laufen lassen, darin, dass der Hinterhuf einer Seite nicht exakt in der Spur des gleichseitigen Vorderhufs fußen wird, sondern mehr oder weniger außerhalb daneben.

Auf der gebogenen Linie wendet das Pferd in eine Richtung sehr leicht ab, neigt auf dieser Hand aber zum Abknicken im Hals und dazu, über die äußere Schulter zu laufen. In die andere Richtung hat es große Schwierigkeiten damit, seiner Nase nach abzuwenden und möchte am liebsten in Außenstellung gehen.

Handwechsel nutzen zum Geraderichten

Das Dehnen und Kräftigen der hohlen Seite richtet gerade. Das Kräftigen geschieht in die Richtung der hohlen Seite gebogen. Das Dehnen in die entgegengesetzte Richtung.

Weit verbreitete, aber trotzdem leider falsche Ansätze beim Versuch des Geraderichtens

Häufig wird einfach gegen diese Schiefe gearbeitet. „Der WILL NICHT mit dem inneren Hinterhuf tragen" ist oft zu hören, als handele es sich dabei um eine Widersetzlichkeit gegen den Reiter, die bekämpft werden muss. Es geht hier aber um eine natürliche, körperliche Gegebenheit Ihres Pferdes. SO ist mein Pferd – nicht weil es mich ärgern will, sondern weil die Natur es so geschaffen hat – und nun muss ich lernen damit umzugehen.

Da es ein Hinterhuf ist, der seitlich heraustritt, ist ein weit verbreiteter Ansatz, den gleichseitigen Schenkel etwas zurückgleiten zu lassen und gegen die Rippen des Pferdes zu drücken, um es dazu zu bringen, mit diesem Huf näher an seiner eigenen Längsachse zu fußen.

Manche Pferde nehmen sich durch diesen zurückgleitenden Schenkel auf, was eigentlich die korrekte Reaktion eines Reitpferdes auf den zurückgleitenden Schenkel wäre. Der Reiter aber wundert sich, dass das Pferd plötzlich weniger vorwärts geht …

Andere Pferde, die auf mehr Vorwärts konditioniert sind, sobald ein Schenkel – egal wo – mehr einwirkt, verstehen diese Steigerung des Schenkeldrucks als Aufforderung zu mehr Vorwärts und fangen an schneller zu laufen …

Das dritte Pferd wird sich einfach verbiegen und anfangen, nicht mehr fein auf den Schenkel zu reagieren, weil es nicht versteht, was es tun soll.

In allen Fällen führt der einfach verstärkt drückende Schenkel nicht dazu, dass das Pferd auf Dauer seinen Hinterfuß in die gewünschte Spur setzt und gerader wird …

Korrektur eines links hohlen Pferdes

Aber wie korrigiere ich nun den seitwärts ausscherenden Hinterhuf? Hier, im Falle eines links hohlen Pferdes, das wir kurz „LiMax" nennen, um nicht die ganze Zeit von „dem auf der linken Seite hohlen Pferd" sprechen zu müssen.

Indem ich mich erst einmal frage, warum dieser Fuß bei einem gesunden Pferd wie LiMax seitlich ausschert. Er schert aus, weil LiMax eben in sich nicht gerade ist. Ein noch nicht gerade gerichtetes und von Natur aus (!) links hohles

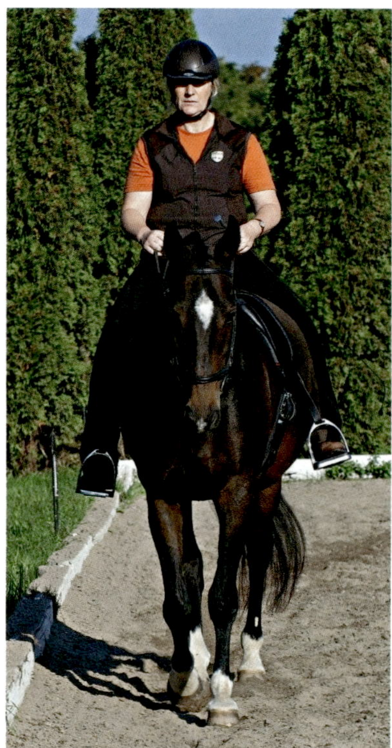
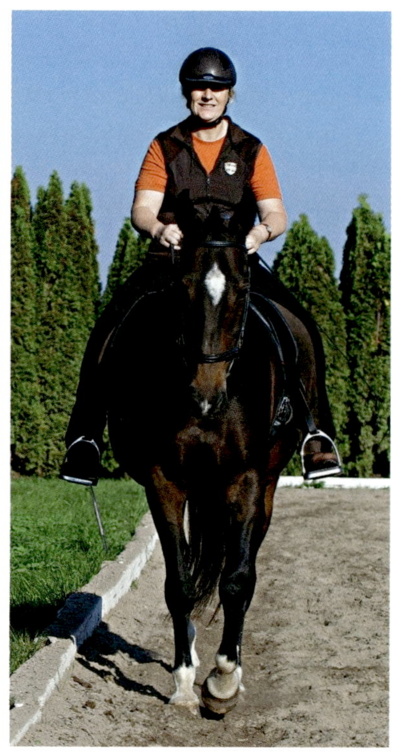

Am Anfang der Reiteinheit zeigt dieses Pferd eine leichte Schiefe – die Hinterhand zieht nach links. Nach der aufwärmenden und lösenden Arbeit in den Seitengängen ist diese Tendenz ausgeglichen.

Pferd wie LiMax, wird linker Hand, wenn es scheinbar gerade seiner Nase folgt, mit dem linken Hinterhuf nicht in der gleichen Spur fußen wie der gleichseitige Vorderhuf, sondern außen an diesem vorbei. Dies tut er, weil seine Bauch- und Rückenmuskulatur links von Natur aus kürzer sind als rechts und daher die Hinterhand leicht nach links ziehen. Die Vorhand bleibt auf dem direkten Weg, den ein Pferd einschlägt – also ist es die Hinterhand, die der Schiefe folgt.

Die beim Reiten in der Biegung scheinbar bessere Seite ist die „hohle oder konkave" Seite. Weil ein schiefes Pferd sich immer erstmal auf der hohlen Seite besser anfühlt – schließlich guckt es auf dieser in die Bewegungsrichtung, was ihm entgegen kommt – halten wir diese Seite anfangs auch für LiMax „bessere Seite". Da er aber mit dem linken Hinterhuf links an der eigentlichen Spur seines linken Beinpaares vorbeifußt, nimmt er auf der gebogenen Linie NICHT wie erwartet mit dem inneren Hinterhuf mehr Last auf, wie es bei einem geraden Pferd passieren würde, sondern überlässt diese vermehrt der inneren Schulter oder – dem äußeren Hinterhuf. LiMax wird also auf seiner hohlen Seite anfangs travers- bzw. kruppehereinartig auf mehr als zwei Spuren laufen – einfach weil dies der natürlich-schiefen Form seiner Längsachse entspricht. Die Muskulatur seiner linken Körperhälfte ist verkürzt und da der Reiter seine Vorhand zwischen den Zügeln auf dem Hufschlag hält, zieht die Muskulatur seine Hinterhand nach links. Das Pferd ist also von Natur aus traversartig gebogen.

Schaue ich mir nun ein solches Pferd von hinten an und bedenke den Grundsatz, dass Reiten – und somit natürlich auch das Geraderichten – immer von hinten nach vorne funktioniert und das Geraderichten dadurch eingeleitet wird, dass ich die Vorhand VOR den Motor – also die Hinterhand – bringe, wird klar, wie der Übungsansatz lauten muss:

Schulterkontrolle!

Die Kontrolle der Vorhand beginnt mit der Wahrnehmung des Reiters von Stellung, Biegung und dem Grad der Abstellung der Vorhand im Verhältnis zur Längsachse des Pferdes und der Position dessen Hinterhand auf dem gerittenen Weg. Also nicht nur entlang der Bande, sondern auch im Inneren der Reitbahn und im Gelände auf freiem Feld! Machen Sie sich nicht abhängig bzw. bleiben Sie nicht abhängig von der Bande, sondern lernen Sie, die Abstellung Ihres Pferdes selbst wahrzunehmen und es am äußeren Zügel und mit den verwahrenden Hilfen zu führen und einzurahmen!

Dies ist auch der Grund warum ich dazu rate, das Schulterherein unter dem Reiter nicht an der Bande entlang zu beginnen sondern z. B. aus einer Volte heraus im Inneren der Bahn.

Warum nicht an der Bande? Viele Pferde entfernen sich während des Einleitens des Schulterhereins beim Erlernen der Lektion, weiter von der Bande, weil ihre Durchlässigkeit noch kein fließendes Wechseln in die Seitwärtsbewegung zulässt. In diesem Moment neigen wir Reiter dazu, unser Pferd durch Zug an den Zügeln daran zu hindern den ersten Hufschlag zu verlassen. Dadurch geht natürlich jede Losgelassenheit verloren und der Übungsansatz ist verdorben.

Üblicherweise wird dann vorne noch mehr festgehalten und vermehrt mit dem seitwärtstreibenden Schenkel getrieben. Was dann zuviel an Vorwärts oder Seitwärts kommt wird wieder mit der Hand abgebremst, bis das Pferd gelernt hat sich in die gewünschte Form schubsen und ziehen zu lassen. Notfalls gegen die durchhaltende Hand mit entsprechendem Gerten-, Sporen oder Reitlehrereinsatz von unten. Diese Vorgehensweise kann auch auf Dauer zu einem erkennbaren Schulterherein führen, ist aber in der Lernphase weder für den Reiter und noch viel weniger für das Pferd ein Vergnügen.

Schulterherein funktioniert auch auf der Ovalbahn ohne Bande.

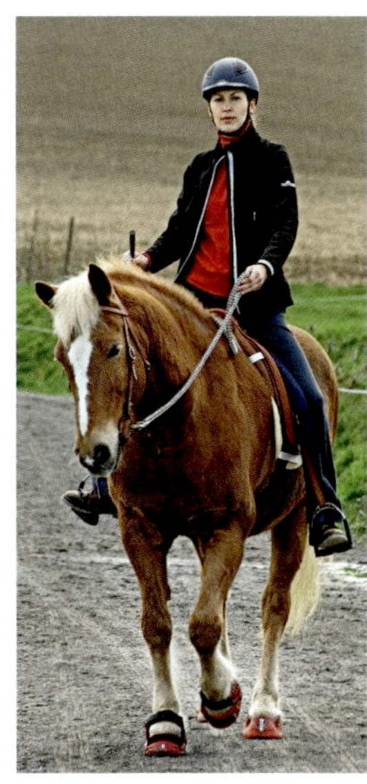

Improvisiere ich stattdessen frei auf einer gebogenen Linie, kann ich das Seitwärts dann anfragen, wenn ich merke, dass mein Pferd JETZT gerade durchlässig und locker in der Biegung ist und sich am Sitz aufnehmen lässt. So kann ich das Pferd mit Lob und Bestätigung in die neue Lektion führen und es entstehen kein Stress und keine Aufregung, weil es evtl. nicht versteht, was der Reiter eigentlich genau von ihm will.

Gelingt das schulterhereinartige Reiten aus improvisierten, relativ engen gebogenen Linien, wie Volten, heraus, versuche ich es auf größeren gebogenen Linien und später auch auf der Geraden. Allerdings erstmal auf dem zweiten Hufschlag, damit mein Pferd oder ich nicht in den Fehler verfallen, außen auf dem ersten Hufschlag doch die Bande zur Begrenzung zu nutzen statt die einrahmenden und verwahrenden Hilfen des äußeren Zügels und äußeren Beins.

Reiten in Stellung

Die Schulterkontrolle beginnt also schon beim Reiten in Stellung. Hierbei ist das Pferd in seiner Längsachse nur sehr leicht gebogen. Das Reiten in Stellung wird erreicht, indem der Reiter die innere Hand etwas steigen lässt, bei Bedarf mit einer leisen Vibration auf den inneren Zügel, mit dem verwahrenden äußeren Schenkel aber sicherstellt, dass das Pferd weiter geradeaus läuft. Dabei kann das Pferd mit dem äußeren Hinterbein etwas mehr unter den Körper

1
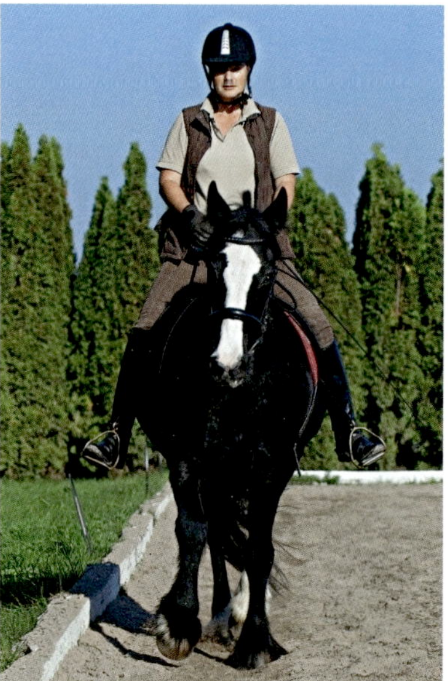

2
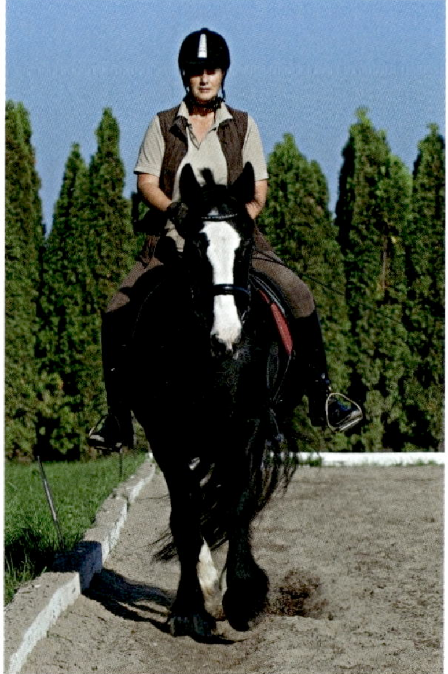

1 Stellung rechts
2 Stellung links

treten – maximal so, dass das äußere Hinterbein zwischen die Spuren der Vorderbeine fußt.

Schultern und Hüften des Reiters bleiben dabei neutral und das Pferd wird am Sitz und zwischen den Zügeln weiter auf zwei Spuren geführt. Es wird keine neue Spur eröffnet. Die Biegung im Pferd ist so leicht, dass es auf zwei Spuren bleibt. Es ist Aufgabe des Reiters, diese minimale Biegung genau zu kontrollieren und das Pferd weder mit der äußeren Schulter noch mit dem inneren Hinterbein aus diesen zwei Spuren herausfallen zu lassen. Wie bereits beim Schaukeln besprochen, ist die aktiv gegebene Stellung so gering, wie der Platz im Genick, der hierfür zur Verfügung steht. Hier ist Feingefühl gefragt.

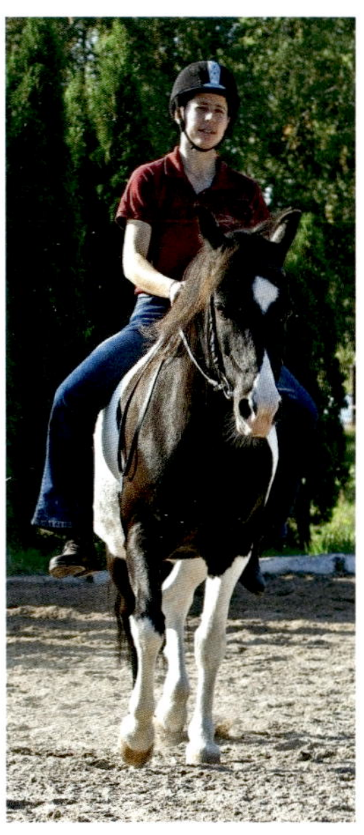

Knapp 2,5 Spuren – Schultervor!

Schultervor

Das Schultervor leitet der Reiter ein, indem er sein Pferd:

- durch stellunggebende Hilfen und ein leichtes Drehen der Schulterpartie nach innen führt, so dass die Vorhand die ursprüngliche Hufschlagfigur verlässt.

Sobald die Vorhand des Pferdes die ursprüngliche Linie verlassen hat, signalisiert der Reiter:

- durch das Gleiten seines Fokus über das äußere Ohr seines Pferdes,
- durch Schließen der äußeren Hand,
- den nach vorne-außen weisenden äußeren Beckenkamm und
- den Bügeltritt außen,

dass das Pferd nun nicht mehr der Nase nach der leicht gebogenen Linie nach innen folgen, sondern in leichter Biegung seitwärts mit der Hinterhand auf der ursprünglichen Linie weiter fußen soll.

Das Signal für das Seitwärts kommt so früh, dass die Vorhand die Spuren der Hinterhand nur minimal verlassen hat – nicht einmal um eine ganze Spur. Schultervor ist also ein ganz, ganz kleines Schulterherein mit sehr wenig Abstellung von der ursprünglichen Linie, aber – im Gegensatz zum Reiten in Stellung – bereits mit gebogener Längsachse.

Das Schulterherein

Dieses wird angefragt wie das Schultervor auch – aber mit mehr Abstellung von der Ursprungslinie ausgeführt.

1 *Schulterherein auf 3 Spuren*

2 *Schulterherein auf 4 Spuren*

1

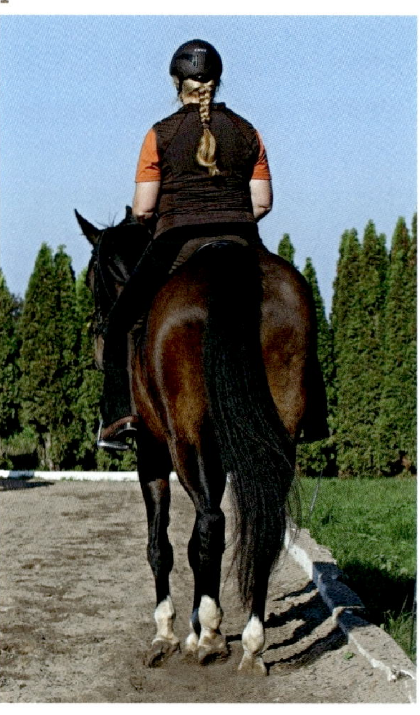

2

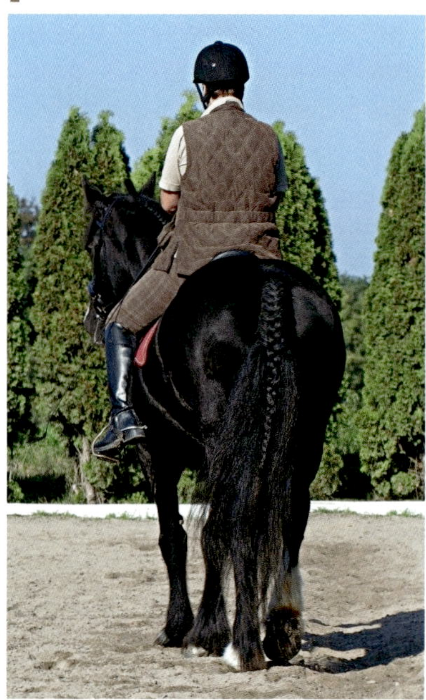

Es kann auf drei bis vier Spuren geritten werden, wobei vier Spuren das Maximum der Abstellung darstellen. Bei mehr Abstellung bestünde die Gefahr, dass das Pferd in der Seitwärtsbewegung mit dem inneren Hinterhuf nicht mehr am äußeren vorbeitreten könnte ohne diesen zu streifen.

Warum ist nicht mehr Biegung möglich?

Beide Hinterhufe bleiben ja im Schulterherein am Hufschlag – mit mehr Biegung wäre dies nicht möglich.

- das Pferd würde sich sonst entweder selbst gegen den äußeren Hinterhuf treten
- oder die Biegung aufgeben um hinten einfach zu kreuzen wie im Schenkelweichen statt mit dem inneren Hinterhuf nach vorne-innen Richtung Schwerpunkt zu fußen
- oder die Spur verlassen und nach vorne-innen der Biegung dorthin folgen wo Platz ist.

Der noch nicht gerade gerichtete LiMax schreitet beim normalen Geradeausgehen mit dem linken Hinterhuf auf einer dritten Spur links der beiden regulären. Leite ich nun ein Schultervor linker Hand ein, bei dem ein Pferd normalerweise auf mehr als zwei Spuren fußen würde, so richte ich Limax mit der gleichen Lektion auf zwei Spuren gerade:

Möchte ich tatsächlich, dass LiMax ein Schulterherein auf drei Spuren ausführt, so muss ich seine Vorhand tendenziell weiter nach innen versetzen, um die korrekte Form des Schulterhereins auf drei Spuren und dessen trainierenden Effekt auf das innere Hinterbein zu erhalten! Ein gerades Pferd um eine Spur versetzt geht Schulterherein auf drei Spuren. LiMax muss hierfür um zwei Spuren versetzt werden.

Was aber ist der Effekt eines Links-Schulterherein bei einem links bereits hohlen Pferd wie LiMax? Noch hohler brauchen wir ihn links ja nicht!

Die Übung Schulterherein links auf drei Spuren bringt LiMax dazu, Last auf den linken Hinterhuf aufzunehmen und so dieses schwächere Hinterbein zu trainieren.

In seiner natürlichen Schiefe kann LiMax keine Tragkraft im linken Hinterbein entwickeln und wird sich spätestens im Trab linker Hand auf der gebogenen Linie mit der Schubkraft dieses Beins tendenziell auf das zweite Bein der Diagonalen, das rechte Vorderbein, schieben.

Der unerwünschte Effekt: Der schiefe, noch nicht gerade gerichtete LiMax hat dadurch die Tendenz, auf der gebogenen Linie mit dem Hals am Widerrist abzuknicken und über die äußere Schulter zu laufen, um eben KEINE Last auf dem linken Hinterfuß aufzunehmen …

Der korrigierende Effekt des Schulterhereins

Wenn der Reiter korrekt einwirkt, dann:

- wird sich LiMax seines linken Hinterbeins bewusst,
- er lernt, mit dem linken Hinterhuf Last aufzunehmen,
- wird in der Übung Schulterherein die gesamte Vorhand mit Kopf, Hals und Schulter vom äußeren Zügel geleitet, eingerahmt und begrenzt, so dass er nicht mehr selbstverständlich über die äußere Schulter nach außen driftet,
- wird das Pferd zusätzlich vom äußeren Knie des Reiters in Empfang genommen, eingerahmt und begrenzt,
- fühlt LiMax, dass er außen eingerahmt ist und nicht im Hals abknicken muss.
- In dem Moment, in dem er mehr Last mit dem linken Hinterbein aufnimmt, stabilisiert er sich, nimmt sich auf der Hinterhand auf, die innere Schulter wird entlastet und er muss nicht mehr über die äußere Schulter driften.

Wir trainieren also nicht nur die Tragkraft des inneren Hinterbeins sondern kontrollieren auch die Stabilität der ganzen Vorhand und damit die horizontale Balance beider Schultern. DAS PFERD GERÄT nach und nach beim Abwenden nach links NICHT MEHR IN SCHRÄGLAGE.

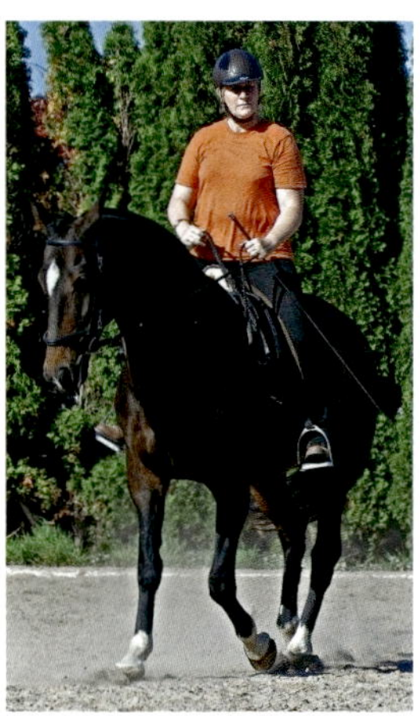

Zirkel links in Rechts- bzw. Konterstellung – ein sanfter Ansatz, um die Rechtsstellung bei einem links hohlen Pferd anzufragen.

Die andere, konvexe Seite

Für LiMax ist es schwer, rechter Hand auf gebogener Linie seiner Nase nachzulaufen.

Bevor man an ein Schulterherein in direkter Biegung auf der „schweren" Hand denkt, kann es Pferd und Reiter sehr helfen, erst einmal auf der „leichten", linken Hand auf dem Zirkel in Konterstellung die unangenehme Stellung sanft anzufragen und nach und nach zu einem Konterschultervor auszubauen. Ist dies möglich, ist es danach auch leichter, ein Schultervor in direkter Biegung selbst rechter Hand zu wagen.

Und jetzt: Schulterherein rechts mit LiMax? Warum? Das rechte Hinterbein wird doch sowieso ständig trainiert, wenn es durch die natürliche Schiefe immer ungewollt Richtung Schwerpunkt, also zur Bauchmitte hin fußt …?

Der wichtigste Effekt des Rechts-Schulterhereins ist für LiMax das Dehnen seiner linken Seite der Länge nach! Die Muskeln in LiMax' linker Seite sind kürzer als die auf seiner rechten – diese gilt es zu dehnen. Jedes Lebewesen ist schief und hat eine beweglichere und eine steifere Seite. Dehnt man selbst seine unbeweglichere Seite, merkt man schnell, dass das definitiv weh tut, weil die Muskeln dort verkürzt sind! Also muss man hier sehr vorsichtig und in ruhigem Tempo vorgehen – und vor allem anfangs in sehr kurzen Reprisen. LiMax muss sich außen sehr stark dehnen, die Muskeln seiner verkürzten linken Seite ziehen an ihm. Ließe er los, zögen sie ihn zurück in Außenstellung.

Verstehen Sie nun, warum es für ein wenig ausgebildetes Pferd so schwer ist, sich „einfach NUR losgelassen" gebogen auf seiner Zwangsseite zu bewegen? Bitte glauben Sie nicht, Ihr Pferd wollte sich einfach nur widersetzen oder hätte „keine Lust" Last aufzunehmen auf einem Hinterbein. Es ist für das Pferd so, als würde jemand von Ihnen als Rechtshänder verlangen: „Schreib mal mit der linken Hand". Und wenn Sie sich jetzt sehr bemühen und Ihre Hand langsam verkrampft, brauchen Sie eine kleine Pause. Zwingt man Sie aber direkt weiterzumachen, wird das Ergebnis entsprechend auch erst einmal immer schlechter …

Daher ist es sinnvoll und wichtig, das Schulterherein bei einem Pferd auf beiden Händen mit viel Gefühl und anfangs mit sehr wenig Abstellung und nur für ein paar Schritte anzufragen und wieder geradezurichten, bevor es sich selbständig entzieht oder verkantet. Das Pferd profitiert enorm vom Schulterherein und der Reiter ebenfalls! Und zwar deutlich mehr von einigen wenigen fließenden Schritten als von einer irgendwie verkorkst durchgequetschten langen Seite „halsherein" …

Handarbeit

Eine gute Möglichkeit, meinem Pferd diese Lektion ohne die zusätzliche Last des Reiters nahezubringen, ist die Handarbeit auf Trense, am Kappzaum oder am Halfter – auf jeden Fall mit einer Zäumung mit einem jeweils seitlich angebrachten Zügel. Ohne Reitergewicht ist es für das Pferd natürlich erst einmal weniger anstrengend diese Lektion zu erlernen – allerdings muss der Mensch, der mit dem Pferd zusammen arbeitet, sich klar darüber sein, dass die Handarbeit eine ganz eigene Kunst im Umgang mit dem Pferd ist, die zu erlernen nicht einfacher als das Reiten selbst ist! Es gehört viel Übung dazu, damit mein Pferd von der Handarbeit wirklich profitiert. Dem Reiter selbst können aber einige neue Lichter aufgehen, wenn er das Pferd in der Handarbeit am äußeren Zügel führen muss – so wie er es beim Reiten eigentlich auch sollte – weil Handarbeit ohne Führung am äußeren Zügel nicht machbar ist!

Zu sehen, wohin sich welcher Fuß tatsächlich in einer Lektion bewegt und Fußfolgen Schritt für Schritt, im Moment der Entstehung direkt zu beobachten, bringt jeden Reiter in seinem Verständnis für die Lektionen, aber auch für sein Pferd, deutlich weiter! Wenn Sie sich für das Thema Handarbeit interessieren,

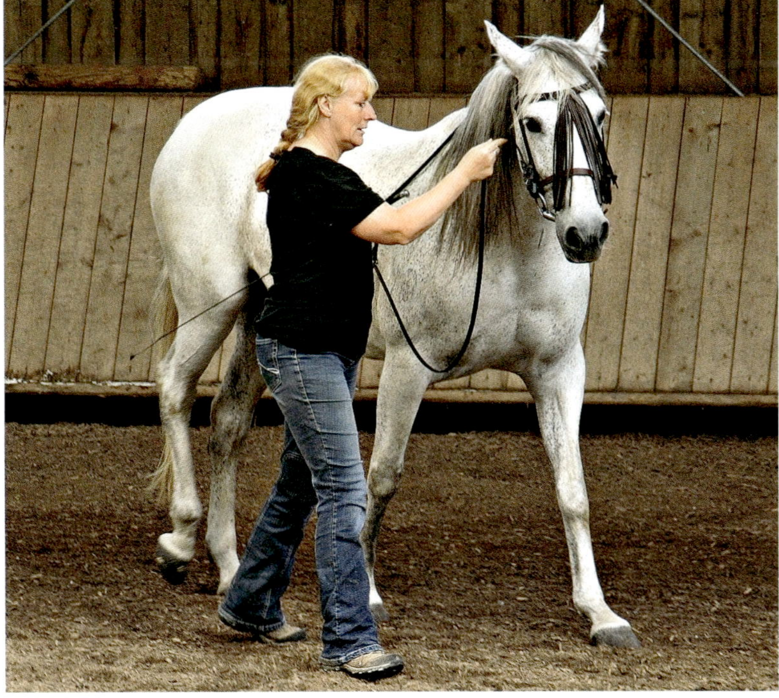

Schulterherein an der Hand schult Pferd UND Mensch – „nicht ohne meinen äußeren Zügel …“

Antraben OHNE Abschieben – im Schultervor

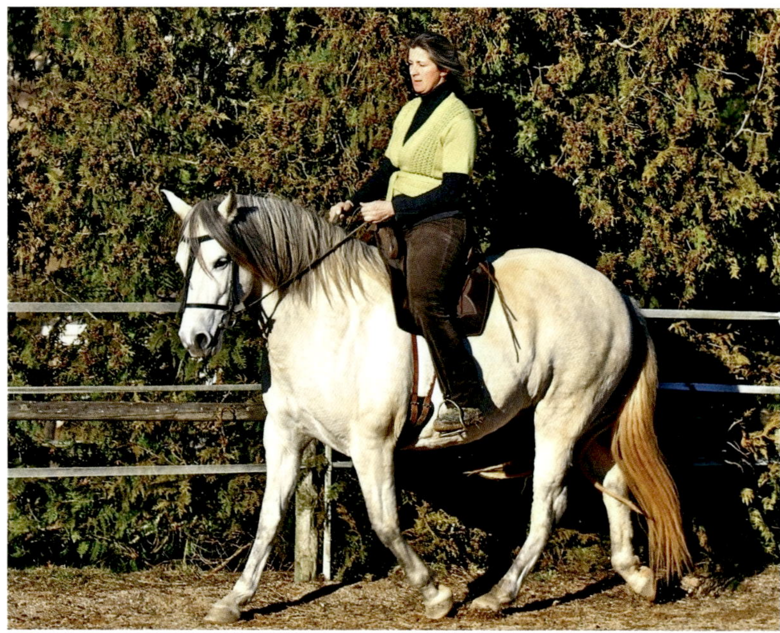

empfehle ich Ihnen wärmstens Richard Hinrichs Buch „Pferde schulen an der Hand“ und auch den Lehrfilm dazu – es bietet einen hervorragenden und gut verständlichen Ansatz zum Einstieg in die Handarbeit.

Das Schulterherein ist eine Lektion, die an der Hand besonders gut und effektiv genutzt werden kann und Reiter und Pferd enorm fördert und ausbalanciert! Es kann lösend und versammelnd, beruhigend oder belebend, korrigierend und mäßigend eingesetzt werden, ohne dem Pferd ein Gefühl der Nörgelei oder des Nichtgenügens zu vermitteln, weil Mensch so gut improvisieren kann. Voraussetzung ist natürlich, dass ihm bewusst ist, dass ihm in einer normalen Reitbahn komplette 800 qm zur Verfügung stehen und nicht nur ein ausgetretener Hufschlag!

Trabte LiMax vor dem Erlernen und Üben des Schulterhereins auf der gebogenen Linie an, tat er dies ganz klar mit seiner Schubkraft. Da der linke Hinterhuf aber leider eine Extraspur links des Pferdes eröffnet hatte, schob er sich nun auf die diagonale äußere Schulter. Der Reiter hatte viel zu tun, ein Driften über die äußere Schulter mit dem äußeren Zügel zu verhindern.

Nun, da LiMax in der Lage ist, seinen linken Hinterhuf gezielt und effektiv einzusetzen, kann er mit gewinkelter Hinterhand, Richtung Schwerpunkt fußend mit Tragkraft antraben.

Schulterherein = „Trabstellung“

Durch den kräftigenden Aspekt für das innere Hinterbein und den dehnenden Effekt auf die Muskulatur der Außenseite, befähigt die Übung des Schulterhereins das junge Pferd nach und nach zu einer völlig anderen Qualität des Übergangs zum Trab!

Er fußt im Schritt im Schulterherein Richtung Schwerpunkt und nimmt dadurch vermehrt Last auf mit dem inneren Hinterbein. Er winkelt Sprunggelenk und Knie, kippt im Becken ab, entlastet dadurch seine Vorhand, wölbt den Widerrist auf und setzt sein inneres Hinterbein im Antraben in Beugung federnd ein, statt nach hinten herausschiebend!

Weder schiebt er sich nun mit dem inneren Hinterhuf diagonal auf die äußere Schulter, noch muss er im Hals abknicken, noch kommt er ins Laufen, weil er sein Gleichgewicht verliert und auf den Zügel gerät. Das Pferd befindet sich, wenn es das Schulterherein beherrscht, im Moment des Antrabens in Balance. DESHALB nennt man das Schulterherein auch Trabstellung! Das Üben des Schulterhereins im Schritt verbessert den Trab des Pferdes enorm!

Konterschulterherein

Eine weitere Variation im Schulterherein ist das Konterschulterherein.

Hier ist das Pferd ebenfalls zum seitwärtstreibenden Schenkel hin gestellt und gebogen –aber in Außen/Konterstellung. Wir bewegen uns also zum Beispiel linker Hand ganze Bahn, unser Pferd ist aber rechts gestellt und gebogen. Damit wir genug Platz für die Vorhand haben, reiten wir dazu mindestens auf dem zweiten Hufschlag.

1

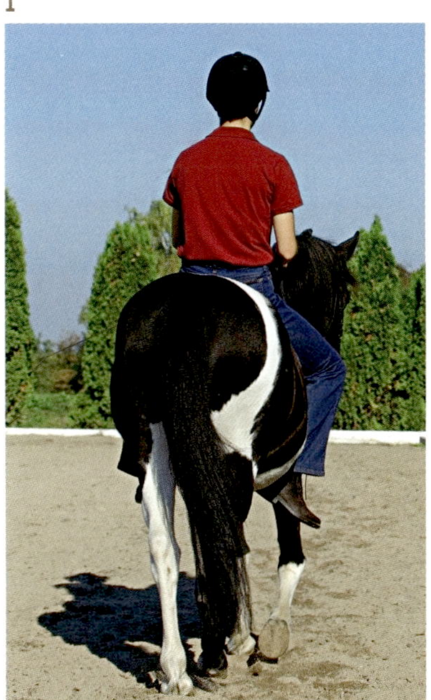

2

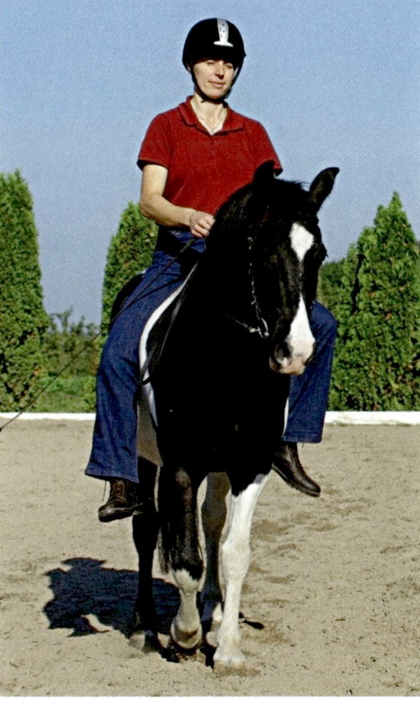

1 Konter-Schulterherein, linker Hand

2 Konter-Schultervor, rechter Hand

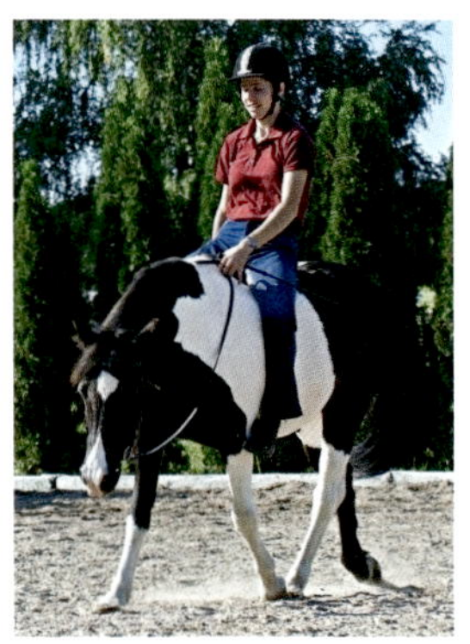

Mit Pausen zur Belohnung und Erholung, mit lockerem Vorwärts.

Wie trainiere ich?

Wie gehe ich am sinnvollsten vor um die Händigkeit – sprich die natürliche Schiefe – meines Pferdes nach und nach auszugleichen? Wie trainiere ich etwas, was meinem Pferd schwer fällt, ohne mich mit ihm zu streiten, es zu demoralisieren oder ihm gar Angst zu machen?

Wechseln, wechseln, wechseln!

Arbeiten Sie beide Seiten fast gleich viel. Beginnen Sie mit der hohlen Seite – dies erleichtert dem Pferd den Einstieg in die Übung. Wechseln Sie die Hand und dehnen Sie die konvexe Seite. Wechseln Sie bald wieder, damit LiMax sich bei den Dehnungsübungen nicht verspannt. Gehen Sie so vor: reiten Sie anfangs ein wenig mehr auf der „guten", vorerst einfacheren Seite Ihres Pferdes – ein guter Start und ein entspanntes Ende ermöglichen es dem Pferd den schwierigen Part in der Mitte immer besser zu meistern, ohne Angst zu bekommen.

Machen Sie viele Pausen, in denen Sie Ihr Pferd trainieren, indem Sie die Zügel aus der Hand kauen lassen und so die Dehnungshaltung fördern. Trainieren Sie in kurzen Reprisen, so dass Ihr Pferd körperlich und mental nicht so schnell ermüdet! Spannung und Entspannung im Wechsel trainieren optimal. Und je leichter es Ihrem Pferd fällt, sich auch auf der Zwangsseite unter Ihnen zu bewegen, umso eher werden Sie Gelegenheit haben auf der „schwierigen" Seite eine Reprise oder Lektion zu beenden, weil das Pferd sie GUT ausgeführt hat! IN diesem Moment haben Sie den Ausgleich beider Seiten im Training geschafft ohne Ihr Pferd unnötig unter Stress zu setzen.

Nehmen Sie sich Zeit für die einzelnen Übungen. Erfühlen statt Abarbeiten!

1 *Schulterherein rechts*

2 *Geraderichten, Halten, Verharren, Umstellen*

3 *Schulterherein links*

1

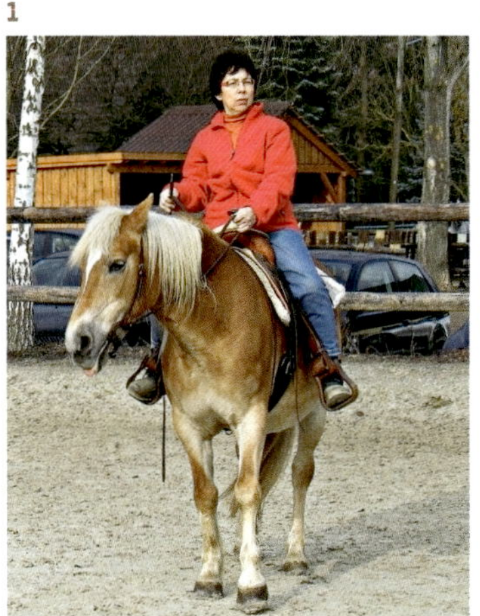

2

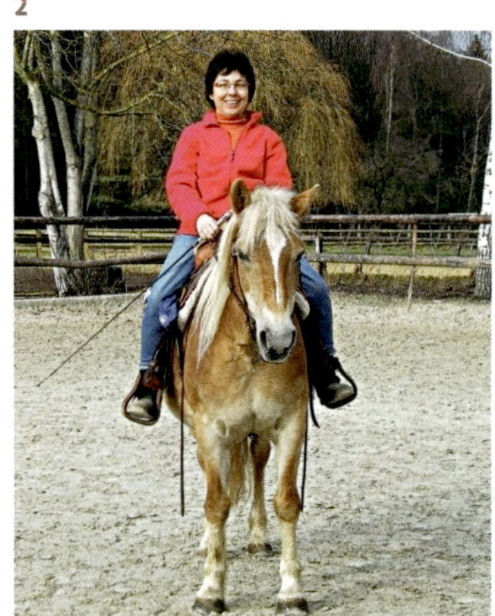

3

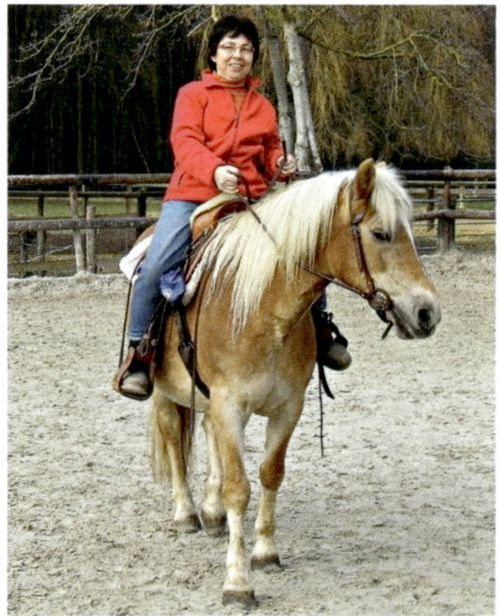

Die Acht

Möchte man häufige Handwechsel reiten und dabei ein beruhigendes, Sicherheit gebendes Muster erhalten, bietet sich die „Acht" an!

Im Schritt geritten dient sie der ausgleichenden Gymnastik beider Seiten und bietet ständige Abwechslung zwischen geraden und gebogenen Linien. Zusätzlich ständige Handwechsel – das Pferd muss nicht in einer Haltung, Stellung, Biegung verharren. Gelingt es andererseits einmal nicht, auf der gebogenen Linie Stellung und Biegung korrekt zu erreiten, spricht nichts dagegen für eine weitere Runde in einer der beiden Volten der Acht zu bleiben, um das Pferd dann erst in der nächsten Runde wieder auf die Gerade zu entlassen und damit die Hand zu wechseln.

Alle Übungen auf der Acht werden solange ausschließlich im Schritt geritten bis sowohl Schultern als auch Hüften des Pferdes problemlos kontrollierbar sind. Bis dahin wählen Sie bitte große, fließende Linien, um in der Bahn ruhig zu traben. Für ein wenig ausgebildetes Pferd ist es viel einfacher, auf langen Strecken im Gelände Takt und Balance zu finden. Vor allem in den höheren Gangarten, in denen es auf engem Raum zu Flieh- und Scherkräften kommt, die es dem Pferd schwer machen, im wahrsten Sinne des Wortes, mit dem Reiter „die Kurve zu kriegen".

Die Acht sollte nicht als bauchiges, lediglich aus zwei Kreisen bestehendes Gebilde angelegt werden. Es bietet sich die Figur des Unendlichkeitszeichens an – eine liegende Acht, bestehend aus zwei langen, diagonalen Geraden und zwei halben Volten. In der Größe kann man – je nach Bedarf – variieren. Anfangs stellt man zwei Pylone oder Eimer auf die Mittelpunkte der beiden Zirkel. Nun hat man zwei Orientierungspunkte für die geraden und gebogenen Linien und gleichzeitig maximalen Platz. Etwa bei X kreuzen wir die Mittellinie.

Anfangs reite ich die Acht einfach der Nase nach im Schritt – etwas mehr als eine halbe Volte um den Eimer, dann eine lange Diagonale, Handwechsel, halbe Volte, Diagonale.

Das Ganze sieht dann etwa aus wie mehrfaches Durch-die-ganze-Bahn-wechseln vom dritten Hufschlag aus, mit stark abgekürzten Ecken:

Nach und nach wird die Grundfigur der Acht kleiner, bis sie in Variationen, innerhalb eines Zirkels auf ca. 15 bis 12 m geritten werden kann.

Beginnen Sie bitte vorerst mindestens auf dem zweiten Hufschlag!

Meiden Sie vor allem anfangs auf der Acht den Hufschlag und die Bande. Es ist viel klarer sich selbst und dem Pferd zu verdeutlichen, dass der äußere Zügel und das verwahrende äußere Bein das Pferd einrahmen, wenn man

Achter groß und Achter klein

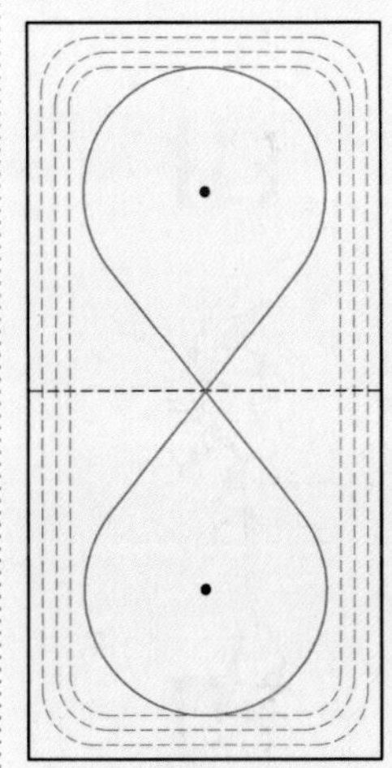

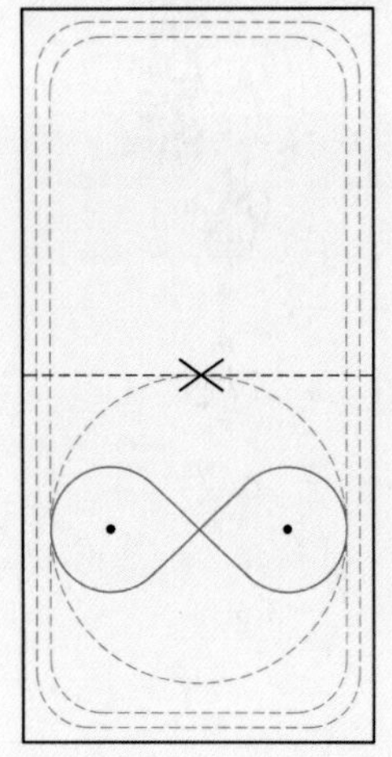

Weg von der Bande!

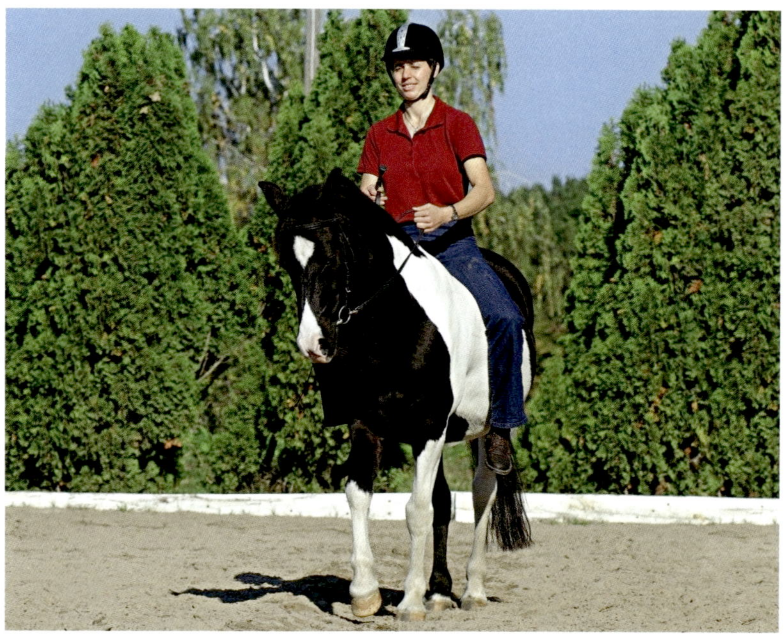

Abstand zur Bande hält. Die Gefahr, dass das Pferd sich auf dem ersten Hufschlag an der Bande orientiert – aber auch die, dass der Reiter die einrahmenden Hilfen vernachlässigt, sobald er die Bande entlang reitet, ist nicht zu unterschätzen!

Und jetzt geht es los!

Da Sie LiMax reiten, leiten Sie die Acht mit einer Linksbiegung ein. Ritten Sie ein rechts hohles Pferd, würden Sie rechter Hand beginnen. Achten Sie darauf, die Geraden und Biegungen dieser Acht sehr bewusst zu reiten und leiten Sie die Wendungen durch Fokus und Drehsitz ein! – Sie entlassen das Pferd aus der Biegung geradeaus auf die Diagonale. Reiten Sie sehr bewusst geradeaus und leiten DANN die nächste Biegung wieder mit dem Fokus ein. Vernachlässigen Sie das Geradeausreiten, besteht die Gefahr, dass das Pferd Ihnen zuvorkommt, sobald Sie in die neue Richtung denken und so auf die innere Schulter gerät oder über die äußere Schulter läuft, weil Sie noch nicht bereit waren, es einzurahmen. Also erst geradeaus, dann die neue Biegung planen und sie DANN tatsächlich reiten!

Korrigieren Sie dabei Schwankungen stets zwischen den Zügeln nach vorne und nutzen Sie den entsprechenden Bügeltritt – auf der geraden genauso wie auf der gebogenen Linie.

Schulterhereinartiges Reiten auf der Acht anfragen

Voraussetzung zum Reiten einer Acht mit Seitengängen – in diesem Fall dem Schulterherein, ist selbstverständlich das grundlegende Verständnis des Pferdes und natürlich des Reiters für die Lektion Schulterherein. Wir gehen auch hier noch einmal im Detail die Hilfengebung durch. Bevor die Übung jedoch im Links-rechts-Wechsel der Acht geritten werden kann, muss das Pferd in der Lage sein, jederzeit der Anfrage zum Schulterherein Folge zu leisten:

Sie fragen aus einer Volte im Inneren der Bahn heraus einen oder zwei schulterhereinartige Schritte an. So ist es für den Reiter möglich zu improvisieren und das Schulterherein DANN anzufragen, wenn das Pferd gerade die optimale Durchlässigkeit in der Biegung mitbringt und nicht an einem bestimmten Punkt – egal, wie die körperliche und mentale Verfassung von Pferd und Reiter gerade sind.

Gelingt das Anfragen des schulterhereinartigen Reitens aus der Volte heraus in der freien Bahn, probieren wir es auch in der Acht!

Schultervor vorbereiten

Haben Ihr Pferd und Sie auf Ihrer Acht den Fluss gefunden, lassen Sie beim Erreichen des Linksbogens – Sie reiten immernoch LiMax – auf Ihrem inneren Schirm ein Bild der Seitwärtsbewegung entstehen.

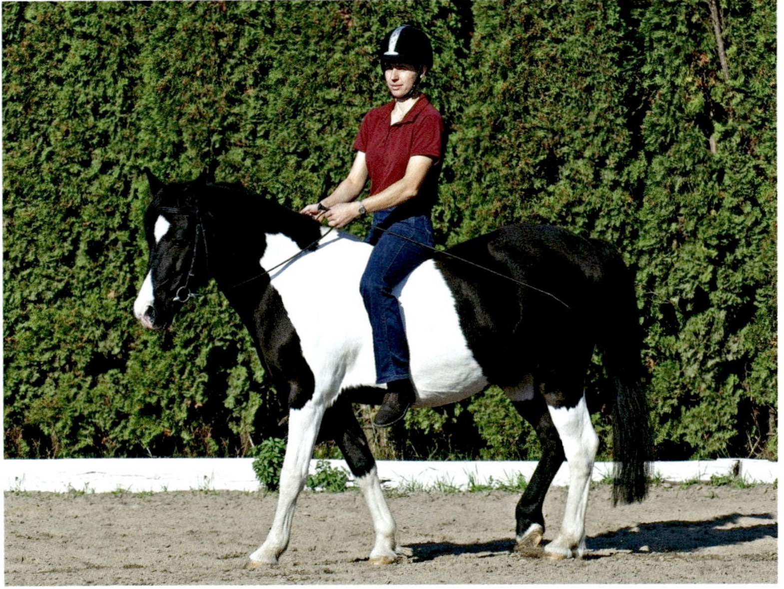

Die Volte im Drehsitz leitet ein …

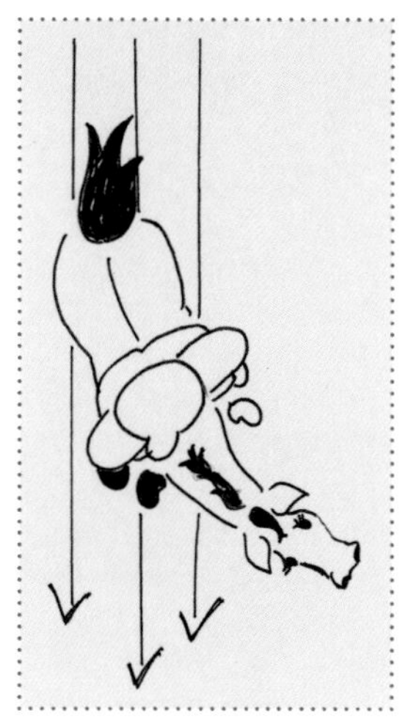

Sitzhilfen Schulterherein

Im Fluss leiten Sie, wie bisher, die Linksbiegung ein: Blick und Kopfdrehung nach links, innere Schulter hinten, innere Hüfte vorn auf 10 Uhr – der klassische Drehsitz auf der Volte.

Kurz vor dem Ende dieser halben Volte kippen Sie im Becken leicht ab und nehmen das Pferd so am Sitz auf. Auch bei abgekipptem Becken bleibt die wechselseitige Bewegung erhalten – auf der links gebogenen Linie, wie bereits im „Strauß der Hilfen“ beschrieben, wechselnd 10 / neutral, 10 / neutral. Durch das Abkippen sitzt der Reiter nun sozusagen auf einer schiefen Ebene – die Richtungsvorgabe bleibt aber wie gehabt. Reicht dies nicht aus, das Pferd dazu zu veranlassen sich aufzunehmen, lassen Sie beide Hände langsam steigen, bis Sie merken, Ihr Pferd richtet seine Vorhand auf und verschiebt Ihrer beider Last leicht nach hinten. Die innere Hand bleibt dabei stellend ein wenig höher als die äußere, die Schulterpartie bleibt nach innen gedreht.

Braucht Ihr Pferd länger, um Ihrer Bitte sich aufzunehmen Folge zu leisten, reiten Sie lieber noch eine ganze Volte, als verfrüht mit einem nicht durchlässigen Pferd das Schultervor zu probieren.

Schultervor einleiten

Ihr Pferd hat sich nun aufgenommen, Sie erreichen die Diagonale und entlassen das Pferd nun NICHT, wie vorher gerade aus der Biegung auf die Diagonale.

In dem Moment, in dem die Vorhand Ihre nächste Diagonale kreuzen würde, da Sie das Pferd ja weiterhin in Biegung reiten, lassen Sie Ihren Fokus entlang der Diagonalen schweifen, wenden also die Blickrichtung über das äußere Ohr Ihres Pferdes, entgegen Ihrer Schulterdrehung. Gleichzeitig leiten Sie den Bügeltritt außen ein und richten dabei den rechten Beckenkamm auf 2 Uhr aus.

Die innere Hand bleibt vorne und leicht höher als die äußere, um die Stellung zu bewahren, die äußere Hand schließt sich weich, um die Vorwärtsbewegung zu begrenzen. Die innere Wade gibt am Gurt den Impuls zum Vorwärts-seitwärts-treten des inneren Hinterbeins, sobald der innere Hinterhuf abrollt.

War Ihr Pferd vorher schon durchlässig in der Biegung und durchlässig am Sitz, so müssten Sie sich jetzt in leicht gebogenem Schultervor entlang der Diagonalen bewegen.

Solange das Pferd diese Biegung problemlos hält ohne abzuknicken oder auszuscheren, können Sie noch einige Impulse auf den inneren Hinterfuß geben und so noch zwei oder drei Schritte im Schultervor bleiben, bevor Sie das …

Schultervor beenden

Geht Ihr junges, noch nicht weit geschultes Pferd zwei, drei oder mehr schöne Schritte in dieser Biegung auf zweieinhalb oder drei Spuren, beenden Sie die Lektion und bringen die Vorhand langsam zwischen den Zügeln wieder auf die Gerade, indem Sie Ihre Schultern langsam in diese Richtung drehen.

Behalten Sie den Bügeltritt rechts genau so lange bei, wie das Pferd braucht, um mit der Vorhand vor der Hinterhand auf der Diagonalen anzukommen. Gehen Sie hierbei genau so ruhig vor, wie beim Einleiten der Lektion. Auch das ruhige Auflösen der Lektion gehört mit zur Aufgabe. Konzentrieren Sie sich darauf!

Achten Sie zukünftig einmal darauf, wie Pferde aus der Lektion Schulterherein häufig herauswitschen, -kippen, -fallen oder -laufen. Und auch darauf, wie derselbe Reiter, der eben noch hochkonzentriert Schulterherein ritt, sich plötzlich mental und hilfentechnisch in Wohlgefallen auflöst. Wie soll das Pferd DAS verstehen? Für das Pferd haben das Einleiten und das Beenden einer Lektion nicht den gleichen Stellenwert – der Reiter konzentriert sich auf das Einleiten – das Pferd, wenn es anstrengend war, auf das Beenden. Beenden Sie die Lektion nicht aktiv, wird es das Pferd tun – im Zweifelsfall früher als Sie es wünschen. Lassen Sie Ihr Pferd nicht allein!

Lernt das Pferd von Anfang an darauf zu warten, dass es gerade gerichtet wird, so passiert keines dieser Dinge, da weder Reiter noch Pferd einfach aus der Übung flüchten. Das Pferd wird gar nicht auf die Idee gebracht, einfach „irgendwie" aufzuhören.

1

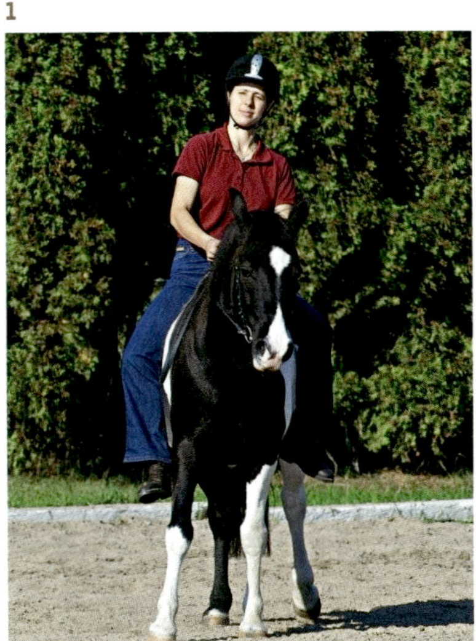

2

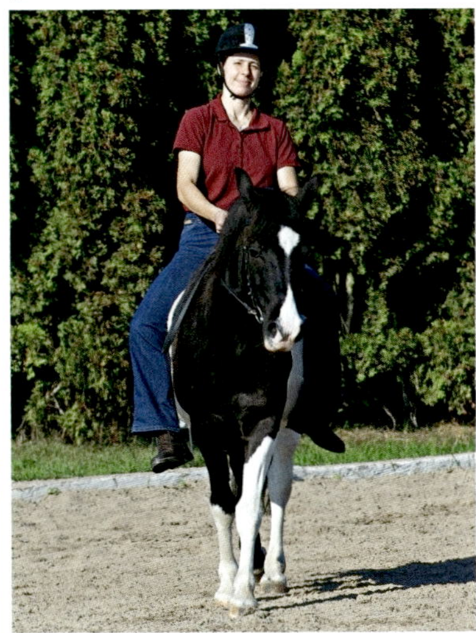

1 *Seitwärts, gestellt und gebogen …*

2 *… und wieder geradegerichtet auf gebogener Linie.*

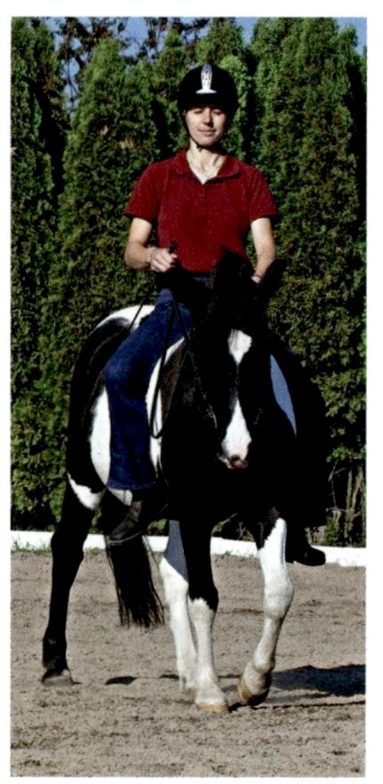

Ohne vorherige saubere Biegung kein korrektes Schulterherein!

Beachtenswert

Wie fühle ich, dass das Schulterherein „richtig" ist? Indem Sie es 1000mal reiten. Das Gefühl für den Grad der Abstellung muss geschult werden.

Handwechsel

Nun sind Fokus, Schulterhaltung und Beckenstellung exakt auf die Gerade ausgerichtet. Bereiten Sie sich auf die Rechtsbiegung vor, die ja gleich ansteht, und leiten Sie diese mit dem Fokus ein. Drehen Sie Ihre Schulterpartie nach rechts, die innere Hüfte nach vorn weisend auf zwei Uhr im Drehsitz.

Bedenken Sie, dass es im Moment noch ausschließlich um die Rechtsbiegung geht. Kommt Ihr Pferd durchlässig in die Rechtsbiegung, können Sie planen, auf der nun folgenden Diagonalen das Rechts-Schultervor anzufragen.

Lässt LiMax in dieser ersten halben Rechtsvolte nicht los, reiten Sie eine weitere ganze Volte und überprüfen Sie, ob bei der nächsten Runde die Durchlässigkeit ausreicht, um in korrekter Biegung das Schultervor rechts auf der Diagonalen anzufragen.

Befindet sich Ihr Pferd also schön locker in der Rechtsbiegung, gehen wir genauso vor wie vorher beschrieben – nun natürlich in Rechtsbiegung. Das Becken kippt ab, das Pferd nimmt sich am Sitz auf. Die innere Hand hält die Stellung – sollte sich Ihr Pferd nun auf seiner „ungeliebten Seite" ein wenig festhalten, erinnern Sie sich an die Vibration des inneren Ringfingers und, wenn nötig, an das folgende weiche Steigenlassen der inneren Hand nach vorne oben, um Unterkiefer und Genick von LiMax locker zu halten. Überprüfen Sie aber auch, ob Ihre äußere Hand auch weich geschlossen ist und keine zugeknallte, gefühllose Faust, die die gewünschte Stellung gar nicht zulässt. Reiten Sie so viele Volten wie nötig, um LiMax in der Rechtsstellung und Biegung zum Loslassen zu verführen.

Hat das Pferd losgelassen und die Biegung ist sicher, schweift der Blick nach links auf die Diagonale, die Schulterpartie bleibt rechts gedreht. Sobald die Vorhand unsere Diagonale überquert hat, weist der linke Beckenkamm Richtung zehn Uhr. Der innere Schenkel gibt den Impuls an das rechte Hinterbein Richtung Schwerpunkt zu fußen. Nun schließt sich die äußere, linke Hand um die Vorwärtsbewegung zu begrenzen. Fühlen Sie, wie viel nötig ist um die Vorwärtsbewegung zu begrenzen ohne das Pferd aus der Stellung zu holen.

Tritt das Pferd schulterhereinartig, halten Sie diese Vorwärts-seitwärts-Bewegung in Biegung für einige, wenige Schritte und richten Sie auf der Diagonalen wieder gerade.

Sind Sie rechter Hand, vor allem mit einem links hohlen Pferd wie LiMax, anfangs zufrieden mit der Idee der Lektion – ein oder zwei Schritte im klaren Schultervor rechter Hand mit wenig Abstellung sind für dieses Pferd eine Leistung – beenden Sie das Schultervor, BEVOR Ihr Pferd die Stellung verliert.

Je leichter Sie es dem Pferd machen sich an die Übung heranzutasten, umso schneller und leichter wird es sie erlernen und umso eifriger und freudiger wird es sie ausführen wollen. Sind Sie ungeduldig, streng, grob oder ungerecht in einer Lektion, die Ihrem Pferd schwer fällt, wird schon das Einleiten der Lektion das Pferd in Stress versetzen, die Losgelassenheit ist verloren und das Pferd kann nicht lernen.

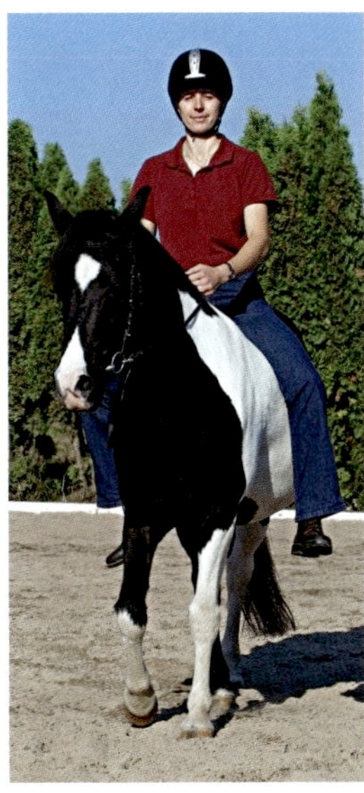

... und rechts Schulterherein

Reiten Sie die Acht in jeder Reiteinheit auf dem Platz, jeweils im stressfrei machbaren Schwierigkeitsgrad. Wir reiten unser Pferd vorher und auch zwischendurch immer wieder wie gewohnt in Übergängen und Handwechseln auf großen Linien. Dann üben wir den Achter, bis das Pferd losgelassen und flüssig auf diesem schreitet. Ist dies sicher, fragen wir auf der Acht jeweils auf den Geraden wenig Schulterherein auf beiden Händen an und lassen die Zügel sofort nach dem Geraderichten aus der Hand kauen, sobald das Pferd sich bemüht hat die Anfrage zu befolgen. In den ersten Übungseinheiten mit dieser Lektion reicht das vollkommen. Weniger ist anfangs mehr bei einer so anspruchsvollen Übung. Vorteil beim Reiten der Acht ist, dass der Reiter sich immer wieder in Volten retten kann, wenn der Ansatz zum Seitwärts nicht fließend gelingt.

Mit der Zeit wird diese Übung für das Pferd immer leichter und Sie in Ihrer Konzentration immer sicherer. Dann reiten Sie erst zwei, dann drei Achter mit Schulterherein nacheinander. Später auch gerne vier- oder fünfmal nacheinander und auch mit mehr Schritten Schulterherein. Gönnen Sie Ihrem Pferd eine Pause am hingegebenen Zügel, bevor Sie eine andere Anforderung einleiten. Diese Übung ist, mehrmals in Folge geritten, sowohl vom Kraftaufwand als auch in der nötigen Konzentration sehr anstrengend für Ihr Pferd. Später, nach einigen Reprisen im freien Vorwärts, können Sie in der gleichen Reiteinheit noch einmal diese Übung anfragen.

Ist sie im Schritt problemlos und leicht abrufbar, kann sie auch im Trab angefragt werden. Anfangs auf sehr großen Linien, wie oben beschrieben, später auch auf deutlich engeren Wegen.

Abgesehen von der zunehmenden Kraft der Hinterhand und mehr Gleichmaß in der Dehnungsfähigkeit der Außenseite, trainieren Sie auf dieser Acht Ihr eigenes und das Körperbewusstsein Ihres Pferdes. Sie werden lernen zu fühlen, wo genau sich der innere Hinterhuf gerade befindet und so ein immer besseres Gefühl für das körperliche Befinden Ihres Pferdes bekommen. Ohne zu werten, werden Sie lernen wahrzunehmen, was Ihrem Pferd leicht fällt und was schwerer, was Sie mehr üben und wo Sie sich und Ihren Ehrgeiz zügeln müssen. Nur in Ruhe und mit analytischem Vorgehen haben Sie die Chance dies zu lernen.

Geht Schultervor im Schritt problemlos, fragen Sie ruhig auch mal im Trab ein klein wenig Abstellung an. Improvisieren Sie auf der Zirkellinie, 2. Hufschlag und aus Volten heraus. Vielleicht können Sie es schon zwei oder drei oder ein paar mehr Tritte erhalten, ohne dass Takt und Losgelassenheit leiden!

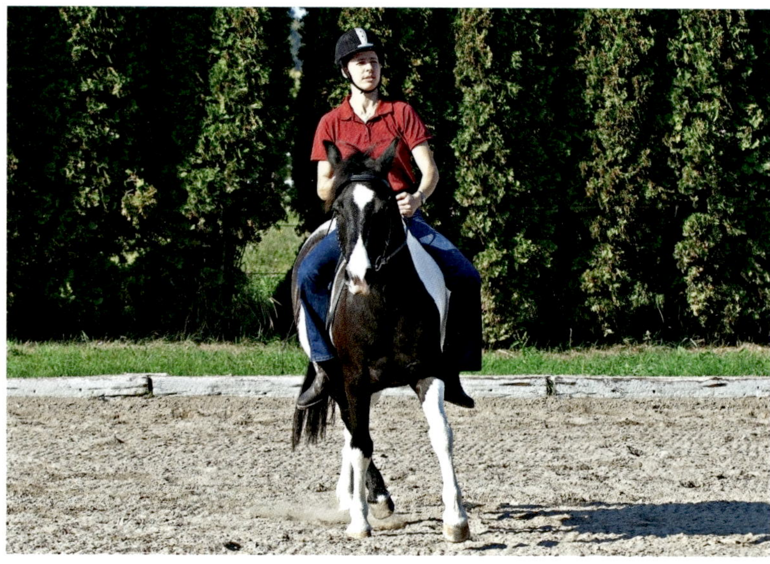

Sind Sie dagegen damit beschäftigt, Ihr Pferd in irgendwelche Richtungen zu ziehen, zu drücken oder gar zu strafen, dann lernen Sie nichts, außer Ihr Pferd mit Druck durch Standardschablonen zu pressen. Sie lernen sich durchzusetzen, Ihr Pferd lernt sich zu fügen und irgendwann nicht mehr mitzuteilen, dass die Befehle, die es erhält – von Hilfen möchte ich dann nicht sprechen – nicht klar sind. Bei dieser Vorgehensweise benötigen Sie viel Hand und viel Bein – am Sitz passiert wenig außer dass er eventuell schiebt – mit Fluss, Balance und Harmonie hat das nichts zu tun ... Sind Sie tatsächlich immer sicher, dass Sie stets alles richtig machen? Wie können Sie sicher sein, dass die unerwünschte Reaktion Ihres Pferdes nicht die exakte Antwort auf Ihre fehlerhafte Hilfengebung ist?

Das Üben auf der Acht hilft dem Reiter, das Schulterherein immer besser einzuleiten, zu halten und aufzulösen. Je besser er diese Übung beherrscht, umso gezielter und exakter kann er den Grad der Abstellung (zweieinhalb, drei oder vier Spuren) anfragen und erfühlen. Daher dient diese Übung dem Geraderichten sehr.

Ist die Schulterkontrolle für Pferd und Reiter eine Selbstverständlichkeit, befinden sich beide schon in wirklich guter Balance!

Haben Sie und Ihr Pferd beim Reiten eine Blockade – reiten Sie Schulterherein und egal, was vorher nicht klappte, es wird danach besser sein. Schulterherein verfeinert und verbessert die reiterliche Hilfengebung und die Durchlässigkeit des Pferdes.

Schlüssellektion

Nuno Oliveira prägte den Satz:

„Das Schulterherein ist das Aspirin der Reitkunst – es heilt alles!“

Ich stimme ihm hier begeistert zu! Schulterherein ist eine Schlüssellektion. Wird das Schulterherein von Reiter und Pferd beherrscht, bekommt die Reiterei eine völlig andere Qualität. Fühlt sich das Schulterherein mühelos an, so kann man erahnen, wie Reiten sein kann ...

Die Hüftkontrolle

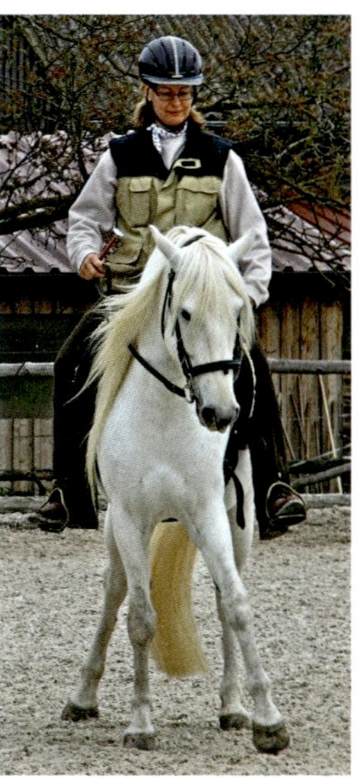

In der Traversale.

Galoppstellung

So wie das Schulterherein den Trab und vor allem das Antraben auf gebogenen Linien verbessert, weil es das innere Hinterbein trainiert, so dient das Traversieren dem Galopp.

Im Travers nimmt das äußere Hinterbein mehr Last auf, da es vermehrt Richtung Schwerpunkt, also unter die Mitte des Leibes tritt. Genau auf diese Weise bringt das Pferd das äußere Hinterbein in die optimale Position um seinen Körper nach vorne oben in den Galopp zu versetzen.

Ohne Einwirkung durch den Menschen nimmt ein Pferd zum Angaloppieren links die Hinterhand nach links und Hals und Kopf nach rechts. Dadurch bringt es den einspringenden rechten Hinterfuß genau hinter die Körpermitte und hat so den maximalen Kraftansatz.

Die Haltung Hinterhand nach innen, nach außen gehaltene Schulter lässt die Galopp-Phasen:

- hinten außen
- Diagonale hinten innen/vorne außen
- vorne-innen
- Schwebephase

für das Pferd optimal diagonal – wie der einzelne Galoppsprung durch den Pferdekörper – nach vorne in die Bewegungsrichtung geradeaus hindurch.

1

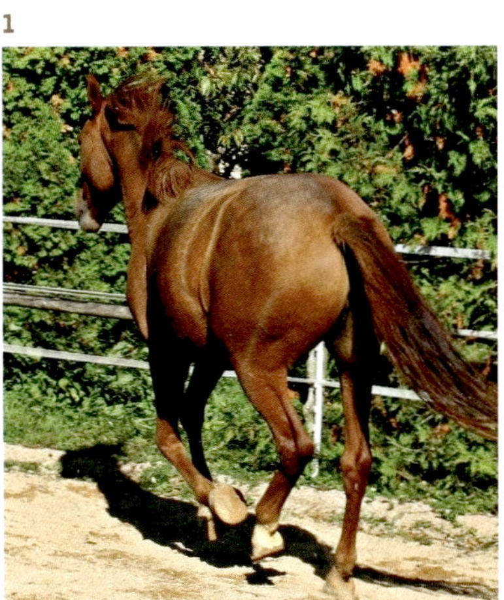

2

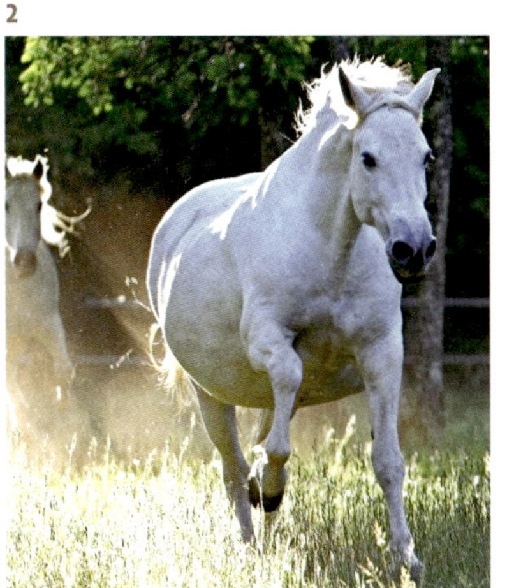

1 *Linksgalopp*
2 *Rechtsgalopp*

Betrachtet man diese Details des natürlichen Galopps, wird klar, warum dem Reiter die Übung Kruppeherein so nützt: Erstens wird die Durchlässigkeit und Geschmeidigkeit des Pferdes beim Versetzen der Hinterhand trainiert, zweitens wird das äußere Hinterbein zur Lastaufnahme in Richtung Schwerpunkt animiert und damit die Tragkraft des äußeren Hinterbeins gefördert. Drittens üben wir dabei Stellung und Biegung im Seitwärts von hinten nach vorne anzufragen und zu halten, da wir auf Dauer anstreben, das Pferd in allen Gangarten geradegerichtet reiten zu können, um Schräglage und Ausscheren, und damit eine schräge und schädliche Belastung der Gelenke zu vermeiden.

Wenn das Schulterherein sicher abrufbar und problemlos zu halten ist, kann man an das Traversieren denken. Ich rate nicht dazu, Kruppeherein vor einem sicher abrufbaren Schulterherein anzufragen. Pferde merken sehr schnell, dass die Traversstellung auch ungefragt recht bequem sein kann, wenn man die Hinterhand zur hohlen Seite hin verschiebt. Zum Beispiel könnte LiMax schnell heraushaben, dass er der Lastaufnahme mit dem linken Hinterbein durch das Fußen in Richtung Schwerpunkt im Schulterherein entgehen kann, wenn er die Linksbiegung brav hält, dabei aber die Spuren wechselt, sobald er durch eine Ecke oder auf eine gebogene Linie kommt. Manche Pferde tun dies so geschickt, dass der Reiter es erst merkt, wenn die Hinterhand schon völlig versetzt ist – vor allem wenn der Reiter nicht hinschaut, wo er hinreitet – das Pferd schummelt sich dabei vom Schulterherein ins Kruppeherein. Daher: IMMER sehr bewusst mit Fokus reiten!

Sitzt das Schulterherein aber leicht abrufbar und unser Pferd hat dadurch schon schön an Kraft aufgebaut, ist es lange nicht mehr so erstrebenswert mit der Hinterhand auszubüxen und sich ungefragt in die Traversstellung zu entziehen.

Travers

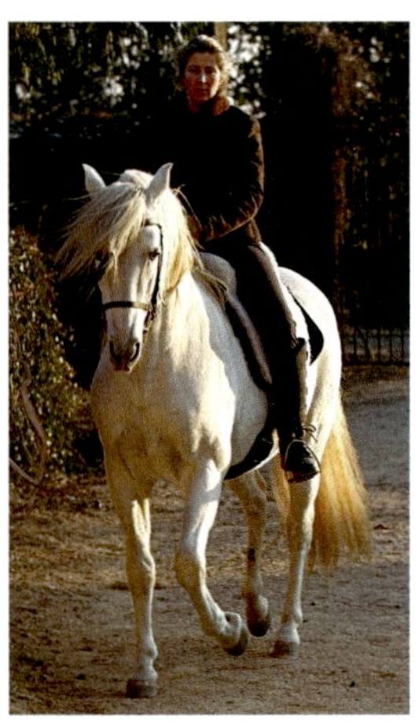

Ein Bewegungsablauf – vier Namen

Gleich jetzt zu Beginn der folgenden Ausführungen möchte ich die Begriffe, die die Möglichkeiten der Hinterhandkontrolle bezeichnen, genau definieren, damit es nicht zu Missverständnissen kommt.

Bitte erschrecken Sie nicht – ich zähle die verschiedenen Variationen der Übung „Kruppeherein" jetzt schon alle auf, damit es nicht zu Verwechslungen oder falschen Vorstellungen kommt. Reiten muss man die ganze Traversale, die auch an dieser Stelle beschrieben wird, noch nicht können, um den weiteren Ausführungen zu folgen. Den detaillierten Ablauf der Hilfengebung betrachten wir danach.

1

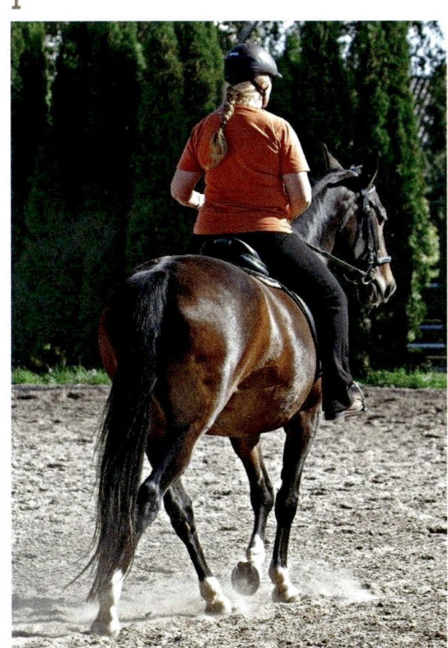

2

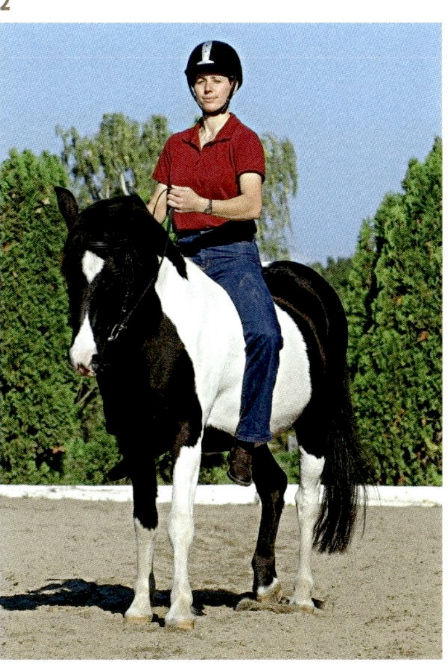

1 Hüftkontrolle frei in der Bahn

2 Renvers, hier auf dem zweiten und dritten Hufschlag, parallel zur Umzäunung, rechter Hand in Linksstellung und -biegung.

Es kann schon irritieren, wenn eine Lektion – nämlich die „Vorwärts-seitwärts-Bewegung, gestellt und gebogen in Bewegungsrichtung" – vier verschiedene Namen trägt und dann noch zusätzlich mehrere Variationen unter gleichem Namen bietet. Hier die Gemeinsamkeiten und die kleinen Unterschiede:

Hüftkontrolle: Das Versetzen der Hinterhand nach links oder rechts in Richtung der Stellung wird – unabhängig vom Weg, der geritten wird – schlicht Hüftkontrolle genannt.

Travers oder Kruppeherein: Nennt sich die Seitwärtsbewegung des Pferdes, bei in die Bahn versetzter Hinterhand auf 3 oder 4 Spuren, wenn diese entlang der Bande oder einer Hufschlagfigur folgend geritten wird.

Renvers: Im Renvers geht das Pferd mit der Vorhand auf dem zweiten Hufschlag der ganzen Bahn oder einer Hufschlagfigur, während die Hinterhand sich, nach außen versetzt, auf dem ersten Hufschlag bewegt. Auf der rechten Hand ergeben sich daraus Stellung und Biegung links.

Traversalen: Die ganze Traversale entspricht dem Travers entlang der gedachten Linie diagonal durch die ganze Bahn. Sprich „Durch-die-ganze-Bahn-wechseln", gestellt und gebogen in Bewegungsrichtung.

Oben: Mitte der langen Seite Kehrtvolte, zurück traversieren.

Unten: Aus der Ecke kehrt, zurück traversieren

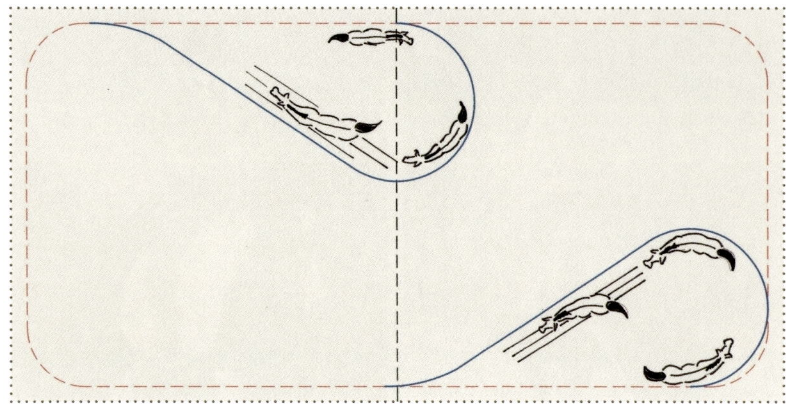

Kurze Traversalverschiebungen

Anfangs werden „kurze“ Traversalverschiebungen aus Kehrtvolten oder „aus der Ecke kehrt“ entwickelt, die ab ihrem Scheitelpunkt dann vorwärts-seitwärts in Bewegungsrichtung gestellt und gebogen zum Hufschlag zurück geritten/traversiert werden.

Halbe Traversalen

Gelingen Reiter und Pferd diese kleinen Traversalverschiebungen, kann man zur halben Traversale kommen. Sie wird entweder, wie auf Zeichnung 1, traversalartig auf der Diagonalen begonnen und bei X aufgelöst in ein geradeaus gerittenes „Durch die Länge der Bahn wechseln“ oder aber, wie auf Zeichnung 2, als gerade gerichtetes „Durch die Länge der Bahn wechseln“ eingeleitet und ab X in Form einer halben Traversale fortgesetzt.

1 *Halbe Traversale bis X, gerade richten, der Mittellinie folgen, linke Hand.*

2 *Durch die Länge der Bahn wechseln, ab X halbe Traversale nach rechts.*

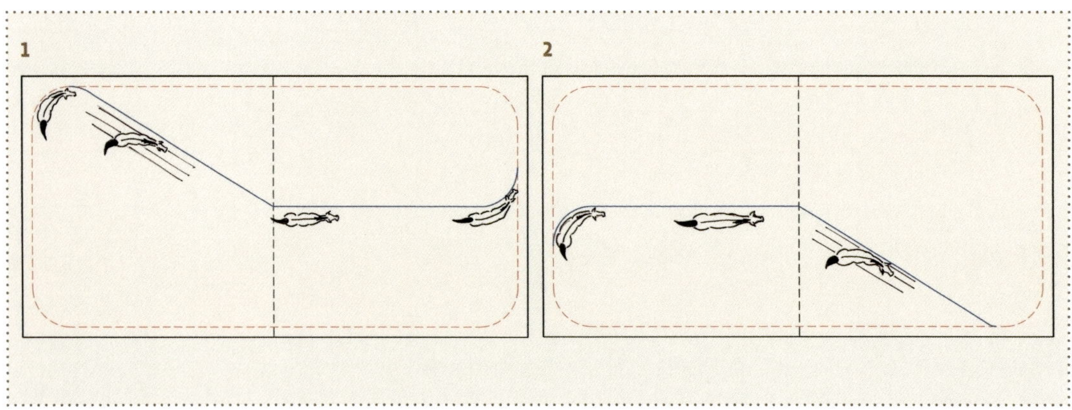

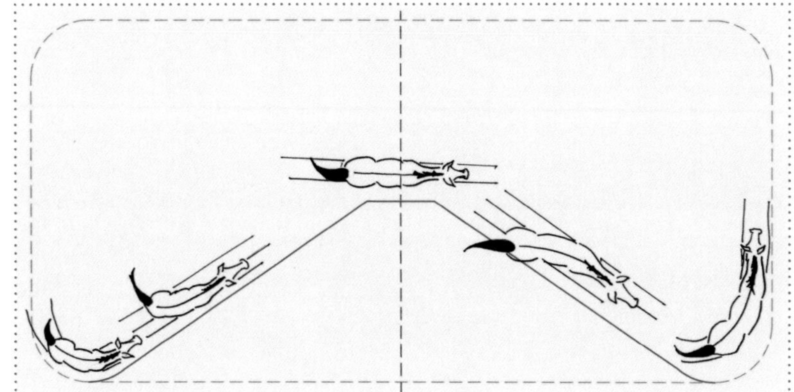

Doppelte halbe Traversale oder Viereck traversartig verkleinern und vergrößern

Die doppelte halbe Traversale

Sie besteht aus zwei halben Traversalen mit Richtungswechsel bei X. Der Reiter traversiert Richtung X auf der Diagonalen, richtet kurz vor X gerade, stellt dann sein Pferd um und traversiert in die Gegenrichtung auf der Diagonalen zurück zum Hufschlag. So kombiniert er zwei halbe Traversalen und reitet damit die einfachste Form der Zick-Zack-Traversalen, die später in jeder beliebigen Form geritten werden können.

Die ganze Traversale

Sie komplett in gleichmäßiger Stellung und Biegung bei führender Vorhand und sicherem Takt ohne Schwungverlust zu reiten ist sehr anspruchsvoll. Komplett die gleichmäßige Biegung bei gleichbleibendem Takt bei führender Vorhand zu erhalten ohne zu verspannen, ist für Reiter und Pferd eine Herausforderung!

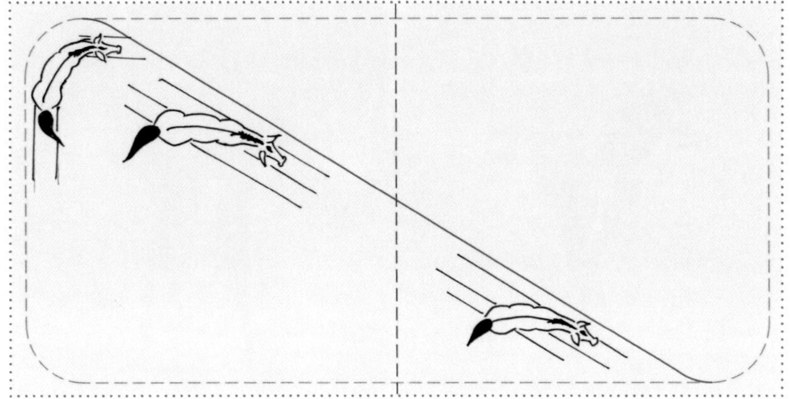

Ganze Traversale

Die vorbereitenden Übungen wie Travers und Renvers erst improvisiert auf gebogenen Linien, dann auf der Acht, später entlang der Bande oder gedachter Geraden bringen Pferd und Reiter auf den richtigen Weg und ermöglichen bei entsprechendem Training vielleicht auch irgendwann eine ganze Traversale. Und wenn sie anfangs nicht komplett gelingt, ist es auch nicht schlimm – es ist besser eine Traversale bei drohendem Verlust des Takts, der Biegung oder der Führung durch die Vorhand durch eine Volte zu unterbrechen oder in eine Schlangenlinie oder schlicht ins Geraderichten aufzulösen, als in einer immer schlechter werdenden Traversale zu verkrampfen.

Die ganze Traversale ist immer ein anspruchsvoller Test, wie viel Schwung, bei gleichbleibendem Takt zu bewahren, mein Pferd und ich in der Lage sind. Die Schulter- und Hüftkontrolle dienen dem Aufbau der Geschmeidigkeit und der Kraft des Pferdes und der Schulung des Gefühls des Reiters für sein Pferd.

Wie wird Kruppeherein entwickelt und geritten?

Das übliche Erlernen des Travers an der Bande mag unter Aufsicht eines guten Reitlehrers, der sofort korrigiert, vertretbar sein – davon, es alleine an der Bande zu probieren, rate ich dringend ab. Es wird mit ziemlicher Sicherheit zu einem Schenkelweichen mit in Bewegungsrichtung gezogenem Kopf kommen!

1

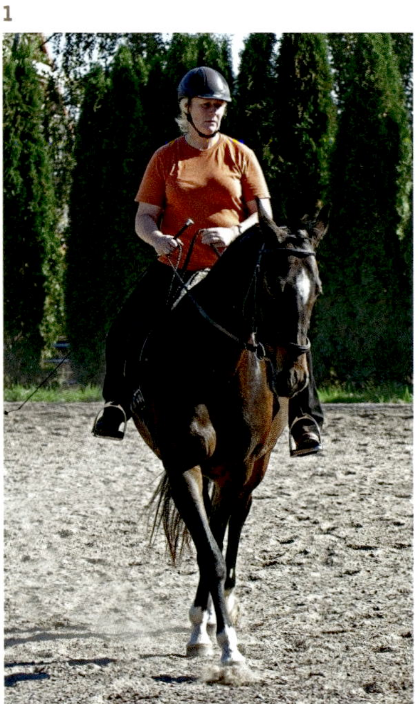

2

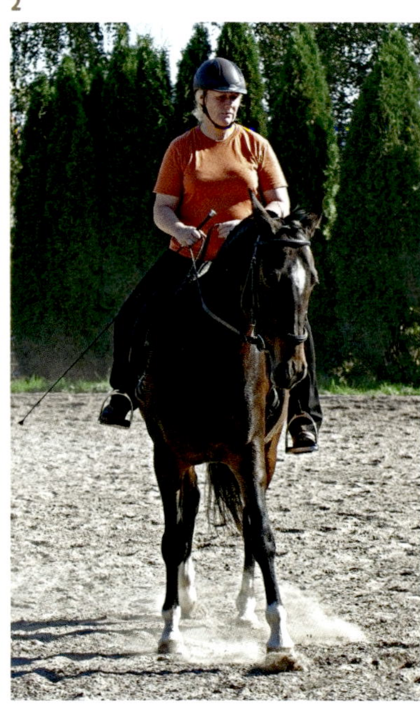

Es muss nicht so sein, aber es kommt sehr häufig vor – daher bevorzuge ich den im Folgenden beschriebenen Weg:

Anfangs bietet es sich an, Stellung und Biegung einer großen Volte von ca. 10 m zu nutzen. Diese sauber gestellte und gebogene Volte ist unsere Ausgangsposition.

Vorbereitung des Travers – eine perfekte Volte:
- die Blickrichtung und Kopfdrehung weisen in die Volte,
- die innere Schulter ist zurückgenommen, da sie die Vorhand auf der Volte führt,
- die innere Hüfte weist nach vorne – sie leitet die Hinterhand,
- der klassische Drehsitz,
- die innere Wade dient dem Pferd als Zentrum seiner Biegung,
- die innere Hand ist leicht getragen,
- das äußere Bein rahmt verwahrend ein,

und nun leiten wir Kruppeherein ein:
- Sie bleiben mit dem inneren Beckenkamm nach vorne ausgerichtet, linker Hand 10 Uhr, rechter Hand 2 Uhr,

3

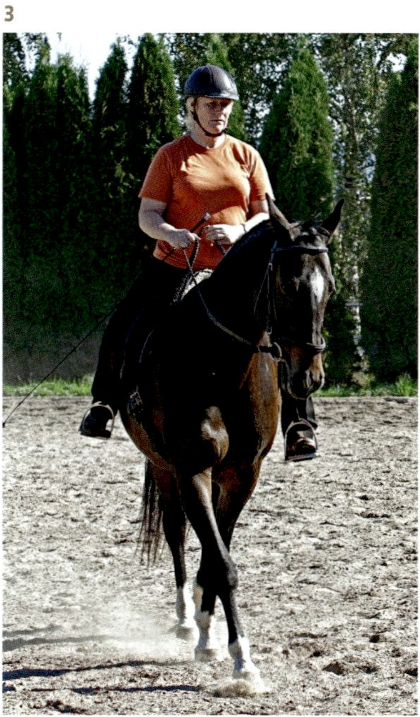

4

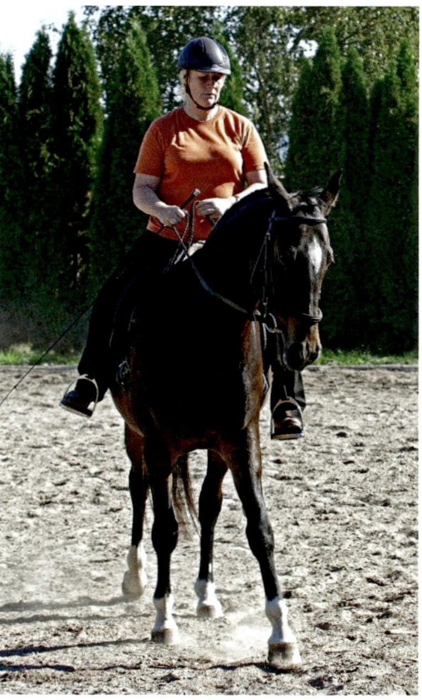

Gleichmaß, Takt und Losgelassenheit in Kontakt und Fluss sind in dieser Schritttraversale selbst auf unbewegten Fotos sichtbar.

Unter das Gewicht

Achten Sie stets darauf, in der Traversale mittig zu sitzen und das Pferd unter das Gewicht des Bügeltritts laufen zu lassen. Nie darf der äußere Gesäßknochen von außen schieben wollen, dies würde die Biegung zerstören.

- der Fokus gleitet von der Voltenlinie aus in die Mitte der Volte,
- die äußere Schulter gleitet hingegen nach hinten,
- das äußere Bein gleitet aus der Hüfte heraus nach hinten,
- ein deutlicher Bügeltritt nach unten im inneren Bügel entsteht, ohne dass die Wade dabei weggestreckt werden darf!

Die Hinterhand des Pferdes fußt in die Volte hinein. Das Pferd geht Kruppeherein und hält dies auch normalerweise, auch wenn es die Lektion erst lernt, da es die perfekte Biegung bereits vorher durch die Voltenlinie hatte!

Halten Sie diese Stellung und Biegung einige Schritte lang und lösen Sie dann auf, indem Sie Ihr Pferd mit der Vorhand vor die Hinterhand geraderichten und die Volte geradeaus verlassen – BEVOR das Pferd selbständig entscheidet, die Übung zu verlassen oder einer von Ihnen die Orientierung verliert.

Steht Ihr Pferd noch ganz am Anfang seiner Traversversuche, lassen Sie jetzt die Zügel aus der Hand kauen und machen Sie eine Pause. Falls dies die ersten wirklichen Schritte im Travers waren, beenden Sie vielleicht sogar die Reiteinheit. Wenige Schritte in korrekter Manier helfen dem Pferd besser die Lektion von Anfang an zu verstehen, als viele Schritte in unsauberer Wischiwaschi-Manier!

Kruppeherein aus dem Schulterherein entwickeln: Eine weitere schöne Methode, Kruppeherein zu entwickeln, besteht darin, im Schulterherein in eine Ecke hinein und im Kruppeherein aus ihr heraus zu reiten. Hat der Reiter diesen Wechsel vom Schulterherein zum Kruppeherein erst verinnerlicht, kann er ihn überall durch eine „gedachte Ecke“ ausführen:

Noch im Schulterherein:

- Sie reiten LiMax auf der linken Hand – jede neue Übung gestalten Sie für Ihr Pferd so stressfrei wie möglich – also wählen Sie seine hohle Seite, um das Kruppeherein erstmals anzufragen!
- Mitte der kurzen Seite reiten Sie eine Volte.
- Aus der Volte heraus entwickeln Sie entlang der kurzen Seite, etwa auf dem zweiten Hufschlag, das Schulterherein.

Wir wechseln ins Travers:

- Kurz vor Erreichen des Endes der kurzen Seite, lassen Sie Ihren Blick, der ja bisher über LiMax‘ äußeres Ohr zum Ende der kurzen Seite gerichtet war, zum Ende der langen Seite schweifen.

- Sie wechseln den Bügeltritt nach innen, indem Sie am Sitz von 2 Uhr auf 10 Uhr rotieren und lassen dabei Ihr äußeres Bein, aus der Hüfte heraus, deutlich zurückgleiten.
- Ihr Pferd passiert nun unter Ihnen die Ecke, gebogen um Ihr inneres Bein herum.
- Die Stellung IHRER Schulterpartie BLEIBT im Verhältnis zur Reitbahn an der langen Seite genau SO wie sie an der kurzen Seite war!
- Sie drehen sich NICHT mit dem Pferd!
- Beim Passieren der Ecke bleibt Ihre äußere Schulter dadurch zurück.
- Ihr Pferd wird aus der Ecke heraus Ihrem Bügeltritt folgen,
- die stellunggebende innere Hand bleibt leicht getragen.
- Die begrenzende äußere Hand führt weiterhin das Pferd und es kann fließend durch die Ecke ins Kruppeherein gleiten.
- Sie halten das Kruppeherein für einige, wenige Schritte – solange Sie spüren, dass die Stellung nicht in Gefahr ist.

Geraderichten aus dem Kruppeherein

- Nun richten Sie gerade, indem Sie die Vorhand vor die Hinterhand auf den zweiten Hufschlag bringen. Dies bewirken Sie, indem Sie Ihre Schulterpartie nun im rechten Winkel zur Bande hin ausrichten.
- Sie lassen den äußeren Unterschenkel wieder nach vorne in eine leicht verwahrende Position gleiten und rahmen Ihr Pferd nun bewusst mit dem äußeren Knie ein, um die Vorhand vor die Hinterhand zu bringen.
- Sie behalten den Bügeltritt innen solange bei, bis das Pferd zwischen den Zügeln völlig gerade gerichtet ist,
- Ihr Blick bleibt dabei die ganze Zeit auf das Ende der langen Seite gerichtet und schweift an deren Ende zur kurzen Seite.
- Zügel aus der Hand kauen lassen – Loben!

Bügeltritt innen, das äußere Bein rahmt das Pferd völlig ein. Fokus, innerer Beckenkamm und innere Schulter weisen in die Bewegungsrichtung – nach vorne innen.

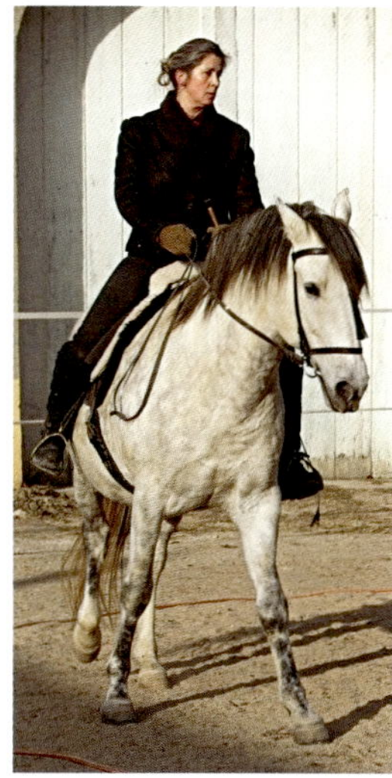

Wenn LiMax diese Lektion linker Hand verstanden hat, versuchen Sie sie auch rechter Hand anzufragen – anfangs nur für zwei bis drei Schritte. Gelingt dies, bauen Sie die Übung aus.

Travers aus der Volte kein Problem? Prima! Sind Traverstritte auf der Volte schon auf beiden Händen problemlos abrufbar, DANN richten Sie nach einer solchen erfolgreichen Traversanfrage auf der Volte gerade und wechseln Sie die Hand, um die Volte auf der anderen Hand einzuleiten, auf der Sie wiederum ein Kruppeherein entstehen lassen – und schon sind wir wieder auf unserer ACHT!

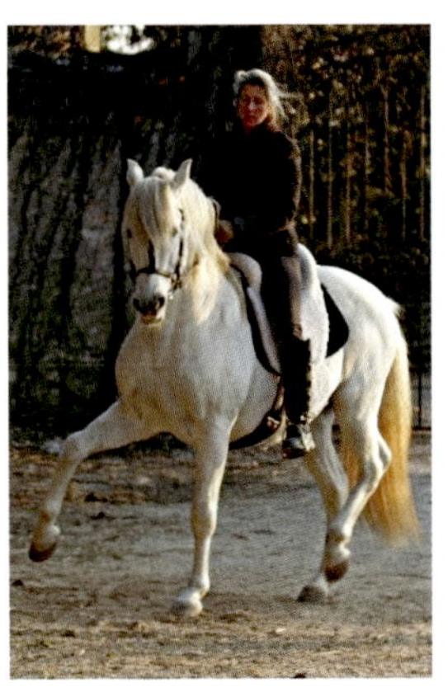

Noch im Schulterherein – leider mit nicht sehr deutlichem Fokus.

Hilfen zum Umschiffen von Fehlerquellen in der Lektion Kruppeherein

Die leicht zurückgehaltene äußere Schulter des Reiters teilt dem Pferd mit: „wir bleiben mit der Vorhand an der Grundlinie". Der Reiter führt sein Pferd selbstverständlich am äußeren Zügel – es wäre aber fehlerhaft, es mit dem äußeren Zügel aus der Stellung zu ziehen, um es auf Linie zu halten.
Das nach vorne-innen weisende Becken – linker Hand auf 10 Uhr, rechter Hand auf 2 Uhr – führt die Hinterhand nach innen und das aus der Hüfte zurück gleitende, einrahmende äußere Bein verwahrt die Hinterhand des Pferdes.

Dem Bügeltritt innen folgt das Pferd nun in Stellung und Biegung in die Bewegungsrichtung. Dadurch hat sich die innere Wade ein wenig vom Pferd entfernt – im Verhältnis zur üblichen Schenkeleinwirkung am Gurt, in der Biegung. Dies öffnet der Hinterhand des Pferdes zusätzlich den Weg nach vorne-innen, ohne dass es die Biegung gleich verliert. Die Wade macht keinen Druck – aber sie ist da!

In der Bewegung holt sich das Pferd weiterhin Impulse an der inneren Wade ab, die ihm zusätzlich vermittelt, dass es Biegung halten soll.

Gerade in der ersten Zeit, in der das Pferd die Idee „Kruppeherein" verstehen und erlernen soll, ist es wichtig, dem Pferd den Weg der Hinterhand nach innen nicht durch einen zu stark biegenden, inneren Schenkel zu versperren! Trotzdem brauchen wir die innere Wade, um eben die Biegung nicht völlig zu verlieren – Sie müssen hier mit Nuancen spielen!

Achten Sie außerdem darauf, dass Sie die innere Wade im Bügeltritt nicht wegstrecken und innen in der Taille einknickend nach außen rutschen, während der äußere Schenkel seitwärts quetscht. Das Pferd MUSS so die Biegung in die Bewegungsrichtung verlieren. Dies ist ein Fehler, der auf Turnieren in M-Dressuren, in denen das Traversieren erstmalig, dann aber gleich als ganze Trabtraversale, gefordert wird, häufig zu sehen ist. Der dabei steigende Druck des äußeren Gesäßknochens lässt eine weitere Biegung nach innen für das Pferd immer schwieriger werden.

Der Moment des Wechsels ins Kruppeherein

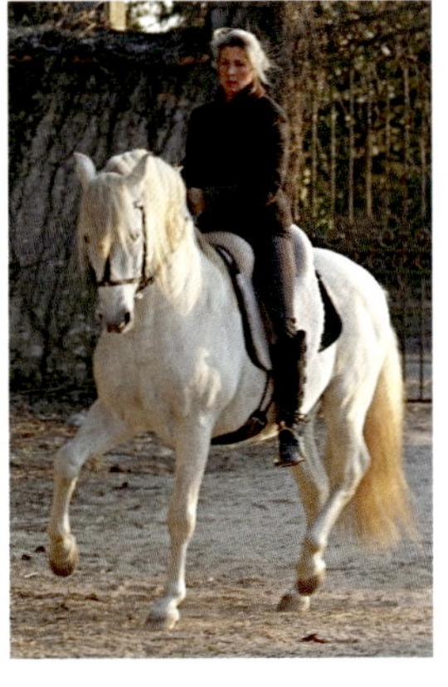

Das Pferd verliert dadurch natürlich die Stellung, was den Reiter zum Ziehen am inneren Zügel verleitet. Nun lässt sich das Pferd den Kopf wieder in die Bewegungsrichtung ziehen, verliert aber die Idee des Seitwärts. Der Reiter drückt nun wieder verstärkt mit dem äußeren Schenkel – die Hinterhand kommt wieder in die Bewegungsrichtung – und: überholt bei dieser Gelegenheit häufig die Vorhand – und dann steht im Protokoll: HINTERHAND FÜHRT. Die Hinterhand nähert sich dem gegenüberliegenden Hufschlag schneller als die Vorhand.

Zu diesem Zeitpunkt ist der Fluss in der Traversale bereits verloren und „Korrektur – das Drücken am äußeren Schenkel" und „Gegenkorrektur – das

Ziehen am inneren Zügel" potenzieren die Schwankungen des Pferdes, dem mittlerweile jede Idee von „Vorwärts!" in der Lektion verloren ging. Diese „Traversale" ist nun völlig misslungen: keine Stellung, keine Biegung, kein Fluss, keine Balance – stattdessen ein in die Bewegungsrichtung gezogener Kopf – keine Biegung – bei führender Hinterhand.

Glücklicherweise sind WIR ja nicht gezwungen, ganze Traversalen am Stück zu reiten! Bemerken Sie also, dass Takt, Fluss oder die Biegung im Laufe einer Traversale verloren zu gehen drohen, begeben Sie sich auf eine Volte in Bewegungsrichtung – hier finden Sie Takt, Fluss und Biegung wieder und können aus der Volte heraus die Traversale in wiedergewonnener Balance flüssig beenden.

In einer gut eingeleiteten Traversale folgt das Pferd dem Bügeltritt und bei korrekter Schulter- und Beckenhaltung des Reiters ist es möglich, sie in gleichbleibendem Takt, Fluss und in gleichbleibender Balance über die gesamte Diagonale zu erhalten und fließend zu beenden, ohne dass sie „mühsam" wird.

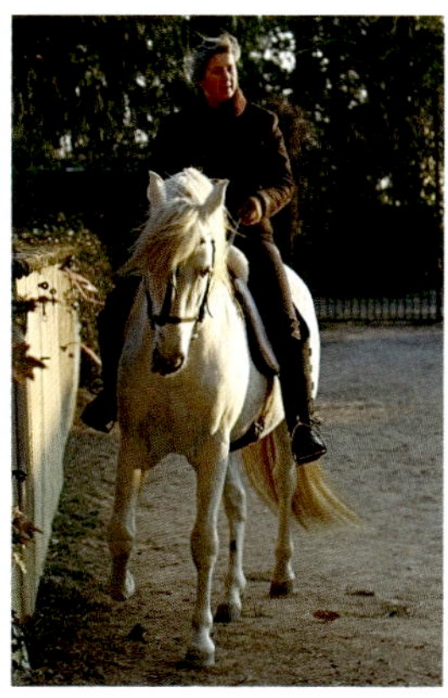

Unterwegs zum Geraderichten.

Travers auf der Acht

Für unsere Acht reicht es vorerst, wenn wir in der Lage sind, für einige Schritte im Kruppeherein die Hinterhand unsers Pferdes kontrollieren zu können. Nun gibt es zwei Möglichkeiten, traversartige Schritte in die Acht einfließen zu lassen:

1. Sie lassen das Pferd traversartig fußen, sobald Sie von der Geraden aus die Biegung der Acht erreichen.

1 *In dieser Variante kann ich die Kruppehereinbiegung mit der Vorhand entlang der Voltenlinie erhalten. Ich richte gerade, sobald ich fürchte, Kruppe oder Vorhand könnten ins Driften geraten.*

2 *Travers in die Biegung*

1

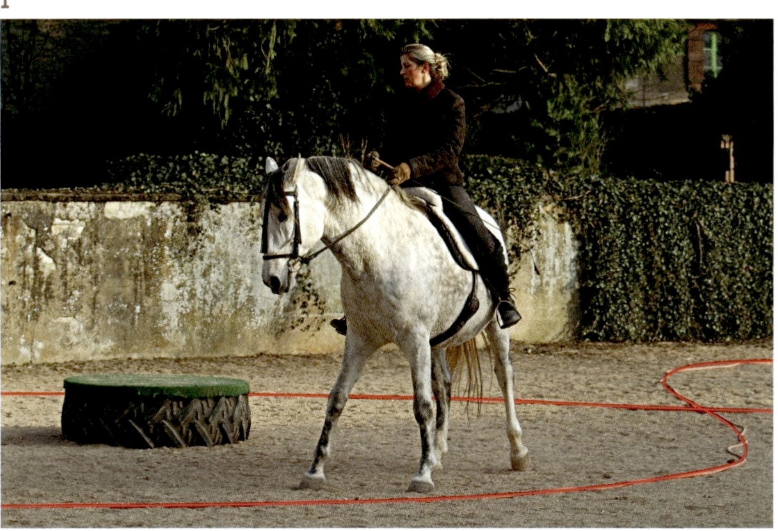

2

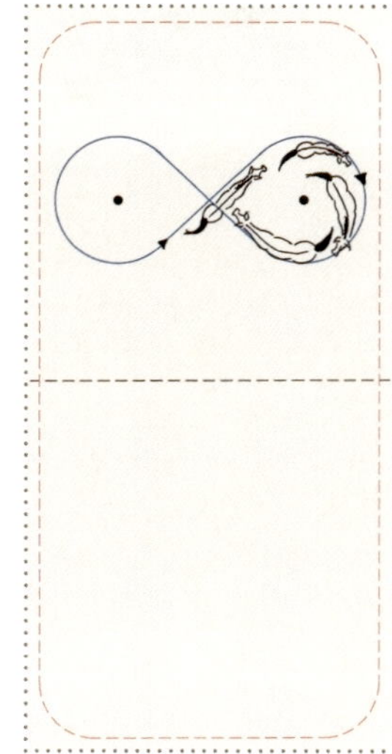

1

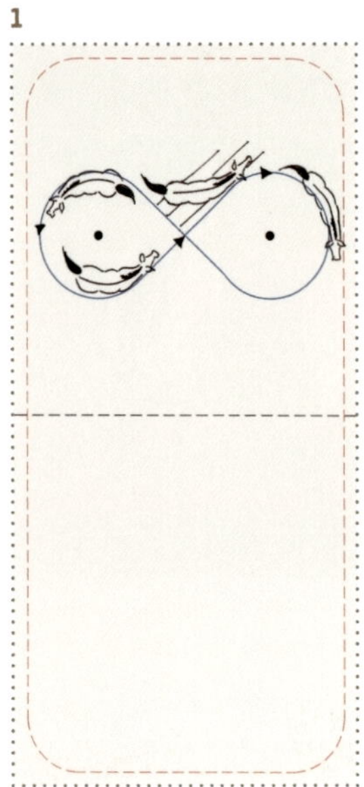

2

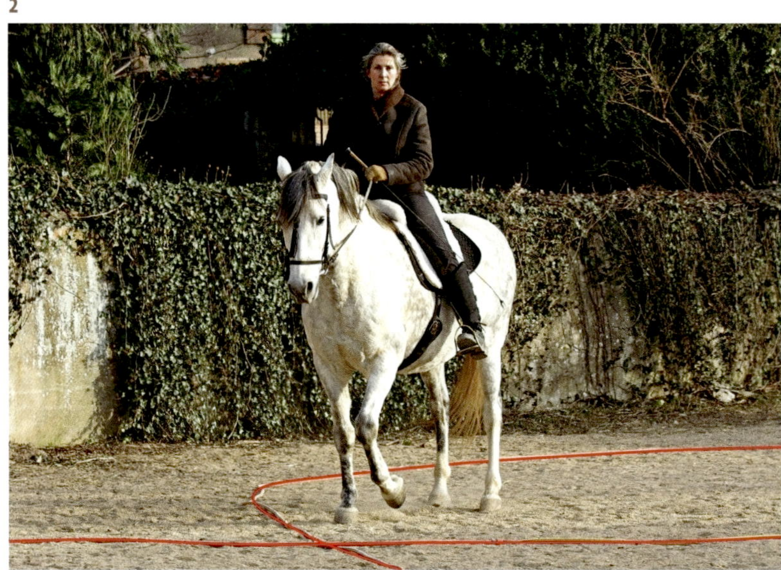

1 *Biegung mitnehmen auf die Diagonale*

2 *In dieser Variante halte ich das Kruppeherein auf der Diagonalen solange, bis es an der Zeit ist geradezurichten, um den Handwechsel in die neue Volte einzuleiten.*

2. Oder Sie lassen das Travers im Verlassen der Volte auf die Diagonale entstehen, indem Sie die Biegung der Volte auf die Gerade mitnehmen.

Wenn das Reiten von Schulterherein und Travers auf der Acht gut beherrscht wird, dann kann man den nächsten Schritt angehen:

Schulterherein kombiniert mit Travers auf der Acht

Die beschriebenen Varianten von Schulterherein und Travers auf der Acht können natürlich auch kombiniert werden. Hier gibt es verschiedene Möglichkeiten. Schulterherein und Kruppeherein können einzeln angefragt werden oder auch fließend in Folge.

Hier ein paar Variationen: Die Schwierigkeit besteht in allen Variationen darin, eine gleichmäßige Biegung zu erhalten, rechtzeitig geradezurichten, sauber umzustellen UND vor allem das Pferd nicht über die Schulter driften oder die Hinterhand herausschleudern zu lassen.

Das Üben der Seitengänge in kurzen Reprisen mit häufigen Handwechseln schult und verfeinert die Hilfengebung des Reiters sehr. Beim Pferd verbessern sie die Geschmeidigkeit und die Balance und wirken gezielt kräftigend auf das lastaufnehmende Hinterbein. Konzentrations- und Koordinationsfähigkeit werden bei Reiter und Pferd gefördert und ausgebaut. Gehen Sie hierbei geduldig und im Detail vor.

Kombinationsmöglichkeiten der Seitengänge auf der Acht

Variante 1

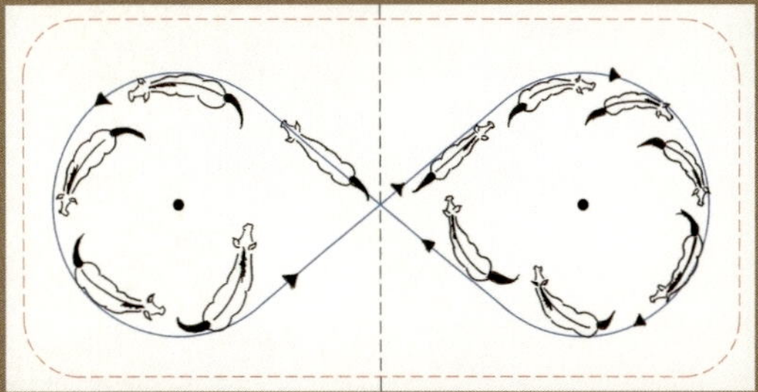

- *Der Reiter kreuzt beim Verlassen der Volte mit der Vorhand seines Pferdes die Diagonale, behält die Biegung bei und reitet nun mit der Hinterhand an der Diagonalen für einige Schritte im Schulterherein.*

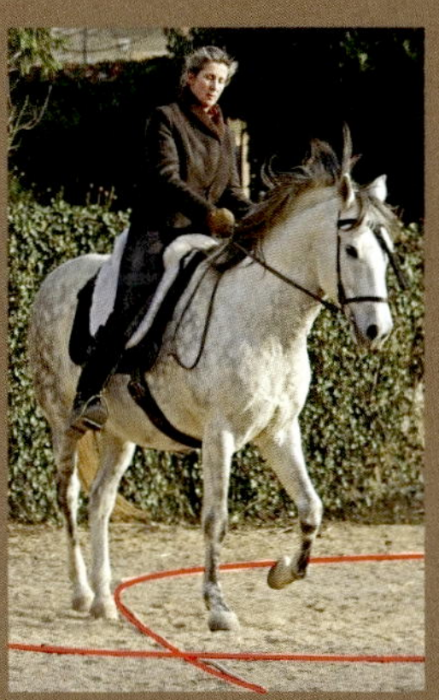

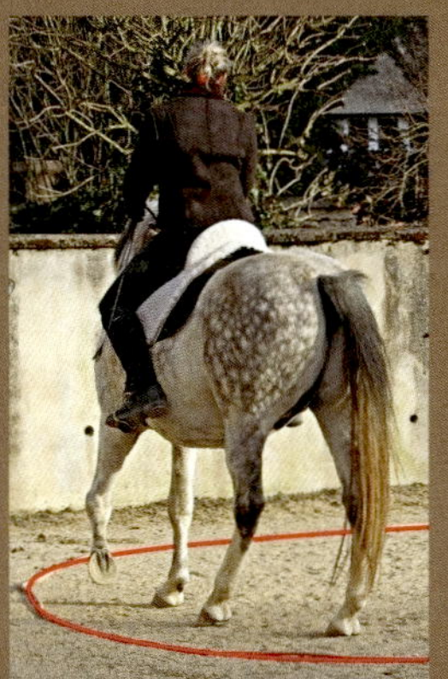

- *Der Reiter richtet nach einigen Schritten gerade und wechselt die Hand zur neuen Volte.*
- *Er betritt mit seinem Pferd von der Diagonalen aus die neue gebogene Linie und lässt sein Pferd mit der Vorhand entlang der Voltenlinie traversieren.*
- *Am Scheitelpunkt der Volte richtet er sein Pferd gerade und*
- *bereitet sich darauf vor, auf der folgenden Geraden wieder schulterhereinartig zu reiten.*
- *usw.*

Variante 2

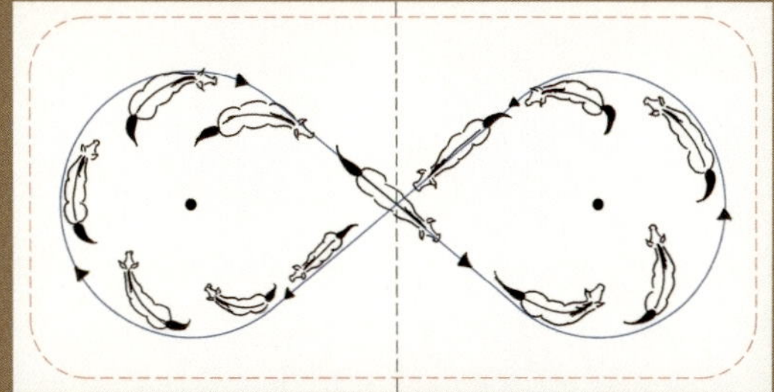

- *Der Reiter kommt aus der Volte und hält deren Biegung auf der Diagonalen traversalartig.*

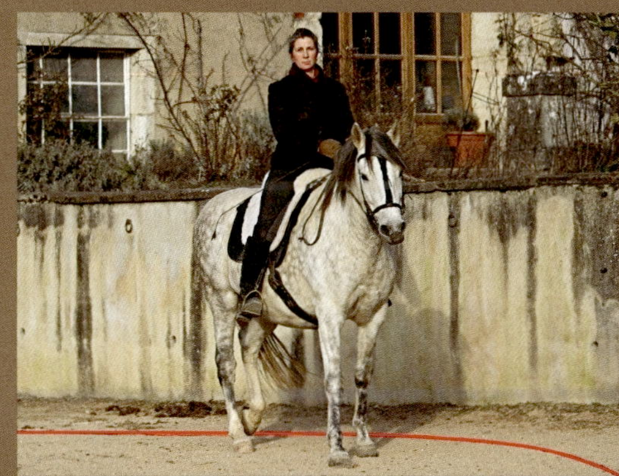

- *Nun richtet er sein Pferd gerade,*
- *wechselt über die Diagonale in die neue Volte*
- *und entwickelt dort in der Volte wieder Schulterherein.*
- *Im Scheitelpunkt der Volte wechselt er vom Schulterherein ins Travers, wie beim Wechsel durch die Ecke beschrieben. Jede Ecke entspricht einer viertel Volte;*
- *nun verlässt er in dieser Kruppehereinstellung die Volte,*
- *richtet das Pferd auf der Diagonalen gerade,*
- *um dann beim Eintritt in die nächste Volte wieder ein Schulterherein zu entwickeln.*
- *usw.*

Passade

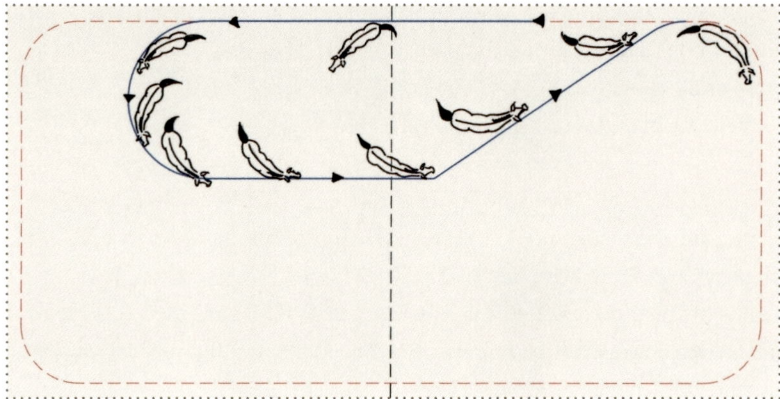

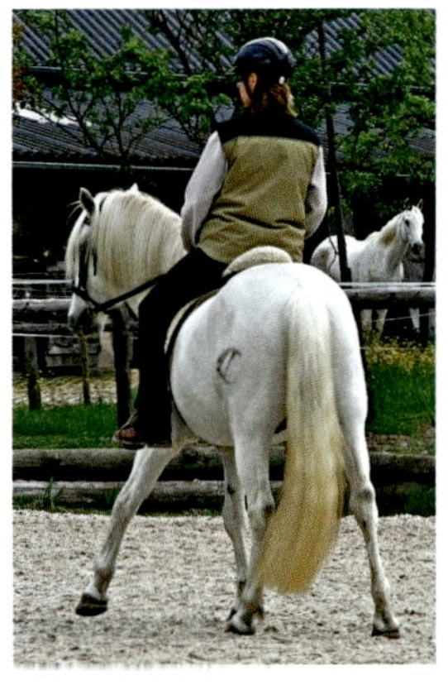

Einleiten der Travers- oder auch Hankeneinwärtsvolte.

Die Passade

Die historische Definition der Passade bezeichnet eine Kehrtwendung im Galopp, bei der der Durchmesser des Wendekreises der Hinterhand nicht mehr als 3 Schritte betragen darf und Hinterhand und Vorhand gleichzeitig wieder am Hufschlag ankommen müssen. Die Passade wird im Detail wie folgt ausgeführt:

- Schulterherein an der langen Seite,
- abwenden in eine Traversvolte,
- nach einer halben Traversvolte Renvers parallel zum Hufschlag,
- zum Hufschlag zurück traversieren.

Diese Übungsfolge kann später, wenn Durchlässigkeit und Kraft des Pferdes es erlauben, in jeder Gangart geritten werden.

Reflexion

In all diesen Übungen hat der Reiter Gelegenheit, sehr genau zu erfühlen, wann er Fehler macht. Zum Beispiel, wenn er ungewollt das Pferd dazu bringt, auszuscheren – entweder über die Schulter, wenn der Reiter am inneren Zügel überstellt oder aber der äußere Zügel fehlt. Oder wenn das Pferd mit der Hinterhand ausfällt, weil der innere Schenkel „übertreibt“ oder das verwahrende äußere Bein, Unterschenkel oder Knie nicht gut eingerahmt hat.

Geht der Fluss verloren oder spürt der Reiter, dass er überstellt und sein Pferd damit aus der fließenden Bewegung heraus geschoben hat und es daher nicht mehr auf Abruf mit „vorwärts“ reagieren kann, muss er die Übung auflösen.

Dann bietet sich eine kleine Pause am langen Zügel an – oder einfach eine Runde in Dehnungshaltung frisch nach vorne zu traben. Danach kann die Übung mit mehr Selbstkontrolle und entsprechend weniger Abstellung noch einmal versucht werden.

Zwei Achter – ein „Knoten“

Wenn alle Variationen auf der Acht kein Problem mehr darstellen und wirklich leicht von Pferd und Reiter gemeistert werden, dann kann man daran denken, sich der höchsten Anforderung in diesen Kombinationslektionen der Seitengänge zu stellen – nämlich schlicht ALLE Seitengänge in Folge bei gleicher Stellung und Biegung: dem „Knoten“!

Dieser etwas flappsige Ausdruck wird dem Anspruch dieser Aufgabe nicht gerecht – passend ist er dennoch! Vor allem mental – hier gilt es, sich zu konzentrieren:

Diese Übung setzt sich zusammen aus der Schulterkontrolle nach innen im „Schwenk“ I und nach außen im „Konterkurzkehrt“ II. Gefolgt von der Hüftkontrolle nach innen im „Kurzkehrt“ III und nach außen in der Renversvolte IV.

Anfangs reiten wir diese Übungen auf großen Volten und nur im Ansatz, jeweils für wenige Schritte, um dann bald wieder die Voltenlinie aufzunehmen. Wir können je nach Bedarf variieren und vorerst hat die Kleeblattform keine Priorität. Viel wichtiger ist es, die Losgelassenheit meines Pferdes sicher zu bewahren.

Nach und nach, je leichter es meinem Pferd fällt, können sämtliche Wendungen auf immer kleinerem Raum geritten werden – vorausgesetzt der Fluss

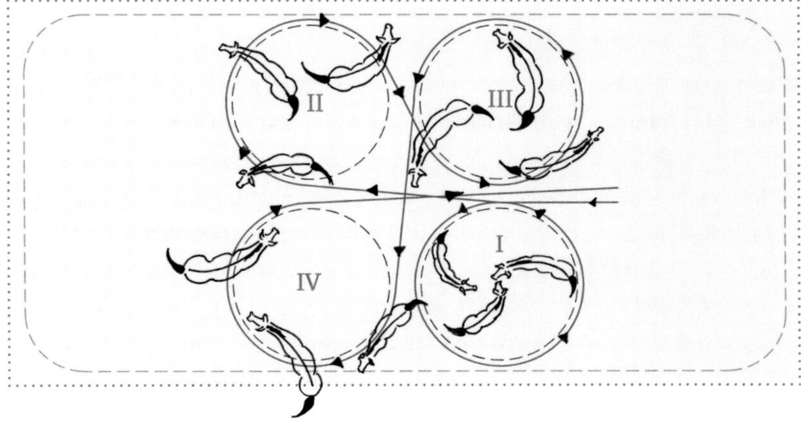

Der „Knoten“:
I Schwenkvolte
II Konterkurzkehrt
III Kurzkehrt
IV Renversvolte

Volte als Rettungsinsel

Trotz der hohen Anforderungen kann man den Knoten wagen. Denken Sie immer daran: Es gibt jederzeit eine Rettungsinsel, die Volte! Eine Volte mehr zwischendrin gibt Pferd und Reiter Gelegenheit, sich wieder zu orientieren und zu sammeln, um dann weiterzumachen in der Aufgabe.

1

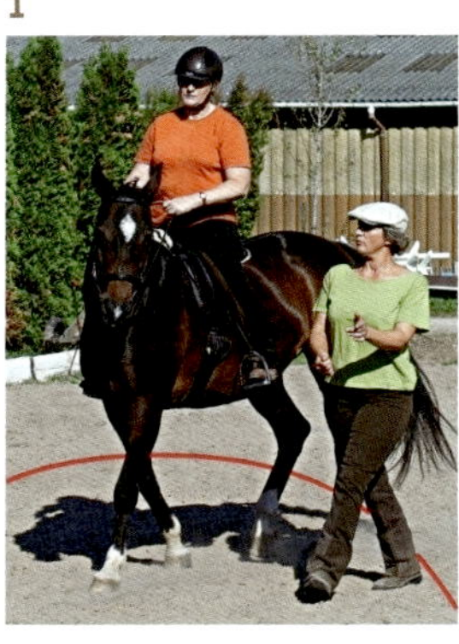

2

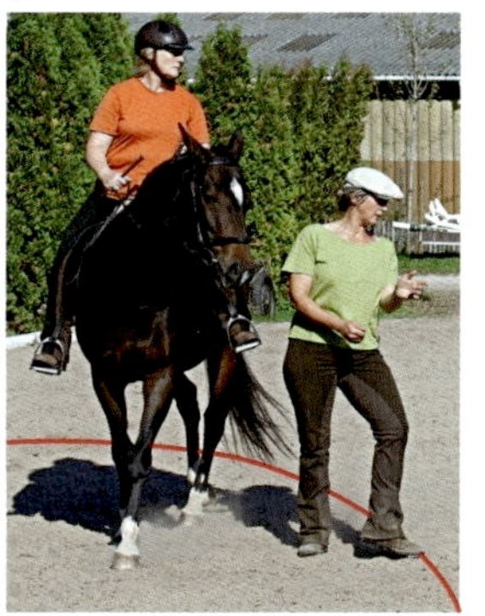

1 Fokus über das äußere Ohr – Schulterherein

2 Fokus über das innere Ohr – Schwenk

geht nicht verloren. Und das alles in Folge und in gleichbleibender Stellung und Biegung! Alle Wendungen können bei maximaler Durchlässigkeit annähernd am Platz geritten werden – die Hufe auf dem kleinen Kreis müssen allerdings gleichmäßig am Platz weiterfußen. So wird aus Kurzkehrt eine Pirouette, aus der Renversvolte eine „Piroueta Inversa" und aus der Schwenkvolte der Schwenk direkt um die Vorhand.

Fließend und nach Bedarf flexibel variieren können Sie zwischen gerade gerichtet Vorwärts auf der gebogenen Linie oder aber gebogen Seitwärts auf gebogener Linie. Aber auf jeden Fall die ganze Zeit in der gleichen Stellung und Biegung!

Zerpflückt man die Übung in ihre einzelnen Bestandteile, erscheint sie gar nicht mehr so furchtbar schwierig. Die einzelnen Teile müssen im Ansatz – das heißt für zwei oder drei Schritte, später auch Tritte, beherrscht werden, bevor ich mich in die komplette Übung wage – diese dauert nämlich lange. Sie ist anstrengend und fordert mental unglaublich viel Konzentration, Gelassenheit, Leistungsbereitschaft und körperliche Durchlässigkeit, Geschmeidigkeit und Kraft von meinem Pferd. Vom Reiter fordert sie sehr konzentriertes, reflektiertes und korrektes Reiten, Ruhe und Geduld.

Aber bitte kein falscher Stolz – teilen Sie die Übung anfangs in Etappen auf und bauen Sie Pausen ein, in denen Sie Ihr Pferd aus der Biegung entlassen. Vermeiden Sie Verspannungen. Ihr Pferd weiß vorher nicht, ob Sie Teile oder die ganze Übung planten. Einen echten Trainingseffekt hat jede Übung nur dann, wenn die Losgelassenheit erhalten bleibt! Sinnlos wird sie, sobald der Reiter versucht, sein Pferd hindurch zu quetschen.

Der „Knoten" beginnt

Wir beginnen linker Hand im Schulterherein auf der Volte, es folgt die „Schwenkvolte" I. Der Schwenk ist eine Vorhandwendung aus der Bewegung und entspricht dem Maximum an Schulterherein auf der gebogenen Linie. Das Pferd bleibt dabei wie im Schulterherein zum seitwärts treibenden Schenkel hin gestellt und gebogen und fußt mit sehr wenig Vorwärts-, aber viel Seitwärtsbewegung mit dem inneren Hinterbein Richtung Schwerpunkt und dreht sich dabei um das innere Vorderbein. Der Schwenk wird aus dem Schulterherein durch das Wechseln von Fokus und Bügeltritt von außen nach innen eingeleitet, so dass Ihr Pferd um seine Vorhand schwenkt.

Sie entscheiden von Fall zu Fall, wie eng und wie lange Sie den Schwenk reiten und richten dann erneut auf der Voltenlinie wieder gerade.

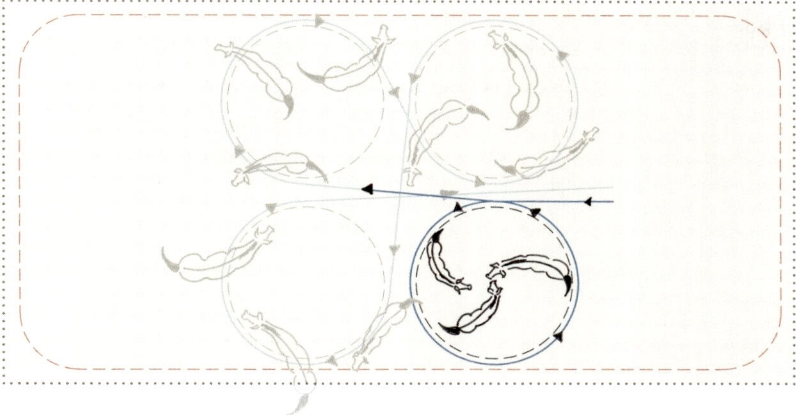

I Schwenkvolte

Vorne große Vorwärts-seitwärts-Schritte, hinten kleine – zum seitwärtstreibenden Schenkel gestellt und gebogen, Reiterfokus in Bewegungsrichtung – Konterkurzkehrt.

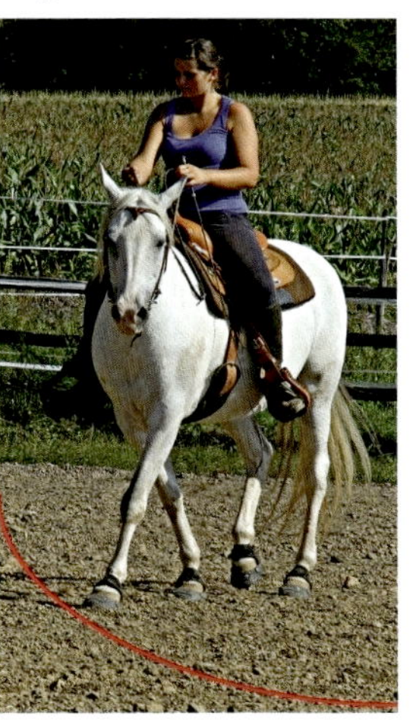

Konterkurzkehrt

- Von dieser Volte ausgehend wechseln Sie in die Gegenvolte, ohne dabei das Pferd umzustellen.
- Nun reiten Sie auf dieser Volte Konterschulterherein und entwickeln daraus das Konterkurzkehrt,
- das heißt, eine Kurzkehrtwendung um die Hinterhand, aber mit Stellung und Biegung zum seitwärtstreibenden Schenkel hin, entgegen der Bewegungsrichtung. Sie reiten also weiterhin in Schulterkontrolle.
- In dieser Phase geht das Pferd also in Außenstellung mit der Vorhand eine Wendung um die einen kleineren Bogen fußende Hinterhand herum.
- Ist das Konterkurzkehrt beendet, richten Sie in der beibehaltenen Stellung und Biegung gerade und begeben sich dadurch automatisch wieder auf eine Linksvolte.

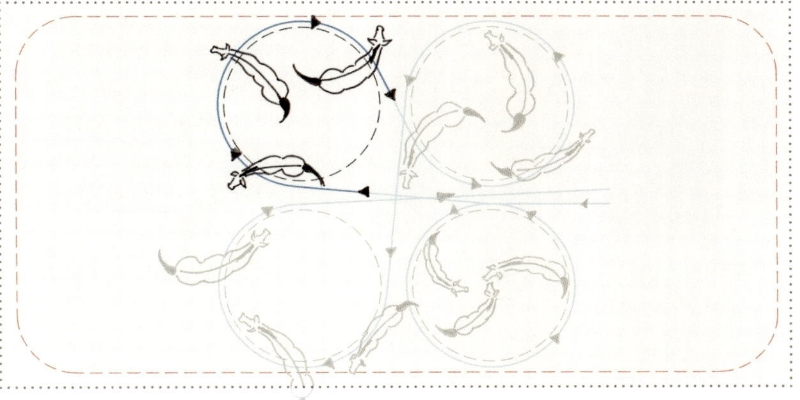

II Konterkurzkehrt

III Kurzkehrt

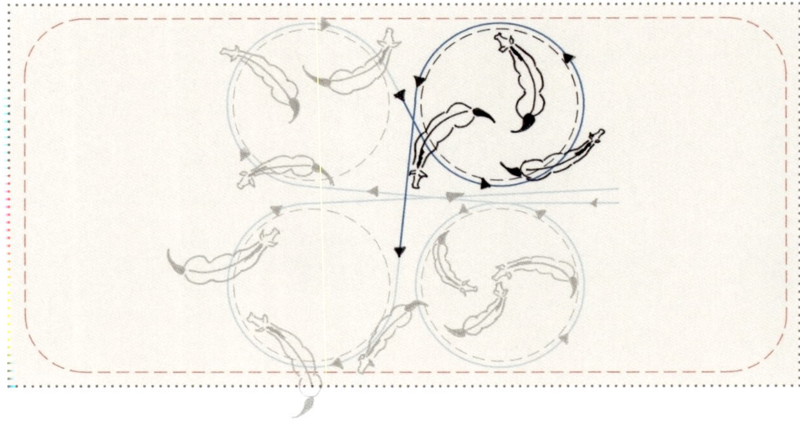

Kurzkehrt – entwickelt aus der Travers- oder auch „Hankeneinwärtsvolte“

- In dieser Linksvolte reiten Sie Kurzkehrt. Der Unterschied zu den beiden vorausgegangenen Übungen besteht darin, dass Sie nun die Übung in Traversstellung, also in Bewegungsrichtung gestellt und gebogen und damit in Hüftkontrolle reiten.
- Dabei fußt das Pferd mit der Vorhand in einem Bogen um die auf einem deutlich kleinen Kreis fußende Hinterhand.
- Ist diese Kehrtwendung soweit ausgeführt wie es der Reiter wünscht, wird aus ihr wieder auf die Voltenlinie gerade gerichtet.

Hankeneinwärtsvolte

1

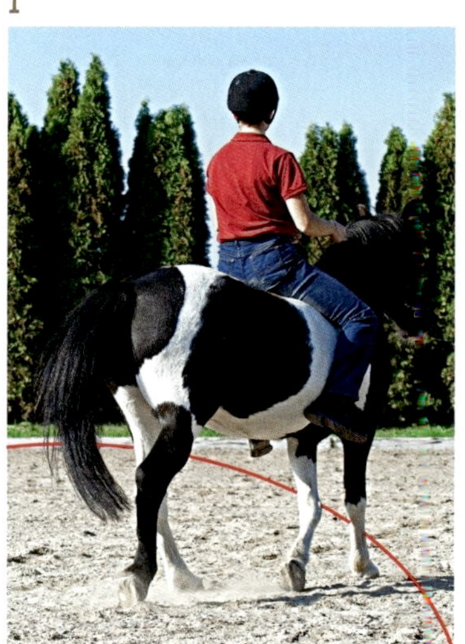

2

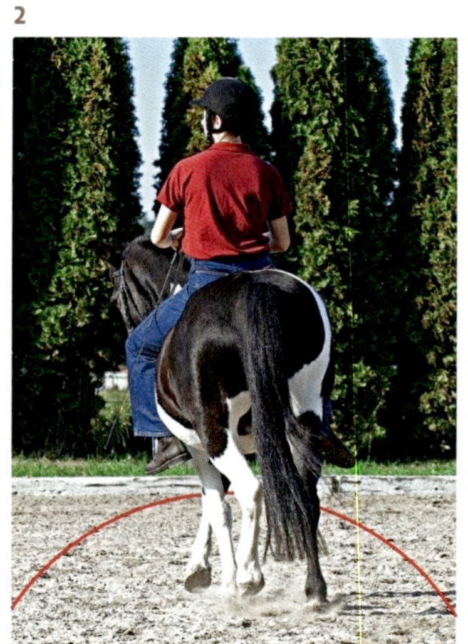

3

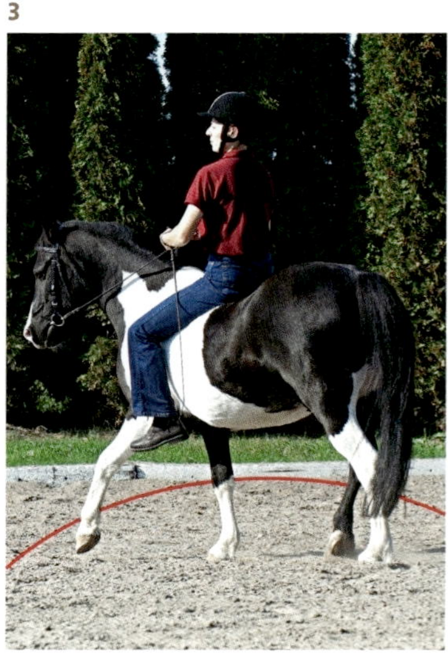

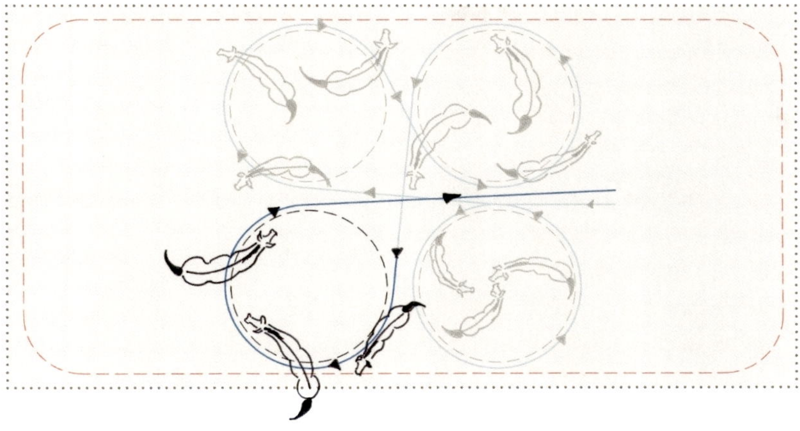

IV Renversvolte

Piroueta Inversa – entwickelt aus der Renvers- oder auch „Hankenauswärtsvolte“

- Nach der Kurzkehrtwendung wechseln Sie wiederum auf die diagonale Gegenvolte, behalten dabei aber weiterhin die Linksstellung und Biegung bei.
- Diese Rechtsvolte reiten Sie in Renvers-, also weiterhin Linksstellung und -biegung.
- Das Pferd fußt dabei in Bewegungsrichtung gestellt und gebogen mit der Hinterhand außerhalb der Voltenlinie. Dieser folgt die Vorhand.
- Gelingt dies, so entwickeln Sie aus der Renversvolte mit der Zeit eine „Piroueta Inversa“ um die Vorhand.

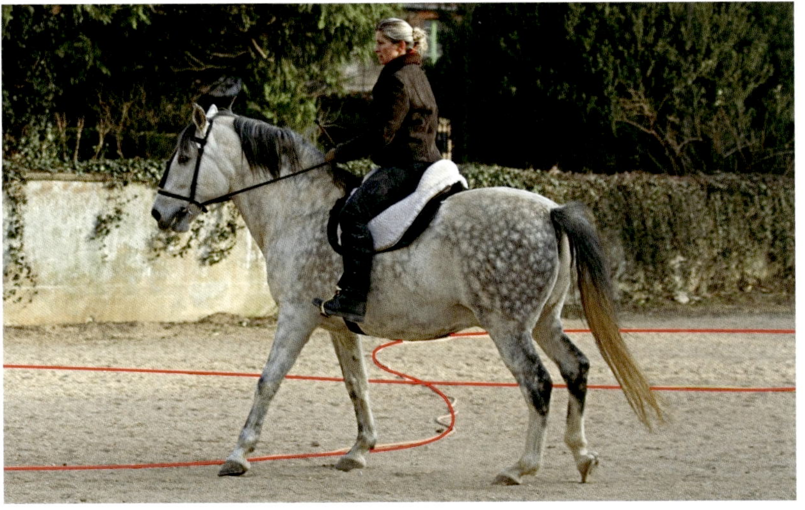

„Hankenauswärtsvolte“ – Renversvolte. Die Hinterhand beschreibt einen deutlich größeren Kreis als die Vorhand. Das Pferd folgt in Linksstellung und -biegung der Rechtsvolte.

- Hierbei geht das Pferd mit der Hinterhand, in Linksstellung und -biegung, eine Pirouette um die am Platz fußende Vorhand herum.
- Die Hinterhand überholt in dieser Pirouette sozusagen die Vorhand und nach einer halben Runde richten Sie Ihr Pferd wieder auf einer Linksvolte gerade,
- um es dann ins Geradeaus zu schicken, die Zügel aus der Hand kauen zu lassen und es unter viel Lob zu entlassen!

Diese Übung ist, so in Kombination geritten, wirklich schwer! Vor allem anfangs hat der Reiter schnell mal ein Orientierungsproblem und weiß nicht mehr ganz genau wo man sich, sowohl in der Übung als auch in der Reitbahn, befindet oder befinden sollte.

Das macht aber nichts – das ist anfangs völlig normal – improvisieren Sie! Lediglich die Idee der Übung zu reiten und die einzelnen Teile einzuleiten und einzelne Schritte anzufragen, dient Ihrem Pferd und Ihnen mehr, als die Übung irgendwie durchzumurksen!

Beherrschen Sie und Ihr Pferd irgendwann alle einzelnen Komponenten, bleibt die Aufgabe zwar nach wie vor sehr anspruchsvoll, aber die Kombination aller Details zu reiten, wird sogar zu einem Vergnügen für beide, wenn Fluss und Balance erhalten bleiben!

Versucht man sich anfangs an dieser Aufgabe, kann man kaum glauben, dass man selbst und das eigene Pferd DAS jemals können sollen – aber das haben schon viele bezweifelt, die diese Übung heute tatsächlich mit großem Vergnügen und Genuss in spielerischer Leichtigkeit reiten! Die tänzerische Geschmeidigkeit, die dieser „Knoten“ beim Reiten in Fluss und Balance erleben lässt, ist die Krönung des fleißigen und gelassenen Übens der einzelnen Elemente.

In Band 4 der Nuno Oliveira Schriften, „Gedanken über die Reitkunst“, Olms-Verlag, äußert sich der Maitre zur „Arbeit auf zwei Hufschlägen“ ab Seite 127 und bringt den Sinn und den Wert dieser Lektionen, wie immer, präzise auf den Punkt. Den meiner Meinung nach wohl wichtigsten Satz aus diesen Betrachtungen möchte ich Ihnen aber gleich hier zitieren, falls Sie den Band nicht zur Hand haben sollten: „Die zukünftige Beweglichkeit des Pferdes hängt von der Arbeit auf zwei Hufschlägen ab. … Hier ist das Geheimnis für den Beginn einer guten Dressur verborgen. Nur mit einem Pferd, das einen guten Start hatte, kann man zu korrektem Schluss kommen. Gute Grundlagenarbeit ist des guten Reiters, des guten Ecuyers Zierde.“

Übergänge

Wenn die Balanceschaukel und die Schulter- und Hüftkontrolle problemlos vom Reiter verstanden und vermittelt und vom Pferd beherrscht und ausgeführt werden, werden die Übergänge von einer Gangart in die nächste eine völlig andere Qualität gewinnen.

Wir beginnen jedoch auch in diesem Abschnitt wieder beim Reiten der Übergänge mit einem jungen oder wenig ausgebildeten Pferd: Bei jungen oder wenig gerittenen Pferden wird der Übergang in die nächst höhere Gangart durch ein aufmunterndes Treiben am Gurt von hinten nach vorne und eine leichte Bewegung der Mittelpositur vom Brustbein ausgehend nach vorn veranlasst. Sobald das Pferd mit der Nase nach vorne „denkt", entspannen die Finger, so dass das Pferd die Hand nach vorne mitnehmen kann. Diese Hilfen bleiben bestehen, bis das Pferd in die nächst höhere Gangart gewechselt hat, um dann durch Lob bestätigt zu werden.

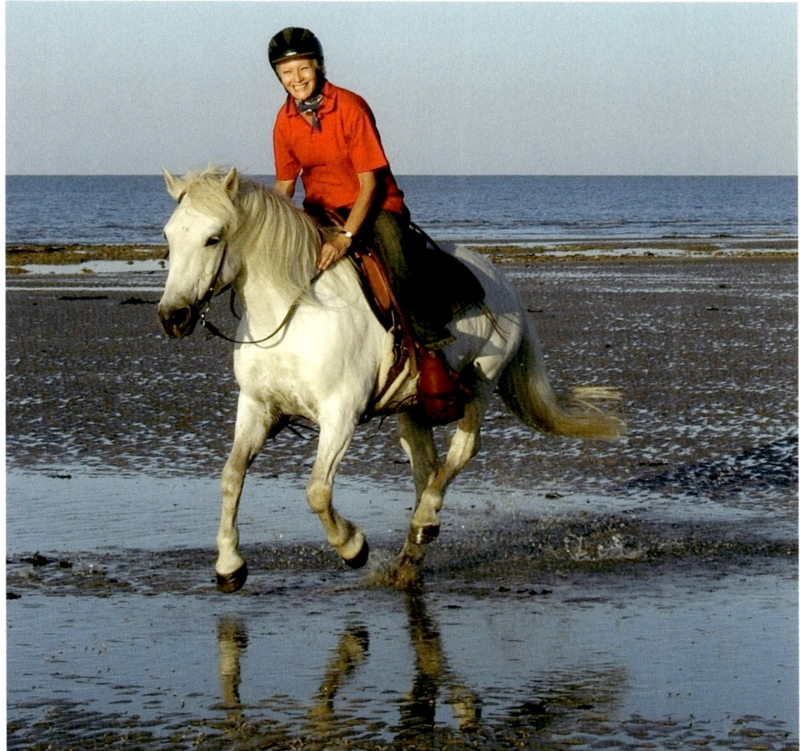

In einer solchen Landschaft braucht sich der Reiter keine Sorgen um den Übergang zu machen – hier ist genug Platz! Der Reiter teilt dem Pferd mit was er wünscht, „macht auf" und das Pferd wechselt die Gangart so, wie es ihm gut gelingt. Auf solch freien Flächen haben Pferd und Reiter optimal Gelegenheit, Fluss und Balance innerhalb der Gangart zu finden – ohne dass ständig Ecken den Fluss behindern.

Selbst wenn das Pferd ein wenig in die nächst höhere Gangart hineinläuft, ist das kein Problem, solange die Bewegung mit einer grundsätzlichen Dehnungsbereitschaft einhergeht. Streckt sich das Pferd mit der Nase im Übergang in Richtung vorwärts-abwärts sind Sie auf dem richtigen Weg. Ein Pferd das grundsätzlich auf die Anfrage eines Übergangs so, von hinten nach vorne geritten, in Dehnungsbereitschaft mit „vorwärts" reagiert wird beim Reiten keinen Schaden nehmen.

Übergänge in „Tragkraft"

Nachdem wir nun die Balanceschaukel und die Schulter- und Hüftkontrolle verstanden und geübt haben, können wir uns an eine weitere, etwas anspruchsvollere Art des Einleitens eines Übergangs heranwagen: den Übergang unter Nutzung der Tragkraft. Nun ist der Reiter in der Lage seinem Pferd zu vermitteln, in Hankenbeugung, sprich mit der Federkraft der Hinterhand, die Gangart zu wechseln.

Übergänge auf gebogenen Linien wie Zirkel, Volte und vor allem auf der Acht, geben dem Pferd und dem Reiter die Möglichkeit, mit der Idee des Schultervor, das gezielte Antreten mit dem inneren Hinterbein in den Trab zu üben. Das Einspringen in den Galopp mit dem äußeren Hinterbein unterstützt der Gedanke an Kruppeherein.

Je besser trainiert das Pferd ist, je mehr Kraft es hat, umso stärker kann es sich in den Hanken beugen und den Übergang „am Platz" entstehen lassen – in den Gelenken der Hinterhand vertikal federnd – statt ausschließlich mit der Hinterhand im Schub.

Der Grad der Durchlässigkeit bestimmt, wie genau auf den Punkt der Übergang geritten werden kann, ohne dass die Losgelassenheit dabei Schaden

1 Trab in die Dehnung – hier nutzt das Pferd seine Schubkraft und dehnt sich nach vorwärts-abwärts …

2 … und hier mehr Tragkraft – entsprechend die relative Aufrichtung.

1

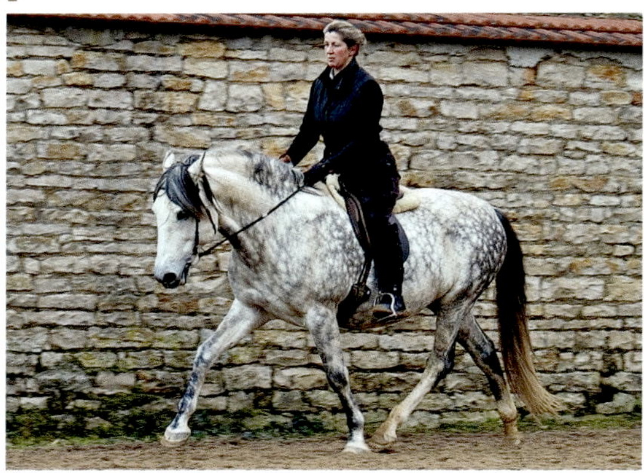

2

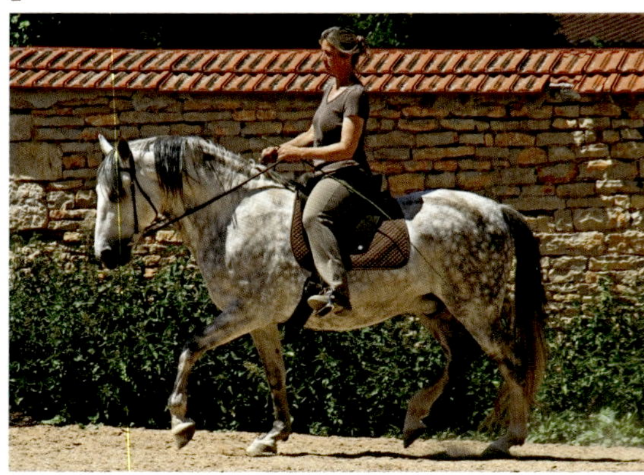

Unterschätzte Lektion: Die Übergänge

Übergänge sind eine im Alltag scheinbar wenig geschätzte Lektion. Sie werden sehr häufig schlampig und nebenbei gehudelt – um dann in der nächsten Gangart „weiterzuarbeiten“, so als ritte man den Übergang selbst gar nicht. Sie sind der klare Indikatior für den Grad der Durchlässigkeit und Balance – auch bei einem nicht weit ausgebildeten Pferd. Gleichzeitig zeigen sie auch das Gefühl für Fluss und Maß in der Hilfengebung des Reiters an. Übergänge sind entlarvend und richtungsweisend – sie können fleißig geübt und gut geritten die Kommunikation zwischen Reiter und Pferd enorm verbessern. Nicht erst wenn ein Pferd piaffieren kann, ist es gut geritten. Erstklassige Übergänge in Fluss und Balance zwischen sämtlichen Gangarten demonstrieren deutlich die Rittigkeit und Balance eines Pferdes. Ein wirklich guter Übergang zeigt: Versammlungsfähigkeit!

nimmt. Die Reihenfolge der Prioritäten spielt hierbei eine große Rolle! Es nutzt mir als Reiter und meinem Pferd nicht, wenn ein Übergang auf den Punkt stattfindet, die Losgelassenheit dabei aber verloren geht.

Im Wettbewerb hat das punktgenaue Reiten Priorität. Die Losgelassenheit wird häufig leider sehr vernachlässigt.

Ist der Reiter in der Lage, den Grad der Lastaufnahme durch die Hinterhand im Moment des Antrabens oder des Übergangs zum Schritt am Sitz zu bestimmen, ohne mit dem Zügel ziehend einzuwirken, wächst die Chance, dass dies bald auch an einem bestimmten, gezielt angerittenen Punkt gelingt. Aber erst dann! Das langfristige Ziel ist ein punktgenauer Übergang in selbstverständlicher Losgelassenheit.

Übergänge geradegerichtet und in Balance

Den Übergang vom Halt zum Schritt haben wir im „Strauß der Hilfen“ am Beispiel des sich verhaltenden Pferdes ausführlich erläutert. Schauen Sie bitte auf Seite 106. Dort ist der Übergang vom Schritt zum Halten und bis hin zum Rückwärtsrichten unter dem Thema „Aufnehmen des Pferdes am Sitz“ ausführlich erklärt.

Übergang vom Schritt zum Trab

Vorbereitung:

- Das Pferd schreitet taktmäßig auf gerader Linie. Der Reiter sitzt im Rhythmus 9/3.
- Will er das Pferd nun antraben, nimmt er es am Sitz auf, indem er im Becken sanft abkippt, nun in Richtung 7/5 sitzt
- und dabei die Unterschenkel fließend eine Handbreit zurückgleiten lässt.

Ist das Pferd durchlässig, wird es in dem Maß, indem Hüft-, Knie- und Sprunggelenk des Reiters winkeln, ebenfalls seine Hanken beugen.

Antraben:

- der Reiter atmet ein,
- der Fokus ist nach vorne gerichtet,
- das Becken richtet sich wieder auf,
- die Unterschenkel gleiten wieder ins Lot und geben einen Impuls Richtung Gurt,
- das Pferd richtet sich auf,
- tritt aus der Hinterhand federnd an,
- tritt dabei mit lockerem Kiefergelenk an das Gebiss heran, um die leichte Hand des Reiters in elastischer Verbindung in die Vorwärtsbewegung mitzunehmen.

Loben mit der Stimme:

- Ist Ihr Pferd noch nicht sehr routiniert, bestätigen Sie ihm mit der Stimme, dass es das gut macht! Eine große Bewegung der Hand würde das Pferd eventuell noch in seiner Balance irritieren.
- Ist das Pferd bereits gut in der Balance, nehmen Sie beide Zügel in die äußere Hand und loben Sie einhändig mit der inneren.

1

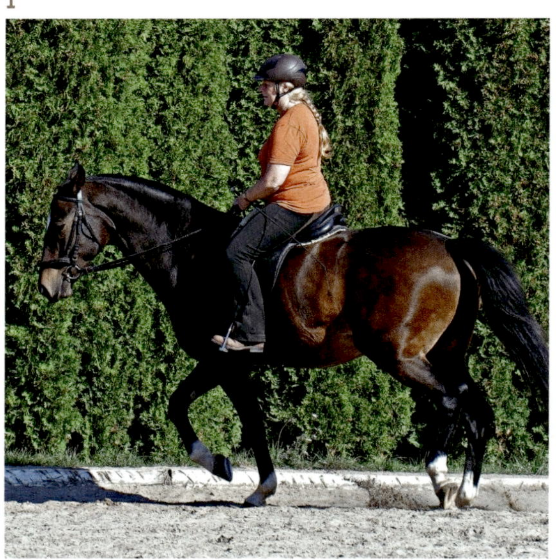

2

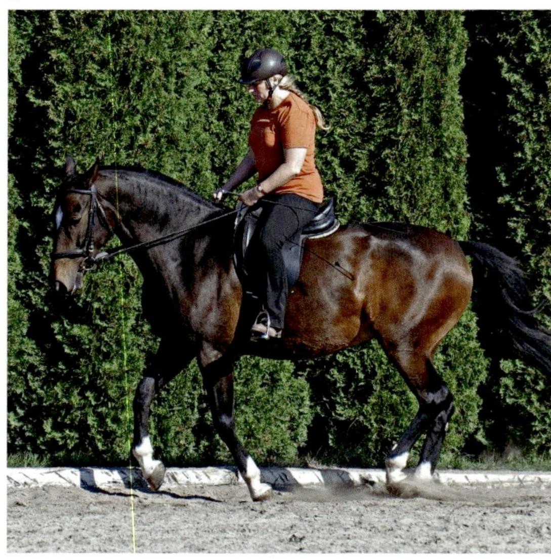

Übergang vom Trab zum Galopp

Vor dem Übergang vom Trab zum Galopp nimmt der Reiter das Pferd im Trab in der bekannten Art und Weise an Sitz und Schenkel auf. Wie wir wissen, läuft die Bewegung jedes Galoppsprungs diagonal, beginnend mit dem äußeren Hinterfuß, durch das Pferd hindurch:

- hinten außen
- Diagonale hinten-innen/vorne-außen
- Inneres Vorderbein
- Schwebephase.

Und dabei nimmt es seinen Reiter mit, vorausgesetzt er sitzt mit losgelassener Gesäßmuskulatur bei aufgerichtetem Oberkörper. Im Linksgalopp setzt das Pferd den Reiter nach jeder Schwebephase wieder auf 5 Uhr, also seinen äußeren Hinterfuß, auf dem es landet und der den nächsten Galoppsprung einleitet. Der Sprung fließt diagonal durch das Pferd und genau auf dieser Diagonale nimmt es den Reiter in direkter Linie mit auf 10 Uhr. Wenn mir dies klar ist, gelingt auch die Hilfengebung zum Angaloppieren.

Der Reiter muss also, um den Übergang zum Galopp im passenden Augenblick einzuleiten, genau in dem Moment die Galopphilfe geben, in dem er auf 5 Uhr sitzt.

Der Übergang fällt diesem Pferd etwas schwer. Es läuft ein wenig in den Galopp, aber bereits beim 2. Sprung gibt es alles! Spannung kommt auf – die Reiterin bleibt ruhig und souverän. Lassen Sie das Pferd machen – so gut es kann!

3

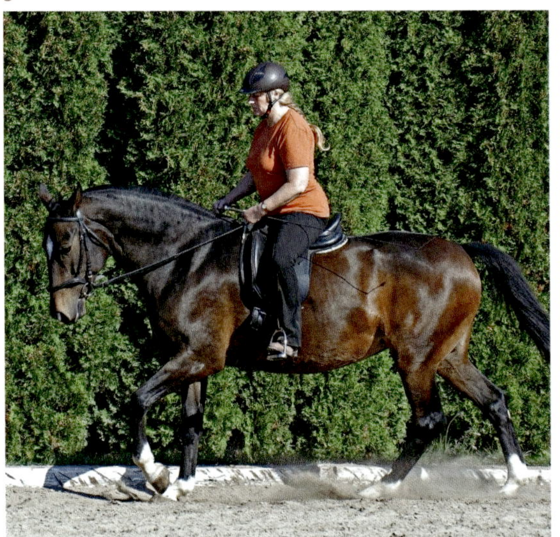

4

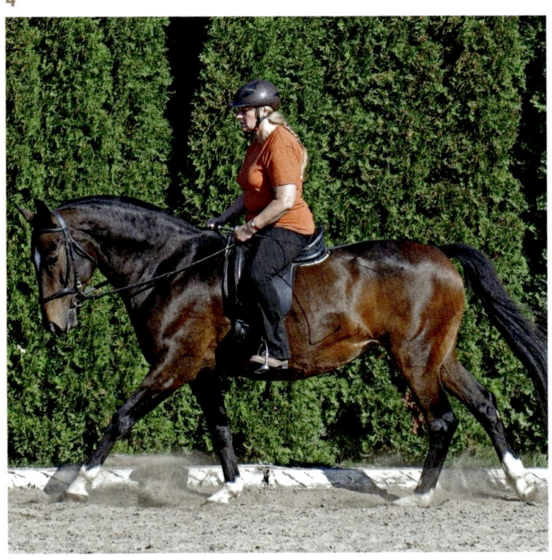

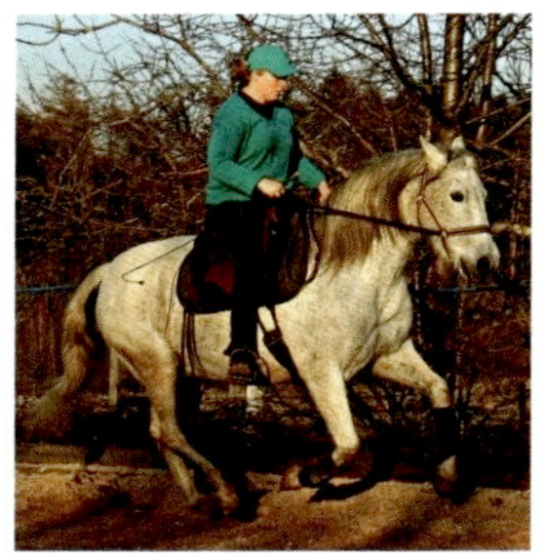

Von hinten-außen nach vorne-innen – dies gilt im Galopp für Reiter und Pferd!

Was schwierig klingt, ist kein Problem, SOFERN der Reiter losgelassen sitzt! DAS PFERD setzt ihn im exakt richtigen Moment auf den exakt richtigen Punkt und auch die Schenkel pendeln im richtigen Moment an das Pferd heran:

- der Reiter kippt im Trab im Becken leicht ab, so dass er nun im Rhythmus 7/5 sitzt.
- Das Pferd setzt den Reiter auf 5 Uhr.
- Der äußere Schenkel, der im selben Moment an das Pferd heranpendelt, wird vom Reiter in dieser Pendelbewegung leicht nach hinten verschoben und bringt so die Hinterhand des Pferdes eine Idee nach innen – und so das äußere Hinterbein in die optimale Position zum Einspringen in den Galopp – eben in die Galoppstellung: der Galoppsprung beginnt.
- Im nächsten Moment aktiviert die innere Wade am Gurt die Diagonale hinten-innen/vorne-außen: das Pferd springt weiter.
- Der innere Beckenkamm des Reiters rotiert nach vorne-innen auf 10 Uhr: das Pferd rollt über das innere Vorderbein ab
- und die Schwebephase schließt sich an.
- Das Pferd landet wieder auf dem äußeren Hinterbein und der Reiter auf 5 Uhr.
- Rotation des Beckens von 5 Uhr, hinten-außen auf
- 10 Uhr, vorne innen: das Pferd rollt über sein inneres Vorderbein ab,
- Schwebephase
- usw. …

Der Rechtsgalopp beginnt entsprechend hinten außen auf 7 Uhr und bewegt den Reiter auf 2 Uhr.

Wie bereits erwähnt, ist für dieses Feintiming vor allem die Losgelassenheit des Reiters am Sitz Voraussetzung. DAS PFERD setzt den Reiter im richtigen Moment an den richtigen Punkt, wenn dieser es zulässt. Der Reiter nimmt die Bewegung auf und gibt den Impuls für die gewünschte Aktion.

Natürlich ist es auch hier wieder eine Frage der Feinkommunikation zwischen Reiter und Pferd, ob das Pferd in der Lage ist, diese feinen Hilfen auch direkt umzusetzen. Auch hier macht – wie immer – Übung den Meister!

Ungewollt im Kontergalopp?

Viele Pferde sind anfangs nicht in der Lage, auf beiden Händen den gewünschten Handgalopp zu entwickeln. Auf einer Seite fällt es gewöhnlich schwerer. Es dauert Jahre, bis ein Pferd gerade gerichtet auf beiden Seiten gleich durchlässig

und rittig ist. Manches ist anfangs so „einseitig händig", dass es für dieses Pferd tatsächlich vorerst nur EINEN Galopp zu geben scheint.
Für solche Pferde ist es besonders erschreckend und verwirrend, wenn der Reiter „Galopp" fordert, das Pferd diesen liefert und der Reiter es postwendend, mehr oder weniger grob oder gar mit Strafe wieder aus diesem herausreißt, weil es im Außengalopp ansprang. Dieses wenig trainierte Pferd WEISS schlicht NICHT, dass ein ANDERER Galopp gefragt ist!

Bitte machen Sie sich bewusst, dass dies anfangs nicht ungewöhnlich ist und häufig vorkommt. Machen Sie bitte für sich und Ihr Pferd KEIN PROBLEM daraus!

Bitte schauen Sie sich noch einmal bewusst die Bilder zum Thema Hüftkontrolle/Galoppstellung an – KEIN Pferd hält in der Natur seinen Kopf beim Angaloppieren nach innen. Nur ein bereits gut gerade gerichtetes Pferd ist in der Lage, auch im Galopp mit exakt gerader oder gleichmäßig gebogener Längsachse seiner Nase zu folgen. Ein junges, noch nicht weit ausgebildetes oder deutlich schiefes Pferd KANN das noch nicht!

Schließen Sie deshalb vor allem aus, dass ein gesundheitliches Problem Ursache für das Nicht-Einspringen in einen Galopp ist! Ist Ihr Pferd auffällig einseitig und zeigt auch freilaufend den Galopp auf einer Hand NIE, dann sollte ein guter Tierarzt und Osteopath das Pferd untersuchen.

Sind gesundheitliche Gründe auszuschließen und das Pferd zeigt immer wieder deutliche Schwierigkeiten den Handgalopp zu treffen, heißt es erst einmal durchatmen. Werden Reiter und Pferd immer fester und aufgeregter, wenn Sie nur an das Galoppieren denken, ist keinem gedient. Hier gibt es verschiedene Möglichkeiten des Ansatzes. Alle gemeinsam haben dabei das Ziel, das äußere Hinterbein des Pferdes so vorzubereiten, dass es damit optimal in den gewünschten Galopp einspringen kann.

Wichtig

Bitte versuchen Sie auf keinen Fall, Ihr Pferd durch immer mehr Innenstellung und -biegung auf den Galopp vorzubereiten! Dies ist leider sehr weit verbreitet aber es WIRD NICHT FUNKTIONIEREN! Sie helfen Ihrem Pferd damit absolut nicht – diese Vorgehensweise besteht nicht aus HILFEN sondern aus DRUCK und das arme Tier kann höchstens zufällig begreifen, was man von ihm will.

1. Fließender Übergang:

Vorbereiten des Angaloppierens durch Leichttraben auf dem äußeren Hinterfuß.

- Galoppieren Sie Ihr Pferd auf der einfachen Hand mehrmals an und loben Sie sehr!
- Wechseln Sie nun die Hand und traben Sie auf dem inneren Hinterfuß leicht, wie üblich.
- Gehen Sie auf den Zirkel und sitzen Sie Mitte der kurzen Seite um, so dass Sie nun auf dem äußeren Hinterbein leichttraben.

- Dies fühlt sich anfangs etwas ungewohnt an. Nehmen Sie bewusst auf hinten außen (linker Hand 5 Uhr/ rechter Hand 7 Uhr) Platz, dann werden Sie schnell spüren, dass es so passt!
- Traben Sie weiter gleichmäßig auf dem äußeren Hinterfuß, während Sie ein inneres Bild vom Heben der inneren Schulter in den Handgalopp entwickeln.
- Ermuntern Sie Ihr Pferd mit der Stimme, fleißig und groß zu traben.
  Traben Sie weiter auf dem äußeren Hinterbein leicht, bis sie fühlen, wie sich die innere Schulter Ihres Pferdes hebt – versuchen Sie NICHT vorher eine Galopphilfe zu geben! Jagen Sie Ihr Pferd nicht! Es kann eine Weile dauern, bis sich die innere Schulter tatsächlich, wie beschrieben, aus dem wechselseitig gleichmäßigen Rhythmus hebt. Mit mehr Übung wird auch die Wahrnehmung des Reiters für diese Bewegung geschult. Gangpferdereitern ist diese „Galopprolle" sehr bekannt.
- In diesem Moment lassen Sie die große Bewegung der inneren Schulter heraus, indem Sie mit der inneren Hand deutlich nach vorne weisen.
- Nun sollte das Pferd unter großem Lob angaloppieren.

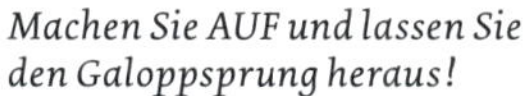

Machen Sie AUF und lassen Sie den Galoppsprung heraus!

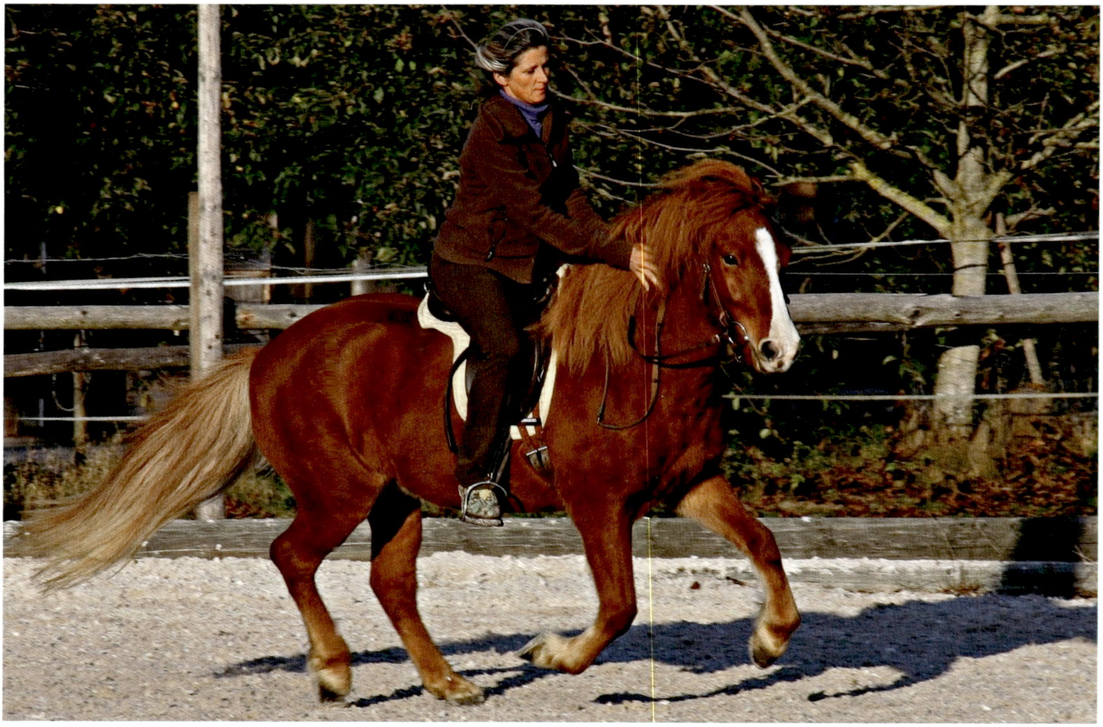

Treffer? Falls das Pferd im Handgalopp einspringt, lassen Sie es in Ruhe im leichten Entlastungssitz weiter galoppieren und loben, loben, loben Sie mit der Stimme. Bleiben Sie gut mit dem Bein am Gurt, damit es nicht sofort ausfällt. Fällt es doch aus, loben Sie trotzdem! Treffer bleibt Treffer!

Diese Vorgehensweise ist zwar nicht sehr verbreitet und daher nicht üblich, aber trotzdem eine absolut korrekte und logische Methode, den äußeren Hinterfuß auf das Einspringen in den Galopp vorzubereiten.

In Deutschland ist es üblich, auf dem inneren Hinterfuß zu traben, um in Biegungen diesen besonders gut zur Lastaufnahme zu animieren. Daraus ergibt sich die Logik unserer jetzigen Vorgehensweise zum Angaloppieren, da ja nun der äußere Hinterfuß der Gefragte ist.

Wichtig ist auch hier wieder ein ruhiges und analytisches Vorgehen. Pferde und Reiter, die ein Problem mit einem Galopp haben, geraten schon in Stress, wenn die Forderung nach diesem im Unterricht am Horizont zu erahnen ist. Wer kennt dieses Gefühl nicht? Und genau da müssen wir als Reiter uns ausbremsen. Den richtigen Galopp zu treffen ist eine hohe Anforderung an uns und unser Pferd – aber es ist keine Katastrophe und daher kein Grund zum Verzweifeln, wenn es nicht gleich gelingt. Sobald der entsprechende Hinterfuß gut genug trainiert ist, wird das gesunde Pferd auch den gefragten Galopp anbieten. Es ist eine Frage des Verstehens, der Kraft und der Durchlässigkeit! Also – ruhig bleiben!

Wenn man es nicht gewöhnt ist, auf dem äußeren Hinterbein zu traben, fühlt es sich anfangs einfach nur falsch an – dieses Gefühl ist völlig subjektiv – es ist nicht falsch, es ist nur anders!

Üben Sie als erstes auf der Geraden das Leichttraben auf beiden Hinterfüßen und schulen Sie Ihr Gefühl dafür, auf welchem sie gerade einsitzen. Geländeritte bieten sich dafür an. Wechseln Sie dann in der Bahn häufig die Hand und auf beiden Händen immer wieder den Hinterfuß, auf dem Sie einsitzen.

Doch wieder Kontergalopp? Bleiben Sie ruhig! Lassen Sie das Pferd in Ruhe ein paar Sprünge machen. Sie hatten Galopp gefragt, das Pferd hat Galopp geliefert. Für das junge Pferd ist es erstmal kein klarer Unterschied, ob es links oder rechts galoppiert. Es nimmt die Seite, die ihm leichter fällt – sonst nichts – falsch oder richtig existiert da nicht! Atmen Sie aus, lassen Sie Spannung aus Ihrem Körper, warten Sie, ob das Pferd von alleine durchpariert. Wenn nicht, parieren Sie in aller Ruhe durch.

Gelingt es Ihnen alleine nicht, das Pferd auf diese Weise in den Handgalopp einspringen – nicht rennen oder rasen – zu lassen, bitten Sie einen Helfer dazu, der mit Stimme und freundlichem Nachtreiben – KEIN Jagen! – unterstützt.

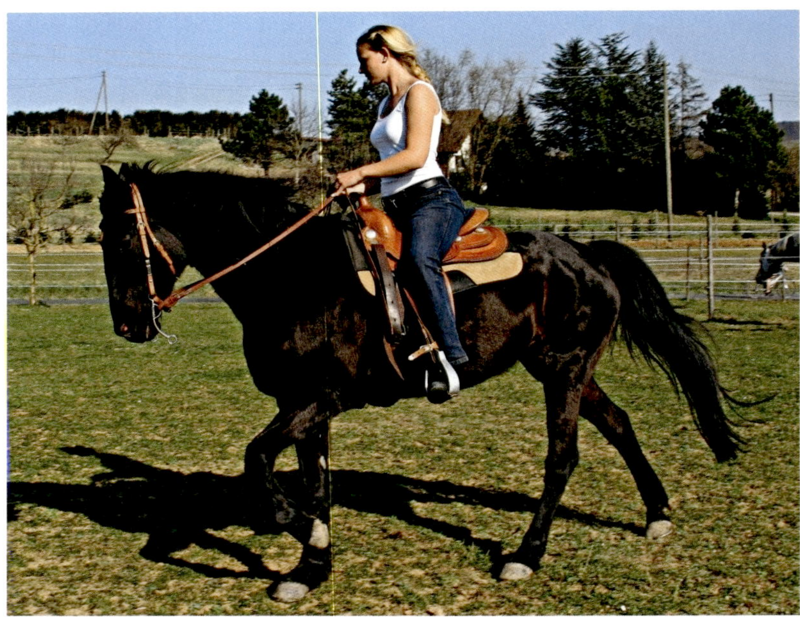

Kontergalopp – hier gewünscht: gestellt und gebogen auf dem Zirkel, souverän ausgeführt von einer Traberstute.

Der Helfer sollte vorher schon mit Ihnen zusammen und Ihrem freilaufenden Pferd üben, es zur geschlossenen Seite hin oder vor einer Ecke, damit es nicht über die äußere Schulter driftet, auf Stimmkommando hin angaloppieren zu lassen. Kennt das Pferd den Helfer am Boden als freundlichen Menschen und der Reiter kann sich dank des Helfers deutlich in seiner Hilfengebung zurücknehmen, schafft dies eine viel entspanntere Atmosphäre für Pferd und Reiter. Bei Pferden, die es gewohnt sind vom Boden aus gehetzt und geschlagen zu werden, natürlich nicht! Es ist erschreckend im Unterricht zu sehen, WIEVIELE Pferde Angst vor Bodenpersonal haben …

Kommt das Pferd trotz unserer vorsichtigen Vorgehensweise ins Rennen und fällt völlig auseinander, dann ist entweder der mentale Druck für diesen Galopp noch zu hoch oder es fehlt schlicht an Kraft. In beiden Fällen heißt es Grundlagen schaffen:

Gezielter Übergang in den Galopp nach vorbereitendem Kraftaufbau für das äußere Hinterbein im Schritt.

Gehen Sie zurück zum Schritt und schulen Sie sich und Ihr Pferd in der Schulter- und Hüftkontrolle. Ist Ihr Pferd unter dem Reiter nicht in der Lage, linker Hand im Handgalopp einzuspringen?

- Üben Sie im Schritt linker Hand Travers und Konterschulterherein,
- rechter Hand Schulterherein und Renvers.

Natürlich üben Sie die Seitengänge auf beiden Händen, aber konzentrieren Sie sich in diesem Fall besonders darauf, ob die Seitengänge den rechten Hinterfuß betreffend nach und nach leichter anzufragen sind.

Haben Sie das Gefühl, dies sei der Fall, so versuchen Sie wieder ein ganz normales Angaloppieren nach der kurzen Seite oder auf die geschlossene Seite des Zirkels zu.

Gelingt es nicht, wiederholen Sie auf dem Linkszirkel Konterschulterherein und Kruppeherein und versuchen Sie noch einmal, aus der Idee der Traversstellung im ausgesessenen Trab oder testweise auch mal aus dem Schritt anzugaloppieren. Schauen Sie, was passiert …

Führen diese Versuche nicht zum gewünschten Erfolg, wechseln Sie erst einmal die Hand und üben Sie alles mögliche – außer dem Angaloppieren! Bleiben Sie ruhig, atmen Sie durch!

Wenn Sie und Ihr Pferd entspannt und losgelassen sind, reiten Sie auf der rechten Hand bitte die Kombinationen der Seitengänge, dann Schulterherein. Ist das Pferd in dieser Übung schön durchlässig, traben Sie an und traben Sie leicht.

Wechseln Sie durch die ganze Bahn ohne umzusitzen und schauen Sie, wie sie durch die Ecken kommen. Hebt sich die innere Schulter auf der linken Hand jetzt deutlich, fragen Sie den Galopp wieder an, tut sie es nicht, sitzen Sie um und reiten Sie ganz normal weiter.

Die Zeit ist noch nicht reif für den Linksgalopp – aber der Tag wird kommen. In der Zwischenzeit gymnastizieren Sie Ihr Pferd möglichst umfang- und abwechslungsreich weiter und freuen sich bitte an den Dingen, die schon recht gut klappen, statt sich in die eine Sache zu verbeißen, die noch nicht klappt!

Glauben Sie mir – Ihr Pferd ist nicht das erste Pferd, dem ein Galopp schwer fällt und wie viele andere auch wird es ihn lernen, wenn es gesund ist und Sie konstruktiv und lösungsorientiert mit der Situation umgehen statt nur noch das Problem zu sehen!

Der Galopp ist ein besonders vielschichtiges Thema, dem die bekannte Dressurreiterin und Ausbilderin Ruth Giffels ein ganzes, sehr empfehlenswertes Buch gewidmet hat: „Galopp und fliegende Wechsel“. Für den, der diese Gangart als ganz besondere Herausforderung empfindet, aber auch für jeden anderen Reiter eine sinnvolle Lektüre.

Immer positiv!

Fragen Sie Dinge an, die Ihrem Pferd leicht fallen und sparen Sie nicht mit Lob. Bauen Sie Ihr Pferd wieder auf und erinnern Sie sich selbst daran, dass Sie reiten, weil es Ihnen Freude macht und Sie Ihr Pferd sehr gerne mögen!

Gerades Angaloppieren auf zwei Spuren aus dem Schritt.

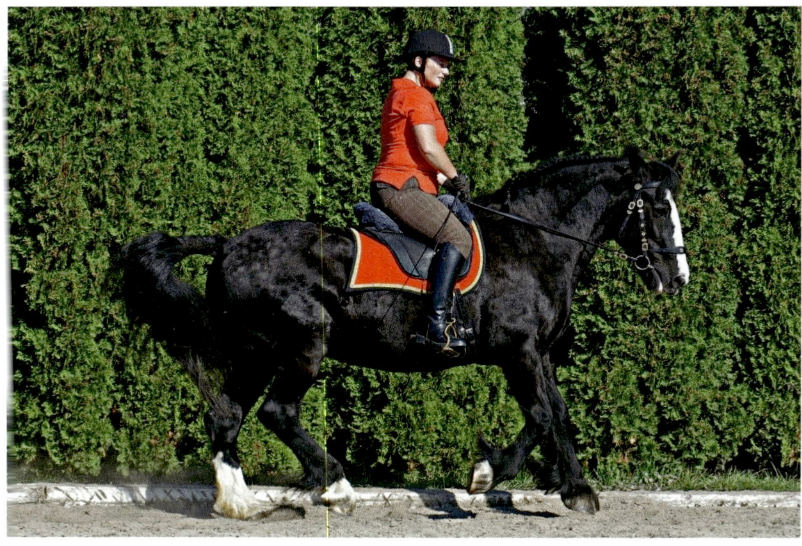

Übergang vom Schritt zum Galopp

Der Übergang vom Schritt zum Galopp ist für den Reiter exakt so zu reiten wie der vom Trab zum Galopp – nur etwas einfacher, da er im Schritt ruhiger und damit kontrollierter sitzt und daher seine Hilfen präziser einsetzen kann.

Für das Pferd hingegen ist es schwieriger, da es ohne den Schwung des Trabs in den Galopp wechseln muss – es braucht also sehr viel mehr Kraft des äußeren Hinterbeins um sein eigenes und das Gewicht des Reiters gegen die Schwerkraft und die Trägheit nach vorne-oben zu bewegen.

Aus dem Trab heraus hilft der Schwung aus den federnden Gelenken sehr. Trotzdem galoppiert manches Pferd fließender und williger aus dem Schritt an, wenn es schon genug Kraft hat, einfach weil der Reiter sich in der Hilfengebung im Schritt weniger ungeschickt anstellt.

Außerdem scheint der Schwung des Trabes es manchen Pferden, die von Natur aus sehr viel lieber traben, schwer zu machen zu der Schubkraft auch die Tragkraft zu nutzen, die das Pferd auf jeden Fall für den ersten Galoppsprung benötigt.

Übergang vom Trab zum Schritt

Der Schritt ist ein Viertakt in acht Phasen, der Trab ein Zweitakt in vier Phasen. Das Besondere am Übergang Trab-Schritt ist, dass die wechselseitige Fußfolge der Hinterhand sowohl im Schritt als auch im Trab gleich bleibt. Das macht es dem Reiter leicht, wenn er es bewusst nutzt. Der große fühlbare Unterschied zwischen Schritt und Trab liegt darin, dass der Trab schwungvoll federnd aus der Hinterhand entsteht und der Schritt „schwunglos" schreitend, da er nicht über eine Schwebephase verfügt.

Aus diesem Grund sollte der Trab-Schritt-Übergang eigentlich einfach sein – und wirkt umso entlarvender, wenn er schlecht geritten wird.

Im Trab sitzt der Reiter auf der Geraden, linker Hand bei aufgerichtetem Becken wechselseitig im Zweitakt, auf der gebogenen Linie im Drehsitz. Plant er nun einen Übergang zum Schritt, atmet er ein und richtet sich dabei bewusst in seiner Brustwirbelsäule auf, lässt dann den Bauchnabel nach innen sinken und die Unterschenkel leicht zurückgleiten. Auf der Geraden ergibt sich so ein Sitz im Rhythmus 7/5, auf der gebogenen Linie der Drehsitz in „abgekippter" Version.

Das Pferd wird sich nun in der Vorhand leicht heben, da es der Hinterhand aufgrund dieser Hilfengebung mehr Last zuspielt. Der Reiter hält einen gleichmäßigen, ruhigen Kontakt zum Pferdemaul und behält so eine gerade Linie zwischen Ellbogen und Pferdemaul bei. Beginnt der Zügel durchzuhängen bzw. zu schlackern, fasst der Reiter nach – das Pferd bestimmt das Zügelmaß.

Reagiert das Pferd nicht wie gewünscht auf die Hilfen von Becken und Unterschenkeln, steigen die Hände langsam auf die Art, wie sie im Strauß der Hilfen genau beschrieben steht. Dies muss sehr ruhig und klar geschehen, damit das Pferd Gelegenheit hat, möglichst fein auf die Hilfen zu reagieren.

Sobald das Pferd sich aufnimmt, d. h. der Hinterhand Last zuspielt, vorne leichter wird und so den Übergang in der Hankenbeugung beginnt, atmet der Reiter weich pustend über den Mund aus. Es hilft dabei, den Atem mit einem „Fffff" durch die Lippen zu entlassen. Anfangs hilft es, wenn Ihr Pferd das Geräusch hören kann.

Nun werden sämtliche Hilfen minimiert, bis sie bei ausgeführtem Übergang eingestellt sind. Wenn es sehr gut läuft, lösen sich die Hilfen in diesem speziellen Übergang sozusagen auf sobald sie nicht mehr gebraucht werden – genauso sanft und fließend, wie sie entstehen. Je feiner Sie üben, umso eher kann dieser Übergang hauptsächlich über die Streckung des Einatmens und die Entspannung des Ausatmens geritten werden.

SOLCHE Übergänge sind ein absoluter Hochgenuss für den reflektierten Reiter. Hier kann er die ganze Geschmeidigkeit seines Pferdes und dessen Wunsch, es dem Reiter recht zu machen, spüren. Und dabei ist es doch scheinbar NUR ein Trab-Schritt-Übergang ...

Übergang vom Galopp zum Trab

Wie wir uns bereits bei der Beschreibung des Angaloppierens bewusst gemacht haben, beginnt jeder Galoppsprung hinten außen.

Und genau dieses äußere Hinterbein brauchen wir auch wieder, um den Übergang zum Trab zu reiten. Jeder Galoppsprung endet mit der Schwebephase und das Pferd landet danach wieder auf dem äußeren Hinterhuf, der den nächsten Sprung einleitet.

Möchten Sie nun aus dem Rechtsgalopp durchparieren zum Trab:

- lassen Sie sich vom Pferd wie bei jedem neuen Galoppsprung auf 7 Uhr setzen.
- Sie verhalten aber bei abgekipptem Becken und bleiben schwer und still dort sitzen.
- Sie schließen Ihre äußere Hand,
- Sie gehen nicht weiter mit in die Bewegung durch die Diagonale des Pferdes, sondern bleiben hinter der Bewegung und „bremsen" es damit aus.
- Beide Waden gleiten leicht nach hinten.
- Die Diagonale hinten-innen/vorne-außen, die vorher Teil des Galoppsprungs war, wird nun zum ersten Trabtritt nach dem Galopp.

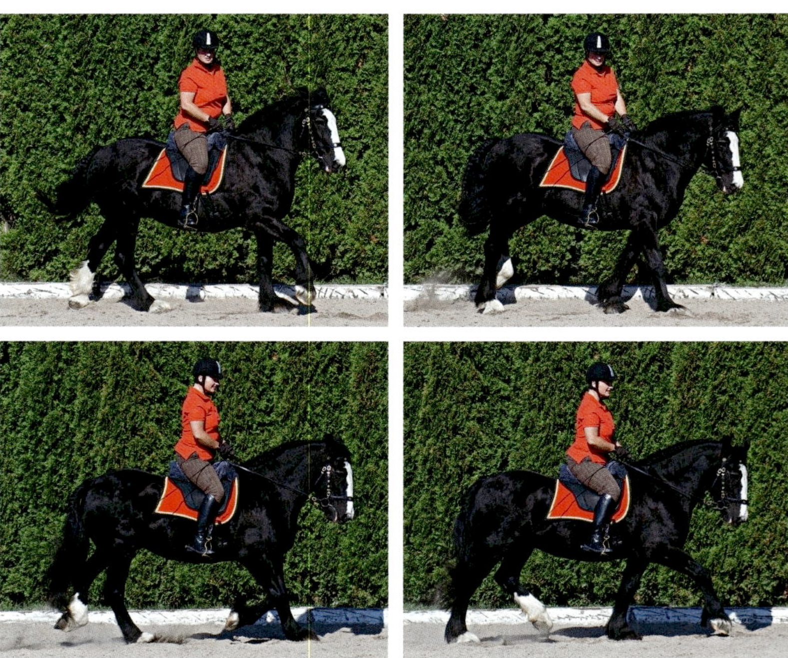

Übergang vom Galopp zum Trab

- Gleichzeitig entspannen sich die Hände und lassen diesen ersten Trabtritt nach vorne heraus.
- Die Diagonale hinten-außen/vorne-innen macht den zweiten Trabtritt usw.
- Der Reiter lässt sein Becken los, richtet es wieder auf und lässt sich sofort wieder in die rechts-links-Bewegung des Pferderückens mitnehmen im Rhythmus 9/3, 9/3.
- Sollten Sie es nicht schaffen, direkt nach dem Galopp den Zweitakt im Trab sitzend aufzunehmen, dann traben Sie lieber leicht. Es ist besser, sich fließend mit der Bewegung aus dem Sattel heben zu lassen und geschmeidig wieder Platz zu nehmen, als klammernd mit klemmenden Knien oder in den Sattel „plumpsend" krampfhaft aussitzen zu wollen.
- Nun muss der Reiter gut aufpassen, ob das Pferd die taktmäßig wechselseitige Fußfolge der Hinterhand federnd im Trab oder schreitend im Schritt anbieten möchte.
- Da hier der Trab erwünscht ist, hält der Reiter das Pferd nur solange am Sitz, bis es sich auf der Hinterhand aufnimmt und lässt es dann sofort, durch das Aufrichten des Beckens, nach vorne, so dass der Schwung des Galopps mitgenommen wird in den Trab.
- Beide Waden liegen weich angeschmiegt am Gurt, um taktmäßig an das Pferd heranpendelnd den Trab zu unterstützen.
- Ein sehr durchlässiges Pferd kann durchaus auf ein abgekipptes Becken, das den Galoppsprung nicht mehr durchlässt, direkt in den Schritt wechseln oder gar anhalten wollen, wenn der Schenkel nicht entsprechend am Gurt bereit ist, das Vorwärts in der relativen Aufrichtung zu erhalten.

Der Trab ist direkt nach dem Galopp, wenn der Reiter ihn fließend herauslässt, so schwungvoll wie nie. Der Reiter sollte immer bestrebt sein, den Schwung des Galopps in den Trab mitzunehmen. Dadurch ist es anspruchsvoll, diesen Übergang geschmeidig mitzugehen. Je besser sich das Pferd im Galopp vor dem Übergang aufnimmt, umso leichter ist dieser zu sitzen.

Übergang vom Galopp zum Schritt

Der Übergang vom Galopp zum Schritt wird genauso vorbereitet wie der vom Galopp zum Trab. Allerdings wartet der Reiter nun, wenn er das Pferd am Sitz aufnimmt, bis das Pferd sich soweit „gesetzt" hat, dass der Schwung des Galopps in der Hankenbeugung absorbiert wurde und der erste Schritt tatsächlich „geschritten" werden kann!

Kruppehereinartig wird der einfache Wechsel über Schritt durch den Zirkel eingeleitet.

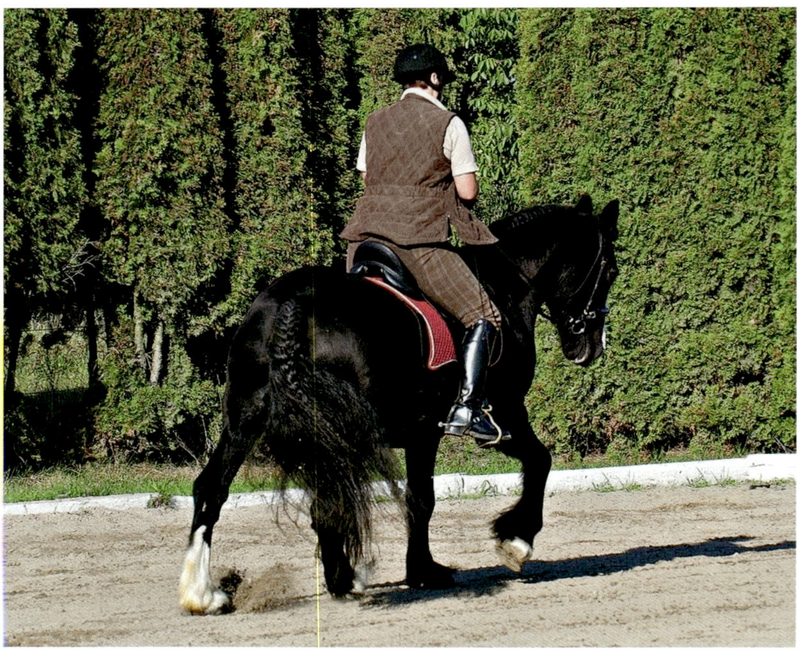

Die Übergänge aus dem Galopp hinunter in den Trab oder in den Schritt sind vor allem anfangs besonders gut vorzubereiten, indem das Pferd bewusst vor dem Übergang wieder in eine dezente Galoppstellung gebracht wird: nur eine oder gar eine halbe Spur versetzt. So befindet sich das äußere Hinterbein in der optimalen Position zur Lastaufnahme in dem Moment, wo es genau dort die maximale Kraft benötigt.

Im Laufe der Ausbildung sollte die Hinterhand so weit gekräftigt werden, dass ein solches Verschieben nicht mehr nötig ist – entspricht es doch nicht dem gerade gerichteten Reiten, das die Versammlung erst möglich macht. Aber genau hier sieht man wieder, dass es sich bei den Begriffen der Ausbildungsskala nicht immer wirklich um eine Skala (Treppe) handelt sondern eher um die Grundausstattung einer gut sortierten Instrumententasche, die damit lange nicht voll ist, die aber dabei hilft, das Ziel von Fluss und echter Balance zu erreichen. Je nach Situation muss ich lernen, blind in diese Tasche zu greifen und das richtige Mittel zu wählen. Pferde halten sich nicht an bürokratische Reihenfolgen – auch wenn verschiedene Institutionen das gerne so hätten.

Wieder einmal klingt ein Ablauf kompliziert – und er ist es auch. Der Übergang vom Galopp zum Schritt mit einem Reiter auf seinem Rücken und auch noch in ausbalancierter, anmutiger Haltung, ist eine sehr schwere Aufgabe für ein Pferd. Also sollte der Reiter wenigstens in der Lage sein, sich vorzustellen, WAS sein Pferd da leisten muss um ihm den nötigen Rahmen zu geben...

Versucht ein Reiter, einen solchen Übergang über die Hand zu reiten, wird das Pferd entweder gegen die Hand gehen – was die zu erwartende Reaktion wäre – oder, wenn es bereits gelernt hat, sich nicht zu wehren, sich hinter dem Zügel verkriechen. In beiden Fällen wird es auf die Vorhand geraten.
Es braucht viel Gefühl und Fleiß vom Reiter, die Kommunikation zwischen sich und seinem Pferd soweit zu verfeinern, dass der Reiter genau mitteilt, was er wünscht und das Pferd genau wahrnimmt und versteht, was gewünscht ist.

Die Chance, dass das Pferd in den Übergängen nach unten die Gangart aufnimmt, die der Reiter wünscht, ist dann am größten, wenn immer – egal in welche Richtung gewechselt oder geritten wird – die Idee des „Vorwärts" erhalten bleibt – bis hin zum Rückwärtsrichten! Das heißt, das durchlässige Pferd nimmt sich am Sitz so weit auf, wie es das abgekippte Becken des Reiters vorgibt, erhält aber gleichzeitig am Bein den Impuls für das taktmäßige Vorwärts, das der Reiter wünscht. Dies ist kein Widerspruch in sich, sondern das Zusammenspiel von Durchlässigkeit und Tragkraft!

Mehr wissen – den Pferden zuliebe

Gewalt beginnt immer da, wo Wissen endet... Wenn ich nicht weiß, WARUM ich eine Lektion WIE reiten soll, was bleibt dann jenseits des Wissens? Wir erleben es täglich im Alltag vieler bedauernswerter Pferde!

Und wenn es gut läuft? Es ist extrem wichtig, gerade in Momenten, in denen viel geht, nicht sofort alles zu wollen. Momente der Perfektion in der Reiterei sind Geschenke und extrem flüchtig. Versucht man sie etwas länger zu erhalten, dann kann dies nur mit der Kraft der Balance und der Konzentration gelingen – niemals mit der Hand!

Übergang vom Galopp zum Halt

Dieser wird genauso vorbereitet wie der Übergang vom Galopp zum Trab oder vom Galopp zum Schritt. Allerdings braucht es noch mehr Durchlässigkeit an Sitz und Bein, und noch mehr Kraft des Pferdes, damit es in der Lage ist, den Schwung des Galopps mit der Beugung der Hanken aufzufangen und im Halten nicht auf die Vorhand zu kippen.

Außerdem muss der Reiter dem Pferd die Gelegenheit geben, den vorhergehenden Bewegungsablauf zu beenden. Das Pferd kann nicht aus einer Schwebephase heraus plötzlich geschlossen landen. Ein Reiter, der dies mit der Zügeleinwirkung versucht, wird diesen Übergang „verderben".

Ist unser Pferd so gut geritten, dass es sinnvoll erscheint, ein Halten aus dem Galopp anzufragen, sollte es kein Problem mehr damit haben, den Schwung der vorhergegangenen Gangart in den Hanken zu absorbieren. Es sollte sich

Stoppspezialist Reiningpferd

Bei den Westernreitern wird das Stoppen kultiviert. Schaut man sich Fotos von Sliding Stops an, dann gehen die Stops geschmeidig bei gut abgekipptem Becken durch das Pferd, bei denen der Reiter das Pferd am Sitz stoppt und mit dem Körper in der Bewegung bleibt – die Hand wirkt dabei NICHT rückwärts. Reiter, die sich mit dem Oberkörper nach hinten lehnen und dabei am Zügel ziehen, produzieren grässlich verspannte Stops mit sehr unglücklich aussehenden Pferden.

1

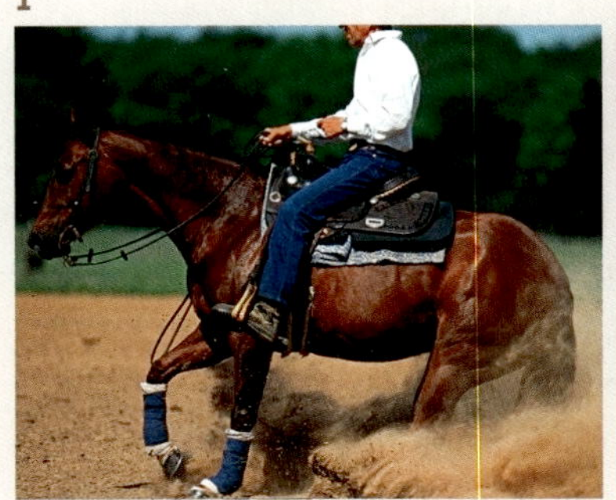

2

1 *Ein guter Stopp mit tief gewinkelter Hinterhand.*

2 *Hier werden beim Stopp Vorhand und Pferderücken übermäßig belastet.*

Im Gegensatz zum Dressurpferd nimmt das Westernpferd die Hinterhufe schon sehr weit unter den Körper, bevor es steht. Es kippt im Becken ab, bringt die Hinterbeine tief gewinkelt unter den Körper, hält diese Beugung und „slided" so mit den Hinterhufen durch den Sand, während die Vorderbeine den Schwung der Bewegung weiter herauslassen und mitlaufen ... Diese Technik liegt darin begründet, dass ein Arbeitspferd, an dessen Sattelhorn ein Lasso mit einem sich sträubenden Rind befestigt ist, nicht einfach anhalten kann, da sonst eventuell der Sattelgurt dem Ruck nicht gewachsen wäre. Also packt es seine ganze Last auf die Hinterhand, hält an und fängt mit den Vorderbeinen eventuellen Zug vom Rind – aber eben auch den Schwung der vorausgegangenen Vorwärtsbewegung ab, während die Hinterhand die Last trägt.

soweit aufnehmen können, dass der Landung auf dem äußeren Hinterhuf nach der Schwebephase kein weiterer Sprung mehr folgt, sondern lediglich das „Abstellen" der folgenden Hufe am Boden. Das Halten passiert also, genau wie die Vorwärtsbewegung, von hinten nach vorne. Das heißt, selbst im Halten muss die Idee des Vorwärts erhalten bleiben, BIS das Pferd in Balance steht – sonst geht genau diese verloren.

Man sieht häufig, gerade in schweren Prüfungen, Pferde, die sich tatsächlich nicht aufstellen, sondern scheinbar „hoch hüpfen" und dann aus der Luft auf allen Vieren landen. Anders kann ich es eigentlich nicht beschreiben. Diese Pferde landen also tatsächlich perfekt auf 4 Beinen – sie können aber nicht stehen bleiben, weil der Schwung, mit dem Sie dieses Kunststück fertig gebracht haben, dies nicht zulässt. Die Pferde stehen also nach einer etwas ruckartigen „Landung“ kurz scheinbar perfekt und dann laufen sie nach vorne, ihrem Gleichgewicht hinterher ...

Das Anhalten aus einer schwungvollen Gangart ist anspruchsvoll und es ist im Sinne der Dressur FÜR das Pferd immer der geringere Fehler, das Pferd nach vorne aus der Übung heraus zu lassen. Es ist besser später anzuhalten als zu versuchen, es mit der Hand am Punkt zu bremsen, weil seine Durchlässigkeit nicht ausreicht, im Becken abzukippen und die Last mit der Hinterhand aufzunehmen. Bei einem handgebremsten Pferd, das seinem Gleichgewicht hinterherläuft, ist ein Halten in Balance in dieser Situation ohnehin nicht möglich!

Im täglichen Training muss jeder Versuch des Anhaltens aus einer schwungvollen Gangart mit leichteren Übergängen vorbereitet werden, zum Beispiel dem Durchparieren zum Schritt. Wenn das Pferd hier sehr durchlässig reagiert und schon darauf wartet, wann Sie es wieder nach vorne schicken, während es sich im Galopp oder Trab aufnimmt, DANN ist der richtige Zeitpunkt gekommen um das Halten zu probieren.

Sie dürfen grundsätzlich alles probieren! Bereiten Sie eine Lektion so gut vor, wie es Ihnen möglich ist, dann lassen Sie sie entstehen und analysieren Sie das Ergebnis. Strafen Sie nie Ihr Pferd für das, was Sie in Auftrag gegeben haben – gewollt oder ungewollt.

Solange Sie nicht strafen oder Ihr Pferd unter Druck setzen – sprich: solange Sie mit korrekten Hilfen reiten – wird Ihr Pferd keine Angst bekommen und solange können Sie ruhig neugierig probieren. Es macht überhaupt nichts aus, wenn etwas nicht gelingt – es war eben ein Versuch – aber machen Sie nicht Ihr Pferd dafür verantwortlich, dass es etwas nicht wie gehofft ausführt, nur weil Sie es nicht entsprechend vorbereitet haben!

Ist es noch nicht in der Lage, aus dem Galopp am Sitz anzuhalten, wird es auslaufend von einer Gangart in die nächste nach unten parieren. Aus dem Galopp in den Trab, in den Schritt und dann erst zum Halten. Das ist kein Problem – solange sie nicht anfangen, an den Zügeln zu ziehen um schneller das gewünschte Ergebnis zu erhalten. Offensichtlich war es heute noch zu früh für den Versuch des Stops aus dem Galopp – üben Sie das Halten erst wieder aus dem Schritt und wenn das gut funktioniert, aus dem Trab!

Regt das Pferd sich auf, rennt sich heiß oder bekommt es Angst, muss das, was Sie gerade probiert haben, abgebrochen werden und Sie gehen zurück zu dem Punkt, an dem das Pferd körperlich und mental wieder loslässt.

Voll ausbalanciert und guter Dinge!

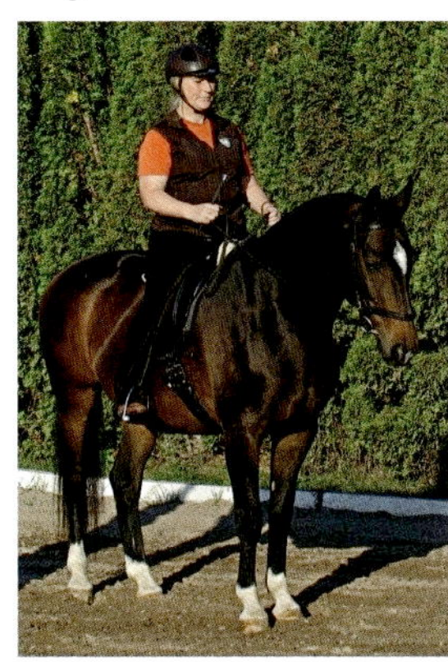

Übergang vom Trab zum Halt

Dieser Übergang muss natürlich ebenso über die Hankenbeugung vorbereitet werden wie der Übergang vom Galopp zum Halt. Dies ist aus dem Trab etwas einfacher, weil beide Hinterbeine im Trab, im Gegensatz zum Galopp, gleichmäßig wechselseitig eingesetzt werden und dadurch die Gefahr des Schwankens oder Ausscherens nicht so groß ist.

Auch hier braucht das Pferd nach dem eigentlichen Halten noch einen Takt in der Fußfolge, um eine Diagonale zur anderen zu „stellen". Ansonsten haben wir die gleiche „Aus-der-Luft-auf-vier-Beinen-Landung" wie schon beim Halten aus dem Galopp beschrieben, die dann dazu führt, dass das Pferd nach dem Halten nach vorne fällt und wieder antreten muss, um sein Gleichgewicht wiederzuerlangen.

Rückwärtsrichten aus dem Halten

So, wie in der Balanceschaukel (S. 152) beschrieben, leiten wir die Lastaufnahme mit der Hinterhand im Stand ein:

- Der Reiter sitzt auf dem stehenden Pferd.
- Er kippt im Becken ab und nimmt Platz auf 6 Uhr.
- Die Unterschenkel gleiten gleichzeitig ruhig am Pferdebauch zurück.
- Die Hände steigen im gleichen Maß nach vorne-oben wie das Reiterbecken nach hinten kippt und der Reiter hält Kontakt zum Pferdemaul, das sich mit wachsender Aufrichtung des Pferdes hebt.
- Der Reiter nimmt den Hinterkopf nach hinten und hebt das Kinn langsam an, ohne sich dabei im Hals „festzumachen". Fällt Ihnen auf, dass der Reiter genau das tut, was wir uns vom Pferd wünschen?
- Das Pferd sollte nun immer mehr Last nach hinten verschieben und sich dabei vorne immer weiter aufrichten.
- Die Folge wird sein, dass das Pferd – trotz abgekipptem Becken – irgendwann die Last über den Standpunkt der Hinterhufe hinausschiebt.
- Und nun heißt es: geduldig sein! Warten Sie, denn
- nun MUSS das Pferd zurücktreten und tut dies in Tritten diagonaler Fußfolge.
- Der Reiter versucht während des Rückwärtstretens, soweit wie möglich mit der Hand vorne zu bleiben oder sogar noch nachzugeben.
- So lassen Sie so viele Tritte rückwärts zu, wie Sie wünschen.
- Möchten Sie das Rückwärtsrichten beenden, richten Sie Ihr Becken wieder auf,
- lassen die Hände in die neutrale Position sinken

1

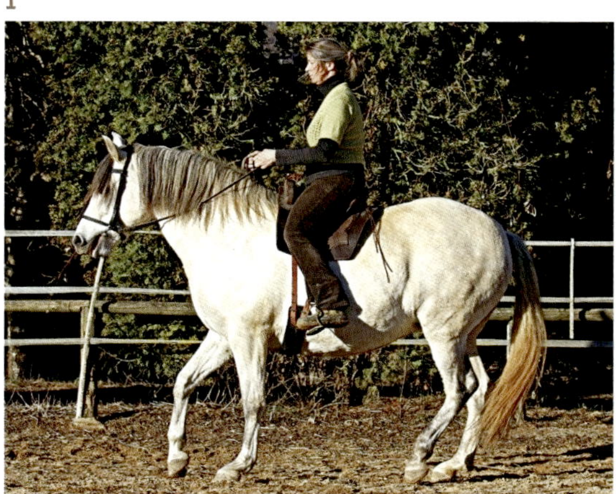

2

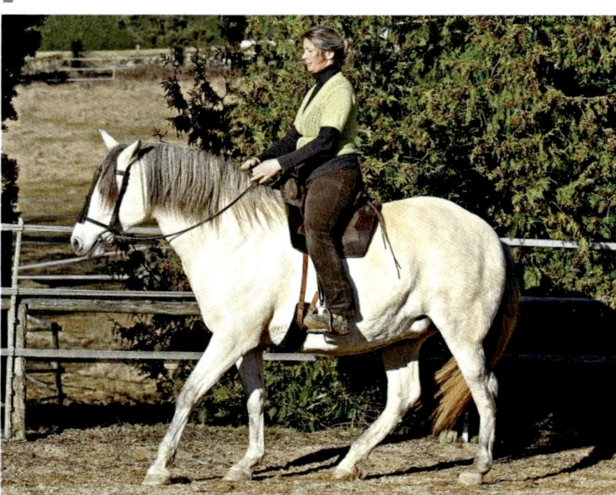

1 Einleiten der Rückwärtsbewegung

2 Minimieren der Hilfen zum Beenden

- und die Unterschenkel wieder nach vorne an den Gurt gleiten.
- Bleiben Sie aber abgekippt sitzen, um das Pferd nicht vorschnell wieder nach vorne antreten zu lassen.
- Das Pferd steht nun mit der Last auf der Hinterhand und wartet.

Fragen Sie anfangs nur wenige Tritte an und bauen Sie keine negativen Spannungen auf – weder mental noch körperlich –, denn verspannt ist ein Rückwärtstreten in diagonaler Fußfolge nicht möglich. Das Rückwärtsrichten muss unbedingt am Sitz geritten werden, nur so kann es in Balance passieren. Die Hand wirkt lediglich begleitend und unterstützend ein.

Bei manchen Pferden fordert dies vom Reiter viel Ruhe und Geduld – geben Sie dem Pferd die Zeit, die es braucht, um die Idee des Rückwärts zuzulassen. Das Rückwärtstreten ist auf die oben beschriebene Weise eine logische Folge der Lastaufnahme hinten und daher für das Pferd eigentlich nicht schwierig – trotzdem geht ein Pferd in der Natur nur zurück, wenn es in einen Engpass geraten ist oder einem ranghohen Kollegen ausweichen muss. In dieser Situation ist es für das Pferd auch überhaupt kein Problem, mal seinen Unterhals heraus- und seinen Rücken wegzudrücken – es sitzt ja keiner drauf!

Natürlich kann es auch im Spiel oder beim Grasen oder Beriechen eines Äppelhaufens vorkommen, dass das Pferd ein paar Tritte rückwärts tritt. Aber in der normalen zielgerichteten Bewegung geht ein Pferd nicht rückwärts – es dreht um oder läuft einen Bogen – es geht nicht einfach gerade zurück, weil es dort nicht hinschauen kann. Vergessen Sie das nicht und gehen Sie entsprechend ruhig und vorsichtig an diese Anforderung heran.

Rückwärtsrichten – SO NICHT!

NIEMALS darf die Hand das Pferd rückwärts ziehen. Das Pferd wird sonst lediglich:

entweder gegen die Hand drücken und sich, wenn überhaupt, mit weggedrücktem Rücken und vorgeschobenem Unterhals mit viel Gewalt rückwärts ziehen lassen, bis es sich fügt und sich dann irgendwie mehr schlecht als recht rückwärts schiebt.

Oder eine andere sehr beliebte „Technik“:

das Pferd wird mit tief gezogenem Kopf und eingerolltem Hals rückwärts krabbeln, wobei es sich, trotz fehlender Versammlung mit hohem Kreuzbein, irgendwie nach hinten heraus schiebt. Dabei schiebt die Vorhand die nicht tragende Hinterhand häufig aus den Spuren.

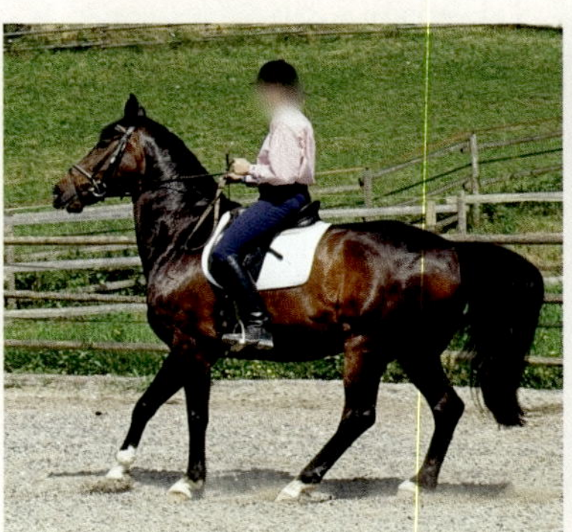

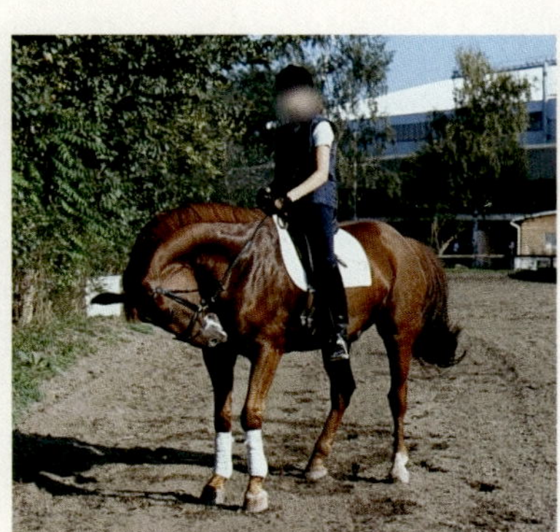

Beides hat mit Rückwärtsrichten nichts zu tun! Einen Reitlehrer, der Sie anweisen möchte, mit einer der oben beschriebenen Methoden Ihrem Pferd das Rückwärtsrichten beizubringen, können Sie getrost aus Ihren Diensten entlassen – er kann Ihnen und Ihrem Pferd nicht helfen, da er offensichtlich keine Ahnung von Anatomie und Biomechanik hat!

Die natürliche Schiefe im Rückwärtsrichten

Ein Pferd, das noch nicht so gleichmäßig gearbeitet ist, dass die natürliche Schiefe ausgeglichen wurde, kann im Rückwärtsrichten genauso schief werden wie im Vorwärts. Diese Pferde neigen dann, wenn sie links hohl sind, dazu, auf der linken Hand auf dem Hufschlag oder im freien Raum, mit dem linken Hinterbein in die Bahn hereinzukommen.

Die Korrektur ist hier einfacher als man denkt und absolut logisch: Das Pferd wird im Rückwärts genauso gerade gerichtet wie im Vorwärts – mit der Vorhand vor die Hinterhand! Verlässt also im Rückwärts das linke Hinterbein auf der linken Hand den Hufschlag und tritt ins Bahninnere, so wird NICHT mit dem linken Schenkel die Hinterhand wieder nach außen geschoben – was das Pferd auch als vorwärtstreibende Hilfe interpretieren könnte – sondern: Die Vorhand wird zwischen den Zügeln durch ein Zurücknehmen der linken

Reiterschulter während des Rückwärtsrichtens zurück vor die Hinterhand des Pferdes versetzt! Beide Zügel bewegen sich dabei in einer Seitwärtsbewegung nach links und nehmen Kopf, Hals und Schultern des Pferdes dabei mit nach links. Eventuell landen Sie dabei in der ersten Zeit ab und an auf dem zweiten Hufschlag – im Sinne der Gymnastizierung ist dies aber kein Problem.

Weiß der Reiter, dass sein Pferd dazu neigt, im Rückwärtsrichten auf der hohlen Seite mit der Hinterhand nach innen zu kommen, so kann er schon vorsorglich im Entstehen des Rückwärts die entsprechende Schulter leicht zurücknehmen. Mit der Zeit sollte dieses Problem durch die gerade richtende Arbeit im Vorwärts verschwinden.

Schaukeln mit dem Rückwärtsrichten

Wenn Ihr Pferd sehr durchlässig und problemlos rückwärts tritt, können Sie auch in einer Schaukelbewegung das Rückwärts direkt mit dem Vorwärts, ohne Verharren im Stand, kombinieren. Hierbei gehen Sie vor, wie in der Balanceschaukel beschrieben, lassen aber die Bewegungen, die Sie dort nur vorbereiten, auch heraus. Es fordert viel Gefühl vom Reiter und eine hohe Durchlässigkeit vom Pferd sowie enorme Konzentration von beiden, diese Übung zu reiten – sie bildet die nächste anspruchsvolle Kombination der Übergänge.

Am klarsten bietet sich für diese Schaukel der Trab an, da er, bis auf die Schwebephase, die gleiche Fußfolge aufweist, wie das Rückwärtsrichten. Findet der Wechsel zwischen Rückwärtsrichten und Trab in hohem Gleichmaß statt, so hat er eine stark versammelnde Wirkung, die dazu führt, dass die

1 Das Pferd steht mit dem linken Hinterhuf seitlich außerhalb der beiden Spuren, auf denen ein gerades Pferd stehen würde. Die Reiterin richtet es mit zurückgenommener linker Schulter rückwärts und führt so die Vorhand in der Rückwärtsbewegung VOR die Hinterhand.

2 Nun steht das linke Beinpaar auf einer Spur. Dieses Pferd steht zwar nicht geschlossen – aber gerade auf zwei Spuren.

1

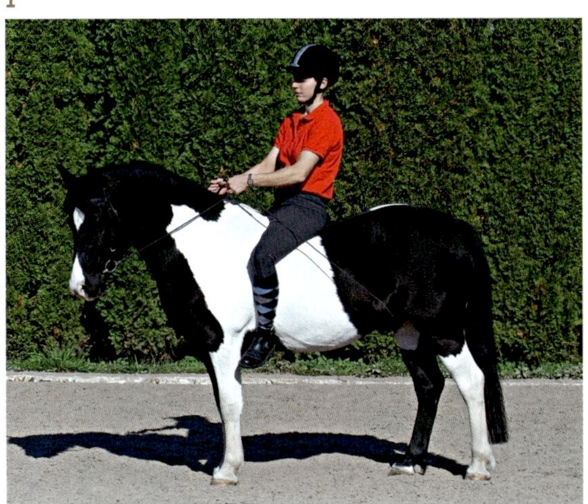

2

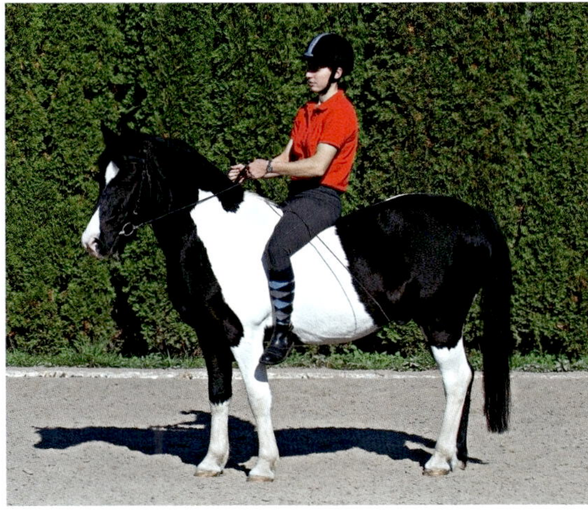

1

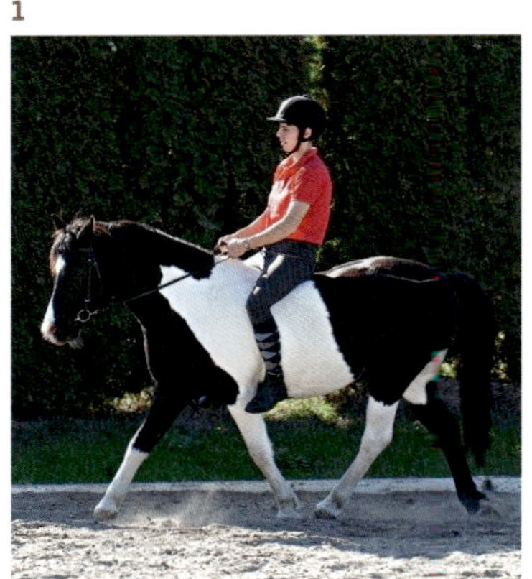

2

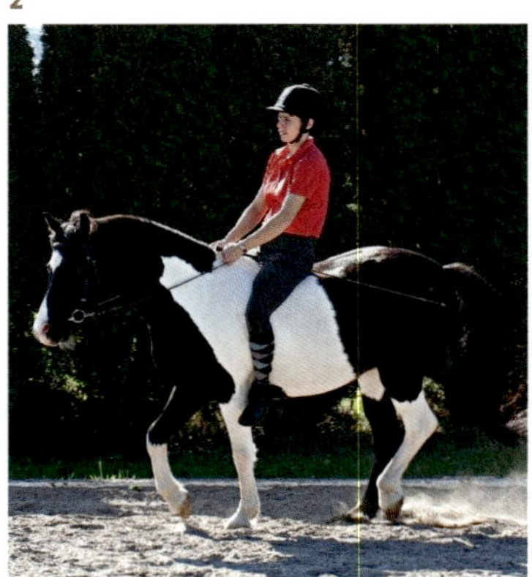

3

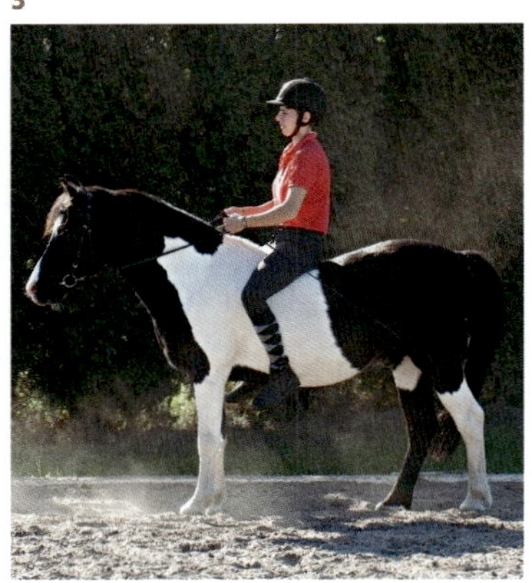

Trabtritte nach dem Rückwärts immer deutlicher nach oben als nach vorne entstehen. Dies ist einer der vielen Wege zur Piaffe, die in diesem Buch aber nicht besprochen wird. Wenn Sie soweit sind, lesen Sie hierzu die vielen großartigen Bücher der Herren Oliveira, Podhajski, Hinrichs und Karl, u.v.m.

Hier geht es ausschließlich um die notwendigen Grundlagen, die wir verinnerlichen müssen, um unserem Pferd beim Reiten nicht zu schaden. Und das ist die Basis, falls wir uns auf den Weg machen wollen zur hohen Schule. Keine Sorge – Sie werden nicht unterfordert – auch hier gibt es schon genug Möglichkeiten Fehler zu machen ...

Zu bedenken

Wir reiten ein Pferd – nicht eine Lektion.
Jede einzelne Lektion soll dem Pferd dienen, so wie die ganze Dressur dem Pferd dienen soll!

Nur wenn die Anforderungen der Schaukel in Ruhe und Gelassenheit vom Pferd verstanden und angenommen werden, hat sie auch einen Wert.

Genau so verhält es sich auch mit den verschiedenen „Reitweisen". Jean Claude Dysli, der ja bekanntlich im spanischen Vaquerosattel genauso zuhause ist wie in einem Roper, sagt: „Ich reite ein Pferd und keine Reitweise". Oder wie mein Reitlehrer zu sagen pflegt: „Die Physik bleibt immer die Physik!"

Häufige Wechsel zwischen den gleichen benachbarten Gangarten

Anfangs bietet es sich an, mehrere Übergänge aufeinander folgender Gangarten im Wechsel anzufragen: z. B. Schritt-Trab-Schritt-Trab-Schritt-Trab. Tun Sie dies auf gebogener Linie und geben den Impuls zum Antraben auf das innere Hinterbein, trainieren Sie dieses sehr gezielt. Noch größer ist der Effekt mit der Idee von Schultervor und später auch im Schulterherein.

Trainieren Sie hingegen das Angaloppieren, in leichter Kruppehereinstellung auf dem Zirkel, 2. Hufschlag, wird das äußere Hinterbein deutlich gefordert. Beim Angaloppieren aus dem Schritt noch stärker als aus dem Trab.

4

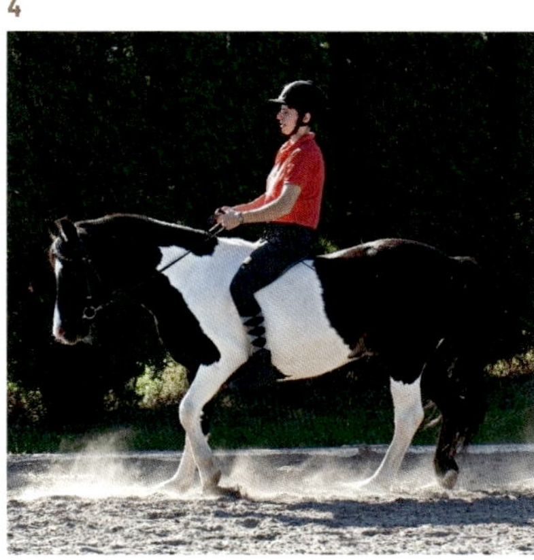

5

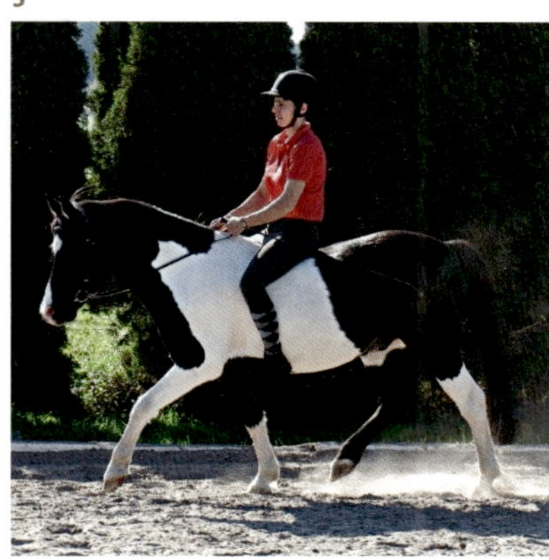

1 *Trab*
2 *Aufnehmen*
3 *Halt*
4 *Rückwärts*
5 *Trab*

Anfangs reichen drei bis vier Übergänge und dann eine längere Reprise in einer Gangart, die dem Pferd leicht fällt. Später, wenn es gut klappt, können Sie durchaus auch ruhig einmal auf jeder Hand 10 Übergänge reiten. Ja – 10 mal Schritt und 10 mal Trab. Jeder Reiter, den man fragt, bestätigt, er ritte viele Übergänge. Das eigene Gefühl täuscht – reitet man diese 20 Gangartenwechsel pro Hand einmal bewusst, staunt man, wie viele das sind!

Kombination von mehr als zwei Gangarten in der natürlichen Reihenfolge

Die Übergänge in ihrer natürlichen Reihenfolge sind am einfachsten zu reiten und bieten sich zum Üben an, ohne dass das Pferd durch die Wiederholung des ständig gleichen Übergangs gelangweilt wird. Nehmen Sie alle Übergänge mit in diese Folge, die Sie und Ihr Pferd schon relativ problemlos beherrschen. Gerne auch das Rückwärtsrichten, wenn es gut abrufbar ist!

Reiten Sie diese Übergänge anfangs entweder auf dem Zirkel oder auf der ganzen Bahn, auf jeden Fall aber auf dem zweiten Hufschlag. So merken Sie sofort, wenn Sie die Kontrolle über die Hinterhand verlieren oder Ihr Pferd über die Schulter – also nicht mehr gerade gerichtet – läuft.

Sind die Übergänge auf den großen Linien abrufbar, reiten Sie sie auf Schlangenlinien. Zum Beispiel jeweils beim Kreuzen der Mittellinie. Ist dies kein Problem mehr, spielen Sie mit den Übergängen auf der Acht. Mal in den Biegungen, mal auf der Geraden. So können Sie die Anforderung immer weiter steigern, wobei die Übergänge vorerst in der für das Pferd „normalen" Abfolge bleiben. Das heißt: Schritt-Trab-Galopp-Trab-Schritt-Halt-Rückwärtsrichten-Schritt-Trab-usw. ...

Und vergessen Sie nie zu loben und immer wieder auch Pausen am hingegebenen Zügel einzubauen!

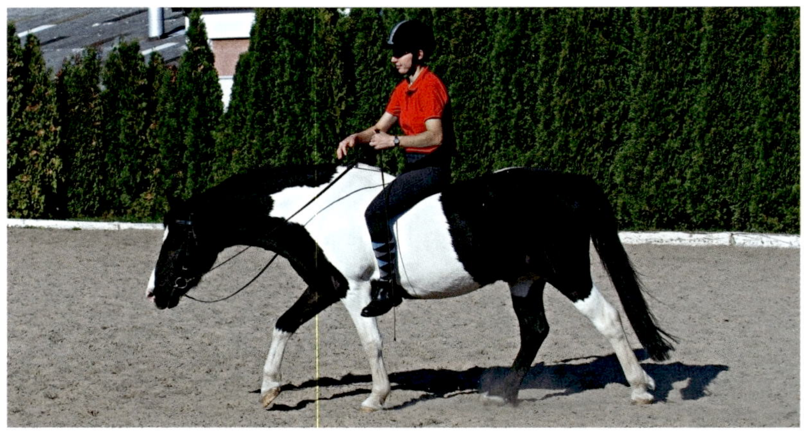

Bunt gemischte Übergänge

Zur Abwechslung wechseln Sie, wenn die natürliche Reihenfolge gut läuft, ständig in verschiedenen Folgen zwischen den Gangarten: mal jeden Gang nur einmal, mal Schritt-Trab, Schritt-Trab-Halt-Galopp-Schritt oder ähnliches. Der Fantasie sind keine Grenzen gesetzt. Spüren Sie, dass Ihrem Pferd ein bestimmter Übergang besonders schwer fällt, dann betten sie diesen zwischen zwei, die ihm besonders leicht fallen um ihm keine Angst zu machen.

Nutzen Sie alle Hufschlagfiguren für Ihre Übergänge mit Handwechseln, variieren Sie in Raumgriff, Rahmen, Dehnung und relativer Aufrichtung!

Kombinationen jeder Art

Sie können Übergänge von einer Gangart in die andere kombinieren wie auch immer sie wollen. Entscheidend für das Gelingen des Übergangs ist IMMER DIE VORBEREITUNG! War die Vorbereitung des Übergangs mit einem gut ausgebildeten Pferd gut, so lässt der Reiter die nächste Gangart einfach heraus! Pferd und Reiter sind sich dann bereits einig über die angestrebte Gangart, BEVOR diese entsteht, BEVOR der Reiter sagt: JETZT!

Der Reiter braucht die Sensibilität und die Geduld, zu erfühlen und zu warten, bis das Pferd sich soweit versammelt hat, dass es fragt, WANN es den Übergang ausführen oder anhalten soll. Der Reiter hält das Pferd am Sitz in Versammlung und am Bein in Bewegung, bis er ausatmet und damit dem Pferd durch den Spannungsabbau vermittelt, dass er JETZT anhalten möchte. Genau so bereitet er den Übergang nach oben an Sitz und Hilfen vor und sagt dem Pferd durch das Einatmen, WANN es soweit ist.

Die aktive Einwirkung der Hand beim Übergang in die niedrigere Gangart

Die Reiterhand und die Zügel wirken in den Übergängen in die niedrigere Gangart begleitend und einrahmend. In dem Maß, in dem der Reiter im Becken abkippt und damit seine eigene Last nach hinten verlagert, sollte das Pferd sich aufnehmen und relativ aufrichten.

Versucht das Pferd nun aber, statt sich aufzunehmen, nach vorne auszubüchsen, indem es sich im Schub nach vorne wirft, ist ein Ziehen und Rückwärtswirken der Hand das falscheste, was der Reiter tun kann. Im Gegenteil sollte er das Pferd in dieser Bewegung nach vorne begleiten, damit er sich kein „Armdrücken" mit dem Pferd liefert. Aber – die Hand sollte sich nach vorne-oben bewegen! Diese Richtung ist auch die Richtige, wenn ein Pferd sich mit Kopf und Hals herausheben will und nach oben gegen die Hand bewegt. Bieten Sie keinen starren Widerstand – aber begleiten Sie das Pferd in jeder Bewegung von Kopf und Hals mit freundlicher Penetranz! So fügen Sie Ihrem Pferd keinen Schmerz zu, aber Sie behalten die Kontrolle. Es wäre gefährlich, dem Pferd die Entscheidung über Richtung oder Tempo zu überlassen.

Das Pferd, das sich auf die Vorhand werfen möchte, bekommt über die steigende Hand den Impuls, Hals, Kopf und Widerrist wieder anzuheben, die Hinterhand mehr zu belasten und so den Schub aus der Hinterhand zu verringern. Das Pferd wird zurückkommen, ohne dass der Reiter ins Ziehen gerät.

Ist Ihr Pferd vielleicht müde?

Beginnt ein Pferd, das eigentlich kooperativ war, in einer Reiteinheit sich wiederholt auf den Zügel, die Hand und auf seine eigene Vorhand zu werfen oder zu lehnen, machen Sie eine Pause und fragen Sie nach einigen Runden am hingegeben Zügel eine vom Pferd sicher abrufbare Lektion an. Kooperiert Ihr Pferd nun, war die kleine Pause die richtige Entscheidung. Kommt es schnell wieder zum gleichen Ungleichgewicht wie vor der Pause, ist Ihr Pferd wahrscheinlich konditionell müde oder seine Kraft ist erschöpft.

All die Übungen, die ich hier beschreibe, sind ziemlich anstrengend, wenn das Pferd sich bemüht, sie so auszuführen, wie wir sie anfragen. Beobachten Sie genau, wie fit Ihr Pferd ist – manche Pferde fangen auch an zu rennen, wenn sie müde sind, sie schieben im wahrsten Sinne des Wortes ab, in Schubkraft, weil die Tragkraft erschöpft ist! Auch ein solches Pferd kann gegen die Hand gehen und auf den Zügel kommen – hier hat der Reiter den Moment zum Beenden der Lektion leider verpasst.

Hier wurde der Moment zum Beenden der Reiteinheit verpasst – die Tragkraft schwindet, das Pferd ermüdet, kommt mit Kopf und Hals deutlich zu tief und gerät auf die Vorhand. Die Hinterhand ist nicht mehr der Motor, das Pferd zieht sich mit den Vorderbeinen vorwärts.

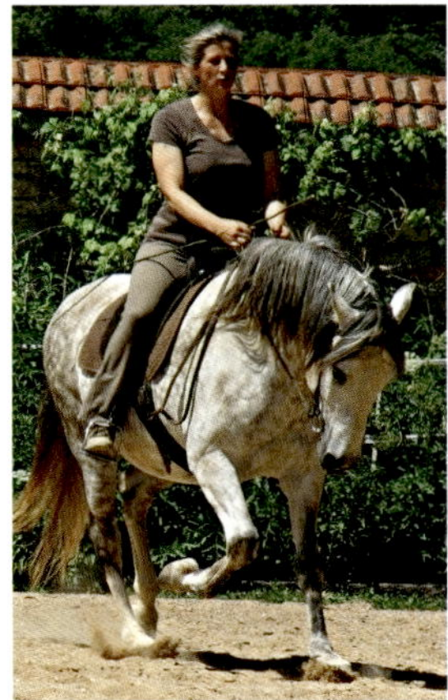

Was passiert, wenn ein Pferd im Übergang „auf die Hand“ kommt?

Ein Pferd, das „AUF die Hand“ kommt, wird so wie das Pferd auf dem Foto S. 229 mit Kopf und Hals deutlich zu tief geraten. Das Genick ist nicht mehr der höchste Punkt. Das Pferd lehnt sich nach vorne, rollt den Hals ein und belastet die Vorhand, während die Hinterhand, die sonst bei diesem Pferd zuverlässig aktiv Richtung Schwerpunkt tritt, beginnt schiebend hinten hinaus zu arbeiten. Versucht der Reiter nun ausschließlich durch mehr Treiben und Nachfassen der Zügel dem entgegenzuwirken, verstärken sich die Symptome. In vielen Fällen wird dann einfach das Nachfassen und Treiben gesteigert, bis der Reiter sozusagen Kopf und Hals wieder nach oben gezogen und gehoben hat – den Rücken kann er allerdings nicht mit hochziehen – und daher ändert sich an der Lastverteilung fast nichts. Nur der Rücken ist jetzt zusätzlich weggedrückt. Zeigt ein Pferd, das eigentlich kooperativ mitarbeitet, die oben beschriebenen Symptome, können Sie davon ausgehen, dass Ermüdung die Ursache ist.

Ein Pferd, das sich GEGEN die Hand bewegt, wird seinen Unterkiefer fest machen – es beißt die Zähne aufeinander. Probieren Sie es aus – beißen Sie Ihre Kiefer aufeinander. Die Kaumuskulatur wird fest, das Genick unbeweglich und die Muskeln verhärten sich bis in die Brust- und Rückenmuskulatur hinein. Genau so bei unserem Pferd. Nichts würde diesen unerwünschten Vorgang noch mehr verstärken als Ziehen! Stattdessen lassen Sie die Hand nach vorne-oben steigen – nicht mit Zug aber in konstantem Kontakt. Je nachdem wie hoch sich das Pferd heraus hebt, ist es nötig, die Hand ebenfalls mehr steigen zu lassen. Solange bis das Pferd, auf die Einwirkung auf seine Mundwinkel reagierend, sein Maul entspannt und leicht öffnet und damit das Kiefergelenk loslässt.

Geht das Pferd massiv gegen die Hand, kann es im Extremfall nötig sein, die Hand so weit steigen zu lassen, dass die Zügellinie der Linie der Maulspalte und der Längsachse der Kiefer entspricht. In dieser Haltung, ist die Hebelwirkung des Kiefers gegen die Hand des Reiters ausgeschaltet!

Es geht hier nicht darum, das Pferd in irgendeiner Weise zur Ausführung einer bestimmten Aufgabe zu veranlassen. Es handelt sich um eine Korrektur, die dazu dient, den Druck, den das Pferd durch sein Gegen-die-Hand-gehen auslöst, aufzulösen, so dass das Pferd wieder loslassen kann. Trotzdem muss natürlich IMMER ergründet werden, in welchem Moment und WARUM das Pferd glaubte, gegen die Hand gehen zu müssen.

Hat das Pferd losgelassen, sinkt die Hand wieder und auch das Pferd wird, wenn es nicht im Fluchtmodus ist, Kopf und Hals wieder sinken lassen. Eine Reprise in Dehnungshaltung bringt die Losgelassenheit zurück.

Absolute Voraussetzung, damit diese Korrekturmaßnahme greift, ist der Wille des Reiters, tatsächlich in dieser Haltung KEINEN RÜCKWÄRTSWIRKENDEN ZUG auf das Pferdemaul auszuüben, sondern lediglich Kontakt zu halten. DANN wird der Reiter sofort fühlen, dass diese extrem aussehende Vorgehensweise dem Pferd in keiner Weise Schmerzen zufügt, sondern es lediglich in seiner Wirkung auf den Mundwinkel dazu veranlasst, das Maul zu öffnen und dadurch das Kiefergelenk zu entspannen.

In den Momenten des Aufnehmens und der Versammlung ist die Hand da, wirkt aber nicht rückwärts. Unterstützend kann die Hand sich in kurzen Impulsen schließen und öffnen – die Variationen sind im „Strauß der Hilfen" beschrieben. Mehr sollte bei einem durchlässigen Pferd nicht nötig sein.

Ist es aber NICHT möglich, mit solch feiner Unterstützung der Hand, den geplanten Übergang zu reiten, dann ist dieser zumindest in diesem Moment, oder in dieser Reiteinheit, vielleicht aber auch in der ganzen Ausbildung des Pferdes – noch nicht gut genug vorbereitet. Dann sollte man sich wieder einmal ein paar Schritte zurück begeben und die einfacheren Übergänge mit Handwechseln üben, um so die nötige Durchlässigkeit zu erlangen, die die schweren Übergänge aus sehr schwungvollen Bewegungen hinunter zu sehr ruhigem Vorwärts voraussetzen! Das Pferd, das die Idee des Vorwärts hat – egal ob in Schub- oder Tragkraft, wird den Kontakt zur Hand wünschen und suchen.

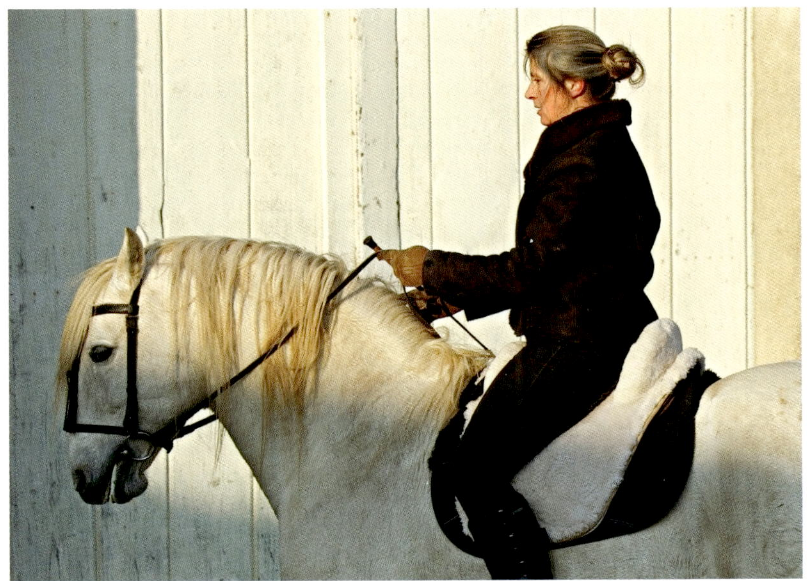

Beachten Sie den Mundwinkel des Pferdes und seinen Gesichtsausdruck und Sie werden wahrnehmen, dass diese Korrektur weder schmerzhaft noch aufregend vonstatten geht.

Abschließende Gedanken

Zuerst ist es schwierig einen Einstieg zu finden – WAS ist wirklich die Grundlage und absolute Voraussetzung, um sich pferdegerecht – mit Betonung auf „gerecht" – dem Dressurreiten zu nähern, so dass es tatsächlich dem Pferd dient? Neben der Liebe und dem Verantwortungsgefühl für unser Pferd?

Mit dem Umfeld, das es dem Pferd möglich macht, ein gutes Reitpferd zu sein und mit dem Sitz, der losgelassen und ausbalanciert dem Reiter erst eine wirklich feine und korrekte Hilfengebung ermöglicht, hoffe ich weit genug vorne angefangen zu haben …

Dann stellt sich die Frage, welches und vor allem wie viel, bzw. wenig Wissen zur Technik reicht aus als Basis, um bewusst, gezielt und konstruktiv damit zu beginnen, unserem Pferd mit der Dressur zu dienen?

Und zum Schluss – wo darf man die Beschreibung des Einstiegs guten Gewissens beenden? Wo doch Reiten lernen nie endet … es also eigentlich nie reicht … Einige Testleser – die dankenswerter Weise auch mit freundlicher Kritik nicht hinterm Berg hielten – waren der Meinung, die „Basislektionen für gutes Reiten" böten dem Leser genug Gelegenheit sich einzufühlen und festzustellen was schon geht und was noch nicht, wie man die eigenen Schwächen analytisch und konstruktiv betrachten, angehen und verbessern und wie man sein Pferd mit diesen Lektionen freundlich, höflich und motivierend lösen und nach und nach gerader richten kann. Deshalb endet dieses Buch hier.

1

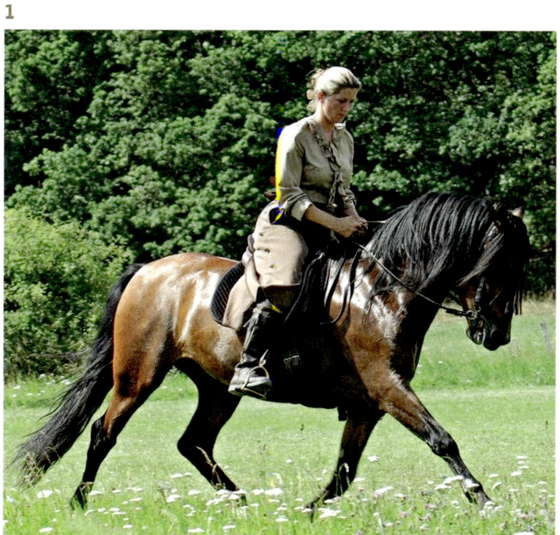

2

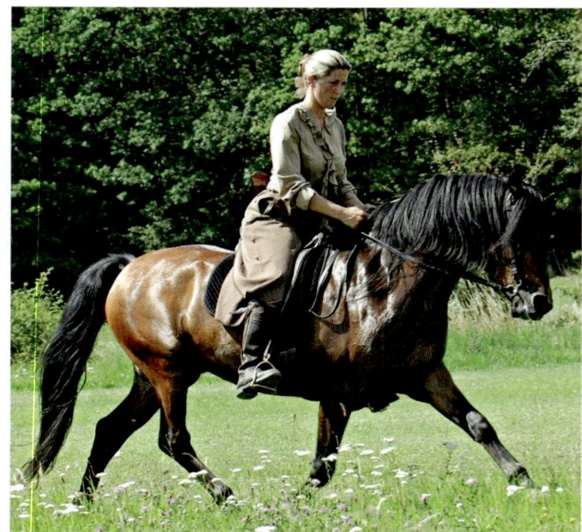

Eigentlich bin ich der Meinung, es gehört noch eine sehr ausführliche Fehleranalyse dazu … und habe diese auch verfasst – aber sie hätte den Rahmen dieses Buches in jeder Hinsicht gesprengt. Und so hoffe ich für den Moment, dass Sie loslegen können mit dem vorliegenden Material – wenn Sie wollen.

Ich habe mich bemüht, so ausführlich wie möglich jedes einzelne Detail in der Hilfengebung zu beschreiben. Dabei entstanden leider zum Teil sehr lange, sperrige Sätze. Es sind nun mal sehr viele Details … manchen Satz muss man tatsächlich zweimal lesen, bevor der Sinn sich völlig erschließt. Ich weiß, es ist nicht immer einfach – aber es hat auch keiner gesagt, dass Dressurreiten einfach ist … auch wenn es noch so logisch ist!

Meine Hoffnung ist, dass Sie, werter Leser, wenn Sie noch am Anfang stehen, nach der Lektüre dieses Buches besser verstehen, warum wir WAS anstreben. Und dass Ihr persönlicher, individueller Weg, gemeinsam mit Ihrem Pferd nun vielleicht ein wenig klarer vor Ihnen liegt. Und, dass Sie mit diesem Grundlagenwissen nun in der Lage sind, die wirklich großen Schriften über die Dressurreiterei, die ich immer wieder empfehle, nun noch besser verstehen und nutzen zu können.

Ich habe dieses Buch nicht verfasst, weil ich glaubte es wäre noch eine „Reitlehre" nötig. Ich hörte aber immer wieder, die wirklich guten Bücher setzten zu viel voraus auf zu hohem technischen Niveau für den ganz normalen, neugierigen und durchaus ambitionierten Freizeitreiter. Ich denke, mit den Erläuterungen, die Sie hier lesen konnten, und dem Versuch, dies alles auf dem

3

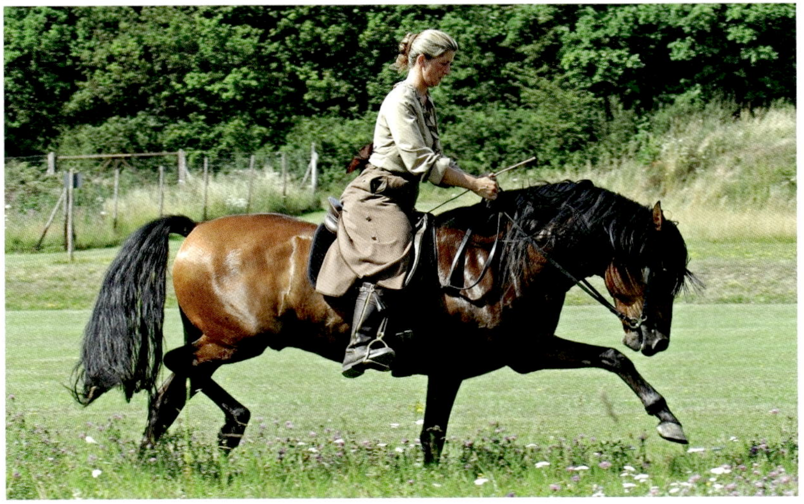

Dieses Pferd wird heute nicht mehr geritten. Es bemüht sich maximal seinen Rücken aufzuwölben aber es gelingt ihm nicht. Lassen Sie sich nicht von der spektakulären Mechanik der Vorhand blenden …

1

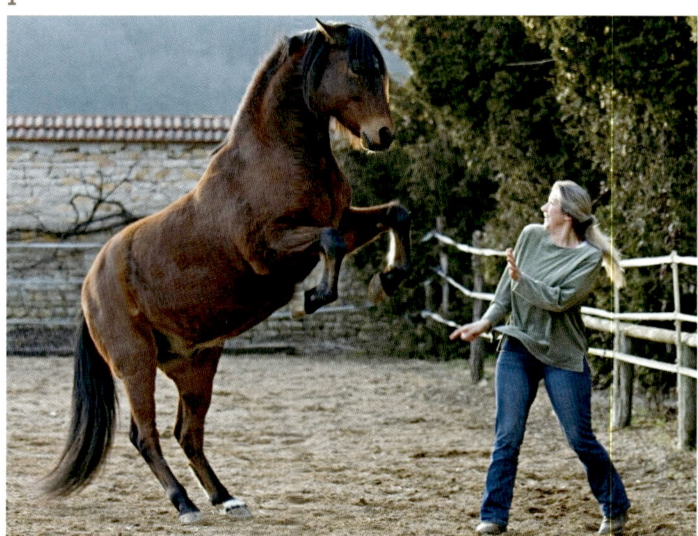

2

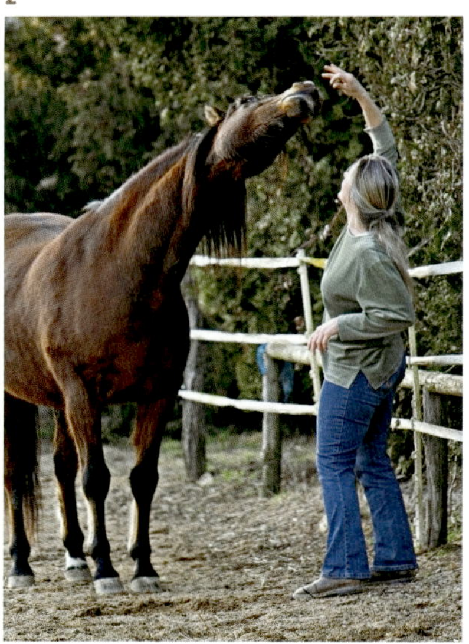

Pferd zu erfühlen, haben Sie genug Basis, um von den Werken der Herren Nuno Oliveira, Alois Podhajsky, Rudolf Binding, Brigadier Kurt Albrecht, Charles de Kunffy, Gregor von Romaszkan, Wladimir Littauer und Richard Hinrichs wirklich profitieren zu können ... und von diesen Autoren vielleicht sogar die Neugier auf „ältere Meister“ wecken zu lassen.

Ich zitiere häufig meinen Reitlehrer Herrn Dr. Hans-Walter Dörr. Er hat mich an der Hand genommen, als ich wirklich nicht mehr weiter wusste mit meinem Herzenspferd Revoltoso.

Statt das ungebärdige Verhalten dieses Pferdes als Widersetzlichkeit abzutun, wie es üblich gewesen wäre, hat er mir einen Weg gezeigt, auch ein scheinbar so schwieriges Pferd freundlich, geduldig und selbstkontrolliert und dabei mit Freude und ohne Verkrampfung zu bitten sich mir zu öffnen und mit mir in Dialog zu gehen. Indem er mich bremste, beruhigte, mir die nötige Technik vermittelte und vor allem meine Wahrnehmung für das Pferd förderte und schärfte. Die Antworten des Pferdes kamen immer weniger hilflos zornig und für mich immer besser verständlich – weil ich richtig hinhörte. Und lange Zeit dolmetschte mein Reitlehrer für uns, wenn wir uns gegenseitig nicht verstanden und fast aneinander verzweifelten. So bekam mein Pferd die Gelegenheit mir mitzuteilen, was es kann und was nicht und wo unsere Probleme herrührten. Ohne Kampf und Streit und mit immer weniger lauten und statt dessen versöhnlichen Tönen ... und als wir einander genug zugehört hatten, kamen wir zu

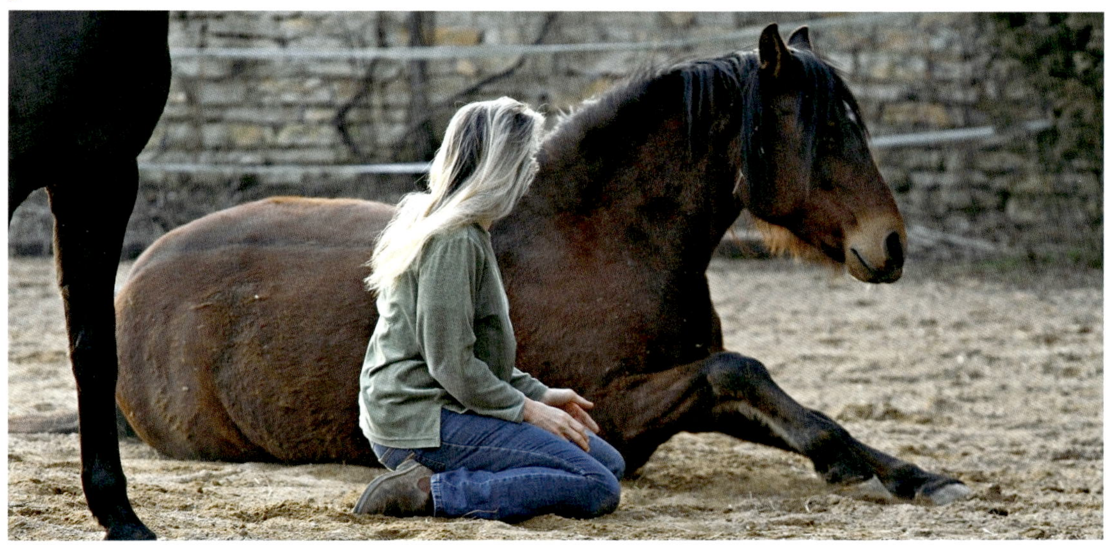

Toso im Spiel, heute ein fröhliches Pferd – und mein eindringlichster Lehrmeister.

dem Schluss, dieses Pferd nicht mehr zu reiten ... Die Diagnosen, die dann nach Jahren des Suchens endlich gestellt wurden, als Toso schon länger nicht mehr geritten wurde, bestätigten die Richtigkeit dieser Entscheidung. Durch eine angeborene Anomalie war es für dieses Pferd sehr schwierig, vor allem die Brustwirbelsäule aufzuwölben und dies wird immer schwieriger ... Was kein so großes Problem ist, solange er keinen Reiter tragen muss ...
Leider kann ich Ihnen das Buch dieses großen Pferdemannes noch nicht ans Herz legen ... ich hoffe sehr, es kommt eines Tages und bin mit dieser Hoffnung in guter und vor allem großer Gesellschaft ...

Und nun hoffe ich, auch wenn das vermessen klingen mag, dass ich Sie mit meiner Neugier für die Pferde, deren Bewegungsabläufe und vor allem ihr Empfinden, anstecken konnte. Sie zum Hinsehen, -fühlen und -hören animieren und auch ein bisschen Ihr Gewissen kitzeln konnte. Dieses sollten wir Reiter ständig befragen – dienen wir jederzeit unserem Pferd, wenn wir versuchen dressurmäßig zu reiten oder doch nur unserem persönlichem Ehrgeiz und unserer Eitelkeit?

Ein Pferd, das sich deutlich widersetzt und gegen den Reiter agiert, versucht, diesem etwas mitzuteilen. Wird ein Pferd wütend oder panisch, hat dies immer einen Grund – und diesen gilt es herauszufinden. Pferde haben kein Vergnügen daran, sich mit ihrem Reiter zu streiten. Pferde sind nicht so angelegt, dass es sinnvoll wäre, sich mit einem Zweibeiner „einfach so“ anzulegen.

Gutes Dressurreiten macht schöne Hälse ... Rollkur, geschwollene Ohrspeicheldrüsen und Muskeln glänzen entweder mit Abwesenheit oder im Übermaß da, wo sie nicht sein sollten ...

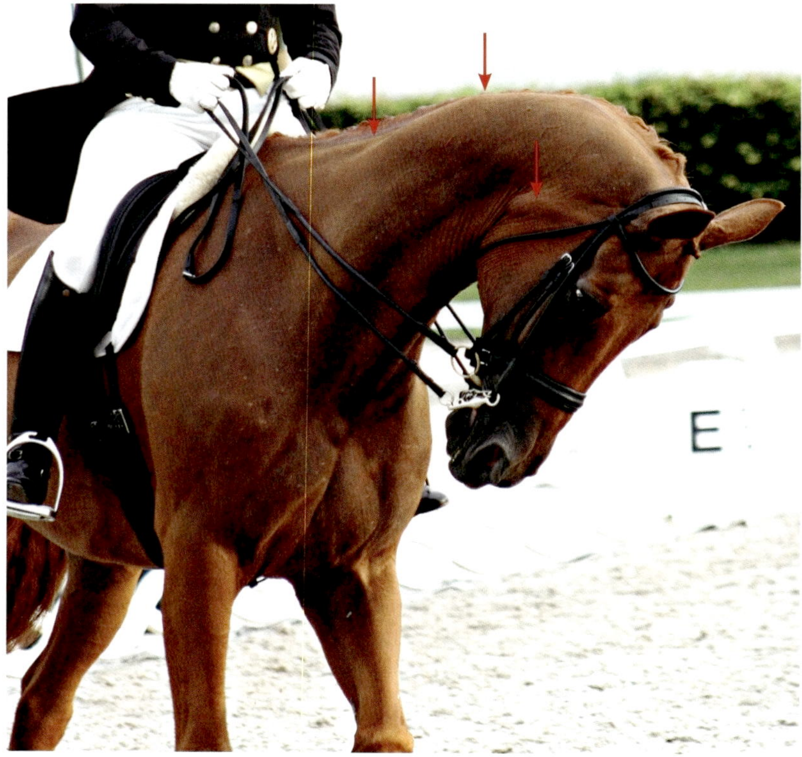

Wer sein Pferd schlägt statt es zu touchieren (berühren – das bedeutet sehr sanft!), wer es mit Hilfszügeln fixiert oder es mit scharfen Gebissen gefügig macht, ohne dass Durchlässigkeit und Harmonie deren Gebrauch schmerzfrei erlauben würden, wer nicht dafür sorgt, dass sein Pferd so gut und artgerecht gehalten und ausgestattet ist, wie es ihm möglich ist, dient nicht seinem Pferd sondern benutzt es lediglich.

Es sagten schon Reiter „SO edel, hilfreich und gut bin ich nicht, dass ich so reiten könnte oder wollte ...“ aber was spricht dagegen dies anzustreben? Und ist es nicht eigentlich unsere Pflicht, wenn wir uns schon anmaßen den Platz auf dem Rücken dieser Fluchttiere ohne Schmerzlaut zu beanspruchen? Es ist vielleicht nicht gerade „hip“ zu versuchen ein „besserer Mensch“ zu sein ... aber die Pferde geben uns Gelegenheit das Beste in uns zu fördern, denn sie spiegeln uns gnadenlos – immer. Aber nicht nur wenn es nicht gut läuft – auch dann, wenn es fließt, hat das mit uns zu tun – schön, oder? Ein Gedanke, der uns Hoffnung macht.

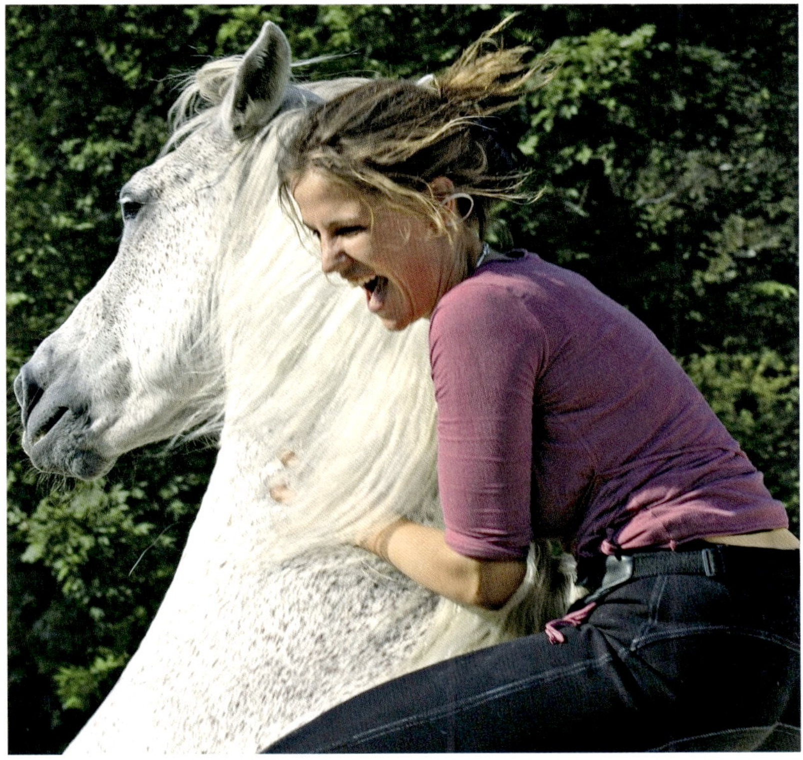

Solche Momente können nur entstehen im Dialog, gegenseitigem Vertrauen und in gemeinsamer Balance. Rückwärtswirken ohne Zaumzeug ist nicht möglich – und trotzdem oder genau deshalb kann Tanja ihren Whano am Sitz reiten und aufnehmen.

Das sind die glücklichen Momente, die immer wieder motivieren weiter zu suchen, noch feiner, besser, und richtiger zu agieren! Nutzen wir doch diese Chance – es spricht absolut nichts dagegen. Ich bin zutiefst davon überzeugt, dass das Sein mit den Pferden und das Reiten uns eine Entfaltungs- und Entwicklungsmöglichkeit bietet wie nur wenige Passionen sonst … lässt man sich auf die Pferde und die Reiterei wirklich ein sind sie nicht weniger als das – eine Passion die uns wachsen lässt.

Auf der letzten Seiten möchte ich Ihnen noch einmal anhand verschiedener Trabbilder zeigen, wie Pferd verschiedener Rassen und unterschiedlichen Ausbildungsstandes sich unter ihren Reitern bewegen können, wenn diese verstanden haben, dass der wichtigste Aspekt in der Reiterei darin besteht, ihr Pferd NICHT ZU STÖREN! All diese Pferde haben eines gemeinsam: geistige und körperliche Losgelassenheit – und das zeigen sie anhand ihres Ausdrucks und Bewegungsbildes. Um dies noch mehr zu verdeutlichen, muss ich leider vorher noch das Bild eines Grand-Prix-Pferdes zeigen.

Obwohl dieses Pferd mit Sicherheit sämtliche Lektionen des Grand Prix abrufbar liefern kann – wie korrekt ist eine ganz andere Frage – sieht es nicht schön und schon gar nicht strahlend aus.

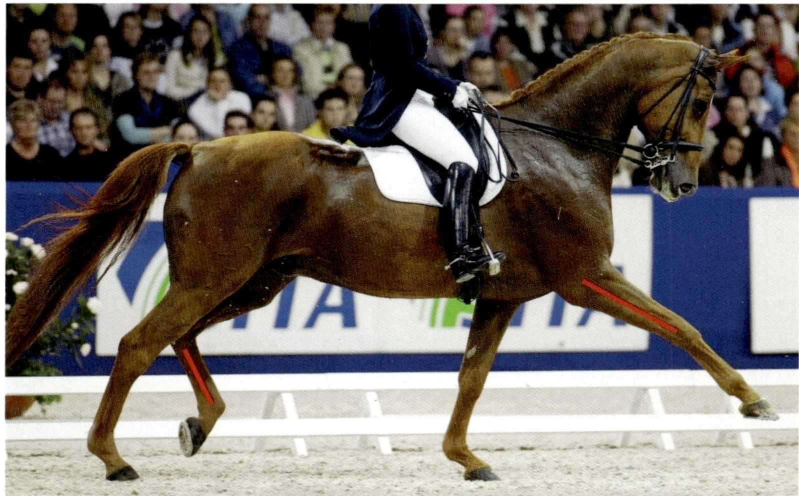

Ein Pferd, das Prüfungen auf höchstem Niveau absolviert, aber:

- dessen gebrochene Diagonale eigentlich keinen sauberen Takt zulässt;
- das sich für jedermann sichtbar NICHT losgelassen bewegt;
- das künstlich und absolut aufgerichtet wurde, statt den Kontakt zur oder meinetwegen auch nur „Anlehnung" an die Hand zu suchen;
- dessen Bewegung eindeutig NICHT über den Rücken durchschwingt;
- das mit nach hinten herauslaufender Hinterhand auf die Vorhand schiebt;
- das mit der Hinterhand NICHT trägt.

Die folgenden Bilder zeigen Freizeitpferde verschiedenster Rassen, die mit dem Wissen um die in diesem Buch beschrieben Übungen geritten werden – sie aber nicht unbedingt alle schon abrufbar beherrschen. Diese Pferde können noch weder fliegende Wechsel noch Piaffen. Das macht aber nichts – DER WEG IST DAS ZIEL. Und auf diesem Weg haben diese Pferde und ihre Reiter eines verinnerlicht:

- sich jederzeit von hinten nach vorne zu bewegen und
- die Zeit mit einander bewusst zu erleben und zu genießen,
- sich gemeinsam zu freuen – und zwar JETZT!

Und genau DAS ergibt solch korrekte Bilder in froher Leichtigkeit. Wer sein Pferd SO reiten kann, schadet ihm auf keinen Fall.

1
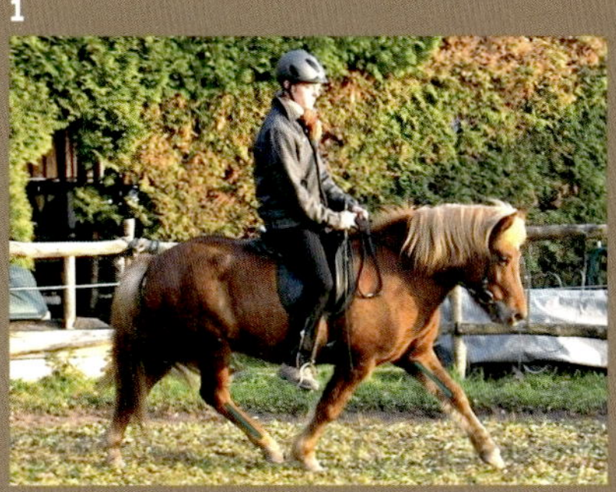

2
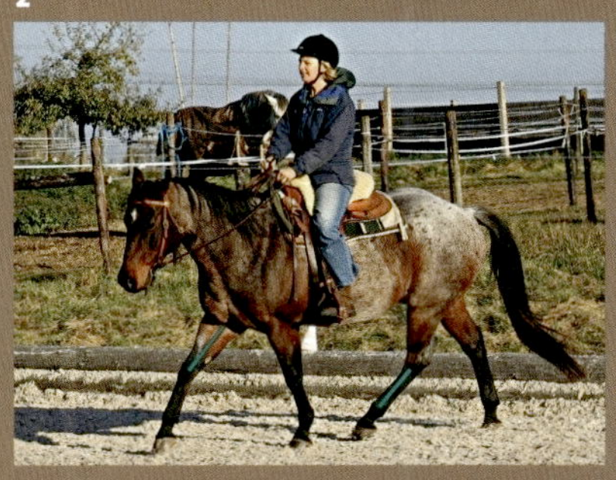

1 Ein Islandpferd-Wallach

2 Ein Quarter Horse-Wallach

3
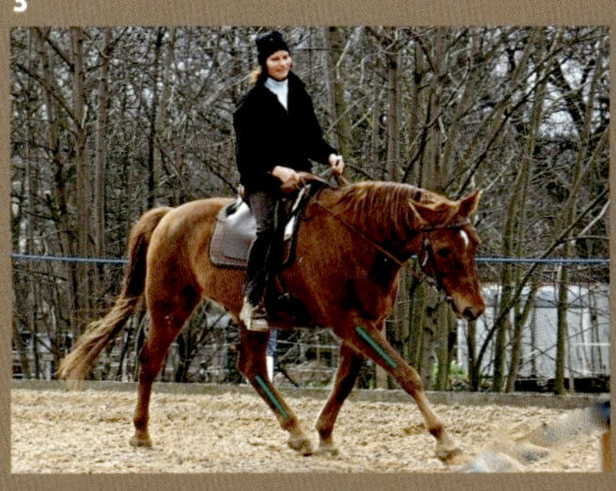

4
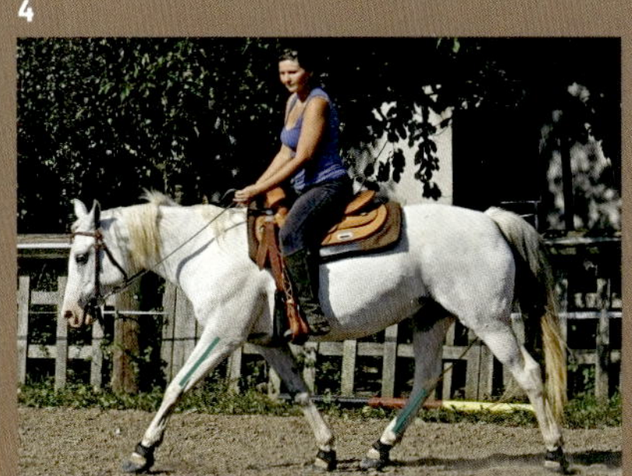

3 Ein Württemberger Warmblut-Wallach

4 Eine Quarab-Stute

5
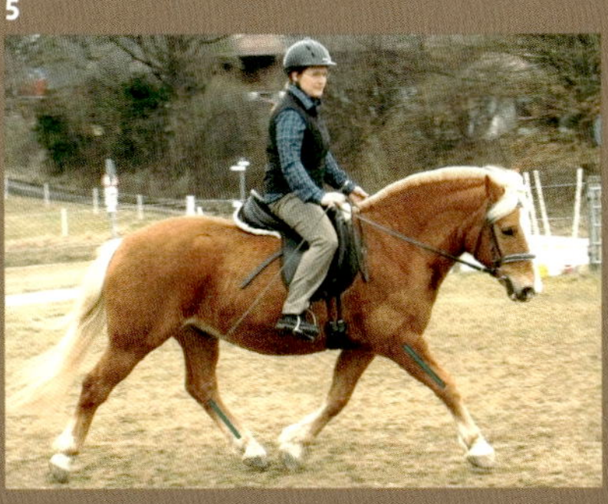

6
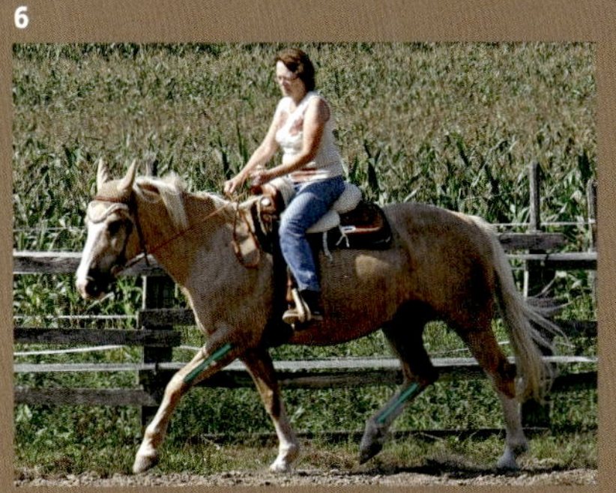

5 Ein Haflinger-Wallach

6 Eine holländische Warmblutstute

7
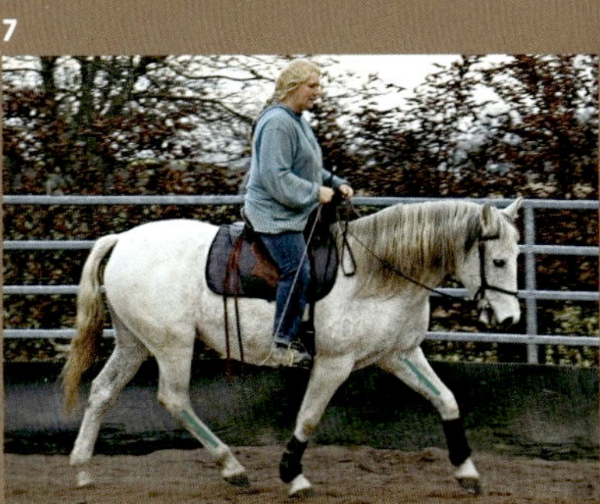

8
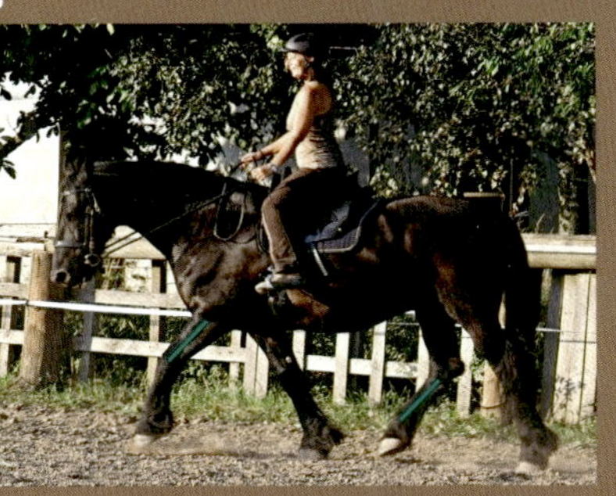

7 Eine PRE-Stute

8 Ein Friesenwallach

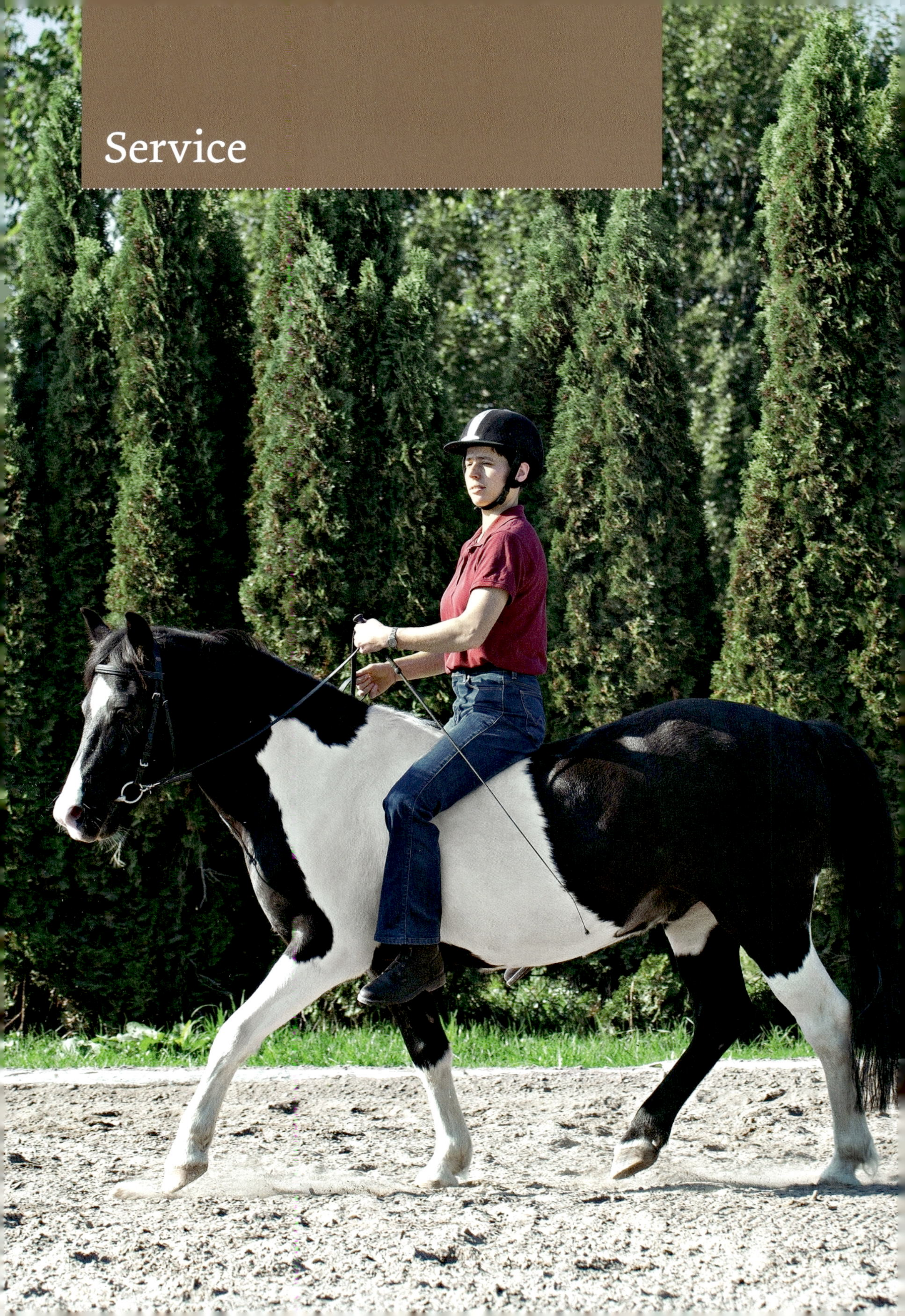

Service

Zum Weiterlesen

Neben den im Buch empfohlenen Büchern gibt es im Kosmos Verlag weitere lesenswerte Bücher:

Bender, Ingolf: **Pferdehaltung und Fütterung**; KOSMOS 2015
Ein Muss für alle Reiter und Pferdehalter: Die Standardwerke vom Experten für artgerechte Pferdehaltung, Ingolf Bender, jetzt erstmals im Doppelband! Vollständig aktualisiert und überarbeitet beantwortet dieses Kompendium alle Fragen der modernen Pferdehaltung und beinhaltet langjährig erprobte und umsetzbare Vorschläge für die Praxis.

Bender, Ingolf / Ritter, Tina Maria: **Praxishandbuch Pferdegesundheit**; KOSMOS 2018
Rundum zufriedene und leistungsstarke Pferde sind die Freude eines jeden Pferdebesitzers. Doch viele Pferde leiden heute unter Zivilisationskrankheiten. Dieses Buch hilft, sie zu erkennen, die Ursachen zu beseitigen und zur richtigen schulmedizinischen oder alternativen Therapie zu finden. Auch als E-Book erhältlich.

Hembes, Silke: **Reiten erschreiten**, Lektionen laufend lernen in 5 Punkten; KOSMOS 2016
Die erfahrene Trainerin Silke Hembes hat ein neues Konzept für effizienteres Training und mehr Spaß beim Reiten entwickelt. Dieses kombiniert „erlaufene" Lektionen am Boden mit deren Umsetzung im Sattel. Diese gezielte Verbindung sorgt für das bessere Verstehen der Hilfen seitens des Pferdes. Auch als E-Book erhältlich.

Heuschmann, Dr. med. vet. Gerd / von Ziegner, Kurd Albrecht: **Die kommentierte H.Dv.12**; Edition WuWei bei KOSMOS 2017
Die Heeres-Dienstvorschrift von 1912 ist der Ursprung der heutigen Richtlinien für das Reiten und Fahren. Oberst a. D. Kurd Albrecht von Ziegner und Dr. Gerd Heuschmann ergänzen das Regelwerk der Reitkultur mit neuesten Erkenntnissen und ihrem Erfahrungsschatz. 15 Filmaufnahmen von Gesprächen der beiden namhaften Autoren bilden eine aufschlussreiche und wertvolle Ergänzung zu diesem unentbehrlichen Werk.

Higgins, Gillian: **Anatomie, Gymnastizierung, Muskelaufbau**, Die besten Übungen am Boden; KOSMOS 2017
Die Erfolgsautorin beschreibt auf ihre gewohnt anschauliche Art die besten Boden-Übungen zur Gymnastizierung und zum Muskelaufbau des Pferdes. So bleibt der Pferderücken gesund und locker. Mit klar strukturiertem Seitenaufbau, prägnanten Texten und Fotos zu jedem Übungsschritt. Extra: Anatomische Übersichten von Skelett und Muskulatur. Das Plus zum Buch: Die kostenlose KOSMOS-PLUS-App mit Filmen zu ausgewählten Übungen. Auch als E-Book erhältlich.

Kanitz, Kathia: **Reiten bewegt das Pferd**, Pferde freundlich und gymnastizierend reiten; KOSMOS 2017
Gesundes Reiten ist ein wichtiges Thema für Pferd und Reiter. Reitlehrerin Kathia Kanitz zeigt, wie sich der gute Vorsatz in der Praxis umsetzen lässt. Anhand vieler Abbildungen und für jeden verständlich erklärt sie wichtige biomechanische Zusammenhänge beim Reiten. Zudem nimmt sie die Ausrüstung unter die Lupe, denn diese ist häufig die unerkannte Ursache für Rittigkeitsprobleme. Originelle Selbsttests und praktische Übungsvorschläge untermauern und festigen das theoretische Wissen.

Rashid, Mark: **Denn Pferde lügen nicht**, Neue Wege zu einer vertrauten Mensch-Pferd-Beziehung; KOSMOS 2012
Als einer der bekanntesten und erfahrensten Pferdeausbilder Nordamerikas, setzt Mark Rashid in seiner Arbeit mit Pferden auf Respekt und Vertrauen anstelle von absoluter Dominanz.
Auch als E-Book erhältlich.

Register

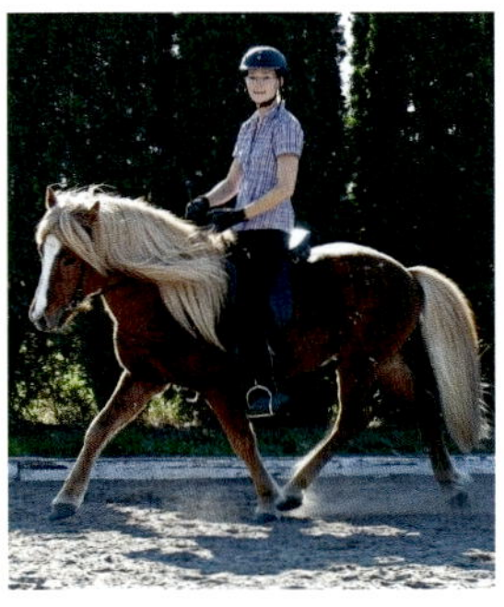

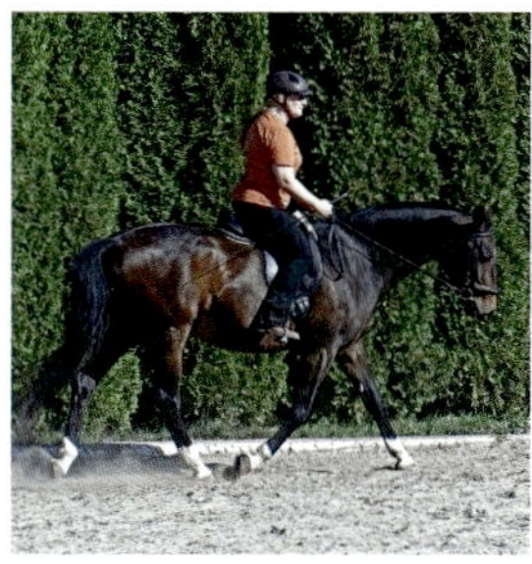

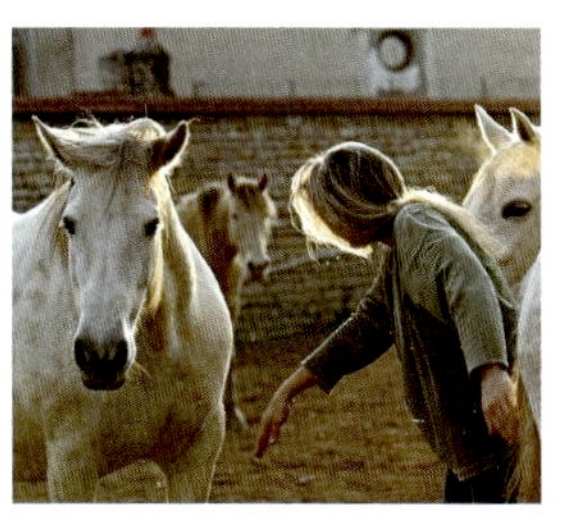

Bildnachweis

Mit 279 Farbfotos von: Ulrike Amler (S. 31 oben), Jörg Ammann und Silke Hembes/privat (S. 4, 8, 11, 19, 21, 22 rechts und links, 26, 27, 28 oben rechts und links, 39, 40, 41 unten, 42, 45 unten rechts, 47, 54, 55, 61, 65, 69, 73, 79, 82, 86, 95, 97, 101, 104 oben, 108, 109 – 113, 121, 122, 124, 131, 135, 137 unten, 141, 143, 144, 149 – 153, 155, 160, 163, 167, 173, 174, 176 unten, 185, 186, 193–198, 201, 203, 205, 206, 210, 212, 214, 225, 231, 233, 236, 237, 239, 241), www.epona.tv (S. 238), Lothar Lenz (S. 15, 16, 35, 37, 41 oben, 45 unten links, 92 oben, 222 rechts und links), Julia Rau / Kosmos (S. 6, 148), Christof Salata (S. 14), Horst Streitferdt (S. 18, 24, 44), Christiane Slawik (S. 89), Jaques Toffi (S. 162, 240), alle anderen erstellte Lothar Lenz / Kosmos.
Mit 2 S/W-Fotos von: Menzendorf, Leihgabe Niedersächsische Sparkassenstiftung und Kreissparkasse Verden im Deutschen Pferdemuseum (S. 90 rechts und links).

Autorin und Verlag danken dem Ittersbacher Hof für die Bereitstellung seiner Anlage für die Aufnahmen der Bilder. Besuchen Sie die Website **ittersbacher-hof.de**

Impressum

Umschlaggestaltung von Jorge Schmidt, München,
unter Verwendung von zwei Farbfotos. Die Fotos auf dem Umschlag nahm Jörg Ammann auf.

Mit 279 Farbfotos, 2 S/W-Fotos und 18 Zeichnungen.

Gedruckt auf chlorfrei gebleichtem Papier

2. aktualisierte und überarbeitete Ausgabe

ISBN 978-3-440-14880-8
Redaktion: Katja Pauls
Gestaltungskonzept: eStudio Calamar
Gestaltung und Satz: Atelier Krohmer, Dettingen/Erms
Produktion: Claudia Frank
Printed in Germany / Imprimé en Allemagne

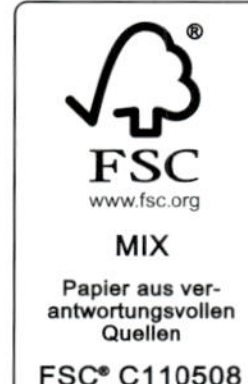